Anglicko-slovenský a slovensko-anglický slovník

Všetky práva vyhradené. Toto dielo ani žiadnu jeho časť nemožno reprodukovať bez súhlasu majiteľa práv.

Anglicko-slovenský a slovensko-anglický slovník

Editor: Zoltán Petráš
Odborná spolupráca: PhDr. Štefan Ižo
Obálka: Harlequin s.r.o., Košice
Sadzba: Valentina DTP Studio, Košice
Vydalo: © Pezolt PVD, Holubyho 27, Košice
Tlač: MKV-Press spol. s r.o., Košice
Prvé vydanie

ISBN 80-88797-19-5

Anglicko-slovenský a slovensko-anglický slovník

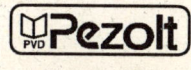

Košice 2001

OBSAH

Úvod 5
Použité skratky 7
Značky použité v slovníku 8
Tabuľka anglickej výslovnosti 8
Použitá literatúra 9
Anglicko-slovenská časť 11
Slovensko-anglická časť 237
Gramatické minimum 437

ÚVOD

Máte v ruke prvé vydanie anglicko - slovenského a slovensko - anglického slovníka. Cieľom pri spracovaní slovníka bolo poskytnúť žiakom, študentom a najširšej verejnosti slovník základnej slovnej zásoby spracovaný čo najjednoduchšou formou a obsahujúci slová, ktoré umožnia prácu so základnými učebnicami anglického jazyka používanými na rôznych typoch škôl na Slovensku a takisto pri práci s prekladom textov a vypracovaní esejí. Okrem základných hesiel a ich synoným uvádzame v okrúhlych zátvorkách aj niektoré najbežnejšie spojenia a frazémy, aby sa žiaci mohli lepšie oboznámiť s každodennými výrazmi. Veríme, že tento slovník bude užitočnou pomôckou pri výuke angličtiny a budete mať záujem o jeho vylepšenie rôznymi pripomienkami a vlastnými doplnkami zaslanými na našu poštovú alebo e-mailovú adresu. Tešíme sa na vašu spoluprácu.

Podstatné mená, ktoré majú nepravidelné tvary množného čísla, majú uvedenú aj túto formu v zátvorke za skratkou pl. (plurál).

Nepravidelné slovesá (iba tie, ktoré nemajú aj pravidelný tvar) sú uvádzané aj s ďalšími dvoma tvarmi okrem zoznamu nepravidelných slovies aj priamo pri hesle, t.j. tvar min. času a min. príčastia trpného (2. a 3. kolónka v zozname nepravidelných slovies).

Slovník obsahuje výslovnosť v obidvoch častiach a používa najbežnejšie medzinárodné transkripčné znaky, ktoré môžu čítať aj zahraniční používatelia slovníka. Čiže slovenské „š", „ž", „č" a „dž" je nahradené anglickými znakmi pre palatoalveolárne konsonanty [ʃ] (ship), [ʒ] (pleasure), [tʃ] (change) a [dʒ] (judge). Zubné [θ] (thick) a [ð] (there) sa používajú obdobne ako v učebniciach a iných slovníkoch. Ďalšou odlišnou hláskou je

5

nazálne (mäkkopodnebné) „ŋ" (king), ktoré je podobné slovenskej hláske „n" v slove „banka". Labiovelárna polosamohláska [w] sa vyslovuje so zaokrúhlenými perami a je veľmi odlišná od slovenského „v".

Kvôli jednoduchosti sme použili iba niekoľko od slovenčiny odlišných základných prepisov samohlások ako napr. predná otvorená samohlásková fonéma [æ], a „mixed vowel" [ə]. Dĺžka samohlásky sa vyjadruje dvojbodkou [:]. Pri prepise výslovnosti uvádzame aj hlavný a vedľajší prízvuk. ['] a [,]

Šikmou zátvorkou nahrádzame slovo „alebo", čiže slovo naľavo a napravo od šikmej zátvorky sa dajú nahradiť navzájom.

Tento slovník si nekládol za cieľ nahradiť iné väčšie a odborné slovníky, lebo spracovatelia boli pri práci rôzne obmedzovaní hlavne čo sa týka rozsahu. Preto pri heslách sa väčšinou uvádzajú iba základné tvary, z ktorých sa však dajú utvoriť (alebo dopracovať k nim z cudzojazyčného textu) pomocou slovotvorných predpôn (napr. bi-, im-, in-, re-, un-, mis-, dis-, atď) a prípon (napr. pre podstatné mená: -er, -ist, -age, -ion, -dom, -ity, -ness, -ment, atď., pre prídavné mená -al, -an, - ful, -ish, -ous, - able, -ous, atď., pre slovesá: -en, -fy, -ize.). Podľa možnosti sme použili pri preklade hesiel čo najviac slovných druhov, aby sa nemuseli zvlášť označovať. Slovné druhy sa veľmi ľahko identifikujú v anglickej vete vďaka ustálenému slovosledu.

                                                        Vydavateľ

ZOZNAM POUŽITÝCH SKRATIEK

al.	alebo
AmE	americká angličtina
BrE	britská angličtina
astron.	astronómia
bot.	botanika
gram.	gramatika
hov.	hovorový výraz
kniž.	knižne
Lat.	Latinčina
lek.	lekársky výraz
NB	Nota Bene (všimnite si)
pej.	pejoratívny (hanlivý) výraz
pl.	plurál (množné číslo)
práv.	právnický výraz
pren.	prenesený význam
sg.	singulár (jednotné číslo)
šport.	športový termín
vulg.	vulgarizmus
zool.	zoológia

ZNAČKY POUŽITÉ V SLOVNÍKU

[ ]	v hranatých zátvorkách je prepis anglickej výslovnosti
( )	v okrúhlych zátvorkách sú poznámky a vysvetlivky alebo frazeológia
/	lomkou sú vyznačené slová rovnakého významu a tie, ktoré možno tiež použiť pre daný význam
'	hlavný prízvuk
,	vedľajší prízvuk
:	dĺžeň

TABUĽKA ANGLICKEJ VÝSLOVNOSTI

ə	polohláska (tzv. temná) prakticky označuje zvuk po doznení slovenských spoluhlások **b, d, p, s**
æ	samohláska podobná slovenskému **ä**
ð	vyslovuje sa podobne ako znelé **z** (s priblížením jazyka k horným zubom)
θ	vyslovuje sa podobne ako neznelé **s** (sykavka vyslovená so špičkou jazyka pod hornými zubami)
ŋ	podobné slovenskému **n** v slovách banka, vonku
ʃ	vyslovuje sa ako **š**
tʃ	vyslovuje sa ako **č**
ʒ	vyslovuje sa ako **ž**
dʒ	vyslovuje sa ako **dž**
w	obojperná spoluhláska; vyslovuje sa priblížením pier k sebe, podobne ako v slovenčine **v** slove hlávka

POUŽITÁ LITERATÚRA

Hais K. – Hodek B.: Veľký anglicko český slovník I, II, Leda Academia Praha, 1997

Jones D. rev. by A.C.Gimson: Everyman's English Pronouncing Dictionary, J. M. Dent & Sons Ltd. London, 1980

Kvetko P.: Anglicko-slovenský frazeologický slovník, SPN Bratislava, 1984

Kvetko P.: Slovensko-anglický frazeologický slovník, Iris, 1996

Zorin – Obrusníková L.: Czech-English Idioms and Figurative Expressions, JTP, 1997

Barac Ľ. – Cániková A. – Červenčíková S. – Slobodníková Ľ.: Slovensko-anglický slovník, Slovak Academic Press Bratislava, 1997

Barac Ľ. – Cániková A. – Červenčíková S. – Slobodníková Ľ.: Anglicko-slovenský slovník, Slovak Academic Press Bratislava, 1998

Rosypalová V.: Napadlo by vás to anglicky?, Naklad. Listopad Praha, 1990

Morris M.: 250 Phrases you won't find in any Dictionary, Krab Bratislava, 1991

Hais K.: Anglická mluvnice, SPN Praha, 1975

Drábik E. – Zámbory M.: Anglicko-slovenský a slovensko-anglický slovník, Pezolt, 2001

Kolektív: Pravidlá slovenského pravopisu, VEDA, 2001

Kolektív: Krátky slovník slovenského jazyka, VEDA, 1999

Anglicko-slovenská časť

Aa

a, an [ə, ei, ən] jeden, nejaký, neurčitý člen
aback [ə'bæk] vzadu, späť
abacus ['æbəkəs] počítadlo (ručné)
abandon [ə'bændən] opustiť, zanechať, zriecť sa
abandoned [ə'bændənd] opustený, oddaný
abandonment [ə'bændənmənt] opustenie, nenútenosť, voľnosť
abase [ə'beis] ponížiť, pokoriť
abasement [ə'beismənt] poníženie, pokorenie
abash [æbəʃ] zmiasť, zahanbiť, pokoriť, zastrašiť
abate [ə'beit] znížiť, skoncovať, zmenšiť, poľaviť
abatement [ə'beitmənt] zmenšenie, zmiernenie, zrušenie
abator [ə'betə] nahovárač, podnecovateľ
abattoir [æbətwa:r] bitúnok
abbey [əbi] opátstvo
abbot [əbət] opát
abbreviate [ə'bri:vieit] skracovať, skrátiť

ABC [eibi:si:] alphabet – abeceda, základy; (American Broadcasting Corporation – Americká rozhlasová a televízna spoločnosť)
abdicate [əbdikeit] abdikovať, odstúpiť, vzdať sa (funkcie, trónu)
abdication [əbdi'keiʃn] abdikácia, odstúpenie
abdomen [əbdəmen] brucho
abdominal [æb'dominl] brušný
abduct [əb'dakt] uniesť, odťahovať
abduction [əb'dakʃn] únos
abductor [əb'daktə] únosca, odťahovač (sval)
abed [ə'bed] na posteli, v posteli
aberration [əbe'reiʃn] odchýlka, úchylka, (lek.) anomália
abet [ə'bet] podporovať, nabádať, navádzať, podnecovať
abetment [ə'betmənt] napomáhanie, navádzanie, podnecovanie
abeyance [ə'beiəns] nerozhodnosť, odklad

13

abhor

abhor [əb'ho:] hnusiť sa, protiviť sa, hroziť sa

abhorrence [əb'horəns] hrôza, hnus, ohavnosť, des

abidance [ə'baidəns] zotrvávanie, dodržiavanie (pravidiel)

abide [ə'baid] verný byť, dodržiavať, znášať, strpieť

ability [ə'biliti] talent, schopnosť, zručnosť, dôvtip

abject ['æbdʒekt] biedny, úbohý, podlý

abjection [əb'dʒekʃn] poníženie, pokorenie

abjuration [əbdʒuə'reiʃn] zrieknutie, vzdanie sa (niečoho)

abjure [əbdʒuə] odprisahať, zriecť sa, odvolať

able [eibl] schopný, nadaný, šikovný

ABM (Anti-ballistic missile – Antibalistické strely)

abnormal [əb'no:ml] abnormálny

abnormality [əbno:mæliti] odchýlka, abnormalita

aboard [ə'bo:d] na palube (lodi), pri, okolo, popri

abode [ə'bəud] bydlisko, príbytok

abolish [ə'boliʃ] zrušiť, odstránenie

abolition [əbə'liʃn] zrušenie (napr. otroctva)

abominable [ə'bominəbl] hnusný, odporný, hanebný

abomination [ə'bomi'neiʃn] hnus, odpor, ohavnosť

aboriginal [əbə'ridʒənl] domorodec, domorodý, pôvodný

abort [ə'bo:t] potratiť, zlyhať

abortion [ə'bo:ʃn] potrat, fiasko

abound [ə'baund] oplývať, hemžiť sa, prekypovať

about [ə'baut] okolo, naokolo, vôkol, po, asi

above [ə'bav] nad, vyše, hore, povyše

abrasion [ə'breiʒn] odrenina, obrúsenie, opotrebovanie

abrasive [ə'bresiv] brusný, drsný

abreast [ə'brest] vedľa seba, bok po boku

abridge [ə'bridʒ] skracovať, skrátiť, zbaviť (práv)

abridgement [ə'bridʒmənt] skrátenie, obmedzenie

abroad [ə'bro:d] v cudzine, v zahraničí, vonku, von, široko

abrogate [əbrogeit] zrušiť, odstrániť, odvolať

abrogation [əbro'geiʃn] zrušenie

abrupt [ə'brapt] náhly, prudký, úsečný, strmý

ABS (Anti-block system – protiblokovací brzdový systém)

abscissa [ab sisə] úsečka

absence [absəns] neprítomnosť, absencia, nedostatok (a. of mind – roztržitosť)

absent [absnt] neprítomný, chýbajúci, nepozorný (a. minded – roztržitý)

absolute [absəlu:t] absolútny, úplný, absolutistický, nepochybný

absolve [ab'zolv] oslobodiť, dať rozhrešenie

absorb [ab'so:b] pohlcovať, pohltiť, upútať

absorption [ab'so:pʃn] pohlcovanie, vstrebávanie, utlmenie

abstain [ab'stein] zdržať sa, abstinovať

abstinence [abstinəns] zdržanlivosť, abstinencia

abstract [abstrækt] abstraktný, abstrahovať, zhrnúť, urobiť výťah

abstraction [ab'strækʃn] abstrakcia, abstrahovanie, oddelenie

absurd [ab'sə:d] absurdný, nezmyselný, smiešny, nemožný

absurdity [ə'bsə:diti] absurdnosť, nezmysel

abundance [ə'bandəns] hojnosť, nadbytok

abundant [ə'bandənt] hojný, bohatý na niečo

abuse [ə'bjuz] zneužitie, ublíženie, nadávka, zneužívať, nadávať, týrať

abut [ə'bat] hraničiť (s čím), susediť, dotýkať sa

abutment [ə'batmənt] oporný pilier, podpera

abysmal [ə'bizml] priepastný, bezodný, hrozný, mizerný

abyss [ə'bis] priepasť

abyssal [ə'bisl] hlbinný

A.C. (napr. Alternating Current – striedavý prúd)

acacia [ə'keiʃə] agát

academic [əkə'demik] akademik, akademický, vysokoškolský

academy [əkæ'dəmi] akadémia

accede [ək'si:d] súhlasiť, pristúpiť na niečo
accelerate [ək'seləreit] zrýchľovať, zrýchliť, pridať plyn
acceleration [ək'seləreiʃn] zrýchlenie, akcelerácia
accent [əksnt] prízvuk, výslovnosť, prízvukovať, akcentovať, zdôrazniť
accentuation [əksentju'eiʃn] zdôraznenie
accept [ək'sept] prijať, súhlasiť, uznať
acceptance [ək'septəns] prijatie, súhlas
access [əkses] prístup, záchvat, prírastok
accessary [əksesəri] spoluvinník, spolupáchateľ
accession [əkseʃn] prístup, nástup
accessories [əksesəriz] príslušenstvo, doplnky (módne)
accessory [əksesəri] vedľajší, sprievodný, súčiastka, prídavný
accident [əksidənt] náhoda, nehoda, nešťastie
acclaim [ə'kleim] pozdravovať, pozdraviť, velebiť, vychvaľovať

acclamation [əklə'meiʃn] ovácie, aklamácia
acclimatization [ə'klaimətai'zeiʃn] aklimatizácia, prispôsobenie
accommodate [ə'kɔmədeit] prispôsobiť, vyhovieť, ubytovať
accommodating [ə'kɔmədeitiŋ] ochotný, úslužný
accommodation [əkɔmə'deiʃn] ubytovanie
accompaniment [ə'kampənimənt] sprievod
accompany [ə'kampəni] sprevádzať, spojiť
accomplice [ə'kɔmplis] spolupáchateľ, komplic
accomplish [ə'kɔmpliʃ] dokonať, vykonať, uskutočniť, dokončiť
accomplishment [ə'kɔmpliʃmənt] výkon, výsledok, vedomosti, úspech, dokončenie
accord [ə'kɔ:d] súhlas, zhoda, hud. akord, súhlasiť
accordion [ə'kɔ:djən] akordeón, harmonika
accordionist [ə'kɔ:djənist] harmonikár, hráč na akordeón

account [əˈkaunt] účet, konto, počítanie, vyúčtovanie

accountancy [əˈkauntənsi] účtovníctvo, vedenie účt. kníh

accountant [əˈkauntənt] účtovník

accredit [əˈkredit] akreditovať, splnomocniť, pripočítať (na účet)

accretion [əˈkriʃn] prírastok, rast

accumulation [əˈkju:mjuˈleiʃn] nahromadenie, vzrast, akumulácia

accuracy [əkjurəsi] presnosť, správnosť

accurate [əkjurəit] presný, správny

accusation [əkjuˈzeiʃn] obžaloba, obvinenie

accuser [əˈkju:zə] žalobca, udavač

accustomed [əˈkʌstəmd] zvyčajný, zvyknutý

ace [eis] eso, jednička (na kocke)

acetate [əsiteit] octan

ache [eik] bolesť, tupá bolesť, bolieť, túžiť

achieve [əˈtʃi:v] dosahovať, dosiahnuť, získať

achievement [əˈʃi:vmənt] úspech, výkon, dosiahnutie

acid [əsid] kyselina, kyslý

acknowledge [əkˈnolidʒ] uznať, uznávať, priznať, potvrdzovať, potvrdiť

acknowledgement [əkˈnolidʒmənt] uznanie, poďakovanie, potvrdenie

acne [əkni] akne (pokožky), uhrovitosť

acolyte [əkəlait] pomocník, prívrženec, miništrant

acorn [eikoːn] žaluď

account [əˈkaunt] účet, konto, správa, opis, vysvetlenie, považovať za (on no a. – v žiadnom prípade)

acoustic [əˈku:stik] akustický, sluchový, akustika (budovy)

acoustics [əˈku:stiks] akustika

acquaintance [əˈkweintəns] známosť, známy, oboznámenosť

acquiescence [əkwiˈesəns] zmierenie sa, povoľnosť

acquiscent [əkwisnt] poddajný, povoľný, ochotný

acquire [əˈkwaiə] nadobúdať, nadobudnúť, získať, naučiť sa, osvojiť si

acquisition [əkwiˈziʃn] získanie, kúpa, zisk
acquisitive [əkwiˈzitiv] hrabivý, zištný, chamtivý, lakomý
acquit [əˈkwit] oslobodiť z (viny)
acquittance [əˈkwitəns] splatenia (dlhu), potvrdenka, kvitancia
acre [eikə] aker = 0,4 hektára
acrid [əkrid] pálivý, štipľavý
acrimony [əkriməni] trpkosť, horkosť, zatrpknutosť
acrobat [əkrobæt] akrobat
across [əˈkros] cez, krížom
act [əkt] čin, skutok, akt, zákon, dejstvo, konať, pôsobiť, hrať,
action [əkʃn] činnosť, skutok, dej, akcia
active [əktiv] aktívny, činný, čulý, živý
activity [əkˈtiviti] aktivita, činnosť, čulosť
actor [əktə] herec, činiteľ
actress [əktris] herečka
actual [əktjuəl] skutočný, naozajstný, súčasný, aktuálny
acumen [əˈkju:mən] bystrosť, postreh

acute [əˈkju:t] ostrý, naliehavý, prudký, akútny, bystrý
acuteness [ækjuːtnəs] ostrosť, naliehavosť, bystrosť
A.D. (In the Year of our Lord – z Lat. Anno Domini [ˌænnəuˈdominai] roku Pána, tj. nášho letopočtu
adage [ədidʒ] porekadlo, príslovie, (vtipný) slovný obrat
adamant [ədəmənt] neoblomný, zaťatý
adapt [əˈdæpt] prispôsobiť, prispôsobovať (sa), upraviť, upravovať
adaptability [əˈdæptəˈbiliti] prispôsobivosť
adaptation [əˈdæpˈteiʃn] prepracovanie, prispôsobenie, adaptácia
adapter [əˈdæptə] adaptér, rozdvojka
add [əd] dodať, pridať, pripočítať, zväčšiť
adder [ədə] vretenica, zmija, užovka
addition [əˈdiʃn] pripojenie, dodatok, prírastok, sčítanie, prísada
addle [ədl] prázdny, skazený (vajce), zhnitý, popliesť, skaziť sa, zhniť

address [ə'dres] adresa, príhovor, adresovať, osloviť (a. in full – presná adresa)
addressee [ə'dresi:] adresát
adept [ədept] majster, odborník, obratný, skúsený, znalec
adequate [ædikwət] adekvátny, dostatočný, primeraný
adhere [əd'hiə] prívrženec, stúpenec, lipnúť
adherence [əd'hirəns] vernosť, lipnutie
adhesion [əd'hi:'ʒn] lipnutie, priľnavosť, (lek.) zrast
adhesive [əd'hi:siv] lepkavý, lepiaci (páska)
adjacent [ə'dʒeisnt] susedný, priľahlý
adjective [ədʒiktiv] prídavné meno
adjoin [ə'dʒoin] susediť, pripojiť
adjoining [ə'dʒoiniŋ] susedný, vedľajší
adjudge [ə'dʒadʒ] rozhodnúť, uznať, odsúdiť
adjunct [ədʒaŋkt] adjunkt, asistent, pomocník
adjust [ə'dʒast] usporiadať, prispôsobiť, upraviť, nastaviť (stroj)
adjutant [ədʒutənt] pobočník
admeasure [əd'meʒə] vymerať, prideliť, udeliť
administer [əd'ministə] spravovať, vykonávať, riadiť, viesť
administration [əd'mini-'streiʃn] správa, vláda, úradníctvo, podávanie liekov
administrator [əd'ministreitə] správca, konateľ
admiration [ədmə'reiʃn] obdiv
admirer [æ'dmaiərə] ctiteľ, obdivovateľ
admissible [æ'dmisəbl] prípustný, prijateľný
admission [əd'miʃn] prístup, vstup, prijatie, priznanie (a. fee – zápisné)
admit [əd'mit] pripustiť, vpustiť, priznať, uznať, prijať
admix [əd'miks] miešať, primiešať
admonition [ədmə'niʃn] napomenutie, výstraha, varovanie
admonitory [ədmonitəri] varovný, výstražný
ado [ə'du:] krik, zmätok
adolescence [ədo'lesns] dospievanie, mladosť

adolescent

adolescent [ədo'lesnt] dospievajúci, mladistvý
adopt [ə'dopt] adoptovať, prijať za vlastné
adoption [ə'dopʃn] adopcia, prijatie
adoration [ədə'reiʃn] zbožňovanie, uctievanie, vzývanie
adore [ə'do:] zbožňovať, uctievať
adorn [ə'do:n] ozdobiť, zdobiť, krášliť
adornment [ə'do:nmənt] ozdoba, okrasa
adult [ədalt] dospelý
advance [əd'va:ns] postup, posun, pokrok (in a. - vopred, predom)
advantage [əd'va:ntidʒ] výhoda, prospech
adventure [əd'ventʃə] dobrodružstvo
adverb [ədvə:b] príslovka
adversary [ədvəsri] protivník, sok, odporca
adverse [ədvə:s] škodlivý, nepriaznivý, protivný
advertisement [əd'və:tismənt] inzerát, oznam, reklama
advice [əd'vais] rada, odporúčanie (letter of a. - avízo)
aeroplane [eərəplein] lietadlo
aerospace [eərəspeis] atmosféra, vesmír
affair [əfeə] záležitosť, vec, aféra
affect [ə'fekt] pôsobiť, ovplyvňovať
affirm [əfə:m] potvrdiť
affirmative [ə'fə:mətiv] kladný (reply in a. - odpovedať kladne)
afford [ə'fo:d] dovoliť (si), dať, poskytnúť, dopriať si
afraid [ə'freid] bojazlivý, vystrašený, znepokojený (I am afraid (that) - obávam sa, (že); bohužiaľ; myslím si, že)
Africa [æfrikə] Afrika
African [æfrikən] Afričan, africký
after [a:ftə] po, potom, za, vzadu (the day a. tomorrow - pozajtra)
afternoon [a:ftə'nu:n] popoludnie
afterwards [a:ftəwədz] po, potom, neskôr
again [ə'gen] znova, zas, zase

20

against [ə'genst] proti, oproti
age [eidʒ] vek, doba, epocha (the Middle Ages – stredovek), (zo)starnúť, starnutie
agency [eidʒnsi] agentúra, organizácia, výbor
agenda [ədʒendə] program jednania, denný program, zápisník
agent ['eidʒənt] činiteľ, agent, zástupca, chemická látka, obchodný zástupca, hybná sila
aggregate ['ægrigit] úhrn, zhluk, agregát, zoskupiť (in the a. – úhrnom, celkom)
aggression [ə'greʃən] agresia, útok, agresivita
agile [ədʒail] čulý, agilný
ago [egəu] pred (nejakým časom) (not long a. – nedávno)
agrarian [ə'greəriən] agrárnik, poľnohospodársky
agree [ə'gri:] súhlasiť, zhodnúť sa
agreement [ə'gri:ment] dohoda
aggresive [ə'gresiv] agresívny, útočný
agriculture [ægrikaltʃə] poľnohospodárstvo

ahead [ə'hed] vpred, dopredu, vpredu, napred, v čele
aid [eid] pomoc, pomocník, pomáhať
AIDS (Acquired Immune Deficiency Syndrome – Syndróm získaného zlyhania imunity)
aim [eim] úmysel, cieľ, mieriť, zamieriť
air [eə] vzduch, povetrie (in the open a. – pod šírym nebom; open a. theatre – amfiteáter)
air-bed [eəbed] nafukovačka
airline [eəlain] letecká linka
airmail [eəmeil] letecká pošta
airplane [eəplein] lietadlo
airport [eəpo:t] letisko
air-ticket [eətikit] letenka
alarm [ə'la:m] poplach
alder [o:ldə] jelša
alien [eiljən] cudzinec, cudzí
alike [ə'laik] podobný, podobne
alive [ə'laiv] živý, zaživa
all [o:l] celý, všetko, všetci
allege [ə'ledʒ] tvrdiť

21

alley [əli] alej, ulička
alliance [ə'laiəns] spolok, spojenectvo, aliancia, zväzok
allocate [ələkeit] prideliť, prideľovať, dotovať
allow [ə'lau] dovoliť, umožniť, smieť
allowance [ə'lauəns] príspevok, zľava
all-round [o:l raund] všestranný
almost [o:lməust] skoro, takmer
alone [ə'ləun] sám, osamelý, iba, len
along [e'loŋ] pozdĺž
alongside [ə'loŋsaid] po boku
aloud [ə'laud] nahlas, hlasno
alphabet ['ælfəbit] abeceda
already [o:l'redi] už
also [o:lsəu] tiež
alter ['o:ltə] zmeniť
alternately ['o:l'tə:nitli] striedavo
alternating ['o:l'təneitiŋ] striedavý, meniaci sa
although [o:lðəu] hoci, i keď
altogether ['o:ltə'geðə] celkom, úplne, značne

aluminium [əlju'miniəm] hliník, alumínium
always [o'ːlwəiz] vždy, stále
a. m. [ei em] in the morning – dopoludnia (z Lat. ante meridiem), at 7 a. m. – o 7 ráno
am [əm, əm] som
amazing [ə'meiziŋ] úžasný
amber [əmbə] jantár, okrový
ambient [əmbiənt] okolitý, okolie, prostredie
ambition [əm'biʃn] ctižiadosť, ambícia, túžba, želanie
ambulance [əmbjuləns] sanitka
among [ə'mʌŋ] medzi
amount [ə'maunt] čiastka, suma, množstvo
ample ['æmpl] hojný, bohatý, rozsiahly, statný
amuse [ə'mju:z] baviť, zabávať
an [ən] neurčitý člen
analyse [ə'nælaiz] analyzovať, rozobrať, vykonať analýzu
ancient [einʃnt] starobylý, staroveký, starodávny (the A. Times – starovek)

analysis [ə'næləsis] rozbor, analýza (pl.: analyses [ə'næləsi:z])

and [ənd] a, i, a potom, a nato, a zatým

anew [ə'nju] opäť, znova

angel [eindʒl] anjel

anger [əŋgə] hnev, zlosť, nahnevať

angle [əŋgl] uhol, roh, stanovisko

animal [əniməl] zviera, živočíšny

anniversary [ˌæni'və:səri] výročie

ankle ['ænkl] členok

announce [ə'nauns] oznámiť

announcement [ə'naunsment] oznámenie

annoy [ə'noi] trápiť, obťažovať, hnevať

anorak [ənəræk] vetrovka

another [ə'nadə] iný, ešte jeden, ďalší, druhý

answer [a:nsə] odpoveď, odpovedať

ant [ənt] mravec

antlers [əntləz] parohy

anxiety [ən'zaiəti] obava, strach, úzkosť

anxious [əŋkʃəs] úzkostlivý, dychtivý (po niečom)

any [eni] každý, nejaký, ktorýkoľvek, niektorý, žiadny (po zápore)

anybody [enibodi] niekto, hocikto, ktokoľvek

anyhow [enihau] akokoľvek, nejako, rozhodne

anyone [eniwan] niekto, nikto (v záporných vetách)

anything [eniθiŋ] niečo, čokoľvek, všetko

anywhere [eniweə] hocikde, niekde, nikam (v záp. vetách)

AOK (In perfect order – V bezvadnom stave)

AP (Associated Press – americká tlačová agentúra)

apart [ə'pa:t] stranou, oddelene

apartment [ə'pa:tmənt] izba, byt

ape [eip] opica, opičiť sa

apologize [ə'polədʒaiz] ospravedlniť sa (komu za čo)

apology [ə'polədʒi] ospravedlnenie

apparently [ə'pærəntli] očividne, viditeľne

appeal [æ'pi:l] prosba, výzva, žiadosť, príťažlivosť (It

appear

doesn't appeal to me. – Nepáči sa mi to.)
appear [ə'piə] objaviť sa, zdať sa
appease [ə'pi:z] uspokojiť, zmierniť, utíšiť
applaud [ə'plo:d] tlieskať, schvaľovať
apple [əpl] jablko
application ['æpli'keiʃn] žiadosť, prihláška
apply [ə'plai] žiadať, priložiť, použiť
appoint [əpoint] stanoviť, vymenovať, zjednať
appointment [əpointment] schôdzka, ustanovenie
appraise [ə'preiz] odhadnúť, oceniť, zhodnotiť
appreciate [ə'priʃieit] oceniť, vážiť si, uznávať
approach [ə'prəutʃ] prístup, priblíženie sa
appropriate [ə'prəupriət] vhodný, primeraný
approval [ə'pru:vəl] súhlas, schválenie
approx. [ə'proksimətly] skratka: pribl.; asi, približne, približný
approximate [ə'proksimət] približný, priblížiť sa

apricot [eiprikot] marhuľa
April [eiprəl] apríl (A. Fool's day – prvého apríla; A. Fool! – aprílový žartík!)
apt [əpt] schopný, vhodný, spôsobilý
arch [a:tʃ] oblúk
ardent ['a:dənt] horúci, horlivý
are [a:] si, sme, ste, sú,
area ['eəriə] plocha, oblasť, povrch
argue ['a:gju:] argumentovať, hádať sa
arid ['ærid] suchý, vyprahnutý
arm [a:m] rameno, ruka
armchair [a:mtʃeə] kreslo
armpit ['a:mpit] podpazušie
around [ə'raund] okolo, dookola
arouse [ə'rəuz] zobudiť, vyburcovať
arrange [ə'reindʒ] usporiadať, zariadiť
arrival [ə'raivəl] príchod, prílet
arrow [ərəu] šíp, šípka, ukazovateľ (follow the a. – v smere šípky)
art [a:t] umenie, trik, zručnosť
artery [a:təri] tepna

article [a:tikl] článok, predmet, člen
artificial [a:tifiʃl] umelý
as [əz] tak, ako, keď, keďže, pretože (as soon as - len čo, akonáhle)
ASA (American Standards Association - Americké združenie pre normalizáciu)
ASCII (American Standard Code for Information Interchange - Americký štandartný kód pre výmenu informácií)
ascend [ə'send] stúpať
ash [əʃ] jaseň, popol
ashamed [ə'ʃeimd] zahanbený
ash-tray [əʃtrei] popolník
aside [ə'said] bokom
ask [a:sk] pýtať sa, žiadať, prosiť, pozvať
asleep [ə'sli:p] spiaci, v spánku (fall a. - zaspať)
ass [æs] somár, lupák, zadok, riť, kopnúť do zadku (kiss my ass - bozaj ma v riť)
assault [ə'so:lt] útok, prepad, útočiť
assay [ə'sei] vyšetrenie, analýza

assertive [ə'sə:tiv] priebojný, rozhodný
asshole [æshəul] debil, kretén, dement (nadávka)
assist [ə'sist] pomôcť, podporiť
assistant [ə'sistənt] asistent, pomocník, predavač (A. Professor - am.: odborný asistent)
associate [ə'səuʃiet] spoločník, partner, združovať (A. Professor - am.: docent)
association [əsəusi'eiʃn] združenie, zväz
assume [ə'sju:m] domnievať sa, predpokladať
assure [ə'ʃuə] ubezpečiť, zabezpečiť
asterisk ['æsterisk] hviezdička (*)
astonish [əs'toniʃ] prekvapiť
astray [əs'trei] mýlny, zablúdiť
at [ət, æt] v, pri, na, u (at last - konečne; at least - prinajmenšom, aspoň; at most - nanajvýš; at once - ihneď)
Athens ['æθinz] Atény
ATM (Automated Teller Machine - Bankomat)

atmosphere

atmosphere [ətmə'sfiə] atmosféra, ovzdušie
atom ['ətəm] atóm
ATT (American Telephone and Telegraph Company – Americká telefónna a telegrafná spoločnosť)
attach [ə'tætʃ] pripojiť, prilepiť
attack [ə'tæk] útok, pôsobiť, postihnúť
attain [ə'tein] dosiahnuť
attempt [ə'tempt] pokus, pokúsiť sa
attend [ə'tend] dávať pozor, navštevovať (školu), ošetrovať, sprevádzať
attention [ə'tenʃin] pozornosť, záujem, pozor, starostlivosť (pay a. – dávať pozor)
attentive [ə'tentiv] pozorný
attractive [ə'træktiv] príťažlivý, pôvabný
attribute [ə'tribju:t] prisudzovať, pripisovať, znak, vlastnosť, atribút
audacity ['o:'dæsiti] odvaha
audience ['o:djəns] poslucháči, obecenstvo, publikum
auger [o:gə] vrták
augment [o:gment] zväčšenie, rozšírenie, prírastok

August [o:gəst] august
aunt [a:nt] teta
au-pair [əu'peə] opatrovateľka
Australia ['o:streiljə] Austrália
Australian ['o:streiljən] Austrálčan(ka), austrálsky
author ['o:θə] spisovateľ, autor
authority ['o:θəriti] autorita, právomoc, pl. authorities: úrady
authorize ['o:θəraiz] splnomocniť, autorizovať, poveriť, povoliť
automatic ['o:tə'mætik] automatický
automation ['o:tə'meiʃn] automatizácia
autumn [o:təm] jeseň, jesenný
available [ə'veiləbl] dostupný, platný, k dispozícii
avenue [əvənju:] ulica, alej, trieda
average [əvəridʒ] priemer, priemerný (on a. – v priemere)
avoid [ə'void] vyhnúť sa, vyvarovať sa
AWACS (Airborne Warning

and Control System – Letecký výstražný a riadiaci systém)

await [ə'weit] čakať, očakávať

awake [ə'weik] bdiaci, prebudiť, zobudiť, ostražitý

award [ə'wo:d] rozhodnutie, rozsudok, cena, odmena, udeliť, uložiť

away [ə'wei] preč, vonku

awful [o:fəl] strašný, hrozný (look/feel a. – vyzerať(cítiť sa hrozne)

awhile [ə'wail] na chvíľku

awkward [o:kwəd] nemotorný, nešikovný, trápny

axe [əks] sekera

axis [əksis] os

Bb

BA (Bachelor of Arts - Bakalár slobodných umení)

baby [beibi] dieťa, dieťatko, dojča; malý (finger) (b. boom - populačná explózia)

baby-sitter [beibi sitə] opatrovníčka detí

bachelor [bætʃələ] bakalár, starý mládenec

back [bæk] chrbát, operadlo, obranca, zadná strana, späť, podporovať

backache [bækeik] bolesť chrbta

back and forth [bæk ænd fo:θ] tam a späť

backgammon [bæk'gæmən] druh spoločenskej hry

backward [bækwəd] späť, nazad, zaostalý, nesmelý

backstroke ['bækstrəuk] znak (plávanie)

backbone ['bækbəun] chrbtica (to the b. - do špiku kosti, celkom)

bacon [beikn] slanina (bring home the b. - dosiahnuť/mať úspech)

bad [bæd] zlý, nepríjemný, chorý (worse - horší; the worst - najhorší)

badge [bædʒ] odznak, symbol, znamenie

badger [bædʒər] jazvec, otravovať, trápiť, sužovať

bag [bæg] vrecko, vak, taška (be) in the bag - (byť/mať) v kapse/v suchu/v hrsti)

baggage [bægidʒ] batožina, záťaž, balast

bagpipe [bægpaip] gajdy

baguette [bæ'get] bageta

Bahamas [bə'ha:məz] the Bahamas - Bahamy, Bahamské ostrovy

bail [beil] záruka, ručiteľ, zaručiť sa, kaucia

bailiff [beilif] šafár, správca, súdny zriadenec

bait [beit] návnada, vnadidlo, lákadlo, doberať si, mučiť

bake [beik] piecť, vypaľovať, zapečený nákyp

baker [beikə] pekár (b.'s dozen - pekársky tucet t.j. trinásť)

bakery [beikəri] pekáreň

balance [bæləns] váha, rovnováha, bilancia
balance sheet [bæləns ʃi:t] súvaha, bilancia
balcony ['bælkəni] balkón
bald [bo:ld] holohlavý, lysý
ball [bo:l] lopta, guľka, ples, gule, semenníky (pohl. orgán), zmotať, skrútiť (sa)
ballad [bæləd] balada
ball bearing [bo:l'beəriŋ] guličkové ložisko
ballet ['bælei] balet
ballot ['bælət] (tajné) hlasovanie, losovanie, hlasovať, voliť
ban [bæn] zákaz, zakázať
banana [bæ'na:nə] banán (b. split – banán so zmrzlinou a šľahačkou)
band [bænd] banda, kapela, pás, stuha; zviazať
bandage [bændidʒ] obväz, obviazať
bandit [bændit] bandita, lupič, zlodej
bang [bæŋ] bác, tresk, buchnúť (Big Bang – Veľký tresk – astron.)
bank [bæŋk] breh, banka, lavička (b. holiday – deň pracovného voľna)

bank holiday [bæŋk holidei] deň pracovného voľna, štátny sviatok
banknote [bæŋknəut] bankovka
bankruptcy ['bæŋkrəp(t)si] úpadok, bankrot
baptize [bæp'taiz] (po)krstiť (John the Baptist – Ján Krstiteľ)
bar [ba:] bar, tyč(inka), závora, zábradlie; súd, tribunál, výčap, takt, zatvoriť na závoru
barbarian [ba:'beəriən] barbar
barbecue [ba:bikju:] raženň, gril, piknik s opekaním, opekať
barbed wire [ba:rbd waiə] ostnatý drôt
barbel [ba:bl] sumec
barbell ['ba:r‚bel] vzpieračská činka
barbell [ba:r‚bel] vzpieračská činka
barber [ba:bə] holič (b.'s – holičstvo, pánske kaderníctvo)
barberry [ba:beri] dráč (bot.)
bar chart [ba: tʃa:t] stĺpcový diagram/graf

29

bar code [ba: koud] čiarkový kód

bare [beə] holý, nahý, prázdny, odhaliť, odkryť, iba, len

barefoot [beə'fut] bosý, naboso

bareheaded [beə'hedid] prostovlasý, bez čiapky

barely ['beəli] iba, sotva, horko ťažko, len len

bargain [ba:gin] obchod, jednať sa, výhodná kúpa

bark [ba:k] brechať; štekať, kôra (stromu)

barkeeper [ba:ki:pər] barman, výčapník

barley ['ba:li] jačmeň

barmaid [ba:meid] čašníčka, barmanka, výčapníčka

barman [ba:mən] čašník, barman

barn [ba:n] stodola

barrel [bærl] sud, hlaveň

barrier [bæriə] bariéra, závora, priehrada, mantinel

barter ['ba:tə] výmenný obchod

base [beis] báza, základňa, dno, úpätie (b. pay - základná mzda)

basement ['beismənt] podzemie, suterén

bashful [bæʃful] bojazlivý, plachý, hanblivý

basic [beisik] základný, hlavný (B. English - zjednodušená angličtina s 850 slovami)

basil [bæzl] bazalka

basin [beisn] bazén, nádrž, umývadlo, kotlina, povodie, lavór

basket [ba:skit] kôš, košík

basketball [ba:skitbo:l] basketbal

Basle/Basel/Bale [ba:l] Bazilej

bastard [bæstəd] pankhart, bastard, zvrhlý, miešanec

bat [bæt] palica, pálka, netopier

bath [ba:θ] kúpeľ, vaňa, kúpele (b. towel - osuška)

bathe [beið] kúpať sa

bathroom [ba:θrum] kúpeľňa

battalion [bə'tæljən] batalión, prápor

battle [bætl] boj, bitka; bojovať, zápasiť

bay [bei] záliv, vavrín, (b.leaf - bobkový list), výklenok

B&B (bed and breakfast - nocľah s raňajkami)

BBC [bi:bi:si:] (British Broadcasting Corporation - Britská rozhlasová spoločnosť)

BC [bi: si:] (Before Christ - pred naším letopočtom)

be [bi:] (was/were; been) byť, existovať

beach [bi:tʃ] pláž, pobrežie, vytiahnuť na breh

bead [bi:d] guľôčka, korálka (beadroll - ruženec)

beak [bi:k] zobák, zobať

beaker ['bi:kər] pohár - „kelímok", kadička (chémia)

beam [bi:m] lúč, žiariť, trám, kladina

bean [bi:n] fazuľa, zrnko (b. pod - fazuľový lusk; full of b.s - plný energie, veľmi bujný)

bear [beə] (bore; borne) rodiť, medveď; nosiť, (Great al. Little Bear - Veľký al. Malý voz (astron.)

beard [biəd] brada

beast [bi:st] zviera, šelma, beštia

beat [bi:t] (beat; beaten) biť, tĺcť, zvíťaziť, tlkot, tep

beatification [bi,ætifi'keiʃn] blahorečenie

beautician [bju:'tiʃn] kozmetik, kozmetička

beautiful [bju:tifl] krásny

beau [bou] nápadník, milý, milenec

beauty [bju:ti] krása, krásavica (b. contest - súťaž krásy; b. parlour - salón krásy)

beaver [bi:vər] bobor, bobria kožušina, kunda; (eager b. - horlivec (am. slang)

because [bi'koz] lebo, pretože, pre

become [bi'kam] (became; become) stať sa

becoming [bi:'kamiŋ] slušivý, elegantný, vhodný, patričný, náležitý

bed [bed] posteľ, riečište, záhon, sloj, vrstva (b. bug - ploštica; b. and breakfast - izba s raňajkami)

bedroom [bedrum] spálňa

bee [bi:] včela (have a b. in one's bonnet - mať v hlave chrobáka; b-keeper - včelár; b. sting - včelie žihadlo)

beef [bi:f] hovädzie mäso (b. cattle - hovädzí dobytok; b. up - zlepšiť, posilniť, zväčšiť)

Beefeater [bi:fi:tə] Beefeater, stráž londýnskeho Toweru

beefsteak [bi:fsteik] biftek

beehive [bi:haiv] úľ, včelín, natupírovaný účes

beep [bi:p] pípnutie, zapípanie, (za)húkať

beer [biər] pivo (small b. - malá ryba, bezvýznamný človek/vec; b. belly - pivný mozoľ/brucho))

beech [bi:tʃ] buk, bukové drevo (b.-nut - bukvica)

beet [bi:t] repa (sugar b. - cukrová repa)

beetle [bi:tl] chrobák (b.-crusher - veľká noha/topánka, pešiak, pochôdzkár)

beetroot [bi:tru:t] červená repa

before [bi'fo:] pred, skôr, predtým

beg [beg] prosiť, žiadať, žobrať (I beg to differ - Dovolím si nesúhlasiť)

beggar [begə] žobrák, ožobráčiť

begin [bi'gin] (began; begun) začať, začínať

beginner [bi'ginər] začiatočník, nováčik

beginning [bi'giniŋ] začiatok

behalf [bi'ha:f] pre, za, (in/on b. - v mene, v záujme)

behave [bi'heiv] chovať sa, správať sa (b. yourself - správaj sa slušne)

behind [bi'haind] za, vzadu (b. schedule - oneskorene)

being [bi:iŋ] bytie, bytosť (human b. - ľudská bytosť; come into b. - vzniknúť)

belch [beltʃ] grgať, (od)grgnúť, (vy)chrliť, (od)grgnutie

Belgian ['beldʒən] Belgičan(ka), belgický

Belgium ['beldʒəm] Belgicko

Belgrade [bel'greid] Belehrad

belief [bi'li:f] viera, presvedčenie, dôvera (beyond b. - neuveriteľný; in the b. that - v presvedčení, že)

believe [bi'li:v] veriť, myslieť (b. it or not - veriť či nie)

belittle [bi:'litl] znevažovať, bagatelizovať, zmenšovať

bell [bel] zvon, zvonček, zazvoniť (ring the b. - pripomínať, znieť povedome)

belle [bel] krásavica, kráska
bellhop [belhop] pikolík, hotelový poslík
belligerent [bi'lidʒərənt] útočný, bojovný, agresívny, útočník, agresor
bellow [belou] revať, kričať, bučať, rev, kričanie, mech, dúchadlo
belly [beli] brucho, žalúdok
belong [bi'loŋ] patriť, byť členom, pochádzať
belongings [bi'loŋiŋz] majetok, veci, náležitosti, batožina
Belorussia [belo'raʃə] Bielorusko
beloved [bi'lavid] milovaný, drahý, miláčik, milenec/milenka
below [bi'ləu] pod, dole, nižšie (b. zero .- pod nulou)
belt [belt] pás, opasok, remeň (b.-tightening - uťahovanie opaskov; b. drive - remeňový pohon/prevod)
bench [bentʃ] lavica, stolica (aj súdna) (b. warrant - súdny zatykač)
benchmark [bentʃ'ma:k] meradlo, meter (pre niečo) (b. test - porovnávací test)

bend [bend] (bent; bent) zohnúť sa, otočiť (sa), ohyb, zákruta, podriadiť sa, prispôsobiť
beneath [bi'ni:θ] pod, dole
benefactor [benifæktər] dobrodinec, donátor, patrón. mecenáš
benefit [benifit] úžitok, podpora; prinášať prospech
beneficial [beni'fiʃl] blahodárny, prospešný, užitočný
beneficiary [beni'fiʃəri] príjemca (pôžitku)
berry ['beri] bobuľa
berth [bə:θ] posteľ, lôžko (v kabíne), ležadlo
beside [bi'said] vedľa, pri
besides [bi'saidz] okrem toho, ešte aj, navyše
best [best] najlepší (b. man - družba (na svadbe) (b.-seller - najúspešnejšia, najpredávanejšia kniha)
bestow [bi'stou] udeliť, požičať, venovať, poskytnúť
bestowal/bestowment [bistouəl] udelenie, prepožičanie, venovanie, poskytnutie
bet [bet] stávka, staviť sa
betray [bi'trei] (pre)zradiť, klamať, spreneveriť sa

betrayal [bi'treiəl] zrada
betrayer [bi'treiər] zradca
betrothal [bi'trouðəl] zásnuby, zasnúbenie
betrothed [bi'trouðd] zasnúbený, snúbenec/snúbenica
better [betə] lepší, lepšie, zlepšiť, vylepšiť (That's better. – V pohode. To je fajn. To beriem)
betterment ['betəmənt] zlepšenie, zdokonalenie
between [bi'twi:n] medzi
bevel gear [bevl'giər] kuželové ozubené koleso
beverage [bevəridʒ] nápoj
bevy [bevi] (ženská) spoločnosť, stádo, kŕdeľ, húf
beware [bi'weə] pozor, daj pozor, vyvarovať sa (B. of the dog! – Pozor, zlý pes!)
bewilder [bi'wildər] zmiasť, vyviesť z miery, pomotať
bewitch [bi'witʃ] očariť, očarovať
beyond [bi'jond] po, za, nad, cez; záhrobný život
bicycle [baisikl] bicykel, bicyklovať sa
bid [bid] (bade; bidden) ponúknuť, ponuka

big [big] veľký, (B. Bang – Veľký tresk, B. Apple – Veľké Jablko – prezývka New Yorku)
bile [bail] žlč, zatrpknutosť, mrzutosť
bill [bil] účet, bankovka, plagát, zoznam, zobák
billion [biljən] BrE – bilión, AmE – miliarda (billionaire – miliardár)
billionaire [biljə'neər] miliardár
bind [baind] (bound; bound) viazať, spojiť, spútať
birch [bə:tʃ] breza, (vy)šľahanie (b. bark – brezová kôra)
bird [bə:d] vták, mladá žena, „kosť", (b.'s eye view – vtáčia perspektíva)
birth [bə:θ] narodenie, vznik (give b. – porodiť; date of birth – dátum narodenia; b. certificate – rodný list)
birthday [bə:θdei] narodeniny (b. suit – Adamovo/Evino rúcho – nahý)
birthplace [bə:θpleis] miesto narodenia, kolíska (čoho)

biscuit [biskit] keks, suchár, trvanlivé pečivo
bishop [biʃəp] biskup, strelec (šach)
bismuth ['bizməθ] bizmut
bison ['baisn] bizón, zubor
bistro ['bi:strou] bistro
bit [bit] kúsok, trocha, špička, hrot, časť, zubadlo, bit (jednotka informácie) (to bits - na kúsky/črepy)
bitch [bitʃ] potvora, sviňa (nadávka) suka (nadávka: son of a bitch - sukin syn); nadávať
bite [bait] (bit, bitten) hrýzť, štípať, pohryznutie, kúsok, (love b. - cucflek)
bitter [bitə] horký, trpký, krutý, zatrpklý, treskúci (mráz), horké pivo
bivouac [bivuæk] tábor, bivak, bivakovať
black [blæk] čerň, čierny, černoch, temnota, sadza (b. box - čierna skrinka (v lietadle)
blackberry ['blækbəri] černica
blackbird ['blækbə:d] drozd (blackbirder - obchodník s čiernymi otrokmi)

blackboard ['blækbo:d] tabuľa (v triede)
blackmail [blækmeil] vydieranie, vydierať
blade [bleid] žiletka, čepeľ, lopatka (turbíny), steblo
blame [bleim] hanba, vina, hanobiť, obviňovať
blanket [blæŋkit] prikrývka, formulár (wet b. - mrzutý patrón, otravný človek)
blaze [bleiz] plamene, plápolanie, požiar, žiara (go to b.s - ísť do hája/frasa)
blazer [bleizə] sako (s klubovým znakom), kabátik, blejzer
bleak [bli:k] pustý, holý, pochmúrny, smutný
bleed [bli:d] (bled; bled) krvácať, mokvať
blemish [blemiʃ] chyba, škvrna, poškvrniť, pokaziť
blend [blend] zmes, miešať (b. in - splynúť, zapadnúť)
blessing ['blesiŋ] šťastie, požehnanie, dobrodenie (a b. in disguise - nečakané šťastie)
blind [blaind] slepý, oslepiť, roleta (b. man's bluff - hra na slepú babu)

blind alley [blaind 'æli] slepá ulička

blink [bliŋk] blikať, žmurkať (in the b. of an eye – v mihu, za okamžik)

bliss [blis] blaho, veľké šťastie, radosť

blizzard [blizəd] metelica, snehová búrka

block [blok] blok, balvan, klát, blokovať

blockhead [blok'hed] hlupák

blood [blad] krv, pôvod, rod (in cold b. – chladnokrvne; blood, sweat and tears – krv, pot a slzy – Churchill))

bloody [bladi] krvavý, prekliaty, mizerný, debilný, posraný (vulg.)

bloom [blu:m] kvet, kvitnúť (be in b. – byť v rozkvete)

blot [blot] machuľa, škvrna; poškvrniť, začierniť

blouse [blauz] blúza, blúzka

blow [bləu] (blew; blown) fúkať, úder, rana (b. job – orálny sex)

blue [blu:] modrý, sklúčený, smutný (b. cheese – syr s modrou plesňou typu Roquefort; out of the blue – zčistajasna))

blunder [blandə] chyba, omyl, tápať

blunt [blant] tupý, neohrabaný, hrubý

blush [blaʃ] rumenec, červenať sa

BOAC (British Overseas Airways Corporation – Britská letecká spoločnosť pre zámorské linky)

board [bo:d] doska, paluba, strava, výbor, rada, stravovať sa, nalodiť sa (full/partial b. – plná/polovičná penzia)

boarding-card [bo:diŋ ka:d] palubný lístok

boarding-house [bo:diŋ haus] penzión

boast [bəust] pýcha, chvála, pýšiť sa, chváliť sa, vystatovať sa

boat [bəut] čln, loď (sailing b. – plachetnica, rowing b. – veslica)

bob [bob] trhnutie, úklon, krátky účes, poskakovať, kývať sa

bodice [bodis] životík, šnurovačka

bodily [bodili] telesný, fyzický, telesne, vcelku, ako jeden muž

body [bodi] telo, teleso, trup, masa, skupina

boil [boil] vrieť, variť, kypieť

bold [bəuld] odvážny, bezočivý

bollocks [boləks] gule (pohl. orgán)

bolster [bəulstə] vankúš, podhlavník, podložka

bolt [bəult] závora, skrutka, utiecť, zhltnúť, vyraziť

bomb [bom] bomba, granát, bombardovať

bone [bəun] kosť, vykostiť, kostený (a b. of contention – jablko sváru)

bonnet [bonit] kapota, ženský/detský čepiec, extrémista, radikál

bonkers ['boŋkeəz] šialený, cvoknutý (opitý)

book [buk] kniha, zošit, zapísať, rezervovať

booked up [bukt ap] obsadené, vypredané

bookseller's ['bukseləz] kníhkupectvo

boot [bu:t] vysoká topánka, kufor auta

booth [bu:θ] búdka, kabínka, tel. búdka, box (v reštaurácii)

border ['bo:dər] okraj, hranica, obrúbiť

bore [bo:] vrták, nudný človek, nudiť sa, vŕtať

born [bo:n] narodený (be born – narodiť sa, zrodiť sa, vzniknúť)

borrow [borəu] (vy)požičať si

bosom [buzəm] prsia, hruď, ochranná náruč (rodiny) (b. friend – dôverný priateľ)

boss [bos] šéf, predák, výrastok, výčnelok, sekírovať

both [bəuθ] obaja, obe

bother ['boðə] trápenie, ťažkosť, unúvať, trápiť

bottle [botl] fľaša, stáčať do fliaš, zavárať

bottom [botəm] dno, spodok, základy

bounce [bauns] buchnutie, nadskočenie, odskok, chvastanie, skákať, vyskakovať, náhle, odrazu

bound [baund] hranica, medza, skok, odraz, obmedzovať, pútať, skákať

bounty [baunti] štedrosť, výnos, dar

bouquet [bukei] kytica, vôňa vína

bourbon ['bə:bən] burbon (americké whisky)

bourgeois ['buəʒwa:] (malo)meštiacky (spôsob života, buržoázny (v marxizme)

bow [bau] poklona, úklon, oblúk, pokloniť sa, mašlička, sláčik, luk

bowl [bəul] misa, čaša, hrať bowls, nadhadzovať (loptičku)

box [boks] škatuľa, debnička, schránka, búdka, úder, boxovať

boy [boi] chlapec, poslík (Oh) boy! - Pána (zvolanie) (b.s will be b.s - chlapci sú chlapci)

boyfriend [boifrend] kamarát, priateľ, milý

BR - (British Railways [britiʃ reilweiz] - Britské železnice)

bra [bra:] podprsenka

bracelet [breislit] náramok

bracket [brækit] konzola, podpera, zátvorka (hranatá)

braid [breid] vrkoč, stužka, pliesť, lemovať

brain [brein] mozog, rozum (b. death - klinická smrť; b. drain - odliv mozgov)

brake [breik] brzda, brzdiť (b. fluid - brzdová kvapalina)

branch [bra:ntʃ] vetva, pobočka, odbočka, odbor, odvetvie (olive b. - olivová ratolesť)

brand [brænd] ohorok, značka, označiť, vypáliť znak

brandy [brændi] koňak (plum b. - slivovica; apple b. - jablkovica)

brave [breiv] statočný, odvážny

brawn [bro:n] sval, tlačenka, huspenina

breach [bri:tʃ] trhlina, prielom

bread [bred] chlieb, živobytie (b. and butter - chlieb s maslom)

break [breik] (broke; broken) zlomiť, rozbiť, prerušiť, nedodržať, porušiť

breakfast [brekfəst] raňajky (have b. - raňajkovať)

breast [brest] prsia, hruď (b. pocket - náprsné vrecko)

breath [breθ] dych, dýchanie (waste one's b. - namáhať sa zbytočne)

breed [bri:d] (bred; bred) plodiť, rodiť, pestovať, vychovávať, chovať

breeze [bri:z] vánok, vetrík

brick [brik] tehla, kocka

bridge [bridʒ] most, bridž (kartová hra)

brief [bri:f] krátky, stručný, nohavičky, spodky, zodpovednosť, informovať, inštruovať

briefcase [bri:fkeis] aktovka

bright [brait] jasný, pestrý, živý, bystrý, šikovný, optimistický, rozžiarený

bring [briŋ] (brought; brought) priniesť, priviesť (b. up - vychovať)

brisk [brisk] čulý, rázny, ostrý, šumivý

bristle [brisl] chlp, štetina, naježiť sa

broad [brəud] široký, zreteľný, hrubý

broadcast [brəudka:st] rozhlas, relácia, vysielanie, vysielať

broken [brəuken] rozbitý, zlomený

broth [broθ] mäsový vývar, polievka

brother [braðə] brat (foster b.-nevlastný brat; b. german - vlastný/pokrvný brat)

brother-in-law [braðə in‚lo:] švagor

brouhaha ['bru:ha:ha:] vrava, pokrik, šum

brow [brau] obočie, čelo, vrchol, okraj (knit/wrinkle one's b. - vraštiť obočie)

brown [braun] hnedý, opálený, opáliť sa (b. paper - baliaci papier)

bruise [bru:z] sinka, škrabanec, hrča

brush [braʃ] štetec, kefa, vykefovať, natrieť

brutal [bru:tl] surový, krutý, zverský

brute [bru:t] zviera, hovädo, surovec, beštia, hrubý, krutý, brutálny

BSE (Bovine Spongiform Encephalopathy - Spongiózna encefalopatia hovädzieho dobytka)

bubble [babl] bublina, bublať

buck [bak] jeleň, srnec, sob, cap

bucket [bakit] vedro, okov (kick the b. - otrčiť kopytá, zomrieť)

buckle [bakl] pracka, sponka, zapnúť, podlamovať sa

bud [bad] púčik, zárodok, pučať, kámoš, chlapče (be in b. – byť v rozpuku, vypučať)

Budapest ['bju:dəpest] Budapešť

buddy [badi] kamarát, kámoš, brat, chlapec (oslovenie)

budget [badʒit] rozpočet, rozpočtovať, výhodný, lacný, úsporný

buffer [bafə] nárazník, tlmič, chrániť (b. zone – nárazníková zóna)

build [bild] (built; built) stavať, budovať (b. in – zabudovať, vstavať)

building [bildiŋ] budova, stavba (apartment b. – nájomný dom)

bulk [balk] množstvo, objem, rozmer, väčšina, skoro všetci (in b. – vo veľkom (nákup)

bull [bul] býk, bula (pápežská), (like a b. in a china shop – ako slon v porceláne)

bullet [bulit] guľka, strela (b.-proof – nepriestrelný; blank b. – slepý náboj)

bum [bam] tulák, niktoš, fušer, príživník, zadok, riť, mizerný, nepríjemný, (vy)somrovať, pumpnúť (bums on seats – plne vypredané)

bump [bamp] rana, náraz, udrieť

bunch [bantʃ] zväzok, chumáč, kytica

bundle [bandl] zväzok, uzol, otiepka

bungalow [baŋgələu] prízemný dom, chata

bunny [bani] zajačik

bureau [bju:rəu] úrad, kancelária

burglar [bə:glə] zlodej, vlamač (b. alarm – poplašné zariadenie)

burial ['beriəl] pohreb (b. ground – cintorín, pohrebisko)

burn [bə:n] horieť, páliť, popáliť

burp [bə:p] grgať, grgnutie

burst [bə:st] (burst; burst) prasknúť, puknúť, vybuchnúť, vraziť, vpadnúť

bury [beri] pochovať, skryť, zasypať, ukryť (b. the hatchet – zakopať vojnovú sekeru)

bus [bas] autobus (b. bar - prípojnica, zberníca; b. stop - zastávka autobusu)

bush [buʃ] krík, krovie (beat about the b. - chodiť okolo horúcej kaše)

business [biznis] obchod, zamestnanie, záležitosť (Hours of b. - Otváracie hodiny)

bus-stop [bas stop] autobusová zastávka, stanovisko autobusu

busy [bizi] zamestnaný, zaneprázdnený, usilovný, rušný

but [bat] ale, avšak, len, sotva, okrem

butcher ['butʃər] mäsiar, mäsiarstvo, zabijak, hrdlorez, zaklať, podrezať, zmasakrovať

button [batn] gombík, tlačidlo, zapnúť

buy [bai] (bought; bought) kúpiť, nakupovať

by [bai] pri, vedľa, okolo, do, na, s, v, podľa, krát, o (b. oneself - sám, bez pomoci iných)

bye-bye [bai bai] pá, ahoj, dovidenia, zbohom

by-pass [baipa:s] obchádzka, zaviesť spojku (chirurg. zákrok)

by-way [baiwei] vedľajšia cesta (by the way - mimochodom)

Cc

cab [cæb] taxík, búdka, klietka (výťahu)
cabaret ['kæbərei] kabaret
cabbage ['kæbidʒ] (hlávková) kapusta, kel
cabbage lettuce ['kæbidʒ 'letis] hlávkový šalát
cabdriver ['kæbdraivər] taxikár
cabin [kæbin] kabína, kajuta, búdka
cabinet-maker ['kæbinet meikər] truhlár
cable [keibl] lano, kábel, telegrafovať (c. television - kábelová televízia)
cable car ['keibl ka:] kabína lanovky
CAD/CAM (Computer-Aided Design/Computer-Aided Manufacturing - Počítačom podporované projektovanie/Počítačom podporovaná výroba
cafe [kæfei] kaviareň, bufet
cage [keidʒ] klietka, zavrieť do klietky, kôš (basketbal)
cake [keik] buchta, koláč, torta (sell/go like hot cakes - ide to na dračku, dobre sa predáva; a piece of c. - ľahké ako hračka)
calculate [kælkjuleit] počítať, spoliehať sa, zamýšľať
calendar [kælində] kalendár
calf [ka:f] teľa, teľacina, lýtko
call [ko:l] zavolanie, výzva, volať, telefonovať, kričať, zavolať, pomenovať (c. it a day - „fajront", koniec práce)
calling [ko:liŋ] volanie, povolanie
calm [ka:m] tichý, pokojný, ticho (c. down - ukľudniť sa, upokojiť sa)
calorie/calory ['kæləri] kalória
Calvary ['kælvəri] Kalvária, utrpenie
Cambridge ['keimbridʒ] Cambridge (univerzitné mesto)
camel ['kæməl] ťava
camera ['kæmərə] fotoaparát, kamera
camomile/chamomile ['kæməmail] harmanček

camp [kæmp] tábor, kemping, táboriť (c. bed – skladacie ležadlo, poľná posteľ)
campaign [kæm'pein] kampaň, ťaženie
camper [kæmpə] obytný príves
camphor ['kæmfər] gáfor
candid ['kændid] úprimný, čestný otvorený, momentkový (fotografia) (c. camera – skrytá kamera)
candidacy ['kændidəsi] kandidatúra
candidate ['kændideit] kandidát, uchádzač, čakateľ
can [kæn] môcť, vedieť, viem, smiem, môžem, plechovka, konzerva
Canada ['kænədə] Kanada
Canadian ['kə'neidiən] Kanaďan(ka), kanadský
canal [kə'næl] kanál, prieplav
cancel [kænsəl] zrušiť, odvolať, škrtnúť
cancer ['kænsər] rakovina (C. – Rak (súhvezdie); Tropic of C. – Obratník raka – sever)
candle [kændl] sviečka
Candlemas ['kændlməs] Hromnice
candy ['kændi] cukrovinky, bonbón
candyfloss [kændifləs] cukrová vata, pozlátko, komercia
cane [kein] trstina, palica (c. sugar – trstinový cukor)
cannabis ['kænəbis] hašiš, marihuana, konope siate
canned [kænd] konzervovaný
cannery ['kænəri] konzerváreň
cannibal ['kænibəl] ľudožrút, kanibal
cannot [kænot] zápor od **can** – môcť
canteen [kænti:n] (závodná/školská) jedáleň, poľná fľaša, ešus
cap [kæp] čiapka, viečko, baret, uzáver, byť vybraný do reprezentácie, ozdobiť
capable [keipəbl] schopný, talentovaný
capacitor ['kæ'pæsitər] kondenzátor
capacity [kə'pæsiti] kapacita, nadanie, schopnosť, súd
collapse [kə'læps] zrútiť sa, zosunúť sa (budova), padnúť

courteous [kə:tiəs] zdvorilý
cousin [kazn] bratranec, sesternica
cover [kavə] prikrývka, obal, prikryť, skryť
cow [kau] krava (sacred c. - posvätná krava, nedotknuteľná vec)
cower [kauə] krčiť sa, čupieť
coy [koi] nesmelý, cudný
crab kræb] krab
crack [kræk] trhlina, rana, puknúť
cracker [krækə] keks, suchár, prskavka, šialený, pobláznený
Cracow [kræko:] Krakov
craft [kra:ft] zručnosť, remeslo, obratnosť, ľstivosť
crag [kræg] skala, útes
crap [kræp] mizerný, úbohý, hovno, srať, vysrať sa
crash [kræʃ] pád, rachot, havária
crawfish [krofiʃ] = **crayfish** [kreifiʃ] rak
crawl [kro:l] plaziť sa, hemžiť sa, liezť
crazy [kreizi] bláznivý, neviazaný
creak [kri:k] škrípať, vŕzgať
cream [kri:m] smotana, krém, krémový (skim the c. - zlíznuť smotanu, dostať to najlepšie)
crease [kri:s] záhyb, krčiť sa
create [kri'eit] vytvoriť, spôsobiť
creation [kri'eiʃn] tvorba, výtvor
creature [kri:tʃə] tvor, bytosť
credit [kredit] úver, kredit, dôvera, česť
creek [kri:k] zátoka, potok
creep [kri:p] (crept; crept) liezť, plaziť sa
cress [kres] žerucha
crest [krest] hrebienok (kohúta), horský hrebeň (on the c. of wave – na vrchole (slávy/šťastia)
crevice [krevis] štrbina, puklina
crew [kru:] posádka, mužstvo
cricket [krikit] cvrček, kriket
crime [kraim] zločin, zločinnosť
cripple [kripl] mrzák, zmrzačiť
crisis [kraisis] kríza
crisp [krisp] kučeravý, krehký, rázny, chrumkavý

critic [kritik] kritik
critique [kri'ti:k] recenzia, kritika, posudok
Croat ['kro(u)ət] Chorvát
Croatia [kro(u)'eiʃiə] Chorvátsko
crooked [krukt] krivý, zahnutý, nepoctivý
crop [krop] úroda, žatva
cross [kros] kríž, prečiarknuť, prejsť, prekročiť, skrížiť, namrzený
crossing [krosiŋ] križovatka, prechod
crosswalk [krosvo:k] priechod pre chodcov
crossword ['kroswə:d] krížovka
crow [krou] vrana, (za)kikiríkať, chvastať (sa) (as the c. flies – vzdušnou čiarou)
crowd [kraud] zástup, tlačenica
crowded [kraudid] preľudnený, preplnený, nabitý
crown [kraun] koruna, veniec, vrch, temeno
crucial [kru:ʃəl] rozhodujúci, kľúčový, kritický
crude [kru:d] hrubý, surový, nezrelý
cruel [kruəl] krutý

cruise [kru:z] križovať, výletná plavba (c. missile – riadená strela)
crumple [krampl] krčiť, zrútiť sa, zlomiť
crush [kraʃ] tlačenica, drviť, mliaždiť
crust [krast] kôra, chrasta
cry [krai] krik, volanie, plač, kričať, plakať
crystal [kristl] kryštál, krištáľ, kryštálový, krištáľový
cube [kju:b] kocka, tretia mocnina
cubic [kju:bik] kubický, trojrozmerný (c. equation – rovnica tretieho stupňa)
cubicle [kju:bikl] oddiel, kója, kabína, izbička
cucumber [kju:kəmbə] uhorka (čerstvá) (as cool as c. – pokojný ako Angličan, chladnokrvný)
cue [kju:] narážka, podnet, tágo (give the c. – dať podnet, naznačiť)
cuff [kaf] manžeta, facka, fackovať (off the c. – z voleja, bez prípravy, bez papiera)
cul-de-sac [kuldəsæk] slepá ulica

cultivate [kaltiveit] obrábať, pestovať, šľachtiť, kultivovať

culture [kaltʃə] kultúra, vzdelanosť, obrábanie, pestovanie

cunt [kant] kunda (ž. pohl. orgán), kurva, cundra, darebák

cunning [kaniŋ] chytráctvo, prefíkaný, ľstivý

cup [kap] pohár, šálka (It is not my cup of tea. – To ma nezaujíma)

curb [kə:b] uzda, okraj chodníka, brzdiť

cure [kju:ə] liečba, liek, liečiť

curious [kjuəriəs] zvedavý, čudný, zvláštny

curl [kə:l] kader, vlniť sa, nakrútiť (si), stočiť (sa), schúliť (sa)

curler [kə:lər] natáčkia (na vlasy)

currants [karənts] hrozienka, ríbezle

currency [karənsi] mena, obeh peňazí, valuty

current [karənt] prúd, smer, bežný, súčasný (c. account – bežný účet; c. affairs – nové, posledné udalosti)

currently [karəntli] v súčasnej dobe, teraz

curtain [kə:tn] záclona, opona

curve [kə:v] zákruta, krivka, oblina, zatáčať (sa), zakriviť

cushion ['kuʃn] vankúš, vypchávka, tlmenie, zmiernenie, chrániť/obložiť

custom [kastəm] zvyk, obyčaj, robené na objednávku

customer [kastəmə] zákazník, odberateľ (pravidelný) zákazník

custom-office [kastəm-ofis] colnica

customs [kastəmz] colné úrady, colný

cut [kat] (cut; cut) rez, sek, rana, rezať, rúbať, sekať, strihať, skrátiť (short c. – skratka (cesty)

cute [kju:t] bystrý, rozkošný, šikovný

cutlery [katləri] príbor

cutlet [katlit] rezeň, kotleta

CV (Curriculum Vitae [ˌkəˌrikjələm' vi:tai/ˌkju:rikjələm'vaiti:]) (vlastný/krátky) životopis

cycle [saikl] cyklus, bicykel, bicyklovať

cyclist [saiklist] bicyklista
cylinder [silində] valec, bubon
czar [za:] cár (ruský panovník)
Czech [tʃek] Čech, Češka, čeština, český

Czechoslovakia

Czecho-Slovak [tʃekəu-'sləuvæk] česko-slovenský
Czechoslovakia [tʃekəu-sləu'vækiə] Československo

Dd

dab [dæb] ťuknutie, škvrna, ťuknúť
dad [dæd] otec, ocko
daffodil [dæfədil] narcis
dagger [dægə] dýka, prebodnúť dýkou
daily [deili] denník, noviny, denný, denne
dainty [deinti] pochúťka, chutný, vyberaný
dairy [deəri] mliekareň
daisy [deizi] sedmokráska
dale [deil] údolie
dalliance ['dæliəns] pomer flirt, koketovanie
dam [dæm] hrádza, priehrada
damage [dæmidʒ] škoda, poškodiť
damages [dæmidʒiz] náhrada, odškodnenie
damn [dæm] preklínať, zatratiť, (D. -Hergot! Boha! Krucinál!)
damned [dæmnd] zatratený, prekliaty, čertovský
damp [dæmp] vlhko, skľúčenosť, vlhký, navlhčiť, deprimovať, tlmiť
damper [dæmpə] zvlhčovač, tlmič

dance [da:ns] tanec, tancovať
dandelion [dændilaiən] púpava
dandruff [dændraf] lupiny (na hlave), šupiny
dandy [dændi] švihák, fičúr, švihácky
Dane [dein] Dán
danger [deindʒə] nebezpečenstvo
dangerous [deindʒrəs] nebezpečný
dangle [dæŋgl] húpať, kolísať sa
Danish ['deiniʃ] dánčina, dánsky
Danube [dænju:b] Dunaj
dare [deə] odvážiť sa, trúfať si, vyzvať (How d. you? - Ako sa opovažuješ?)
dark [da:k] tma, súmrak, tmavý, temný, tajomný, zlovestný,
darkness [da:knis] tma, nevedomosť
darling [da:liŋ] miláčik, drahý, milovaný
darn [da:n] (za)štopkať
dart [da:t] šíp, šipka, oštep, vyraziť, vyštartovať, vrhnúť

dash [dæʃ] úder, útek, beh, pomlčka, vrhnúť, hodiť, zmariť

dart [da:t] vrhacia šípka, žihadlo, vrhať, hod

data [deitə] údaje

date [deit] dátum, doba, lehota, čas, schôdzka, rande, datovať (out of d. – zastaralé; d. from – datovať, pochádzať; up to d. – moderné)

datum [deitəm] údaj, fakt

daughter [do:tə] dcéra

daughter-in-law [do:tər in lo:] nevesta (pre svokru)

daunt [do:nt] zastrašiť, vyľakať

dauntless [do:ntlis] nebojácny, neochvejný

dawn [do:n] úsvit, brieždenie

day [dei] deň (D. of Independence – Deň nezávislosti; d. off – voľný deň)

day-break [deibreik] úsvit, svitanie

daylight [deilait] biely deň, denné svetlo

daze, dazzle [deiz], [dæzl] omámiť, oslniť

DC (Direct Current – Jednosmerný prúd; District of Columbia)

D-Day (Day of Attack – Deň útoku)

DEA (Drug Enforcement Administration – Úrad pre boj s narkotikami)

dead [ded] mŕtvy, neživý, vyschnutý, neplodný, jalový, nehybný

dead-end [ded end] slepá ulička

deadly [dedli] vražedný, smrteľný

deaf [def] hluchý

deal [di:l] (dealt; dealt) zaoberať sa, rozdať, rozdeliť, časť, diel, množstvo, osud, dohoda, zasadiť úder, obchodovať, rokovať

dealer [di:lə] obchodník

dean [di:n] dekan

dear [diə] miláčik, drahý, vážený, milý (Oh d. – Och, Bože)

death [deθ] smrť, úmrtie

debate [di'beit] debata, diskusia, debatovať, diskutovať

debris [deibri:] trosky, sutiny, suť, rumovisko

debt [det] dlh, zadlženosť

decade [dekeid] desaťročie, dekáda

decay [di'kei] rozpad, úpadok, hniloba, rozkladať sa

decease [di'si:s] skon, skonať, zomrieť

deceit [di'si:t] klam, podvod

December [di'sembə] december

decent [di:snt] slušný, decentný, skromný

decentralization [ˌdiˌsentrəlai'zeiʃn] decentralizácia

deception [di'sepʃn] podvod, klam, kalmanie, trik

decibel ['desibel] decibel

decide [di'said] rozhodnúť (sa), usúdiť

deciduous [di'sidjuəs] opadavý (strom) (d. teeth - mliečne zuby)

decision [di'siʒn] rozhodnutie, rozhodnosť, uznesenie

decimal ['desiml] desiatkový (sústava), desatinný (číslo)

deck [dek] paluba, plošina, poschodie

declaration [deklə'reiʃn] vyhlásenie, deklarácia, žaloba, oznámenie

declare [di'kleə] vyhlásiť, precliť

decline [di'klain] úpadok, pokles, sklon, svah, upadať, klesať, skloňovať

decorate [dekəreit] vyzdobiť, zdobiť, vyznamenať, dekorovať, vymaľovať

decoy [di:koi] návnada, vnadidlo, lákať

decrease [di'kri:s] pokles, úbytok, ubúdať, znížiť

dedicate [dedikeit] venovať, zasvätiť

deduct [di'dakt] odpočítať, zraziť

deduction [didak'ʃn] dedukcia, odvodenie, zľava

deed [di:d] čin, skutok

deem [di:m] domnievať sa, považovať, predpokladať

deep [di:p] hlboký, sýty (farba)

defeat [di'fi:t] porážka, poraziť, zmariť, zrušiť

defect [di'fekt] chyba, závada

defend [di'fend] brániť, hájiť sa, chrániť

defense, defence [di'fens] obrana

definite [definit] určitý, definitívny, istý, pevný, výslovný, konečný, jasný

deft [deft] obratný
degree [di'gri:] stupeň, hodnosť
deity [di:iti] božstvo
delay [di'lei] odklad, zdržanie, odkladať, preťahovať, váhať
delegate [deligət] delegát, posol, vyslanec, delegovať, vyslať
deliberately [di'libərətli] úmyselne, zámerne, schválne
delicacy [delikəsi] lahôdka, jemnosť
delicate [delikit] jemný, chutný, chúlostivý
delight [di'lait] rozkoš, potešenie, tešiť sa
delirious [di'liriəs] šialený, bez rozumu
deliver [di'livə] doručiť, odovzdať, oslobodiť, zachrániť, (po)rodiť
delivery [di'livəri] dodávka, donáška, doručovanie
deluge [delju:dʒ] potopa, záplava
demand [di'ma:nd] požiadavka, nárok, žiadať, pýtať sa
demanding [di'ma:ndiŋ] náročný

democracy [di'mokrəsi] demokracia
demostration [demən'streiʃn] ukážka, predvedenie, demonštrácia
demur [di'mə] námietka, protest, namietať
den [den] brloh, diera
denial [di'naiəl] odmietnutie, popretie
denote [di'nəut] predstavovať, znamenať
dense [dens] pevný, hustý, hlúpy
dentist [dentist] zubár
deny [di'nai] popierať, poprieť, odoprieť
depart [di'pa:t] odísť, odcestovať
departure [di'pa:tʃə] odchod, odjazd, odlet, odbočenie
depend [di'pend] závisieť, spoliehať sa (na)
deplore [di'plo:] ľutovať, žialiť
deposit [di'pozit] vklad, záloha, nános, sklad, uložiť
depress [di'pres] stlačiť, znížiť, deprimovať
depression [di'preʃn] depresia, sklesnosť, pokles, stlačenie, zníženie

depth [depθ] hĺbka, hlbočina

deputy [depjuti] zástupca, poslanec, delegát

derrick [derik] žeriav, vrtná veža

descend [di'send] zostúpiť, zvažovať sa, pochádzať

descendant [di'sendənt] potomok, nasledovník

descent [di'sent] zostup, pád, pôvod, svah, stráň

describe [dis'kraib] opísať

description [dis'kripʃn] popis, vylíčenie, zobrazenie

desert [dezət] púšť, pustý, opustiť, dezertovať

deserve [di'zə:v] zaslúžiť si

design [di'zain] návrh, vzor, projektovať, zamýšľať

designate [dezigneit] navrhnúť, zamýšľať, označiť

desire [di'zaiə] túžba, túžiť, želať si

desk [desk] písací stôl, pult, prepážka

despair [dis'peə] zúfalstvo, zúfať

despite [di'spait] napriek, navzdory, vzdor, zloba

dessert [di'zət] zákusok, dezert

destination [desti'neiʃn] cieľ, určenie, ustanovenie

destiny [destini] osud

destitute [destitju:t] chudobný, biedny, zbavený čoho

destroy [dis'troi] zničiť, zabiť, spustošiť

destruction [dis'trakʃn] skaza, zničenie

detach [di'tətʃ] oddeliť

detail [di:teil] podrobnosť, detail

detain [di'tein] zadržať, zdržať

determination [ditə:mi'neiʃn] rozhodnutie, rozhodovanie, rozhodnosť, tendencia

determine [di'tə:min] určiť, rozhodnúť

detect [di'tekt] objaviť, odkryť, odhaliť, zistiť

detest [di'test] nenávidieť, hnusiť sa

detrimental [detri'mentl] škodlivý, nezdravý

detour [dituə] obchádzka

develop [di'veləp] vyvinúť, rozvinúť

development [di'veləpmənt] rozvoj, vývoj

device [di'vais] nápad, plán, prostriedok, zariadenie
devil [devl] čert, diabol
devout [di'vaut] oddaný, pobožný, vrúcny
dial [daiəl] ciferník, vytočiť číslo
dialling code [daiəliŋ kəud] (telefónne) smerové číslo
diary [daiəri] denník, vreckový kalendár, diár
dick [dik] človek, chlapík, čurák (penis hovorovo), (D. - Richard hovo-rovo)
dictate [dik'teit] diktovať
dictionary [dikʃənəri] slovník
die [dai] zomrieť, hracia kocka
diet [daiət] diéta, strava
difference [difrəns] rozdiel, rozpor
different [difrənt] iný, rôzny
difficult [difikəlt] ťažký, obťažný
diffident [difidənt] nedôverčivý, hanblivý
dig [dig] (dug; dug) kopať, ryť
digest [daidʒest] stráviť, tráviť, zhrnúť, osvojiť si, zbierka, krátky obsah

directive

digit [didʒit] prst, číslica
digress [dai'gres] odbočiť, odchýliť sa
dike [daik] priekopa, hrádza, kanál
diligent [dilidʒənt] horlivý, usilovný
dill [dil] kôpor
dim [dim] nejasný, kalný, zahmlený
din [din] hluk
dine [dain] obedovať, večerať, pohostiť
dingy [dindʒi] špinavý, ošúchaný
dining-car [daininka:] jedálenský vozeň
dining-room [daininŋrum] jedáleň
dinner [dinə] obed, večera, hlavné jedlo dňa
dip [dip] ponoriť
direct [di'rekt] priamy, priamo, viesť, riadiť, adresovať, ukázať cestu
direction [di'rekʃn] smer, pokyn, riadenie, vedenie
director [di'rektə] riaditeľ, režisér
directive [di'rektiv] pokyn, inštrukcia, predpis, smernica, príkaz

dirty

dirty [də:ti] špinavý, sprostý
disadvantage [disəd'va:ntidʒ] nevýhoda, nedostatok
disagree [disə'gri:] nesúhlasiť, nesvedčať
disappear [disə'piə] zmiznúť, stratiť sa, prestať existovať
disappoint [disə'point] sklamať
disaster [di'za:stə] pohroma, havária
disc [disk] disk, platňa
discard [dis'ka:d] odhodiť, odložiť, vzdať sa čohosi
discern [di'sə:n] rozoznať, rozlišovať
discharge [di'stʃa:dʒ] výbuch, výtok, vyložiť, prepustiť, vykonávať
discipline [disiplin] disciplína, výcvik, vycvičiť
discomfort [di'skamfət] nepohodlie
disconnect [diskə'nekt] prerušiť, vypnúť
discontent [diskən'tent] nespokojný
discount [diskaunt] zľava, zníženie ceny
discover [dis'kavə] objaviť, zistiť

discredit [dis'kredit] diskreditovať, poškodiť povesť
discreet [dis'krit] taktný, diskrétny, rozvážny, nenápadný
discuss [diskas] hovoriť, debatovať
disease [di'zi:z] choroba
disgrace [dis'greis] nemilosť, hanba
disgust [dis'gast] odpor, hnusiť sa
dish [diʃ] misa, riad, chod, jedlo
dishonest [dis'onist] nečestný, nepoctivý
disillusion [disi'lu:ʒn] zbaviť ilúzií
disinterested [dis'intristid] bez záujmu, nezaujato
disjoint [dis'dʒoint] rozdeliť, oddeliť
dislike [dis'laik] nemať rád, nechuť, odpor
dislocate [dislokeit] vyvrtnúť, vykĺbiť, premiestniť
dismay [dis'mei] strach, zdesenie
dismiss [dis'mis] vypustiť z hlavy, prepustiť, rozpustiť
disobedience [disə'bi:dʒəns] neposlušnosť

disobey [disə'bei] neposlušný

disorder [dis'o:də] neporiadok, porucha, výtržnosť

disparage [dis'pæridʒ] znevažovať

dispatch [dis'pætʃ] vybavenie, odoslať

dispensary [dis'pensəri] lekáreň

displace [dis'pleis] premiestniť, vytlačiť, odstaviť, zosadiť

display [dis'plei] výklad, vystaviť, výstava, prehliadka

displease [dis'pli:z] znepáčiť (sa), budiť odpor

displeasure [dis'pleʒə] nespokojnosť, pohoršenie

dispose [dis'pəuz] disponovať, usporiadať

disprove [dis'pru:v] vyvrátiť, nepotvrdiť

dispute [dis'pju:t] spor, hádka

disrupt [dis'rapt] roztrhnúť, pretrhnúť

dissension [di'senʃən] nesúhlas, rozpor

dissent [di'sent] nesúhlas, nesúhlasiť, byť proti

dissolve [di'zolv] rozpustiť, rozplynúť sa, zrušiť

dissuade [di'sweid] odhovárať

distance [distəns] vzdialenosť

distaste [dis'teist] odpor, odporný, hnusný, nechuť

distinct [dis'tiŋkt] zreteľný, odlišný

distinguished [dis'tiŋgwiʃt] významný, vynikajúci, slávny, vysoko postavený

distort [dis'to:t] skrútiť, skriviť, skaziť

distress [dis'tres] úzkosť, tieseň, núdza

district [distrikt] okres, oblasť, obvod

distrust [dis'trast] nedôvera, nedôverovať

disturb [dis'təb] rušiť, vyrušovať, znepokojiť

ditch [ditʃ] priekopa, vykopať

dive [daiv] potopiť sa, letieť dolu, prudko klesať

diver [daivər] potápač

diversion [daivərʒən] odvádzanie (pozornosti), odklon, rozptýlenie, zábava

divide [di'vaid] deliť, rozdeliť

divine [di'vain] božský, hádať, tušiť
division [diviʒən] rozdeľovanie, (roz)delenie
divorce [di'vo:s] rozvod, rozviesť (sa)
DIY (Do It Yourself – Urob si sám)
dizzy [dizi] trpiaci závratom, závrat, majúca závrat, (s)pôsobiť závrat
do [du] (did; done) robiť, činiť, konať, stačiť, mať úspech, upraviť
docile [dəusail] poddajný, učenlivý
dock [dok] dok, lodenica
doctor [doktə] lekár, doktor
document [dokjumənt] doklad, listina, spis
dog [dog] pes, háčik, skoba
doll [dol] bábika, dievča (parádnica)
dolphin [dolfin] delfín
domestic [də'mestik] sluha, slúžka, domáci, domáci, tuzemský
domicile [domisail] (trvalé) bydlisko, usídliť (sa)
donkey [doŋki] osol, somár
doom [du:m] osud, záhuba, súdny deň, odsúdiť, zatratiť

door [do:] dvere
dope [dəup] lak, pasta, narkotikum, blbec, chmuľo, omámiť drogou
DOS (Digital Operation System; Disk Operating System)
dot [dot] bod, bodka
double [dabl] dvojitý, dva razy, dvojmo, dvojník, dvojnásobne, dvojhra
double-decker [dabldekə] poschodový autobus
doubt [daut] pochybnosť, pochybovať, obava
doubtful [dautful] pochybný
doubtless [dautlis] nepochybne, bezpochyby, nesporný, istý
dough [dou] cesto, (amer. slang: groše, fuky, prachy = peniaze)
doughnut [dəunat] pečená šiška
dove [dav] holub, holubica
down [daun] klesajúci, zostupný, znížiť, dole, nadol
downfall [daunfo:l] lejak, úpadok, bankrot
downstairs [daun'steəz] dole, dolu schodmi, v prízemí

dowry ['dauəri] veno, nadanie, talent
doze [dəuz] driemať, byť ospalý
dozen [dazn] tucet
draft [dra:ft] náčrt, návrh, projekt, odvod (do armády), načrtnúť, koncipovať
drag [dræg] ťahať, vliecť, tiahnuť, vlek, vlečenie
dragon [drægən] drak (d.-fly – vážka)
drain [drein] odtok, odvodniť, vysušiť, drenáž, priekopa, (d.s = kanalizácia)
drake [dreik] káčer
drape [dreip] záves, prikryť, zahaliť
draught [dra:ft] ťah, prievan, dúšok, výtlak
draw [dro:] (drew; drawn) ťahať, kresliť, vybrať, žrebovať remíza
drawback [dro:bæk] nevýhoda, prekážka, nedostatok, stiahnuť späť
drawer [dro:ə] zásuvka, kreslič, návrhár
drawing [dro:iŋ] kresba, výkres
drawingroom [dro:iŋrum] prijímacia izba

dread [dred] strach, báť sa
dreadful ['dredfəl] hrozný, strašný
dream [dri:m] sen, snívanie, snívať
drench [drentʃ] zmáčať, premočiť, nasiaknuť
dress [dres] oblečenie, šaty, obliecť sa,
dressing-gown [dresiŋ-'gaun] župan
dressmaker [dresmeikə] krajčírka
dried [draid] suchý, sušený
drier [draiə] sušič na vlasy, sušička
drift [drift] prúd, nános, závej, hnať, unášať prúdom
drill [dril] vrták, vrtať, tréning, cvičiť
drink [driŋk] (drank; drunk) nápoj, piť (soft/hard d. – nealkoholický/alkoholický nápoj)
drive [draiv] (drove; driven) pohon, jazda, cesta, riadiť, jazdiť, viezť, hnať
driver [draivə] vodič, šofér, jazdec
drizzle [drizl] mrholenie, mrholiť
drone [drəun] trúd, lenivec,

droop

povaľač, bzučať, hovoriť (monotónne), drmoliť

droop [dru:p] klesať, spustiť, poklesnúť, zapadnúť

drop [drop] kvapka, pád, pokles, kvapkať, padnúť, upustiť, prestať

drown [draun] utopiť, potopiť

drowse [drauz] driemať, uspávať

drowsy [drauzi] ospalý

drum [dram] bubon, bubnovať, vtĺkať, vbíjať

drunk [draŋk] opitý, spitý; (min. príčastie od **drink** – piť)

dry [drai] suchý, vysušený, vyprahnutý, sušiť, vyschnúť, úsečný

dry-clean [draikli:n] chemicky čistiť

dubious [dju:biəs] pochybný, neistý, váhavý, ťažkopádny

duck [dak] kačica, ponoriť, zohnúť sa

due [dju:] diel, odmena, dlh, splatný, primeraný, patričný, povinný

dues [dju:z] poplatky

duchess [datʃiz] vojvodkyňa

duke [dju:k] vojvoda

dull [dal] tupý, nudný

dumb [dam] nemý, mlčanlivý, hlúpy

dump [damp] hromada, skládka, zložiť, vysypať

dumpling [dampliŋ] cestovina, knedlík

dung [daŋ] hnoj, hnojivo, hnojiť

duplicate [dju:plikət] duplikát, kópia, dvojmo, zdvojiť, zdvojnásobiť

durable [djuərəbl] trvanlivý, stály

duration [dju'reiʃn] trvanie, stálosť

during [dju:əriŋ] počas, v priebehu

dust [dast] prach, oprášiť, prášiť

Dutch [datʃ] Holanďania, holandčina, holandský

dutiable [djutiəbl] podliehajúci clu

duty [dju:ti] povinnosť, služba, poplatok, clo, daň

DVD (Digital Versatile Disk; Direct View Device)

duty-free [dju:tifri:] bez cla

dwarf [dwo:f] trpaslík, škriatok, drobný, (za)krpatieť

dwell [dwel] (dwelt; dwelt) zdržiavať sa, bývať, žiť
dye [dai] farba, farbiť

dynamic [dai'næmik] dynamický, rozpínavý
dysentery [disəntri] úplavica, dyzentéria

Ee

each [i:tʃ] každý (z určitého počtu)
eager [i:gə] chtivý, dychtivý
eagle [i:gl] orol
ear [iə] ucho, sluch, uško
earl [ə:l] gróf
early [ə:li] skorý, ranný, včasný, skoro, zavčasu, počiatočný
earn [ə:n] zarobiť, zaslúžiť si, získať (si)
earnest [ə:nist] vážny, vážne, naozaj, vskutku
earphone [i:əfəun] slúchadlo
earth [ə:θ] zem, pevnina, hlina (the E. – Zem (planéta)
ease [i:z] pokoj, pohoda, voľno, uľahčenie, uľahčiť
easiness [i:zinis] ľahkosť, nenútenosť, kľud, pohoda
east [i:st] východ, východný
Easter [i:stə] Veľká noc (E. egg – kraslica)
easy [i:zi] ľahký, nenútený, pohodlný, kľudný (e. come, e. go – ako prišlo, tak odišlo; Take it e. – Nič si z toho nerob)
eat [i:t] (ate; eaten) jesť, žrať

ebb [eb] odliv, úbytok, ubúdať
EBRD (European Bank for Reconstruction and Developmnet – Európska banka pre obnovu a rozvoj
eclipse [i'klips] zatmenie, zatmieť, zatieniť
ecology [i'kolədʒi] ekológia
economic [i:kə'nomik] ekonomický, hospodársky
economy [i:konəmi] hospodárenie, ekonómia
ECU (European Currency Unit – Európska menová jednotka)
eddy [edi] vír, víriť
Eden [i:dn] raj
edge [edʒ] ostrie, hrana, okraj, ostriť, olemovať
edible [edibl] potravina, jedlo, jedlý
edit [edit] redigovať, upravovať, strihať (film)
edition [i'diʃn] edícia, vydanie
editor [editə] redaktor, vydavateľ
education [edju'keiʃn] výchova vzdelávanie, cvičenie, výcvik

eel [i:l] úhor
effect [i:fekt] výsledok, efekt, účinok, dojem, pôsobiť, vyvolať (come into e. – nadobudnúť platnosť)
effective [i:fektív] účinný, efektný, pôsobivý
efficient [i'fiʃnt] výkonný, účinný, zdatný, schopný
effort [efət] snaha, úsilie, námaha, výkon
e. g. [i:dʒi:] napr. (for example – napríklad z Lat. – exempli gratia)
egg [eg] vajce
Egypt [i:dʒipt] Egypt
eight [eit] osem, osmička
either [aiðə] obaja, jeden alebo druhý, ktorýkoľvek
elaborate [i'læbərət] zložitý, podrobne rozpracovaný, dôkladný, vypracovať
elated [i'leitid] hrdý, nadšený, povznesený, pyšný
Elbe [elb] Labe
elbow [elbəu] lakeť, koleno, operadlo, ohyb
elder [eldə] starší
elect [i'lekt] vyvolenec, voliť, zvoliť, vybrať
election [i'lekʃn] voľba, voľby

elector [i'lektə] volič, voliteľ
electric [i'lektrik] elektrický
electricity [ilek'trisəti] elektrina
elegance [eligəns] elegancia, vkus
elegant [eligənt] elegantný, uhladenosť
element [eləmənt] prvok, živel
elementary [eli'mentəri] základný, jednoduchý, obyčajný
elephant ['elifənt] slon (pink e.s - biele myšky (v opilosti)
elevate [eliveit] zdvihnúť, povýšiť, povzniesť
elevator [eliveitə] výťah
eleven [i'levn] jedenásť, jedenástka
elf [elf] škriatok, piadimužík
enlighten [in'laitn] osvietiť, poučiť
eliminate [i'limineit] odstrániť, vylúčiť, eliminovať
ellipse [i'lips] elipsa
elm [elm] brest
elongate [i:loŋgeit] predĺžiť, pretiahnuť

else

else [els] ešte, iný, inde, inam
elsewhere [els'weə] niekde inde, inam
elude [i'lju:d] uniknúť, vyhnúť sa
e-mail [i: meil] electronic mail – elektronická pošta
embankment [im'bæŋkmənt] hrádza, nábrežie, násyp
embark [im'ba:k] nalodiť, nalodiť sa
embarrass [im'bærəs] zmiasť, uviesť do rozpakov, prekážať
embassy [embəsi] veľvyslanectvo
embody [im'bodi] stelesniť, obsahovať včleniť
embrace [im'breis] objatie, objať, obsahovať, zahŕňať
emerge [i'mə:dʒ] vynoriť sa, objaviť sa, vyjsť najavo
emergency [i'mə:dʒensi] núdza, naliehavá potreba, havária
eminent [eminənt] vynikajúci, významný, vznešený
emission [i'miʃn] vysielanie, vyžarovanie, vydanie
emit [i'mit] vysielať, chrliť, vydávať, dávať do obehu

emotion [i'məuʃn] cit, dojatie, vzrušenie
emphasis [emfəsis] dôraz, prízvuk
empire [empaiə] cisárstvo, ríša
employ [im'ploi] zamestnávať, použiť
employee [im'ploii:] zamestnanec
employer [im'ploiər] zamestnávateľ
employment [im'ploimənt] zamestnanie, zamestnanosť
empty [empti] prázdny, pustý, vyprázdniť
enable [i'neibl] umožniť, dať možnosť
enamel [i'næml] email, smalt, smaltovať
enchant [in'tʃa:nt] očariť
encircle [in'sə:kl] obkľúčiť
enclose [in'kləuz] ohradiť, uzavrieť, priložiť, zahrnúť
encounter [in'kauntə] stretnutie, zrážka, stretnúť sa
encourage [in'karidʒ] povzbudzovať, posmeliť
end [end] koniec, ukončenie, hrot, špička, končiť, skončiť
endanger [in'deindʒə] ohroziť

endeavour [in'devə] snaha, snažiť sa, námaha
ending [endiŋ] koniec, koncovka, smrť
endless [endlis] nekonečný
endorse [in'do:s] potvrdiť, súhlasiť, podpisom parafovať
endurance [in'djuərəns] trvanie, vytrvalosť, odolnosť, trpezlivosť
end-view [endvju:] konečné stanovisko/názor
enemy [enimi] nepriateľ
energy [enədʒi] energia, sila, ráznosť
enfold [infəuld] zahaliť, objať, prehnúť
enforce [in'fo:s] vnútiť, vynútiť, uplatniť
engaged [in'geidʒd] zamestnaný, obsadený, zadaný, zapojený, zasnúbený, zainteresovaný
engagement [in'geidʒmənt] záväzok, zasnúbenie, dohovor, zapojenie, stretnutie, zainteresovanie
engine [endʒin] motor, stroj, lokomotíva
engineer [endʒi'niə] inžinier, strojník, konštruovať
England [iŋglənd] Anglicko

English [iŋgliʃ] Angličania, angličtina, anglický
engrave [in'greiv] vyryť, vyrezať, vrezať sa
engulf [in'galf] pohltiť, zhltnúť
enhance [in'ha:ns] zvýšiť, vystupňovať, zväčšiť
enjoy [in'dʒoi] potešenie, tešiť sa, zaoberať sa
enlarge [in'la:dʒ] zväčšiť sa, rozšíriť, rozrastať sa
enliven [in'laivn] oživiť
enormous [i'no:məs] obrovský, velikánsky
enough [i'naf] dosť, stačí
enquire [in'kwaiə] informovať sa, pýtať sa
enrich [in'ritʃ] obohatiť, vylepšiť, ozdobiť
ensuing [in'sju:iŋ] nasledujúci
ensure [in'ʃuə] zabezpečiť, zaistiť, ubezpečiť
enter [entə] vstúpiť, vojsť, vniknúť, uviesť
enterprise [entəpraiz] podnik, podnikavosť
entertain [entətein] baviť, zabávať, hostiť
enthusiasm [in'θjuziæzm] nadšenie

entire

entire [in'taiə] celý, úplný
entitle [in'taitl] nazvať, oprávňovať
entrance [entrəns] vchod, vstup, vjazd
entrance-fee [entrəns fi:] vstupné
entrust [in'trast] zveriť, poveriť
entry [entri] vchod, vstup, vjazd, údaj, záznam, vstupné, zápis, prihláška
envelope [enviləup] obálka, obal, kryt
environment [in'vaiərənmənt] (životné) prostredie, okolie, ovzdušie
environmental [in'vaiərənməntəl] ekologické, týkajúci sa životného prostredia
envisage [in'vizidʒ] predpokladať, predvídať, rátať (s niečím)
envy [envi] závisť, závidieť
Epiphany [i'pifəni] Traja králi (6. januára)
equal [i:kwəl] rovnaký, rovný, zhodný, rovnať sa
equation [i'kweiʃn] rovnica, vyrovnanie, rovnováha
equipment [i'kwipmənt] výbava, výstroj, zariadenie

era [iərə] éra, doba, obdobie
erase [i'reiz] vymazať, vygumovať, vyškrabať
erect [i'rekt] vzpriamený, vztýčený, vztýčiť, postaviť, zdvihnúť
err [ə:r] mýliť sa, chybovať; (to err is human – mýliť sa je ľudské)
error [erə] chyba, omyl
eruption [i'rapʃn] výbuch, vyrážka, erupcia
escalator ['eskəleitə] pohyblivé schody, eskalátor
escape [i'skeip] únik, útek, uniknúť, ujsť
escort [esko:t] sprievod, eskorta
especially [is'peʃli] hlavne, najmä, špeciálne
espresso [es'presəu] espresso, bar
essay [esei] esej, pokus, písomná (slohová) práca
essential [i'senʃl] podstatný, hlavný, základný, podstata, nepostrádateľný
establish [i'stæbliʃ] ustanoviť, zriadiť, založiť
estate [i'steit] majetok, veľkostatok, nehnuteľnosť

estimate [estimit] odhad, ocenenie, oceniť, odhadnúť

et cetera (etc.) [ˌit'setrə z Lat. - a tak ďalej = atď.)

eternity [i:'tə:niti] večnosť

EU (European Union - Európska únia)

Europe [ju:rəup] Európa

European [juərə'pi:ən] Európan, európsky

evade [i'veid] vyhnúť sa, uniknúť

eve [i:v] v predvečer (Christmas E. - Štedrý večer, New Year's E. - Silvester - 31. decembra)

even [i:vn] rovnaký, rovný, párny, dokonca, ešte, práve

evening [i:vniŋ] večer, večerný (E. star - Venuša (planéta)

event [i'vent] prípad, udalosť, športová disciplína

ever [evə] niekedy, vždy, kedy

every [evri] každý, všetok

everybody [evribodi] každý

everything [evriθiŋ] všetko

everywhere [evriweə] všade

evidence [evidəns] dôkaz, svedectvo

evil [i:vl] zlo, hriech, zlý, zle

evoke [i'vəuk] vyvolávať predstavu, evokovať

evolve [i'volv] rozvíjať (sa), rozpracovávať, vylučovať, odvodiť

exaggerate [ig'zædʒəreit] preháňať, zveličovať

exalt [ig'zo:lt] chváliť, povýšiť, zdôrazniť

examination [ig'zæmi'neiʃn] skúška, výsluch, vyšetrovanie

examine [igzæmin] skúšať, vyšetrovať, prezerať

example [ig'za:mpl] príklad, vzor

exceed [ik'si:d] prekročiť, prevýšiť, prekonať

excel [ik'sel] vynikať, prevyšovať

excellent [eksələnt] výborný, vynikajúci, znamenitý

except [ik'sept] okrem, s výnimkou, až na to

excess ['ekses] krajnosť, nadmernosť, nestriedmosť, výstrelky, nemorálnosti, nadmerný, nadbytočný

exchange [iks'tʃeindʒ] výmena, vymeniť (e. rate - výmenný kurz)

excite [ik'sait] vzrušiť, rozčúliť, podnecovať

exclaim [iks'kleim] zvolať, vykríknuť

exclamation mark [iks'kleimeiʃn maːk] výkričník

exclude [ik'skluːd] vylúčiť

excursion [iks'kəːʃn] výlet, exkurzia

excuse [iks'kjuz] ospravedlnenie, ospravedlniť, prepáčiť (E. me – Prepáč/te.)

execute [eksikjuːt] vybaviť, vykonať, predviesť, popraviť

executive [ig'zekjutiv] exekutíva, výkonný, vykonávací

exemplify [ig'zemplifai] dokázať, doložiť príkladom, opísať

exercise [eksəsaiz] cvičenie, cvičiť, prejavovať, uskutočňovať, (voj.) manévre, ukážka

exert [ig'zəːt] vplývať, prejaviť, uplatňovať (vplyv)

exertion [ig'zəːʃn] námaha, úsilie

exhaust [ig'zoːst] výfuk, vyčerpať, unaviť, vyprázdniť, vyfukovať

exhibition [eksi'biʃn] výstava, exhibícia

exist [ig'zist] byť, existovať, trvať

exit [eksit] východ, odchod

expand [iks'pænd] rozšíriť, rozširovať, rozpínať sa

expect [iks'pekt] čakať, očakávať, predpokladať

expedient [ik'spiːdient] účelný, vhodný prostriedok, spôsob

expedite [ekspidait] urýchliť, odoslať, expedovať

expel [iks'pel] vylúčiť, vyhnať, zakázať

expense [iks'pens] výdavky, náklady, diéty

expensive [iks'pensiv] drahý, nákladný, pridrahý

experience [ik'spiəriəns] skúsenosť, zážitok, zažiť, zakúsiť

expert [ekspəːt] odborník, odborný

expiration [ekspi'reiʃn] ukončenie, výdych, zánik, vypršanie (termínu)

explain [iks'plein] vysvetliť, objasniť

explicit [iks'plisit] jasný, podrobný, zjavný

explode [ik'spləud] vybuchnúť, explodovať, prasknúť

exploit [eksploit] hrdinský čin, využiť, vykorisťovať

explore [iks'plo:] bádať, preskúmať, prebádať, pátrať po

explosion [ik'spləuʒn] výbuch, explózia

export [ekspo:t] vývoz, [ikspo:t] vyvážať

expose [iks'pəuz] vystaviť, odhaliť, exponovať

expound [iks'paund] vysvetliť, vyložiť

express [iks'pres] rýchly, rýchlik, výslovný, vyjadriť, vysloviť, vytlačiť, rýchlo

extend [iks'tend] roztiahnuť, predĺžiť

extension [iks'tenʃn] predĺženie, rozšírenie, klapka (telef. linky), rozsah, veľkosť

extent [iks'tent] rozloha, rozsah, stupeň, hranica, rozmer

external [eks'tə:nl] vonkajší, zahraničný, povrchný

extinct [iks'tiŋkt] vyhasnutý, vyhynutý, neplatný

extinguisher [iks'tiŋgwiʃə] hasiaci prístroj

extra [ekstrə] osobitný, zvláštny, navyše, zvlášť

extraneous [eks'treiniəs] cudzí, vedľajší

extraordinary [iks'trɔ:-'dnəri] mimoriadny, pozoruhodný, vynikajúci

extreme [iks'tri:m] krajný, extrémny, neobyčajný

eye [ai] oko, pohľad, zrak, očko, putko, dívať sa, obzerať si (e. contact – očný kontakt s inou osobou)

eyeball [aibo:l] očná buľva, zízať, pozorovať, sledovať

eyeblack [aiblæk] riasenka, maskara

eyebrow [aibrau] obočie (e. pencil – ceruzka na obočie)

eye-catcher [ai kætʃər] pútač, billboard

eye dropper [ai dropər] očné kvapkadlo

eyedrops [ai drops] očné kvapky

eyelash [ailæʃ] mihalnice

eyelid [ailid] očné viečko

eye-witness [ai'witnis] očitý svedok

Ff

fable [feibl] bájka, výmysel
fabric [fæbrik] tkanina, stavba, štruktúra
face [feis] tvár, líce, predná strana, povrch, priečelie, ciferník
facility [fə'siliti] ľahkosť, šikovnosť, zariadenie, vybavenie
fact [fækt] fakt, skutočnosť
factory [fæktəri] fabrika, továreň
fade [feid] vädnúť, blednúť
fail [feil] chýbať, zlyhať, zabudnúť, mať neúspech, nedariť sa, prepadnúť
failure [feiljər] neschopnosť, neúspech, narušenie, poškodenie, zanedbanie, porucha, krach
faint [feint] mdloba, mdlý, slabý, omdlieť
fair [feə] čestný, slušný, statočný, svetlovlasý, čistý, vyhovujúci
fairly [feəli] dosť, celkom, spravodlivo, čestne, poctivo
faith [feiθ] viera, dôvera, vernosť, náboženstvo
faithful [feiθful] verný, spoľahlivý, čestný
faithless [feiθlis] neverný, neveriaci, nespoľahlivý
falcon [fo:lkən] sokol
fall [fo:l] (fell; fallen) pád, padať, klesať, upadať, nestačiť, pripadnúť, padnúť, jeseň, vodopád (f. in love - zamilovať sa)
false [fo:ls] nesprávny, klamný, falošný (f. teeth - umelý chrup)
fame [feim] povesť, sláva
familiar [fə'miljə] dôverný, známy, rodinný, nenútený
family [fæmili] rodina, domov (f. name - priezvisko; f. tree - rodokmeň, nuclear f. - úplná rodina)
famine [fæmin] hladomor, bieda
famous [feiməs] slávny, povestný, vynikajúci
fan [fæn] fanúšik, vejár, ventilátor, obdivovateľ
fancy [fænsi] fantázia, predstava, záľuba, ozdobný, luxusný, vymyslený, náklonnosť, rozmar
far [fa:] ďaleký, vzdialený, ďaleko

fare [feə] cestovné, strava, dariť sa, mať sa dobre
farewell [feəwel] rozchod, rozlúčka, zbohom!
farm [fa:m] farma, hospodárstvo, hospodáriť
farmer [fa:mə] farmár, poľnohospodár, roľník
fart [fa:t] prdnúť, prd
farther [fa:ðə] ďalej, vzdialenejší
fascinate [fæsineit] fascinovať, očariť
fashion [fæʃn] spôsob, móda, tvar, spracovať, tvarovať
fashionable [fæʃnəbl] módny, moderný, elegantný
fast [fa:st] pevný, rýchly, rýchlo, pevne, tvrdo, idúci napred (hodiny) pôst, postiť (f. day - pôst; f. train - rýchlik)
fast worker [fa:st'wəkə] - rýchly pracovník (obyčajne človek naväzujúci rýchle intímne známosti)
fast-food [fa:st'fu:d] rýchle občerstvenie, bufet
fasten [fa:sn] pripevniť, zapnúť, pripútať
fasting [fa:stiŋ] pôst
fat [fæt] tuk, masť, tučný, mastný (f. farm - kúpele na liečbu obezity)
fatal [feitl] osudný, smrteľný (f. accident - smrteľný úraz)
fate [feit] osud, záhuba (a stroke/fickleness of f. - rana/vrtkavosť osudu)
fateful [feitful] osudný osudový
father [fa:ðə] otec, splodiť (our Father - otec Boh, Otčenáš; F. Christmas - Ježiško)
fatherhood [fa:ðəhud] otcovstvo
father-in-law [fa:ðəinlo:] svokor
fatherland [fa:ðəlænd] otčina, vlasť
fathom [fæðəm] siaha (jednotka miery = 1,829), pochopiť, dostať sa na kĺb
fatigue [fə'ti:g] únava, unavený, unaviť
fault [fo:lt] chyba, omyl, vina, priestupok
faultless [fo:ltlis] bezchybný
favour [feivə] láskavosť, priazeň, prospech, výsada, privilégium, poctiť, uprednostniť

favourable [feivərəbl] pochvalný priaznivý, kladný, výhodný, úspešný

favoured [feivəd] uprednostňovaný, zvýhodnený, podporovaný (most f. nation clause – doložka najvyšších výhod)

favourite [feivərit] obľúbený, favorit, chránenec, obľúbenec

FBI (Federal Bureau of Investigation- Federálny úrad pre vyšetrovanie)

FDR (Flight Data Recorder – Technický záznamník priebehu letu – „čierna skrinka") (Franklin Delano Roosevelt – 32. amer. prezident)

fear [fiə] strach, báť sa

feasible ['fi:zəbl] uskutočniteľný, realizovateľný, prijateľný, vhodný

feast [fi:st] slávnosť, hostina, oslava, sviatok

feather [feðə] pero, perie, operiť

feature [fi:tʃə] črta, udalosť, zvláštnosť, článok, charakterizovať

February [februəri] február

fed [fed] agent/policajt FBI, min. č. od feed, vykrmený (f. up – otrávený, naštvaný)

federal [fedərəl] federálny, spolkový, zväzový, agent FBI

federation [fedə'reiʃn] federácia, zväz, spolok

fee [fi:] poplatok, honorár, vstupné, zápisné

feeble [fi:bl] slabý, mdlý, úbohý

feed [fi:d] (fed; fed) krmivo, jedlo, kŕmiť, živiť, žrať, pásť sa, dodávať, zásobovať

feedback [fi:dbæk] spätná väzba, odozva

feel [fi:l] (felt; felt) cit, hmat, cítiť, mať pocit, hmatať, skúsiť

feeling [fi:liŋ] pocit, cítenie, nálada, presvedčenie

feet [fi:t] nohy

feign [fein] predstierať, fingovať, simulovať

feint [feint] predstierať, klamať, finta, trik, pretvárka, lesť, slabý, tenký

felicitate [felisiteit] blahoželať, urobiť šťastným

fell [fel] koža, srsť, rúno, (min. čas od fall – padnúť)

fellow [feləu] druh, kamarát, spoločník

female [fi:meil] žena, samička, ženský

feminine [feminin] ženský (gram. rod)

fence [fens] plot, oplotiť, šerm, šermovať

ferocity [fə'rositi] krutosť, divokosť, zúrivosť

ferry [feri] kompa, prevoz, previezť sa

fertile [fə:tail] úrodný, plodný, výnosný, vynaliezavý

fertility [fə:tiliti] úrodnosť, plodnosť

fervour [fə:və] žiar, vrúcnosť, horlivosť

fetch [fetʃ] priniesť, priviesť, vdýchnuť, odvodiť

fever [fi:və] horúčka

feverish [fi:vəriʃ] horúčkovitý

few [fju:] niekoľko, pár, málo

fiancé [fi'a:nsei] snúbenec, ženích

fiancée [fi'a:nsei] snúbenica, nevesta

fiction [fikʃən] výmysel, beletria, zdanie

fidelity [fi'deliti] vernosť, presnosť, poctivosť

field [fi:ld] pole, sféra, oblasť, odbor

fierce [fiəs] prudký, divoký

fiery [faiəri] ohnivý, páliaci, horľavý, vášnivý

fifteen [fif'ti:n] pätnásť

fifty [fifty] päťdesiat

fig [fig] figa. „dlhý nos"

fight [fait] bitka, boj, zápas, biť sa, bojovať, zápasiť

figure [figə] figúra, číslica, cena, postava, obrazec, znázorniť

file [fail] pilník, rad, zoznam, píliť, kartotéka, šanon

fill [fil] naplniť, vyplniť, natankovať, napĺňať sa

fillet [filit] filé, rezeň, vykostiť

filling-station [filiŋ'steiʃn] benzínová pumpa

filthy [filθi] špinavý, necudný, nečestný, oplzlý

final [fainl] finále, konečný, posledný, rozhodný

find [faind] (found; found) nájsť, nachádzať, objaviť

findings [faindiŋz] obdržané výsledky, údaje

fine [fain] jemný, pekný, uhladený, rýdzi, pokuta, pokutovať, pekne, výborne!

finger

finger [fiŋgə] prst, ručička, ohmatať, dotknúť sa; (f. print – odtlačok prsta)
Finland [finlənd] Fínsko
Finn [fin] Fín/Fínka
Finnish [finiʃ] fínsky, fínčina
finish [finiʃ] koniec, záver, finiš, dokončiť, leštidlo, povrchová úprava
fire [faiə] oheň, požiar, streľba, páliť, zapáliť
fireplace [faiəpleis] ohnisko, kozub
firm [fə:m] firma, podnik, pevný, tuhý, spevniť
first [fə:st] prvý, najprv, po prvé, spočiatku
fish [fiʃ] ryba, ryby, chytať ryby
fisherman [fiʃəmən] rybár
fist [fist] päsť, ruka, zovrieť v päsť
fit [fit] záchvat, slušivosť, vhodný, schopný, v kondícii, slušať, pasovať, byť primeraný
fix [fiks] pripevniť, upevniť, opraviť, stanoviť, fixovať, uprieť (zrak, pozornosť)
flabby [flæbi] ochabnutý, slabý

flag [flæg] zástava, vlajka
flame [fleim] plameň, plápolať
flash [flæʃ] záblesk, zablysnúť sa, sršať
flashlight [flæʃlait] baterka, fotoblesk
flat [flæt] byt, plocha, rovina, plochý, rovný, vybitý
flavour [fleivə] chuť, vôňa, ochutiť, okoreniť
flaw [flo:] chyba, kaz, slabé miesto, defekt
flawless [flo:lis] bezchybný
flax [flæks] ľan
flea [fli] blcha (f. market – blší trh)
fleck [flek] škvrna, fľak, vločka
fleet [fli:t] loďstvo, flotila
flesh [fleʃ] živé mäso, telo, zmysly, dužina (ovocia)
flex [fleks] ohyb, prívodná šnúra, kábel, ohnúť sa
flexible [fleksəbl] ohybný, pružný
flight [flait] let, lietanie, útek, ťah, letecká linka
flimsy [flimzi] tenký, slabý, prieklepový papier
fling [fliŋ] hod, vrh, úder, hodiť

float [fləut] plaváčik, plávať, vznášať sa, plávajúca vesta, plavidlo

flock [flok] stádo, kŕdeľ, zhluk, zástup (ľudí)

flood [flad] príliv, záplava, zaplaviť

floor [flo:] dlážka, poschodie, dno

florist's [florists] kvetinárstvo

flourish [flariʃ] ozdoba, kvitnúť

flow [fləu] tok, prúd, tiecť

flower [flauə] kvet, kvitnúť

flu [flu:] chrípka

fluent [fluənt] plynulý, tečúci, tekutý

flush [flaʃ] príval, začervenanie, rast, rásť, červenať sa

fly [flai] (flew; flown) mucha, zotrvačník, lietať, letieť, utiecť, viať

flyover [flaj'əuvə] nadjazd

FM (Frequency Modulation - Frekvenčná modulácia)

foam [fəum] pena

FOB [f.o.b.] (Free on Board - Vyplatené náklady na palubu lodi - Incoterms)

fog [fog] hmla, zahmliť

fold [fəuld] záhyb, skladať, zložiť, skupina, zoskupenie

folk [fəuk] ľud, národ

follow [folou] nasledovať, sledovať, vyplývať, poslúchnuť

folly [foli] bláznovstvo, hlúposť

fond [fond] láskavý, nežný, zamilovaný, mať rád

food [fu:d] jedlo, potrava, krmivo

foodstuffs [fu:dstafs] potraviny

fool [fu:l] blázon, hlupák, pochabý, bláznivý

foot [fut] noha, chodidlo, stopa (1 stopa = 30,5 cm), kráčať, ísť; (pl. feet)

footpath [futpa:θ] chodníček, cestička

footwear [futweə] obuv

for [fo:] pre, za, do, na, po, lebo, aby (f. instance - napríklad)

forbid [fə'bid] (forbade; forbidden) zakázať, nedovoliť

force [fo:s] sila, moc, platnosť, nútiť, prinútiť, armáda

forcible [fo:səbl] násilný, nútený, účinný

forearm [fo:ra:m] predlaktie

forecast [fo:ka:st] predpoveď, predpovedať
forehead [forid] čelo
foreign [forin] cudzí, zahraničný
foreigner [forinə] cudzinec
foremost [fo:məust] najprv, vopred
forename [fo:neim] krstné meno
foresee [fo:'si:] predvídať
forest [forist] les, prales
forfeit [fo:fit] pokuta, záloh, prepadnutý, stratiť, pykať
forget [fə'get] (forgot; forgotten) zabudnúť (f.-me-not – nezábudka)
forging [fo:dʒiŋ] kovanie, falšovanie, výkovok
forgive [fə'giv] (forgave; forgiven) odpustiť, zľaviť
fork [fo:k] vidlička, rázsocha, rozvetvenie (f.-lift truck – vysokozdvižný vozík)
forlorn [fə'lo:n] osamotený, nešťastný, opustený, zanedbaný, zúfalý
form [fo:m] tvar, forma, formulár, tlačivo, tvoriť, formovať, spôsob
formal [fo:ml] formálny, presný

format [fə:mæt] úprava, formát, ráz, povaha, štruktúra, druh nosiča, formátovať
formation [fə:'maiʃn] tvorenie, tvorba, vytváranie, rozvoj, útvar, formácia
former [fo:mə] tvarovač, predchádzajúci, predošlý, bývalý
formerly [fo:məli] kedysi, skôr, predtým
formidable [fo:midəbl] hrozný, strašný, impozantný
Formosa [fo:məusə] Tchajwan, predtým Formosa
formula [fo:mjulə] formula, vzorec, predpis, recept
formulation [fə:mju'leiʃn] vyjadrenie, formulácia, vypracovanie
fornicate [fə:nikeit] smilniť, páchať smilstvo
fornication [fə:ni'keiʃn] smilstvo, smilnenie
forsake [fə'seik] (forsook; forsaken) opustiť, zanechať vzdať sa
fort [fo:t] pevnosť
forth [fo:θ] ďalej, vpred, von, na povrch
forthcoming [fə:θ'kamiŋ] nastávajúci, najbližší

forthright [fə:θrait] priamy, otvorený

fortification [fə:tifi'keiʃn] obohatenie, opevnenie, posilnenie

fortitude [fə:titju:d] statočnosť, mravná sila, sila ducha

fortnight [fo:tnait] dva týždne, štrnásť dní

fortress [fə:tris] pevnosť

fortuitous [fə:'tju:itəs] náhodný

fortune [fo:tʃn] šťastie, osud, bohatstvo (f.-teller - veštec/veštkyňa, vykladač osudu)

forty [fo:ti] štyridsať (f.-niner - zlatokop z roku 1849 v Kalifornii; f. winks - zdriemnutie, dať si dvadsať)

forward [fo:wəd] predný, vpred, vpredu, útočník v športe, sprevádzať, usmerňovať, doručiť, odoslať ďalej

forwarder [fo:wədə] zasielateľ, špeditér, dopravca

foster [fostə] živiť, podporovať (f. father/mother - pestún/ka; f. brother - nevlastný brat)

fosterling [fostəliŋ] adoptívne dieťa

F.O.T. (Free On Truck - Vyplatené na nákladné auto - Incoterms)

foul [faul] chyby, odporný, skazený, špinavý, páchnuci, nepoctivý (f. play - násilný zločin, nečistá hra)

found [faund] založiť, odlievať, zriadiť (nadáciu)

foundation [faun'deiʃn] základ, základy, nadácia, fond, podklad, založenie (f. course - prípravný kurz)

founder [faundər] zakladateľ, zrútiť sa, neuskutočniť, stroskotať (f. member - zakladajúci člen)

fountain [fauntin] fontána, prameň, zdroj, vodotrysk; (f. pen - atramentové pero)

four [fo:] štyri

fourteen [fo:'ti:n] štrnásť

fowl [faul] kohút, sliepka, kurča, hydina

fox [foks] líška, lišiak

fragile [frædʒail] krehký, slabý

frail [freil] útly, krehký

frame [freim] stavba, kostra, rad, rám, systém, for-

mulovať, utvárať, prispôsobiť, stavať, budovať
France [fra:ns] Francúzsko
franchise [frænt∫aiz] výsada, licencia, volebné právo
frank [fræŋk] priamy, úprimný
frankfurter [fræŋkfə:tə] párky
freak [fri:k] vrtoch, vrtošivý, netvor
free [fri:] slobodný, voľný, bezplatný, oslobodiť, uvoľniť
freedom [fri:dəm] sloboda, voľnosť, otvorenosť, úprimnosť
freeway [fri:wei] diaľnica
freeze [fri:z] (froze; frozen) mrznúť, zamrznúť, zadržať, zastaviť
freezer [fri:zə] mraznička
French [frent∫] Francúz, francúzsky, francúzština (F. bread/fries - bageta/ hranolčeky)
frenzy [frenzi] šialenstvo, zúrivosť
frequency [fri:kwensi] častosť, frekvencia, kmitočet
frequent [fri:kwent] častý, bežný, navštevovaný

fresh [fre∫] čerstvý, nový, svieži
friction [frik∫ən] trenie
Friday [fraidi] piatok; (Good F. - Veľký piatok)
fridge [fridʒ] chladnička (hov.)
friend [frend] priateľ, priateľka, známy
friendship [frend∫ip] priateľstvo
fright [frait] ľak, zdesenie, zľaknúť sa
frighten [fraitn] naľakať, vydesiť
frock [frok] šaty (dámske)
frog [frog] žaba
from [frəm] od, z, zo
front [frant] čelo, tvár, predok, fasáda, predná časť, fronta (vojenská), predný
frontier [frantjə] hranica, pohraničie
frost [frost] mráz
frown [fraun] mračiť sa
fruit [fru:t] ovocie, plod
frustrate [fras'treit] zmariť, sklamať, znechutiť
fry [frai] smažiť, pražiť
fuck [fak] trtkať, pichať (sex), do riti! (f. up - spackať)

fuel [fjuəl] palivo, pohonná hmota, natankovať

fulfil [ful'fil] splniť, vykonať, vyplniť (napr. formulár)

full [ful] plný, hojný, vrchovatý, zaplnený, obsadený

fully [fuli] plne, úplne

fume [fju:m] dym, para, výpar, dymiť, vyparovať sa

fun [fan] zábava, žart

fund [fand] fond, nadácia, zásoba, kapitál

funds [fandz] peniaze, finančné prostriedky, štátne pôžičky

funeral [fjunərəl] pohreb, pohrebný

fun-fair [fanfeə] lunapark

funicular [fju:'nikjulə] lanovka

funny [fani] zábavný, komický

fur [fə:] kožuch, kožušina

furious [fjuəriəs] zúrivý, rozzúrený, šialený

furnace [fə:nis] pec, ohnisko

furnish [fə:niʃ] vybaviť, vystrojiť, zariadiť, zabezpečiť

furniture [fə:nitʃə] nábytok, zariadenie (bytu)

furrow [farəu] brázda, žľab, vráska

further [fə:ðə] ďalej, ďalší, vzdialenejší, dopodrobna

furthermore [fə:ðəmo:] okrem toho, ďalej, a ešte

fury [fjuəri] zúrivosť, besnenie

fuse [fju:z] poistka, zapaľovač, roztaviť, zlučovať

fuss [fas] hurhaj, rozruch

futile [fju:tail] márny, zbytočný, bezvýznamný

future [fju:tʃə] budúcnosť, budúci

fuzzy [fazi] našuchorený, kučeravý, neostrý, rozmazaný, zmätený

Gg

gab [gæb] táranie (hov.: the gift of g. – dar reči)

gabble [gæbl] drmoliť, tárať

gad [gæd] túlať sa (g.-fly – ovad (hmyz); otrava, dotieravec

gadget ['gædʒit] (malý šikovný) prístroj, mechanizmus, vynález, niečo dômyselné

gag [gæg] vtip, pointa, harpúna, kolík (do úst), umlčať

gage [geidʒ] záloh, záruka, založiť

gaiety [geiəti] veselosť, zábava

gain [gein] zisk, získať, vyhrať

gains [geinz] príjmy (g. tax – daň zo zisku)

Galaxy ['gæləksi] galaxia, Mliečna dráha

gale [geil] víchrica, búrka

gall [go:l] žlč, odrenina, trápenie, dráždiť, zlostiť

gallon [gælən] galón [4,5 litra]

gallows [gælouz] šibenica, popravné lešenie

gamble [gæmbl] hazardná hra, risk

gambler [gæmblər] gambler, hazardný hráč

game [geim] hra, set, zápas, vtip

gammon [gæmən] údená šunka, údiť

gang [gæŋ] banda, skupina, gang (zločinecký), čata (pracovná)

gangway [gæŋwei] priechod, chodbička, prístavný mostík

gap [gæp] otvor, medzera, trhlina (an age g. – vekový rozdiel)

gape [geip] zívanie, zízanie, zívať, gániť

garage [gæra:ʒ] garáž, garážovať

garbage [ga:bidʒ] odpadky, smeti

garden [ga:dn] záhrada, záhradníčiť (g. cress – žerucha siata)

gargle [ga:gl] kloktadlo, kloktať

garlic [ga:lik] cesnak (g. press – lis na cesnak)

garment [ga:mənt] odev, šaty, korzet

garnet ['ga:nit] granát (drahokam)

garnish [ga:niʃ] ozdoba, zdobenie, príloha (jedla), pohostenie, ozdobiť, zdobiť

garrison [gærisn] posádka, obsadiť posádkou

gas [gæs] plyn, benzín (an anaesthetic g. - rajský plyn; g. coke - plynárenský koks)

gasolene [gæsəlin] benzín

gasp [ga:sp] dychčanie, dychčať, odfukovať

gate [geit] brána, vchod, vráta (g.-crasher - nepozvaný hosť, votrelec)

gather [gæðə] zbierať, zhromaždiť (sa), usúdiť

GATT (General Agreement on Tariffs and Trade - Všeobecná dohoda o clách a obchode)

gauge [geidʒ] miera, norma, rozsah, kaliber, odmerať, vymerať

gauze [go:z] gáza, tyl, pletivo

gavel ['gævl] kladivko (na dražbe, sudcovské, atď.)

gay [gei] veselý, roztopašný, jasná (farba), homosexuál

gazette [gə'zet] noviny, úradná novina, zbierka zákonov, vestník

GBS (George Bernard Shaw - írsky spisovateľ, kritik)

GCE (General Certificate of Education - (britské) maturitné vysvedčenie

GCSE (General Certificate of Secondary Education (britské) maturitné vysvedčenie

GDP (Gross Domestic Product - Hrubý domáci produkt

G.D.R. (German Democratic Republic - Nemecká demokratická republika)

gear [giə] pohon, rýchlosť, prevod, zaradiť rýchlosť

gear-lever [giə'li:vər] rýchlostná páka

gearing [giəriŋ] pohon, ozubený prevod, záber, ozubené súkolesie

general [dʒenrəl] generál, všeobecný (G. Attorney - Generálny prokurátor; G. Land Office - Pozemkový úrad)

generalize [dʒenərəlaiz] zovšeobecniť

generate

generate [dʒenəreit] vyrábať (el. prúd), utvárať, vyvíjať

generation [dʒenə'reiʃn] generácia, tvorba, plodenie

generous [dʒenərəs] štedrý, ušľachtilý, veľkorysý, bujný

genial [dʒi:njəl] žoviálny, veselý

gentle [dʒentl] jemný, láskavý, nežný (g. breeze – príjemný vánok)

gentleman [dʒentlmən] pán (pl. gentlemen)

genuine [dʒenjuin] pravý, pôvodný, rýdzi

geography [dʒi'ogrəfi] zemepis

George ['dʒo:dʒ] Juraj

Georgia ['dʒo:dʒə] Georgia (štát USA), Gruzínsko

Georgian ['dʒo:dʒən] georgiánsky (napr. sloh v Anglicku), gruzínsky

German ['dʒə:mən] Nemec/Nemka, nemčina, nemecký, súvisiaci, relevantný (G. measles – rubeola)

germanium [dʒər'meni:əm] germánium (chem. prvok)

Germany ['dʒə:məni] Nemecko

germination [dʒərmineiʃn] klíčenie (obilia)

get [get] (got; got) dostať, kúpiť, získať, uchopiť, dostať sa

get-at-able ['get'ætəbl] dosiahnuteľný, dostupný, prístupný

ghastly [ga:stli] hrozný, strašný

ghost [gəust] duch, strašidlo, zjavenie (Holy G. – Duch svätý)

G.I. ['dʒi:ai] vojenský, erárny, (G.I. Joe – vojak armády USA)

giant [dʒaiənt] obor, obrovský (g.-killing – víťazstvo trpaslíka nad obrom (šport)

giddy [gidi] závratný, mať závrat

gift [gift] dar, nadanie, obdarovať

gill [gil] žiabre, rebro (chladiča)

gilt [gilt] pozlátka, (po)zlátený

gin [dʒin] gin, borovička, vyzrňovať bavlnu

ginger ['dʒindʒə] ďumbier, zázvor (g. ale – zázvorová limonáda) (g. bread – medovník)

gipsy [dʒipsi] Cigán, Róm

girder [gə:dər] nosník, trám, traverza

girl [gə:l] dievča, milá, slúžka

girlfriend [gə:lfrend] priateľka, milá

girt [gə:t] obvod, opásať

gismo/gizmo ['gizmou] taká tá vec, tentononc, oná vec, ten vynález, vymoženosť

give [giv] (gave; given) dať, darovať, udeliť, venovať

glad [glæd] potešený, rád, radostný

glade [gleid] čistina v lese, holina

glance [gla:ns] pohľad, záblesk, nazrieť, trblietať sa

gland [glænd] žľaza, upchávka

glans [glæns] žaluď penisu, dráždca

glaring [gleəriŋ] nápadný, oslňujúci, krikľavý, do očí bijúci

glass [gla:s] sklo, pohár, zrkadlo, zaskliť, odzrkadliť (g. fibre - sklolaminát)

glasshouse [gla:shaus] skleník (záhradnícky)

glasses [gla:siz] okuliare

Glasswegian [glæz'wi:dʒən] Glasgovčan(ka), glasgovský

glaucoma [glə'koumə] glaukóm, zelený zákal

glazed [gleizd] sklený, zasklený, glazurovaný (s polevou)

gleam [gli:m] lesk, lesknúť sa, žiariť

glide [glaid] kĺzanie, plachtenie, kĺzať sa, plachtiť

globe [gləub] guľa, zemeguľa

gloom [glu:m] šero, tma, skľúčenosť, smútok

glorious [glo:riəs] nádherný, slávny, úžasný

glory [glo:ri] sláva, nádhera, pýcha, jasať, pýšiť sa

glue [glu:] glej, lepidlo

glove [glav] rukavica

glow [gləu] sálanie, žiara, rumenec, sálať, sčervenať

G.M.T. (Greenwich Mean Time - Greenwichský stredný čas)

gnat [næt] komár

gnaw [no:] hrýzť, hlodať

GNP (Gross National Product - Hrubý národný produkt)

go [gəu] (went; gone) chod, priebeh, ísť, vyjsť, odísť, cestovať, pohybovať sa, prejsť

goal [gəul] cieľ, gól

goat [gəut] koza; (nanny/billy g. –koza/cap)

gobble [gobl] hltať, napchávať sa

God [god] Boh, boh, bôžik (Act of God – Vis major, vyššia moc; G. forbid – nedaj bože; praise G. – chválabohu; G. Almighty – všemohúci boh)

godparents [godpeərents] krstní rodičia (g. mother – krstná matka, goddaughter – krstná dcéra)

goer [gəuə] chodec; (cinema g. – návštevník kina)

going [gəuiŋ] chôdza, chod, v chode, idúci

gold [gəuld] zlato, zlatý (g. rush – zlatá horúčka)

golden [gəuldn] zlatý, jedinečný, (g. fleece – zlaté rúno; g. calf – z. teľa)

goldsmith [gəuldsmiθ] zlatník

good [gud] dobro, prospech, dobrý (for g. – nadobro, navždy); (2. stupeň: better, 3. stupeň: the best)

good-bye [gud'bai] zbohom

goods [gudz] tovar, majetok, nákladný (vlak) (g. and chattels – osobný hnuteľný majetok)

goose [gu:s] hus, hlupák (g. flesh – husia koža; g. file – husí pochod); pl. geese

goose-flesh [gu:sfleʃ] husia koža

gorge [go:dʒ] hrdlo, pažerák, roklina, hltať, napchávať sa

gorgeous [go:dʒəs] nádherný, oslnivý

goshawk [gosho:k] jastrab

gossamer [gosəmə] babie leto, ľahučký, jemnučký

gossip [gosip] klebetník, klebety, klebetiť

government [gavnmənt] vláda

gown [gaun] šaty, župan, rúcho, talár

GP (General Practitioner – praktický lekár)

G.P.O. (General Post Office – Hlavná pošta)

grab [græb] zhrabnutie, zhrabnúť, schmatnúť, uchopiť

grace [greis] pôvab, pôvabný
grade [greid] stupeň, trieda, hodnosť, kvalita, známka, ročník v škole
gradual [grædʒuəl] postupný, pozvoľný, pomalý
graduate [grædʒuət] absolvent, absolvovať, odstupňovať, skončiť školu
grain [grein] zrno, jadro, obilie
grammar [græmə] gramatika
grammar-school [græməsku:l] gymnázium
grand [grænd] veľký, skvelý, veľkolepý, tisícka (dolárov)
grandchild [grændtʃaild] vnuk, vnučka
granddaughter [grænd'do:tə] vnučka
grandfather [grænd'fa:ðə] starý otec
grandmother [grænd'maðe] stará mama
grandparents [grænd'pərənts] starí rodičia
grandson [grændsan] vnuk
granite [grænit] žula
grant [gra:nt] povolenie, dotácia, povoliť, udeliť, poskytnúť, darovať

grape [greip] hrozno
grapefruit [greipfru:t] grep
graphics [græfiks] grafika
grasp [gra:sp] uchopenie, uchopiť, zovrieť, pochopiť, rozumieť
grass [gra:s] tráva, trávnik, pastvina
grateful [greitfl] vďačný, príjemný
gratuity [grætjuiti] dar, prepitné
grave [greiv] hrob, dôstojný, vážny, pochovať
gravy [greivi] omáčka, šťava (z mäsa)
grease [gri:s] masť, tuk, mazadlo, namazať
greasy [gri:zi] mastný
great [greit] veľký, vysoký, významný
Great Britain [greit britn] Veľká Británia
greatly [greitli] veľmi, značne, omnoho, oveľa
Greece [gri:s] Grécko; (Ancient G. – staroveké Grécko)
Greek [gri:k] Grék/Grékyňa, gréčtina, grétsky; (G. mythology – grécka mytológia)
greedy [gri:di] nenásytný, pažravý, chamtivý

green

green [gri:n] zeleň, trávnik, zelený, neskúsený
green-horn [gri:nho:n] zelenáč
greet [gri:t] pozdraviť
greeting [gri:tiŋ] pozdrav
grey [grei] sivý, šeď, šedý
grief [gri:f] žiaľ, zármutok
grill [gril] ražeň, grilovať, opekať na ražni
grilled [grild] grilovaný
grillroom [grilrum] gril, reštaurácia
grim [grim] pochmúrny, zúrivý, krutý, neradostný
grin [grin] úškrn, škľabiť sa, ceriť zuby
grind [graind] (ground; ground) mletie, mlieť, brúsiť, drieť
grip [grip] stisk, uchopenie, zovretie, rukoväť, chytiť, zovrieť
groan [grəun] vzdych, ston, stonať
grocery [grəusəri] obchod s potravinami
groggy [grogi] slabý, kolísavý, otrasený, tackavý
groin [groin] slabina
ground [graund] pôda, terén, zem, dno, základ, ihrisko, uzemnenie, uzemniť; (a g. for - príčina, dôvod; on the g-s - z dôvodu, kvôli, pre)
ground-floor [graund'flo:] prízemie
group [gru:p] skupina, zoskupiť sa
grow [grəu] (grew; grown) rast, rásť, pestovať
growl [graul] vrčanie, zavrčať
grub [grab] larva, červ, hrabať, sliediť
grudge [gradʒ] odpor, závidieť
grumble [grambl] nadávať, hromžiť
guarantee [gærən'ti:] záruka, ručiteľ, ručiť
guard [ga:d] obrana, garda, stráž, dozorca, chrániť, strážiť
guess [ges] odhad, hádať, tušiť, mysleť
guest [gest] hosť
guesthouse [gesthaus] penzión
guide [gaid] sprievodca, viesť, riadiť
guidebook [gaidbuk] sprievodca, bedeker

guild [gild] spolok, spoločenstvo, cech
guilt [gilt] vina
guitar [gi'ta:] gitara
gulf [galf] záliv, priepasť, vír, zásadný rozdiel
Gulf [galf] - perzský/mexický záliv,
gull [gal] čajka, podviesť
gullet [galit] hltan, roklina
gulp [galp] dúšok, hlt, hltať

gum [gam] ďasno, guma, lepidlo
gun [gan] delo, puška, revolver
guts [gats] črevá, vnútornosti, odvaha, prejedať sa
guy [gai] chlapec, chlap, chlapík
gymnasium [dʒim'neizjəm] telocvičňa
gypsum [dʒipsəm] sadra

Hh

habit [hæbit] obyčaj, zvyk
habitation [hæbiteiʃn] bydlisko, bývanie
hack [hæk] námezdný škrabák, čakan, motyka, koktanie, zaseknúť, nabúrať (počítačový systém)
hacker [hækə] počítačový fanúšik, počítačový pirát
haft [ha:ft] držadlo, rukoväť
hag [hæg] čarodejnica, stará baba
Hague [heig] the H. (s určitým členom!) = Haag (mesto v Nizozemsku)
hail [heil] krupobitie, krúpy, pozdraviť, zavolať
hair [heə] vlasy, chlpy, srsť
hairdresser [heə'dresə] kaderník
hale [heil] svieži, zdravý, zdatný
half [ha:f] polovica, polovičný, napoly, polčas (šport.)
hall [ho:l] hala, sála, sieň, predsieň
Halloween [hæləu'wi:n] predvečer Všetkých svätých
Hallowmas [hæləu'mæs] Všetkých svätých

halt [ho:lt] zástavka, zastaviť, váhať
ham [hæm] šunka, stehno
hammer [hæmə] kladivo, buchar, biť kladivom
hand [hænd] ruka, držadlo, rukoväť, dotýkať sa, manipulovať
handbag [hændbæg] kabelka
handle [hændl] násada, rukoväť, kľuka, dotknúť sa, ovládať, zvládnuť, manipulovať
handsome [hænsəm] pekný, rúči, príjemný
handy [hændi] obratný, šikovný, zručný, užitočný, vhodný do ruky
hang [hæŋ] visieť, zavesiť, obesiť (h. about/around – flákať sa, potulovať sa)
hang-glider [hæŋ'glaidər] rogalo, kto lieta s rogalom
hanger [hæŋə] vešiak, háčik
hangman [hæŋmən] kat
hangover [hæŋəuvər] opica (po pijatike), prežitok, pozostatok

hanky-panky [hænkipənki] ľúbostný románik, laškovanie, „techtle-mechtle"
happen [hæpən] stať sa, prihodiť sa
happiness [hæpinis] šťastie
happy [hæpi] šťastný
harassment ['hærəsmənt] znepokojovanie, obťažovanie, prenasledovanie (sexual h. – sexuálne obťažovanie)
harbour [ha:bə] prístav, kotviť v prístave
hard [ha:d] tvrdý, drsný, prísny, ťažký, tvrdo, namáhavo (h. currency – tvrdá mena)
hardback [ha:dbæk] viazaná kniha, kniha v tvrdej väzbe
hard core [ha:d ko:] zdravé jadro, skalný priaznivec, tvrdé, obscénne (porno)
hardly [ha:dli] tvrdo, sotva, ťažko
hardware [ha:dweə] železiarstvo, železný tovar, technické vybavenie počítača
hardy [ha:di] otužilý, silný
hare [heə] zajac

harm [ha:m] škoda, ublíženie, úraz, poškodiť, ublížiť (no harm done – nič strašné sa nestalo)
harmful [ha:mful] škodlivý, zhubný
harmless [ha:mlis] neškodný, nevinný, bezpečný
harp [ha:p] harfa
harridan [hæridən] striga, bosorka, stará baba
harsh [ha:ʃ] drsný, ostrý, prenikavý
hart [ha:t] jeleň
harum-scarum [heərəm-'skeərəm] hr-hr, zjašený, bezhlavý, pocháběľ, splašenec, blázon
harvest [ha:vist] žatva, zber úrody, zbierať (úrodu)
harvester [ha:vistə] žnec, žací stroj, kombajn
haste [heist] chvat, náhlenie
hasten [heisn] ponáhľať, súriť, urýchliť
hat [hæt] klobúk (pass the hat around – urobiť zbierku)
hate [heit] nenávisť, nenávidieť
hatch [hætʃ] (vy)liahnuť (sa), vyšrafovať, prielez, poklop, príklop, priezor

hatchback [hætʃbæk] hatchback (5 dverové auto)
hatchery [hætʃəri] inkubátor, umelá liaheň
hatchet [hætʃit] sekerka (bury the hatchet - zakopať vojnovú sekeru, uzmieriť sa)
hate [heit] nenávidieť, mať odpor, neznášať
hateful [heitfl] nenávidený, odporný, nenávistný
hatred [heitrid] nenávisť
haughty [ho:ti] pyšný, povýšený, nadutý
hat-trick [hætrik] hattrick (vstrelenie 3. gólov jedným hráčom v zápase)
haulage [ho:lidʒ] nákladná doprava, prepravné, dopravné
hauler [ho:lər] dopravca, prepravca
haunch [ho:ntʃ] bok, stehno, zadok
haunt [ho:nt] často navštevovať, prenasledovať, znepokojovať, strašiť
Havana [hə'vænə] Havana, havanská cigara
have [hæv] (had; had) mať, dostať, vziať si, musieť

haven [heivn] prístav
hawk [ho:k] jastrab
hawthorn [ho:θə:n] hloh
hay [hei] seno (make a hay while the sun shines - kuj železo, kým je žeravé) (h. fever - senná nádcha)
haywire [heiwaiər] rozbitý, nefungujúci, pomätený
hazard [hæzəd] nebezpečie, riziko, ohroziť, odhadovať
haze [heiz] opar, hmla, zahmliť
hazel [heizl] lieska, lieskovec, orechový, orieškovo hnedý
H-bomb [eitʃboumb] - vodíková bomba, bombardovať v. bombou
he [hi] on
head [hed] hlava, čelo, vedúci, hlava niečoho
headache [hedeik] bolesť hlavy
headlight [hedlait] predné svetlo
headline [hedlain] titulok, názov
headquarters [hed'kwotəz] centrála, ústredie, štáb
headwaiter [hedweitə] hlavný čašník

heal [hi:l] liečiť, zahojiť sa
health [helθ] zdravie (h. care – zdravotná starostlivosť; h. insurance – nemocenské/zdravotné poistenie)
heap [hi:p] kopa, hromada, množstvo, nahromadiť, naložiť, zahrnúť
hear [hiə] (heard; heard) počuť, počúvať, dopočuť sa
hearing [hiəriŋ] sluch, výsluch, prejednávanie, vypočutie
hearsay [hiərsei] hovorí sa, povesť, klebety, počutie
hearse [hə:rs] pohrebný voz
heart [ha:t] srdce, hruď, duša, podstata, srdce (v kartách) (by h. – naspamäť, slovo od slova)
heartburn [ha:tbən] pálenie záhy
hearth [ha:θ] kozub, ohnisko
heartless [ha:tlis] bez srdca, krutý
heat [hi:t] teplo, horúčava, horlivosť, vášeň, zápal, kúriť, rozpáliť
heating [hi:tiŋ] kúrenie
heave [hiv] dvíhať, vzdúvať
heaven [hevn] nebo

heavy [hevi] ťažký, ťažkopádny (h.-duty – pre veľké zaťaženie, bezporuchový, trvanlivý)
Hebrew [hi:bru:] hebrejčina, hebrejský
heckle [hekl] provokovať, prerušovať, prerušovať (rečníka), provokácia
hectare [hekta:] hektár
hector [hektər] šikanovať, tyranizovať, zastrašovať (koho)
hedge [hedʒ] živý plot, prekážka, zaistenie, preventívne opatrenia
hedgehog [hedʒhog] jež
hedonist [hi:dənist] pôžitkár, rozkošník, hedonista
heebie-jeebies [hi:bi'dʒi:bis] tréma
heed [hi:d] dbať (rady), dať pozor, všímať si
heel [hi:l] päta, podpätok
height [hait] výška, vrchol
hell [hel] peklo
helm [helm] kormidlo, páka, kormidlovať
help [help] pomoc, pomocník, pomôcť pomáhať, poslúžiť
helping [helpiŋ] porcia

helpless [helplis] bezmocný

helpmate [helpmeit] pomocník

hem [hem] lem, okraj, olemovať

hemicycle [hemisaikl] polkruh, polkružnica

hemlock [hemlok] bolehlav

hen [hen] sliepka, samička vtáka

henbane [henbein] blen

henbit [henbit] hluchavka

hence [hens] odtiaľ, odvtedy, teda

henceforth [hens'fo:θ] nabudúce, odteraz, dopredu, nabudúce

hen-party [hen'pa:ti] dámska jazda, babinec

hen-pecked [henpekt] pod papučou (manžel)

hepatic [hi'pætik] hepatický, pečeňový

hepatitis [hepə'taitis] žltačka, zápal pečene, hepatitída

heptagon [heptəgən] sedemuholník

her [hə:] ju, jej (predmetový pád od „she")

herb [hə:b] bylina, rastlina

here [hiə] tu, sem (Here you are - Nech sa páči)

hereafter [hiəa:ftə] ďalej, nižšie, nabudúce, v ďalšom

herein [hiə'rin] tu, vnútri, v tomto dokumente, na tomto mieste, v prílohe, týmto

heresy [herəsi] kacírstvo, bludárstvo

heretic [herətik] kacír, bludár, heretik, odpadlík

heretofore [hiətu'fo:] predtým, prv, doposiaľ

herewith [,hiər'wið] pritom, týmto, priložene, v prílohe

heritage [heritidʒ] dedičstvo, odkaz

herky-jerky [hərki'dʒərki] trhavý, rozkmitaný, roztrasený (pohyb ap.)

hermit [hərmit] pustovník

hernia [hə:rniə] hernia, pruh (lek.), prietrž

hero [hiərou] hrdina, bohatier, idol

herring [heriŋ] sleď

herself [hə:self] sama (ona), sa

hesitate [heziteit] váhať

hetero [hetərou] heterosexuálny

hew [hju:] sekať, tesať, rúbať
hi [hai] ahoj
hide [haid] (hid; hidden/hid) úkryt, skryť, zatajiť
hideous [hidiəs] odporný, ohavný
HI-FI (High Fidelity - Vysoká vernosť (záznamu zvuku)
high [hai] výška, výšina, vysoký, horný, hlavný, vysoko
highball [haibo:l] destilát so sódou a ľadom
highbrow [haibrau] intektuálsky, intelektuálny, inteligent
High Commisioner [hai'komiʃənər] - Vysoký komisár
higher learning [haiər'lə:niŋ] pomaturiné vzdelanie (univerzita)
highlands [hailəndz] vysočina
highly [haili] vysoko, vznešene, veľmi (h. paid - veľmi dobre platený)
highlight [hailait] osoba, vec v centre pozornosti, zlatý klinec, vrchol (programu)

highway [haiwei] hlavná cesta, diaľnica (H. Code - Pravidlá cestnej premávky)
hijacker [haidʒækər] únosca lietadla, zlodej, lupič
hike [haik] turistické túry, robiť túry, výlet, trampovať
hilarious [hi'leəriəs] veselý, zábavný
hill [hil] kopec, vrch
hilly [hili] kopcovitý
him [him] jeho, ho, jemu
himself [him'self] on sám, sa
hind [haind] zadné (končatiny zvierat), laň
hinder [hində] brániť, prekážať, zabrániť
hindrance [hindrəns] prekážka, zábrana, bránenie
hinge [hindʒ] záves, veraj (dverí)
hint [hint] pokyn, narážka, naznačovať, náznak, tip, urobiť narážku
hip [hip] bok, bedro, šípka (hip hip hooray - hip hip hurá!)
hip flask [hip fla:sk] vrecková fľaša, plácačka, čútora
hire [haiə] nájom, prenajať si

his [hiz] jeho; (h. majesty – jeho výsosť)
Hispanic [hi'spænik] hispánsky, španielsky, obyvateľ USA hispánskeho pôvodu
hiss [his] sykot, syčanie, syčať
hit [hit] (hit; hit) náraz, úder, zásah, naraziť, udrieť, trafiť, zasiahnuť
hitchhike [hitʃhaik] autostop, stopovať
HIV (Human immunodeficiency virus – Vírus zlyhania ľudského imunitného systému)
HMS (His/Her Majesty's Ship – Loď Jeho/Jej Veličenstva
hoarse [ho:s] chrapľavý, zachrípnutý
hoax [həuks] podvod, švindeľ, falošná správa, kanadský žartík
hoaxer [houksər] figliar
hobble [hobl] krívanie, krívať
hobby [hobi] koníček, záľuba
hobgoblin [hob'goblin] škriatok, goblin
hobo [houbou] vandrák, tulák, vagabund, potulný robotník
hockey [hoki] hokej
hodgepodge [hodʒpodʒ] miešanica, mišmaš
hoe [hou] motyka, okopávať
hog [hog] kanec, prasa, brav
Hogmanay [hogmənei] (škótsky) Silvester
hoist [hoist] výťah, kladka, zdvihnúť
hold [həuld] (held; held) držať, konať, zadržať, zastaviť, obsahovať
hole [həul] diera, jama, otvor
holiday [holədei] sviatok, dovolenka
holidays [holədiz] prázdniny
hollow [holəu] pustý, prázdny, jamka, dutosť, dolina, údolie
holy [həuli] svätý, pobožný (H. Communion – Sväté prijímanie; H. See – Svätá Stolica; H. Saturday-Biela Sobota)
homage [homidʒ] hold, pocta
home [həum] domov, domovina, vlasť, domáci, rod-

ný (H. Guard - Domobrana)
homicide [homisaid] vražda
honest [onist] čestný, statočný
honey [hani] med, miláčik
honeymoon [hanimu:n] medové týždne, svadobná cesta
honour [onə] česť, pocta, poctiť
hood [hud] kapucňa, čepiec, kapota, ochranný kryt (Little Red Riding Hood - Červená čiapočka/Karkulka)
hoodlum [hu:dləm] chuligán, násilník
hoof [hu:f] kopyto, paznecht
hoo-ha [hu:ha:] vrava, hurhaj, kraval
hook [huk] hák, skoba, zahákovať, zopnúť
hooker [hu:kər] šlapka, cundra, prostitútka
hooky/hookey [hu:ki] play hooky - chodiť za školu
hooley [hu:li] mejdan (s tancom a spevom)
hooligan [hu:ligən] chuligán

hoop [hu:p] obruč, spona, objímka, bránka
hootch/hooch [hu:tʃ] samohonka, podradný alkohol
hoover [hu:və] vysávač, vysávať
hop [hop] skákať, vyskočiť, chmeľ
hope [həup] nádej, dúfať (h. chest - výbava, veno (nevesty)
horizontal [hori'zontl] vodorovný
horn [ho:n] roh, paroh, klaksón auta, lesný roh (h. of plenty - roh hojnosti)
hornet [ho:nit] sršeň
horny [ho:ni] nadržaný, sexy, mozoľnatý, stvrdnutý
horoscope [horəskoup] horoskop
horrible [horəbl] strašný, hrozný
horror [horər] hrôza, zdesenie, des, horor, strašidelný
horse [ho:s] kôň
horsefeathers [ho:s'feðərs] konina, volovina, kravina, blbosť
horsefly [ho:s'flai] ovad
horse-race [ho:s reis] konské dostihy

horseman [hoːs mən] jazdec
horse-radish [hoːsrædiʃ] chren
hose [həuz] hadica, pančucha, postriekať hadicou
hosiery [həuʒəeri] bielizeň, trikotáž
hospitable [hospitəbl] pohostinný, priaznivý
hospital [hospitl] nemocnica
host [həust] hostiteľ, dav, zástup
hostess [həustis] hostiteľka, hosteska
hostel [hostəl] nocľaháreň, internát
hostile [hostail] nepriateľský
hostility [hosˈtiliti] nepriateľstvo
hot [hot] horúci, štipľavý, vášnivý
hour [auə] hodina, časový úsek, doba (pracovná) (hourglass – presýpacie hodiny)
house [haus] dom, domácnosť, domov, snemovňa, bývať, ubytovať
housecraft [hausˈkraːft] vedenie domácnosti
household [haushəuld] domácnosť

housekeeper [hausˈkiːpə] domáca, gazdiná
housemaid [hausmeid] slúžka
how [hau] ako?, koľko? prečo? za koľko?
however [hauˈevə] akokoľvek, predsa len, avšak
howl [haul] vyť, zavíjať
HQ (Headquarters – Hlavný stan; sídlo, štáb)
hue [hjuː] farba, odtieň
hug [hag] objatie, objať, maznať sa
huge [hjuːdʒ] obrovský
human [hjuːmən] človek, ľudský, humánny (h. error – zlyhanie ľudského faktoru)
humble [hambl] pokorný, skromný
humbug [hambag] podvod, nezmysel
humid [hjuːmid] vlhký, mokrý
humidy [hjuːmidi] vlhkosť, humidita
humiliate [hjuˈmilieit] poníž iť, pokoriť, potupiť, zahanbiť
humorous [hjuːmərəs] humorný, vtipný, smiešny, komický, zábavný

Hungary [hangəri] Maďarsko

Hungarian [han'geəriən] Maďar(ka), maďarčina, maďarský

hunger [haŋgə] hlad, hladovať

hungry [haŋgri] hladný, žiadostivý, prahnúci

hunt [hant] poľovačka, hon na niečo, zhon, loviť, poľovať

hurdies [hərdi:z] stehno, zadok (zvieraťa), biskup (hydiny)

hurdle [hərdl] prekážka, (h. race – prekážkový beh), preskočiť

hurdy-gurdy [hərdi'gə:di] verklík

hurl [hə:l] šmariť, vrhnúť, hodiť

hurly-burly [hə:li'bə:li] lomoz, rámus, ruch

hurricane [harikən] uragán, víchrica

hurry [hari] náhlenie, chvat, ponáhľať sa (There's no h. – Netreba sa p.)

hurt [hə:t] (hurt; hurt) poraniť, ublížiť

husband [hazbənd] manžel

hustle [hasl] strkať, sácať, náhlivo robiť

hut [hat] búda, chatrč

HV (High Voltage - Vysoké napätie)

hydrogen [haidrədʒən] vodík

hyphen [haifən] spojovník „-" (interpunkčné znamienko)

hypocrisy [hi'pokrisi] pokrytectvo

hypothec [hai'poθik] hypotéka

hysteria [hi'stiəriə] hystéria

Ii

I [ai] ja
IATA (International Air Transport Association – Medzinárodné združenie leteckých dopravcov)
IBM (International Business Machines Corporation – názov firmy; Intercontinental Ballistic Missile – Medzikontinentálna balistická raketa)
IBRD (International Bank for Reconstruction and Development – Medzinárodná banka pre obnovu a rozvoj, Svetová banka)
ice [ais] ľad, zmrzlina
ice-box [aisboks] chladnička
ice-cream [aiskri:m] zmrzlina
ice-hockey [aishoki] ľadový hokej
iced [aist] s ľadom, ľadom chladený
Iceland [aislənd] Island
icicle [aisikl] cencúľ
idea [ai'diə] idea, myšlienka, pojem
ideal [ai'diəl] ideálny, ideový
identify [ai'dentifai] rozoznať, zistiť, identifikovať
identity [ai'dentiti] totožnosť
identity card [ai'dentiti ka:d] karta totožnosti
idle [aidl] lenivý, nečinný, leňošiť, zaháľať
idol [aidl] modla, idol
if [if] ak, či, keby
ignition [ig'niʃn] zapálenie, zapaľovanie
ignore [ig'no:] nevšímať si, ignorovať
I.H.S. (Jesus, Saviour of Men – z Lat. Iesus Hominum Salvator – Ježiš, spasiteľ ľudstva)
ill [il] chorý, zlý, ochorieť, zle
illegal [i'li:gl] nezákonný, nelegálny
illicit [i'lisit] nezákonný, zakázaný
illness [ilnis] choroba, zlo
illustrate [iləstreit] ilustrovať, vysvetliť
image [imidʒ] obraz, dojem, vyobraziť
imagination [imædʒi'neiʃn] predstavivosť

imagine [i'mædʒin] predstaviť si
imitate [imiteit] napodobniť, imitovať
immediate [i'mi:djət] bezprostredný
immense [i'mens] nesmierny, obrovský
immigrant [imigrənt] prisťahovalec
imminent [iminənt] hroziaci
immodest [i'modist] nehanebný, neslušný, neskromný
impact [impækt] náraz, vplyv, napchať, vtlačiť, mať vplyv
impartial [im'pa:ʃəl] nestranný
impatient [im'peiʃənt] netrpezlivý
impede [im'pi:d] brániť, prekážať, zdržovať, hatiť
impel [im'pel] povzbudzovať, nútiť
imperative [im'perətiv] rozkazovací spôsob, rozkazovačný
imperfect [im'pə:fikt] nedokonalý, neúplný
impersonal [im'pə:snl] neosobný

impetus [impitəs] impulz, popud, povzbudzovať, stimulovať
implement [impliment] urobiť, vykonať, realizovať
impolite [impəlait] nezdvorilý
import [im'po:t] dovoz, dovážať
importance [im'po:təns] význam
important [impo:tənt] dôležitý
impossible [im'posəbl] nemožný
impression [im'preʃn] dojem, vytlačenie, otlačok, vydanie knihy
imprison [im'prizn] uväzniť
improve [im'pru:v] zlepšiť sa, zdokonaliť
in [in] v, na, do
inadequate [in'ædikwæt] nedostatočný, nevhodný
inch [intʃ] palec (1 inch = 2,54 cm)
incident [insidənt] prípad, udalosť, spor, náhodný
include [in'klu:d] zahŕňať, obsahovať
including [in'klu:diŋ] vrátane

inclusive [in'klu:siv] celkový, celkom, vrátane

income [inkam] príjem, mzda

inconsistent [ˌinkən'sistənt] nezodpovedajúci, nezlučiteľný, nezhodný

inconvenient [inkən'vi:njənt] nevhodný, nevyhovujúci

incorrect [inkə'rekt] nesprávny, nekorektný

increase [in'kri:s] vzrast, prírastok, zväčšenie, zvýšenie, rásť, pribúdať, zvýšiť

incredible [in'kredəbl] neuveriteľný

increment [inkrimənt] prírastok, zvýšenie

indebted [in'debtid] zaviazaný, dlžný, zadĺžený

indeed [in'di:d] skutočne, naozaj

independent [indi'pendənt] nezávislý, samostatný

indicate [indikeit] ukázať, naznačiť

indicator [indi'keitə] ukazovateľ, smerovka

indigestion [indi'dʒestʃn] nevoľnosť, pokazený žalúdok

indispensable [indis'pensəbl] nevyhnutný, potrebný

individual [indi'vidjuəl] jednotlivec, individuálny, jednotlivý

indoor [indo:] vnútorný, domáci

indoors [in'do:z] vnútri, doma

industry [indəstri] priemysel

inexpensive [iniks'pensiv] lacný

infamous [infəməs] hanebný, potupný, neslávne známy

infant [infənt] dieťa

infection [in'fekʃn] infekcia, nákaza

infectious [in'fekʃəs] nákazlivý

infer [in'fə] vyvodiť, usúdiť, ukončiť

inferior [in'fiəriə] horší, nižšej kvality, podriadený (osoba)

inflammation [inflə'meiʃn] zápal

influence [influəns] vplyv, účinok, vplývať

influenza [influ'enzə] chrípka

information [infə'meiʃn] informácia /informácie (a piece of i. – jedna informácia)

infringement [in'frindʒmənt] priestupok

ingenious [in'dʒi:niəs] dômyselný, vynachádzavý, duchaplný

inhabitant [in'hæbitənt] obyvateľ

initial [i'niʃl] iniciálka, počiatočný

injection [in'dʒekʃn] injekcia

injure [indʒər] raniť, poraniť

injustice [in'dʒastis] nespravodlivosť

ink [ink] atrament, čerň

inland [inlənd] domáci, vnútrozemský

inn [in] hostinec

inner [inə] vnútorný, skrytý

inoculation [inokju'leiʃn] očkovanie

inquiries [in'kwaiəriz] informácie

inquiry office [in'kwaiəri ofis] informačná kancelária

I.N.R.I. (Jesus of Nazareth King of Jews – z Lat. Iesus Nazarenus Rex Iudaeorum – Ježiš Nazaretský, kráľ židovský)

inscribe [in'skraib] napísať, zapísať, označiť, popísať

inscription [in'skripʃn] nápis, nadpis

insect [insekt] hmyz

insert [in'sə:t] vložiť, vsunúť, zasadzovať

inside [in'said] vnútro, vnútri, dovnútra, počas, v priebehu

insist [in'sist] naliehať, trvať na niečom

insomuch [in'somatʃ] natoľko (že)

inspect [in'spekt] prešetriť, dohliadať

instalment [in'sto:lmənt] splátka

instance [instəns] príklad, prípad, inštancia

instant [instənt] okamžitý

instead [insted] namiesto niečoho

institute [institju:t] poriadok, predpis, ústav, inštitút

institution [insti'tju:ʃn] nariadenie, inštitúcia

instructions

instructions [in'strakʃnz] pokyny, inštrukcie

insult [in'salt] uraziť, urážka

insurance [in'ʃuərəns] poistenie, poistka

insure [in'ʃuər] zabezpečiť, zaistiť, poistiť

intake [inteik] príjem, vtok, nasávanie

intellect [intəlekt] rozum, intelekt

intelligence [in'telidʒəns] rozum, inteligencia, špionáž, výzvedná služba

intensive [in'tensiv] intenzívny

intention [in'tenʃn] úmysel, zámer, cieľ

interchange [intə'tʃeindʒ] križovatka, výmena

interchange station [intə'tʃeindʒ steiʃn] prestupná stanica

intercourse [intəko:s] styk, súlož

interfere [,intə'fiə] prekážať, zasahovať

interest [intrist] záujem, úrok (to be interested in – zaujímať sa o; i. rate – úroková sadzba)

interesting [intristiŋ] zaujímavý

interior [in'tiəriə] vnútro, vnútorný, interiér, vnútrozemie (I. Minister – minister vnútra)

internal [in'tənl] vnútorný, interný

international [intə'næʃnəl] medzinárodný

interpreter [in'tə:pritə] prekladateľ, tlmočník

interrupt [intə'rapt] prerušiť

intersection [inte'sekʃn] priesečník, križovatka

interval [intə:vl] prestávka, interval

interview [intəvju:] rozhovor, konkurz, mať rozhovor

intimate [intimit] dôverný, intímny, blízky, tesný

into [intu] do, v, na

intricate [intrikət] zložitý, zapletený, komplikovaný

introduce [intrə'dju:s] predstaviť, uviesť

introduction [intrə'dakʃn] predstavenie, úvod, odporúčanie

invalid [in'vælid] neplatný, invalid

invention [in'venʃn] vynález, nápad
invest [in'vest] investovať, udeliť, obliecť, zahaliť
investigation [investi'geiʃn] skúmanie, vyšetrovanie
investment [in'vestmənt] investícia, oblečenie, odev
invitation [invi'teiʃn] pozvanie, pozvánka
invite [in'vait] pozvať
invoice [invois] účet, faktúra
involve [involv] zapliesť (sa), vyžadovať, obsahovať, zahŕňať
IOU (I owe you – Ja vám dlhujem), dlžobný úpis
IQ (Intelligence Quotient – Inteligenčný kvocient)
IRA (Irish Republican Army – Írska republikánska armáda)
Iran [i'ra:n] Irán
Iraq [i'ra:k] Irak
Iraqi [i'ra:ki] Iránsky
Ireland [aiələnd] Írsko
Irish [airiʃ] Ír(ka), írčina, írsky
iron [aiən] železo, žehlička, železný (I. Age – doba železná; I. curtain – železná opona)
irrelevant [i'reləvənt] bezvýznamný, nepodstatný
ISBN (International Standard Book Number – Medzinárodné normalizované číslo knihy)
ISDN (Integrated Services Digital Network – Digitálna sieť integrovaných služieb)
island [ailənd] ostrov
isle [ail] ostrov; (British Isles – Británske ostrovy)
issue [iʃu:] výsledok, výstup, otázka, problém, vydanie, výtok, vychádzať, vynoriť sa, vydať
it [it] to, ono
item [aitəm] bod, článok, položka
itinerary [ai'tinərəri] plán cesty, trasa, časový harmonogram (výletu)
its [its] jeho
itself [it'self] sebe
ivory [aivəri] slonovina, slonovinový (I. Coast – Pobrežie slonoviny)
ivy [aivi] brečtan

Jj

jab [dʒæb] štuchnúť, pichnúť
jack [dʒæk] chlapík, zdvihák, dolník (Union J. - britská zástava)
jackass [dʒækæs] somár, hlupák
jackdaw [dʒækdo:] kavka
jacket [dʒækit] sako, prebal
jack-knife [dʒæknaif] vreckový nožík
jaded [dʒeidid] vyčerpaný, otupený
JAG (Judge Advocate General - Vojenská generálna prokuratúra)
jail [dʒeil] väzenie, uväzniť
jam [dʒæm] džem, zápcha, tlačenica, napchať, zatarasiť, zadrieť sa
James [dʒeims] Jakub
Jane [dʒein] Jana
January [dʒænjuəri] január
Japan [dʒə'pæn] Japonsko
Japanese [dʒə'pəni:z] japonský, japončina
jar [dʒa:] nádoba, fľaša, náraz, vŕzganie, hádka, škrípať, vŕzgať, hašteriť sa
jargon [dʒa:gən] žargón, odborná hantírka, frázovitosť

jaundice [dʒo:ndis] žltačka
jaunt [dʒo:nt] výlet, prechádzka
jaunty [dʒo:nti] veselý, elegantný
jaw [dʒo:] čeľusť, papuľa, tlama
jay [dʒei] sojka, táraj
jealous [dʒeləs] žiarlivý, závistlivý
jemmy [dʒemi] hasák
jeans [dʒi:nz] džínsy, texasky
jeep [dʒi:p] džíp, terénne vozidlo
jelly [dʒeli] želé, huspenina (j.-fish - medúza)
jeopardize [dʒepədaiz] ohrozovať, vystaviť nebezpečenstvu
jerk [dʒə:k] trhnutie, náraz, trhnúť
jersey [dʒə:zi] sveter, žoržet
jest [dʒest] žart, vtipkovať (in j. - žartom, zo zábavy)
jet [dʒet] dýza, tryska
jet plane [dʒet plein] prúdové lietadlo
Jew [dʒu:] Žid
jewel [dʒu:əl] klenot

jewelry [dʒuːəlri] klenotníctvo
job [dʒob] práca, úloha
Joe [dʒəu] Jožko
jog [dʒog] drgnúť, klusať
John [dʒon] Ján
join [dʒoin] spojiť, pripojiť sa
joint [dʒoint] spoločný, spojenie, kĺb, spoločný, spojený, spojiť
joke [dʒəuk] vtip, žart, žartovať (blue j. neslušný vtip; practical j. – kanadský žartík)
jolly [dʒoli] veselý, milý, pekný
jostle [dʒosl] sotiť, strkať
journal [dʒəːnl] noviny, časopis
journalist [dʒəːnəlist] novinár
journey [dʒəːni] cesta, cestovanie
joy [dʒoi] radosť, potešenie
jubilee [dʒuːbiliː] jubileum, výročie
judge [dʒadʒ] sudca, rozhodca, znalec, odsúdiť, súdiť

judgment [dʒadʒmənt] súd, rozsudok, úsudok
jug [dʒag] džbán, krčah
juice [dʒuːs] šťava, džús
juke-box [dʒuːkboks] hrací automat
July [dʒuːlai] júl, júlový
jump [dʒamp] skok, náskok, skočiť, skákať
jumper [dʒampə] skokan, blúza, blúzka, pulóver
junction [dʒankʃn] spojenie, železničná križovatka, stanica, železničný uzol, diaľničná križovatka
June [dʒuːn] jún, júnový
jungle [dʒaŋgl] džungľa
junior [dʒuːnjə] mladší, junior
jury [dʒuəri] porota
just [dʒast] spravodlivý, správny, práve, len, teraz
justice [dʒastis] spravodlivosť, právo, súd
justify [dʒastifai] oprávniť, ospravedlniť
jute [dʒuːt] juta
juvenile [dʒuːvinail] mladistvý, pre mládež

Kk

kale [keil] kapusta, kel
Kampuchea [kæmpu'tʃiə] Kambodža
kangaroo [kæŋgəru:] klokan, kenguru
keel [ki:l] kýl lode
keen [ki:n] ostrý, silný, dychtivý, nadšený bystrý
keep [ki:p] (kept; kept) držať, vlastniť, nechať si, podporovať, vydržiavať, viesť, udržiavať
keeper [ki:pə] strážca, dozorca, majiteľ, ošetrovateľ, chovateľ
keepsake [ki:pseik] dar na pamiatku
keg [keg] súdok
kerbstone [kə:bstəun] okraj chodníka, obrubník
kerosene [kerosi:n] petrolej
kettle [ketl] kotlík, čajník, kanvica
ketchup [ketʃap] kečup
key [ki:] kľúč, klávesa, zamknúť, základný, tón
keyhole [ki:həul] kľúčová dierka
KFC (Kentucky Fried Chicken - názov firmy)
kick [kik] kopnúť, kopať, kopanec (k. the bucket - zomrieť)
kick off [kik əv] výkop (začiatok zápasu; aj akcie), rozbehnutie
kid [kid] kozľa, dieťa
kidnap [kidnæp] uniesť niekoho
kidney [kidni] oblička
Kiev [kiiev] Kijev (hlavné mesto Ukrajiny)
kill [kil] zabiť, zničiť, prekaziť, utlmiť, zabitie, skolenie (zvieraťa)
kiln [kiln] (vypaľovacia/sušiaca) pec
kilt [kilt] škótska sukňa
kin [kin] príbuzenstvo, rod (nie zoologický), rodina, príbuzný
kind [kaind] druh, odroda, rod, milý, láskavý
kindergarten [kiŋdəga:tn] materská škola
kindle [kindl] zapáliť, vznietiť, roznietiť
king [kiŋ] kráľ, kraľovať
kingdom [kiŋdəm] kráľovstvo

king-size(d) [kiŋgsaizd] predĺžený, nadmerný, mimoriadny

kinship [kinʃip] príbuzenstvo, príbuznosť, spriaznenosť

kiosk [ki:osk] stánok, kiosk

kipper [kipə] údenáč, údený sleď

kiss [kis] bozk, bozkávať, pobozkať (k. of life = dýchanie z úst do úst)

kit [kit] výbava, výstroj, náradie, nástroje

kitchen [kitʃin] kuchyňa, kuchynský

kitsch [kitʃ] gýč, gýčovitý

kite [kait] šarkan (hračka), luniak (zool.)

kitten [kitn] mačiatko, mača

Kitty [kiti] domácky Catherine = Katarína, Katka

KKK (Ku Klux Klan) [kju:klaks 'klæn]

Kleenex [kli'neks] značka papierových vreckoviek

Klondike [klondaik] rieka Klondike; zlatá baňa

Kluxer [klaksəə] člen Kukluxklanu, kukluxklanový

kmph (kilometers per hour -počet kilometrov za hodinu)

knapsack [næəpsæk] batoh, plecniak

knave [neiv] darebák

knead [ni:d] miesiť, hniesť

knee [ni:] koleno, kolenačky (be on the k. of the gods - byť vo hviezdach, neisté)

knickers [nikez] nohavičky

knife [naif] nôž (pl. knives), krájať, rezať

knight [nait] rytier, (šachový) jazdec

knit [nit] pliesť, spojiť

knitwear [nitweə] pletené šatstvo

knob [nob] gombík, zdurenina

knock [nok] klopanie, úder, búchanie, klopať, búchať, zraziť sa

knocking [nokiŋ] klopanie

knot [not] uzol, slučka, problém, zauzliť

know [nəu] (knew; known) vedieť, poznať, rozoznať, dozvedieť sa

knowing [nəuiŋ] skúsený, znalý

knowledge [nolidʒ] vedomosti, znalosť (a piece of k. - poznatok; to my k. - pokiaľ viem)

known

known [nəun] známy
knuckle [nakl] hánka, kĺb prstu, koleno (zvieraťa)
kohlrabi [kəul'ra:bi] kaleráb

K.O. Knockout (box)
Kremlin [kremlin] Kremel v Moskve

Ll

label [leibl] nálepka, vineta, opatriť nálepkou
labour [leibə] práca, námaha, robotníctvo, pôrod
lace [leis] šnúrka, čipka
lack [læk] nedostatok, nemať, chýbať
lackey [læki] lokaj, sluha
lad [læd] chlapec, mládenec
ladder [lædə] rebrík, (pančuchové) očko
laden [leidn] naložený, zaťažený
ladle [leidl] naberačka, naberať
lady [leidi] dáma, pani
lag [laeg] omeškávať, oneskorovať sa
lager [la:gə] ležiak, pivo
lake [leik] jazero
lamb [læm] jahňa, baránok
lame [leim] chromý, krivý, biedny
lament [lə'mənt] bedákanie, nárek, bedákať, nariekať
lamp [læmp] lampa, svietidlo
land [lænd] zem, pôda, pevnina, krajina, prístať
landlady [lænd'leidi] statkárka, domáca pani, hostinská
landlord [lænd lo:d] statkár, domáci pán, hostinský
landscape [lændskeip] kraj, krajina, terén, formát naležato (výp. techn.)
lane [lein] ulička, cesta, jazdný pruh
language [læŋgwidʒ] reč, jazyk
languid [læŋgwid] mdlý, malátny
lank [læŋk] chudý, štíhly, rovný
lap [læp] lono, chlopňa, lalok, kolo (v športe)
larch [la:tʃ] červený smrek
lard [la:d] bravčová masť, špikovať, prešpikovať
large [la:dʒ] veľký, rozsiahly, značný (at l. - na úteku)
largely [la:dʒli] veľmi, najmä, prevažne
lark [la:k] škovránok, žart, zábava
LASER (Light Amplification by Stimulated Emission of Radiation – Zosilnenie svetla stimulovanou emisiou žiarenia)

lash

lash [læʃ] bič, švihnutie, bičovať, šľahať
last [la:st] posledný, minulý, trvať, vystačiť, vydržať
lasting [la:stiŋ] trvalý, stály
lastly [la:stli] nakoniec, konečne, na záver
latch [lætʃ] závora
latchkey [lætʃki] kľúč od domu patentný kľúč
late [leit] oneskorený, neskorý, nebohý, bývalý, oneskoriť sa, neskoro
lately [leitli] nedávno, v poslednom čase
latent [leitənt] skrytý, utajený
later [leitə] neskorší, novší, neskôr, potom,
latest [leitist] najnovší, čerstvý, posledný (at the l. - neskoro, prinajmenšom)
latitude [laetitjud] šírka (zemepisná), rozvláčnosť, voľnosť
lattice [lætis] mreža, zamrežovať
Latvia [lætvi:ə] Lotyšsko
laugh [la:f] smiech, smiať sa, vysmievať sa
launch [lo:ntʃ] spustiť, vypáliť, zahájiť, vyslať

launderette [lo:ndəret] práčovňa, práčka
lavatory [lævətəri] záchod, umyváreň
lavish [læviʃ] štedrý, plytvajúci
law [lo:] zákon, právo, spor, súd
lawn [lo:n] trávnik
lawsuit [lo:sju:t] súdny spor
lawyer [lo:jə] právnik, advokát
lax [læks] voľný, hnačka
lay [lei] (laid; laid) klásť, položiť, uložiť, zbiť
lay-by [leibai] parkovisko pri diaľnici
layman ['leimən] neprofesionál, diletant, laik, neodborník
layout [leiaut] nákres, vybavenie, úprava, projekt
lazy [leizi] lenivý, pomalý
LCD (Liquid Crystal Cell - Zobrazovacia jednotka s kvapalnými kryštálmi)
lead [led] olovo
lead [li:d] (led; led) vedenie, viesť, riadiť
leader [li:də] vodca, úvodník v novinách
leaf [li:f] (pl. leaves) list (na strome), lupeň, plátok

leaflet [li:flit] lístok, leták
leafy [li:fi] listnatý
league [li:g] liga, zväz
leak [li:k] diera, štrbina, presakovať, tiecť
lean [li:n] (leant; leant) chudý, zohnúť sa, opierať sa, spoliehať sa
leap [li:p] skok, skákať, preskočiť (l. year – prestupný rok)
learn [lə:n] naučiť, učiť sa, dozvedieť sa
lease [li:s] prenájom, prenajať
least [li:st] najmenší, najmenej
leather [leðə] koža, kožený
leatherette [leðəret] koženka
leave [li:v] (left; left) nechať, opustiť, odísť, dovoliť, zveriť
lecture [lektʃə] prednáška, lekcia, prednášať
LED (Light Emmiting Device/Diode – Zariadenie emitujúce svetlo/Svietivá dióda)
leech [li:tʃ] pijavica
leek [li:k] pór (zelenina)
left [left] ľavý, vľavo

left-luggage office [leftlagidʒ ofis] úschovňa batožiny
leg [leg] noha (Break a l.! – Zlom väz!; pull someone's leg – robiť si z niekoho žarty))
legacy [legəsi] dedičstvo, odkaz
legal [li:gəl] zákonný, právny
legation [li'geiʃn] vyslanectvo, delegácia
legible [ledʒəbl] čitateľný
legitimate [li'dʒitimit] zákonitý, zákonný, všeobecne uznávaný, manželský (dieťa)
leisure [leʒə] voľno, voľný čas
leisurely [leʒəli] nenútene, voľne
lemon [lemən] citrón
lemonade [lemə'neid] limonáda
lend [lend] (lent; lent) požičať, požičiavať, poskytnúť
length [leŋθ] dĺžka, vzdialenosť, trvanie
lens [lenz] šošovka, objektív
lentil [lentil] šošovica
less [les] menej, menší, bez

lesson

lesson [lesn] lekcia, cvičenie, úloha, hodina v škole
lest [lest] aby nie
let [let] nechať, dovoliť, pripustiť, prenajať
letter [letə] list, písmeno
letter-box [letəboks] poštová schránka
lettuce [letis] hlávkový šalát
level [levl] vodováha, rovina, úroveň, hladina, stupeň
lever [li:vər] páka, sochor
lewd [lu:d] oplzlý
LGA (New York La Guardia – medzinárodný kód letiska)
LGW (London Gatwick – medzinárodný kód letiska)
LHR (London Heathrow – medzinárodný kód letiska)
liable [laiəbl] povinný, zodpovedný
liar [laiə] luhár, klamár
libel [laibl] ohováranie, ohovárať, urážka
liberal [libərəl] štedrý, liberálny, liberál, veľkorysý
liberty [libəti] sloboda, voľnosť, výsada, opovážlivosť
LIBOR (London Interbank Offered Rate – Londýnska medzibanková úroková sadzba)

library [laibrəri] knižnica
licence [laisəns] licencia, povolenie
lick [lik] lízať, zbiť
lid [lid] pokrievka, viečko
lie [lai] (lay; laid; laid) ležať, ľahnúť si, lož, luhať, poloha, úkryt
life [laif] život
lifebelt [laifbelt] záchranný pás
lifeboat [laifbəut] záchranný čln
lifebuoy [laifboi] záchranný pás
lifelong [laifloŋ] doživotný
lifetime [laiftaim] život, celý život
LIFO (Last in, first out – Posledné dnu, prvé von (metóda spracovania frontu dát)
lift [lift] výťah, zdvihnúť
light [lait] svetlo, svetlý, ľahký, rozsvietiť
lighter [laitə] zapaľovač
lightning [laitniŋ] blesk
like [laik] podobný, ako, mať rád, páčiť sa
likely [laikli] pravdepodobne, sľubný (Not l.! – V žiadnom prípade!)

likeness [laiknis] podobnosť
likewise [laikwaiz] podobne, rovnako, taktiež
LILO (Last in last out – Posledný zaradený, posledný vybraný)
limb [lim] úd, výbežok
lime [laim] lipa, vápno, citrusový plod
limit [limit] hranica, limit, obmedzenie
limited liability company (Ltd) – spoločnosť s ručením obmedzeným (s.r.o.)
limp [limp] krívanie, krívať, skleslý, ochablý
limpid [limpid] priezračný, číry
line [lain] čiara, riadok, šnúra, trať, linka, rad, potrubie, vedenie, rodokmeň
linen [linin] plátno, posteľná bielizeň, ľanový
liner [lainə] osobná loď, lietadlo, linkovač
linger [liŋgə] otáľať, váhať, vliecť sa, zotrvávať
link [liŋk] článok, spojka, spojiť, pridať sa
lion [laiən] lev (l.'s share – leví podiel)

lip [lip] pera, pysk
lipstick [lipstik] rúž
liquid [likwid] tekutina, tekutý, kvapalný
liquor [likə] liehovina
lisp [lisp] šušlať, šuškať
list [list] zoznam, zapísať do zoznamu, cenník
listen [lisn] počúvať, načúvať
literature [litritʃə] literatúra
Lithuania [ˌliθuːˈeniˈə] Litva
litre [liːtə] liter
litter [litə] odpadky, smeti
little [litl] málo, malý, trocha
live [laiv] živý, priamy prenos
live [liv] žiť, bývať
lively [laivli] veselý, plný života
liver [livə] pečeň
livestock [laivstok] živý inventár, dobytok
living-room [liviŋruːm] obývačka
load [ləud] náklad, nálož, naložiť, nabiť
loaf [ləuf] bochník, hlávka, hromádka, (pl. loaves)
loan [ləun] pôžička, požičať

111

loathe [ləuð] hnusiť sa, mať odpor

lobby [lobi] predsieň, hala hotela, foyer, nátlaková skupina

lobe [ləub] lalok

lobster [lobstə] krab, morský rak

local [ləukəl] miestny, lokálny

locate [ləu'keit] lokalizovať, umiestniť, usadiť sa, určiť miesto

lock [lok] kader, zámka, zamknúť

locker [lokə] uzamykateľná schránka, skriňa, priehradka; (l. room – šatňa so skrinkami)

locksmith [loksmiθ] zámočník

lodging [lodʒiŋ] podnájom, ubytovanie

loft [loft] podkrovie, povala, holubník, senník

lofty [lofti] vysoký, povýšený, vznešený, pyšný, nadutý

log [log] poleno, klada, záznam výkonu, palubný denník; (sleep like a l. – spať ako poleno/zarezaný)

logcabin [log'kæbin] zrub

logic [lodʒik] logika

loin [loin] bedrá, boky

loll [lol] ovísať, opierať sa, vystierať sa, povaľovať sa

lollipop [lolipop] lízanka

London [landn] Londýn

Londoner [landənə] Londýnčan

lonely [ləunli] osamelý, sám

long [loŋ] dlhý, veľký, dlho

look [luk] pohľad, dívať sa, pozerať, vyzerať

looking-glass [lukiŋgla:s] zrkadlo

looks [luks] vzhľad

Look Out [luk aut] Pozor!

loop [lu:p] slučka, kľučka, kľučkovať

loose [lu:s] voľný, uvoľnený, sypký, uvoľniť

loosen [lu:sn] uvoľniť, rozviazať

loot [lu:t] korisť, lúpiť

lop [lop] okliesniť, orúbať

lord, Lord [lo:d] pán, Pán, lord (titul)

lorry [lori] nákladné auto

lose [lu:z] (lost; lost) stratiť, prehrať

loss [los] strata, škoda, prehra

lost [lost] stratený, prehraný

lot [lot] lós, osud, podiel, množstvo, mnoho

lotion [ləuʃn] vodička, roztok, krém

lottery [lotəri] lotéria

loud [laud] hlasný, nahlas

loudspeaker [laud'spi:kə] amplión

lounge [laundʒ] hala, sieň, foyer, pohovka

love [lav] láska, milovať

lovely [lavli] rozkošný, pekný, milý

lover [lavə] milý, milenec

low [ləu] nízky, tichý, nízko

lower [ləuə] nižší, tichší, nižšie

LP [loŋplejiŋ] dlhohrajúca platňa

LPG (Liquefied petroleum/propane gas – Skvapalnený zemný plyn/propan)

LSD (Lysergic acid diethylamide – Dietylamid kyseliny lysergovej – halucinogén)

Ltd (Limited - obmedzený, vymedzený, s.r.o.)

lubricate [lu:brikeit] mazať

lucid [lu:sid] jasný, svetlý, priehľadný, zrozumiteľný

luck [lak] šťastie, náhoda, osud (Good l.! – Veľa šťastia!)

luckily [lakili] našťastie

lucky [laki] šťastný

ludicrous [lu:dikrəs] smiešny, absurdný, nemožný

luggage [lagidʒ] batožina

lukewarm [lu:kwo:m] vlažný, ľahostajný, indiferentný

lull [lal] pokoj, oddych, uspať, ukolísať

lumber [lambə] drevo, haraburdy

lump [lamp] kus, hruda, kocka, hromada

lunch [lantʃ] obed, obedovať

lungs [laŋgz] pľúca

lurch [lə:tʃ] kymácať sa, tackať sa

lure [ljuə] vnadidlo, lákať, vábiť

luscious [laʃəs] presladený, sladký, mdlý, zvodný, atraktívna (žena)

lust [last] túžba, chtivosť, chlipnosť

luxurious [lag'zjuəriəs] prepychový, luxusný

luxury [lakʃəri] luxus, prepych

lynch [lintʃ] lynč, lynčovať

lynx

lynx [liŋks] rys
lyre [laiə] lýra

lyric [lirik] lyrika, lyrická báseň
lyrics [liriks] slová piesne

Mm

M [motorway] označenie diaľnice

mace [meis] palcát, žezlo, muškátový kvet, slzný plyn, podraziť, oklamať

machine [mə'ʃi:n] stroj, mašinéria. opracovať (m. gun - guľomet; m. tool - obrábací stroj)

machinery [mə'ʃi:nəri] stroje, strojové zariadenie, súkolie

macho ['mætʃou] chlapský, mužný

mac(intosh) [mækintoʃ] pršiplášť

mackerel ['mækrəl] makrela

macroeconomic [mæcroui:kə'nəmik] makroekonomický

mad [mæd] šialený, bláznivý, zúrivý

madam [mædəm] pani, dáma

magazine [mægə'zi:n] magazín, časopis, sklad, zásobník (samopalu)

magic [mædʒik] mágia, kúzlo, kúzelný (m. carpet - lietajúci koberec; m. wand - kúzelnícka palička)

magician [mə'dʒiʃn] čarodejník, iluzionista, bosorák, kúzelník

magpie [mægpai] straka, táraj

maid [meid] dievča, slúžka, chyžná

maiden [meidn] dievča, panna, panenský; (m. name - dievčenské meno, meno za slobodna)

mail [meil] pošta, poslať poštou

mailbox [meilboks] poštová schránka/priečinok

main [mein] hlavný, základný

mainland [meinlənd] pevnina

maintain [mein'tein] udržiavať, pokračovať, tvrdiť, podporovať

maize [meiz] kukurica

major [meidʒə] major, väčší, dôležitejší, plnoletý, nadriadený, hlavný predmet (štúdia)

majority [mədʒoriti] väčšina, dospelosť, väčšinový

make

make [meik] (made; made) robiť, vyrábať, donútiť, doplniť, nahradiť, zostaviť (m. love – (po)milovať sa)

maladjustment [mælə'dʒastmənt] neodpovedanie, nesúhlas, nepomer

male [meil] muž, samec, mužský

malice [mælis] zlomyseľnosť

malign [mə'lain] zlý, škodlivý, zhubný

mamma [mə'ma, ma:mə] mamička

mammal [mæml] cicavec (pl. mammalia)

mammary (gland) ['mæməri: glænd] prsná žlaza, mliečna žľaza

man [mæn] muž, človek, osoba, sluha, zamestnanec, manžel

manage [mænidʒ] riadiť, spravovať, zariadiť, stihnúť

management [mænidʒmənt] riadenie, vedenie, správa, riaditeľstvo

manager [mænidʒə] riaditeľ, vedúci, správca

manful [mænful] mužný, smelý, rozhodný

manifold [mænifəuld] kópia, preklep, rôzny, rozmnožiť

manipulate [mə'nipjuleit] zaobchádzať, manipulovať, spracovať

mankind [mæn'kaind] ľudstvo, muži

manly [mænli] mužný, mužský, statočný

manner [mænə] spôsob, štýl, zvyk

mantle [mæntl] plášť, kryt

manual [mænjuəl] príručka, ručný

manufacture [mænju'fæktʃə] výroba, výrobok, manufaktúra, vyrábať

many [mæni] mnoho, mnohí

map [mæp] mapa, plán, mapovať, vyznačiť

maple [meipl] javor

marble [ma:bl] mramor

march [ma:tʃ] pochod, pochodovať

March [ma:tʃ] marec, marcový

margin [ma:dʒin] okraj, lem, lemovať, marža, cenové rozpätie

marine [məri:n] loďstvo, morský, námorný

mariner [mərinə] námorník
marital [mə'ritl] manželský
mark [ma:k] znak, značka, známka, cieľ, označiť
market [ma:kit] trh, obchod, dopyt
marmalade [ma:məleid] (pomarančový) džem
marmot [ma:mət] svišť
marriage [mæridʒ] manželstvo, sobáš (m. certificate - sobášny list; m. of convenience - sobáš z rozumu)
married [mærid] ženatý, vydatá, manželský (život) (m. couple - manželský pár)
marrow [mærou] dyňa, tekvica, špik, kostná dreň
marry [mæri] oženiť sa, vydať sa
marvel [ma:vəl] div, zázrak, žasnúť, obdivovať
MASH (Mobile Army Surgical Hospital - vojenská poľná nemocnica)
mass [mæs] masa, hmota, omša
mast [ma:st] stožiar, žrď
master [ma:stə] majster, učiteľ, pán, ovládať
mat [mæt] rohožka, podložka

match [mætʃ] zápas, zápalka, hodiť sa, zodpovedať
mate [meit] druh, družka, priateľ, kolega, spáriť
mathematics [mæθi'mætiks] matematika
matinée [mætinei] odpoludňajšie predstavenie
matter [mætə] vec, hmota, záležitosť, podstata, dôvod, otázka, mať význam
mattress [mætris] matrac, žinenka
mature [mə'tjuə] dospelý, zrelý, dozrieť, dospieť
maw [mo:] bachor, žalúdok zvierat
may [mei] môcť, smieť
May [mei] máj
maybe [meibi:] azda, možno, snáď
mayor [meə] starosta
MD (Doctor of Medicine - Doktor medicíny)
me [mi:] ma, mňa, mi, mne
meadow [medəu] lúka
meagre [mi:gə] chatrný, biedny, skromný, nevýdatný, nepatrný
meal [mi:l] jedlo, strava, múka
mean [mi:n] (meant; me-

ant) nízky, hanebný, skúpy, znamenať, mieniť, priemer
meaning [mi:niŋ] význam, úmysel, zmysel
means [mi:nz] prostriedok, prostriedky; (m. of transport – dopravný prostriedok)
meanwhile [mi:n'wail] medzitým, zatiaľ
measles [mi:zlz] osýpky
measure [meʒə] miera, kritérium, merať, opatrenie
meat [mi:t] mäso
mechanic [mi'kænik] mechanik, mechanický
medical [medikl] lekársky, liečivý
medieval [medi'i:vl] stredoveký
medium [mi:diəm] prostriedok, médium, priemerný, stredne prepečený (steak), stredný stupeň
meet [mi:t] (met; met) stretnúť, zoznámiť sa, isť naproti, vyhovovať, uhradiť
meeting [mi:tiŋ] stretnutie, schôdzka, zhromaždenie
melon [melən] melón
mellow [meləu] vyzretý, zrelý, kyprý, šťavnatý, lahodný

melt [melt] tavba, taviť, roztopiť, rozpúšťať
member [membə] člen, úd, orgán
memorial [mi'mo:riəl] pamätník, pomník, pamätný
memory [meməri] pamäť, pamiatka, spomienka
men [men] muži, ľudia
menace [menəs] hrozba, hroziť
mend [mend] oprava, opraviť, zlepšiť
mental [mentl] duševný, mentálny
mention [menʃn] zmienka, zmieniť sa, spomenúť
menu [menju] jedálny lístok, ponuka
merciful [mə:siful] milosrdný
merciless [mə:slis] nemilosrdný, neúprosný
mere [miə] púhy, obyčajný
merely [miəli] jednoducho, iba, len
merge [mə:dʒ] spojiť, splynúť
merit [merit] zásluha, prednosť, cena, hodnota
merry [meri] bujarý, veselý
merry-go-round [merigəu'raund] kolotoč

mess [mes] porcia, jedlo, neporiadok, zmätok, popliesť, robiť zmätky, zamazať sa
message [mesidʒ] odkaz, správa
metal [metl] kov, kovový
meter [mi:tə] meradlo, merací prístroj
method [meθəd] metóda, spôsob
metre [mi:tə] meter
mettle [metl] povaha, temperament
mew [mju:] čajka, mňaukať, kňučať, klietka
MGM (Metro-Goldwyn-Meyer – filmová spoločnosť)
microbe [maikrəub] mikrób
microphone [maikrəfəun] mikrofón
midday [middei] poludnie
middle [midl] stred, stredný
midnight [midnait] polnoc
might [mait] moc, sila, mohol by (som)
mighty [maiti] mocný, silný, mohutný, ohromne
mild [maild] mierny, lahodný
mile [mail] míľa (1609 m)
mileage [mailidʒ] vzdialenosť v míľach

milestone [mailstəun] míľnik, medzník
military [militri] vojenský
milk [milk] mlieko, dojiť
mill [mil] mlyn, fabrika, valcovňa, mlieť, drviť
million [miljən] milión/milióny; (5 million inhabitants – 5 miliónov obyvateľov, NB: million nemá príponu „s")
mind [maind] myseľ, pamäť, názor, mienka, dať pozor, dbať, namietať
mine [main] moja, moje, môj, baňa, mína
miner [mainə] baník
ministry ['ministri] ministerstvo, kabinet
minor [mainə] mladistvý, menší, mladší, menšinový
minute [minit] minúta, chvíľka, návrh
minute [mai'nju:t] drobný, podrobný, nepatrný
miracle [mirəkl] zázrak, div
mirror [mirə] zrkadlo, zrkadliť sa
miscellany [,miseləni] zmes, zborník (prác), rôzne (kolónka, stĺpec)
miss [mis] chýbať, minúť

Miss

Miss [mis] slečna
mist [mist] hmla, opar
mistake [mis'teik] (mistook, mistaken) chyba, omyl, nepochopiť, zmýliť sa
misunderstanding [misandə'stændiŋ] nedorozumenie, nepochopenie, konflikt
MIT (Massachusetts Institute of Technology – Massachusettský technologický inštitút)
mix [miks] zmes, miešanina, miešať
mixture [mikstʃə] zmes
moan [məun] nárek, ston, nariekať, stonať
mobile [məubail] pohyblivý, pojazdný, mobilný
mock [mok] výsmech, vysmievať sa, zosmiešňovať, podvádzať, napodobenina
mode [məud] metóda, spôsob, forma, druh, móda, režim
model [modl] model, modelka, modelovať, stáť modelom
moderate [modərət] mierny, miernit' sa, moderovať, konferovať

modern [modən] moderný
modest [modist] skromný, mierny, slušný
moist [moist] vlhký, mokrý
mole [məul] mólo, krt
Monday [mandi] pondelok (St (sənt) M. – modrý pondelok) (Easter M. – Veľkonočný pondelok)
money [mani] peniaze
money order [mani o:də] peňažná poukážka
monk [maŋk] mních
monkey [maŋki] opica, opičiť sa
monster [monstə] netvor, obluda
month [manθ] mesiac
monthly [manθli] mesačný, mesačník
monument [monjumənt] pomník, pamätník
mood [mu:d] nálada, spôsob, rozpoloženie
moon [mu:n] Mesiac; (once in a blue m. – raz za uhorský rok, veľmi zriedkavo)
more [mo:] viac
moreover [mo:rəuvə] navyše, okrem toho
morning [mo:niŋ] ráno, dopoludnia

120

mortal [mo:tl] smrteľník, smrteľný, osudný
Moscow [moskou] Moskva
mosquito [məsˈki:təu] komár
most [məust] najväčší, väčšina, najviac
mostly [məustli] väčšinou, najviac
moth [moθ] moľ, mora
mother [maðə] matka, abatyša
mother-in-law [maðəinlo:] svokra
motion [məuʃn] pohyb, chod
motive [məutiv] motív, pohnútka, hnací
motor [məutə] motor
motor-car [məutəka:] auto
motor-cycle [məutəsaikl] motocykel
motorway [məutəwei] diaľnica
mould [məuld] prsť, ornica, zemina, pleseň, forma, kokila, hniesť, formovať
mount [maunt] hora, vystúpiť na, vystupovať, zdvíhať sa
mountain [mauntin] hora, vrch, pohorie

mouse [maus] myš (aj počítačová), chytať myši (pl. mice)
moustache [məsˈta:ʃ] fúzy
mouth [mauθ] ústa, otvor, ústie; (m. and foot/hoof disease – slintačka a krívačka)
move [mu:v] pohyb, hýbať, pohnúť, pohybovať sa, presťahovať
movement [mu:vmənt] pohyb, hnutie, rytmus
movie [mu:vi] film, kino
MP (Member of Parliament – Člen parlamentu – poslanec; Military Police – Vojenská polícia)
mph (miles per hour – míle za hodinu, rýchlosť)
Mr [mistə] pán
Mrs [misiz] pani
MS-DOS (Microsoft Disk Operating System)
much [matʃ] mnoho, veľa, veľmi, oveľa
mud [mad] blato, bahno
mudguard [madga:d] blatník
muffin [mafin] koláčik
mug [mag] hrnček, bifľoš, okradnúť násilím

multiple [maltipl] mnohonásobný, hromadný
multiply [maltiplai] násobiť, rozmnožovať
Munich [mju:nik] Mníchov (M. agreement - Mníchovská dohoda)
municipal [mju:'nisipl] mestský
mum [mam] mami, mamička
murder [mə:də] vražda, zavraždiť
murderer [mə:dərə] vrah
muscle [masl] sval

Muscovite [maskəvait] Moskovčan(ka), moskovský
mushroom [maʃrum] huba, hríb
must [mast] musieť
mustard [mastəd] horčica
mute [mju:t] tichý, nemý
mutton [matŋ] baranina
mutual [mju:tʃuəl] vzájomný, spoločný, obojstranný
my [mai] môj, moja, moje
myself [mai'self] ja sám, sa, seba, mne, mňa
mystery [mistəri] tajomstvo, záhada

Nn

nab [næb] chytiť, zatknúť, zobrať, zbaliť

nag [næg] koník, kôň (jazdecký), otravovanie, dobiedzanie

nail [neil] nechet, klinec, pazúr, pribiť

naive [na:'i:v] naivný

naked [neikid] nahý, holý, bezbranný, pustý, prázdny (n. truth – holá pravda)

name [neim] meno, názov, pomenovať (first/Christian name – krstné meno)

name-day [neimdei] meniny (the n. of the game – najdôležitejší cieľ/najpotrebnejšia vec)

namely [neimli] totiž, menovite (skratka: viz.)

namesake [neimseik] menovec, menovkyňa

nap [næp] driemoty, driemať

nape [neip] šija, zátylok, väzy

napkin [næpkin] servítka, plienka, hygienická vložka

Naples [neiplz] Neapol

narrow [nærəu] úzky, obmedzený, úžina, obmedziť

NASA (National Aeronautics and Space Administration – Národný úrad pre letectvo a kozmický priestor)

nasty [na:sti] ohavnosť, odporný, protivný, sprostý

nation [neiʃn] národ, ľud, štát (United Nations – Spojené národy)

national [næʃə'næl] štátny príslušník, občan. krajan, národný, štátny (n. anthem – štátna hymna)

nationality [næʃə'næliti] národnosť, štátna príslušnosť

native [neitiv] rodený, rodný, domorodec, rodák

nativity [nə'tiviti] narodenie (Krista), horoskop (n. scene – jasličky)

NATO (North Atlantic Treaty Organization – Severoatlantický pakt)

natural [nætʃrəl] prírodný, prirodzený (n. science – prírodoveda; n. gas – zemný plyn)

nature [neitʃə] príroda, povaha (back to n. – návrat k

naught

zdravšiemu spôsobu života)
naught [no:t] nula
naughty [no:ti] nezbedný, neposlušný, nemravný
nausea [no:sjə] ťažoba, nevoľnosť, morská nemoc, odpor, hnus
naval [neivl] námorný, lodný
navel [neivl] pupok
navy [neivi] vojnové loďstvo
N.B. (Note well – Poznamenaj si dobre, zapamätaj si; z Lat. Nota bene)
NBA (National Basketball Association – Národná basketbalová asociácia)
NBC (National Broadcasting Corporation – americká rozhlasová a televízna spoločnosť)
near [niə] blízky, blízko, blížiť sa, pri, k, pred (the N. East – Blízky Východ)
nearly [niəli] skoro, takmer, blízko
neat [ni:t] čistý, upravený, pekný
necessary [nesəsəri] nevyhnutný, potrebný, nútený
neck [nek] krk, šija, hrdlo

necklace [neklis] náhrdelník
neck-tie [nektai] viazanka, kravata
née [nei] rodená (dievčenské meno vydatej ženy)
need [ni:d] potreba, núdza, potrebovať, musieť
needle [ni:dl] ihla, ihlička, injekčná/gramofónová ihla, strelka, podpichovať
needless [ni:dlis] nepotrebný, zbytočný (n. to say – zbytočné hovoriť)
neglect [ni'glekt] zanedbávať, nedbať, neprizerať
negotiate [ni'gəuʃieit] vyjednávať, rokovať, uzavrieť (obchod), realizovať
Negro [ni:grəu] černoch, černošský
neighbour [neibə] sused, susediť
neither [naiðə] žiaden, ani jeden
nephew [nevju:] synovec
nervous [nə:vəs] nervózny
nest [nest] hniezdo, hniezdiť (foul the n. – špiniť do vlastného hniezda)
net [net] sieť, netto, čistý
the Netherlands ['neθələndz] Nizozemsko

nettle [netl] žihľava, (po)páliť (sa), (po)dráždiť
network [netwə:k] sieť, sieťovina, loviť do siete
neutral [nju:trəl] neutrál, neutrálny
neutrality [nju:træləti] neutralita
never [nevə] nikdy (Never! – Vylúčené! Nemožné!; N. mind – Nič si z toho nerob!)
nevertheless [nevəðə'ləs] napriek tomu, jednako, aj tak, predsa, pri tom všetkom
new [nju:] nový, čerstvý, neznámy (N World – Nový svet, Amerika)
news [nju:z] správy, správa
newspaper [nju:s'peipə] noviny
newsstand [nju:zstænd] novinový stánok
next [nekst] budúci, ďalší, najbližší, nabudúce, potom, hneď potom (N., please – Ďalší, prosím!)
NHL (National Hockey League – Národná hokejová liga)
NHS (National Health Service – Národná zdravotná služba)

nib [nib] pero, pierko, hrot
nibble [nibl] uštipovať, ohrýzať
nice [nais] milý, pekný, príjemný
nickname [nikneim] prezývka, zdrobnenina, prezývať
niece [ni:s] neter
night [nait] noc, večer (Midsummer N. – Svätojánska noc)
night-club [naitklab] nočný bar
night-gown [naitgaun] nočná košeľa
nightingale [naitiŋgeil] slávik
nightmare [naitmeə] zlý sen, nočná mora
nil [nil] nula, nič
Nile [nail] Níl (rieka)
nimble [nimbl] čulý, šikovný, bystrý, pohotový
nip [nip] štipnutie, dúšok, štipnúť
nipple [nipl] prsná bradavka, cumlík, výstupok
nit [nit] hnida, hlupák, blbec
nitrogen [naitrədʒən] dusík
no [nəu] nie, nijaký

Noah [nouə] Noe (N.'s ark – Noemova archa)
noble [nobl] šľachtic, ušľachtilý, urodzený, skvelý
nobody [nəubədi] nikto
nod [nod] kývnutie, prikývnuť (in the land of Nod – spať)
Noel [nou'el] Vianoce, (n. – vianočná koleda)
noise [noiz] hluk, zvuk, šum
noiseless [noizlis] nehlučný
noisy [noizi] hlučný
nominate [nomineit] nominovať, navrhnúť, kandidovať (koho), (vy)menovať, ustanoviť
nominee [nomi'ni:] kandidát, kto je menovaný
none [nan] žiaden, nikto, ani jeden, nič
non-governmental [nongavən 'mentl] mimovládna (organizácia)
non-interference [non'intəfi:rəns] nezasahovanie
nonsense [nonsəns] nezmysel
non-stop [nonstop] nepretržitý, neprerušený, priamy, bez zastávky
noodle [nu:dl] rezanec
nook [nuk] kút, kútik, útulok

noon [nu:n] poludnie
noose [nu:s] slučka, oko
nor [no:] ani, tiež nie
normal [no:ml] normál, kolmica, normálny, kolmý
north [no:θ] sever, severný (n. pole – severný pól)
northern ['no:ðən] severný (N. Ireland – S. Írsko; n. hemisphere – s. pologuľa)
Norway [no:wei] Nórsko
Norwegian [no:'widʒn] Nór(ka), (the N.s – Nóri), nórčina, nórsky
nose [nəuz] nos, ňufák, ňuchať, vetriť
nostril [nostril] nozdra, nosná dierka
nosy [nəuzi] nosatý, zvedavý, voňavý
not [not] nie (n. any – žiadny, n. a bit – ani za mak)
notably [nəutəbli] obzvlášť, a to menovite
notch [notʃ] zárez, vrub, vrúbkovať, priesmyk, úžľabina
note [nəut] poznámka, lístok, bankovka, nota, poznamenať, všimnúť si
notebook [nəutbuk] zápisník, kufríkový počítač

noteworthy [noutwə:ði] pozoruhodný, význačný

nothing [naθiŋ] nič (nothing doing – nedá sa nič robiť, nejde to)

notice [nəutis] vyhláška, oznámenie, pozornosť, všimnúť si, výpoveď (n. board – vývesná tabuľa)

notify [nəutifai] oznámiť, upovedomiť, informovať

notion [nəuʃn] pojem, predstava, potucha, dojem

notwithstanding [notwiθ'stændiŋ] i pri, napriek nehľadiac na, hoci

nought [no:t] nula, nič (come to n. – prísť na zmar)

noun [naun] podstatné meno, substantívum

nourishment [nariʃmənt] potrava, výživa

novel [novl] román, nový, neobyčajný, originálny

novelty [novlti] novota, novosť, novinka, nová vec

November [nəu'vembə] november

now [nau] prítomnosť, terajšok, teraz, takto, teda, za týchto okolností

nowadays [nauədeis] teraz, v tejto dobe, v týchto dňoch

nowhere [nəuweə] nikde, nikam

noxious [nokʃəs] škodlivý, zhubný, nechutný

nozzle [nozl] otvor, tryska, chrlič, odkvap, násadec

NSA (National Security Agency – Národný bezpečnostný úrad)

NTE (Not to Exceed – dátum ukončenia kontraktu)

nuclear [njukliəə] jadrový, atómový, nukleárny, podstata, základ, zárodok

nude [nju:d] akt, nahý, holý

nuisance [nju:sns] nepríjemnosť, otrava, trápenie, mrzutosť

null [nal] bezvýznamný, neplatný

numb [nam] strnulý, necitlivý, ľahostajný

number [nambə] číslo, číslica, počet, počítať; (even/odd n. – párne/nepárne číslo)

number-plate [nambəpleit] poznávacia značka (auta)

numeral ['nju:mrəl] číslovka (cardinal/ordinal n.s – základné/radové číslovky)

nun [nan] mníška

nuptial
nuptial ['napʃl] sobáš, svadba, sobášny, svadobný
nurse [nə:s] ošetrovateľka, sestra, opatrovať, ošetrovať, pestovať
nurseling [nə:sliŋ] dojča, kojenec
nut [nat] orech, oriešok, matica (skrutky), šialenec
nutmeg [natmeg] muškátový orech

nutrition [nju:'triʃn] výživa
nutshell [natʃel] orechová škrupina; (in a n. - v kocke/skrátene)
nuzzle [nazl] túliť sa, ňuchať, rýpať ňufákom
NW (net weight - čistá váha; North West - severozápad)
NYC (New York City - mesto N.Y. medzinárodný kód letiska)

Oo

oaf [ouf] ťarbák, hlupáčik, grobian

oak [əuk] dub (o. grove – dubina)

oar [o:] veslo (oarsman – vesliar)

OAS (Organization of American States – Organizácia amerických štátov)

oat [əut] ovos siaty, ovos (o. flakes – ovsené vločky)

oath [əuθ] prísaha, sľub, (o. of allegiance – prísaha vernosti, napr. ústave USA) prisahať, (za)hrešenie

obedience [əu'bidjəns] poslušnosť

obese [əu'bi:s] tučný, obézny

obey [əu'bei] poslúchať, počúvať

obituary [ə'bitʃəri] nekrológ (o. notice – smútočné oznámenie, parte)

object [obdʒikt] predmet, cieľ, namietať

objection [ob'dʒəkʃn] námietka, protest, nesúhlas, nechuť, odpor, prekážka, chyba

objectionable [əbdʒekʃənəbl] nežiadúci, nepríjemný, problematický

objective [əb'dʒəktiv] cieľ, plán, úloha, objektívny, nestranný

obligation [obli'geiʃn] povinnosť, záväzok, obligácia, dlhopis

obligatory [ə'bligətəri] povinný, záväzný

obliged [ə'blaidʒd] povinný, musieť, zaviazaný (morálne)

obliging [ə'blaidʒiŋ] ochotný, láskavý, úslužný

oblivion [ə'bliviən] zabudnutie, amnestia

oblique [ə'bli:k] nepriamy, skrytý, šikmý, naklonený, kosý

obliterate [ə'blitəreit] vyhladiť, vymazať, odstrániť, zničiť

oblivion [əb'liviən] bezvedomie, zabudnutie, nepoznanie

oblong [obloŋ] podlhovastý, obdĺžnikový, obdĺžnik

obnoxious [əb'nokʃəs] protivný, odporný, neznesiteľný

obscene [əb'si:n] neslušný, obscénny, oplzlý

obscure [əb'skjuə] temný, nejasný, nezrozumiteľný, zastrieť, zakryť

observation [obzə'veiʃn] pozorovanie, výskum, postreh, poznámky

observe [əb'zə:v] pozorovať, sledovať, dodržiavať, svätiť

obsession [əb'seʃn] posadnutosť, utkvelá predstava

obsolete [,obsoli:t] zastaraný, prežitý, starý, zostarnutý

obstacle [obstəkl] prekážka, problém, zátarasa (o. race – prekážkový beh)

obstetrician [obstetriʃn] pôrodník

obstinate [obstinit] tvrdohlavý, zanovitý, nepoddajný

obtain [əb'tein] dostať, získať, mať miesto

obtuse [əb'tju:s] tupý (napr. uhol), nechápavý, obmedzený

obviate [obvieit] odstrániť, zbaviť sa, predísť, očividný

obvious [obviəs] samozrejmý, zrejmý

occasion [ə'keiʒn] príležitosť, prípad, príčina

occupation [okju'peiʃn] okupácia, zamestnanie

occupied [okjupaid] obsadený, zamestnaný

occupy [okjupai] obsadiť, bývať, obývať, zamestnať

occur [ə'kə] stať sa, prihodiť sa, stretávať sa

ocean [əuʃn] oceán (Pacific O. – Tichý Oceán)

o'clock [ə'klok] o hodine (at five o. – o piatej hodine)

October [ok'təubə] október (O. Revolution – októbrová revolúcia)

oculist [okjulist] očný lekár

odd [od] nepárny, zvyšný, čudný, neobvyklý; (o. jobs – príležitostné práce)

odds [odz] nerovnosti, prevaha, výhoda, šance, pravdepodobnosť, hádka, spor

ode [oud] óda

odious [əudjəs] hnusný, odporný

odium ['oudjəm] nenávisť, opovrhnutie, odpor, potupa. hana

odour [oudə] pach, vôňa. aróma, smrad

OECD (Organization for Economic Cooperation

and Development – Organizácia pre hospodársku spoluprácu a rozvoj)
OEEC (Organization for European Economic Cooperation – Organizácia pre európsku hospodársku spoluprácu)
of [əf] o, od, z, zo
off [əv] preč, úplne, vzdialený, neprítomný, vypnutý, od, zo
offence [ə'fens] urážka, priestupok
offer [ofə] ponuka, ponúknuť
office [ofis] kancelária, úrad, ordinácia
official [ə'fiʃl] úradník, funkcionár, úradný, služobný, formálny
offset [ofset] výhonok, ofset, rozmiestniť, vyrovnať
offspring [ofspriŋ] potomok
often [ofn] často (o. reported statement – často uvádzaný výrok)
oil [oil] olej, nafta, petrolej, namazať, olejovať
ointment [ointmənt] mazadlo, masť

O.K. [əukei] dobre, príma, v poriadku, fajn
old [əuld] starý, dávny
olive [oliv] oliva, olivovník, olivový (o. oil/branch – olivový olej/ratolesť; Mount of O.s – Olivetská hora)
Olympic Games [olimpik geimz] olympijské hry
ombudsman [ombudzmæn] ombudsman, ochranca ľudských práv
omelette [omlit] omeleta, zvitok
ommision [ə'miʃn] vynechanie, zabudnutá vec, vypustenie
omit [ə'mit] vynechať, obísť, nezaradiť, zanedbať
omnibus [omnibəs] autobus, dostavník
on [on] na, v, za, ďalej, podľa (on Thursday – vo štvrtok; on time – načas)
once [wans] raz, kedysi, len čo (once upon a time – kde bolo, tam bolo – začiatok rozprávky)
oncoming [onkamiŋ] blížiaci sa, približovanie sa
one [wan] jeden, niekto, istý, nejaký

131

oneself [wan'self] sa, seba, sám

one-way [wan'wei] jednosmerný

onion [anjən] cibuľa

on-line [on lain] spriahnutý/napojený priamo (počítač do siete)

only [əunli] jediný, iba, len, ale, lenže (the o. child – jedináčik)

onset [onset] útok, začiatok, nábeh

onward [onwəd] dopredu, vpred

onslaught [onslo:t] útok, prepad, nápor

ooze [u:z] bahno, kal, hlien, vytekať, vypúšťať, preniknúť

opaque [o'peik] nepriehľadný, tmavý, temný, hlúpy, tupý

OPEC (Organization of Petroleum Exporting Countries – Organizácia krajín vyvážajúcich ropu)

open [əupən] otvorený, otvoriť, uvoľniť, zahájiť; (o. an account – otvoriť si účet; in the o. – vonku, pod otvoreným nebom)

opener ['əupnə] otvárač (napr. konzervy)

opera [opərə] opera (soap o. – rodinný seriál v televízii/rozhlase)

operate [opəreit] pracovať, fungovať, operovať, obsluhovať

operation [opə'reiʃn] činnosť, fungovanie, operácia, úkon

operetta [opə'retə] opereta

opinion [ə'pinjən] mienka, názor, posudok

opportunity [opət'tju:niti] príležitosť, možnosť

opposite [opəzit] opačný, náprotivný, oproti, opozičný

opposition [opə'ziʃn] odpor, nepriateľstvo, opozícia, protiklad, kontrast

oppression [ə'preʃn] tlak, útlak

optical [optikl] očný, optický (o. fibre – optické vlákno; o. illusion – zraková ilúzia)

optician [op'tiʃn] optik, optika (obchod)

optimism [optimizəm] optimizmus

optimize [optəˌmaiz] optimalizovať, maximálne využiť/rozvinúť

option [opʃn] voľba, želanie, výber, alternatíva, opcia

optional ['opʃnəl] nepovinný, voliteľný, dobrovoľný

opulent ['opjulənt] lukratívny, okázalý, bohatý, zámožný (človek)

or [o:] alebo, či, inak (either ... or – buď alebo) (to be or not to be – byť či nebyť)

oracle [orəkl] veštba, veštec

oral [o:rəl] ústny, slovný, ústna skúška, (o. cavity – ústna dutina; o. sex – orálny sex)

orange [orindʒ] pomaranč, pomarančový

orator [orətər] rečník

orb [o:b] guľa, prstenec, oko, ríšske jablko (znak panovníka)

orbit [o:bit] obežná dráha, sféra (vplyvu), obiehať, krúžiť (okolo)

orchard [o:tʃəd] ovocný sad

orchestra [o:kistrə] orchester

orchid [o:kid] orchidea

ordain [o:'dein] vysvätiť (za kňaza), určiť, stanoviť

ordeal [o:'di:l] utrpenie, muká, martýrium, tvrdá skúška

order [o:də] poriadok, rad, objednávka, rozkaz, riadiť, objednať (out of o. – mimo prevádzky, pokazené)

order-form [o:də fom] formulár objednávky

ordinal (number) [o:dinl] radová (číslovka)

ordinance ['o:dinəns] nariadenie, predpis, výnos, vyhláška

ordinary [o:dnəri] obyčajný, riadny, priemerný

ore [o:] ruda (o. mining – ťažba rudy) (O. Mountains – Krušné hory)

oregano [ə'regəˌnou] oregano, pamajorán

organ [o:gən] orgán, organ, hlas, hovorca

organisation [o:gənai'zeiʃn] organizácia

organic chemistry [ə:'gænik: kemistri] organická chémia

organism [o:gənizəm] organizmus

organization [o:gənaizeiʃn] organizácia (aj firma), usporiadanie (o. chart - organizačná schéma)

orgasm [o:gæzəm] orgazmus

organize [o:gənaiz] (z)organizovať, usporiadať, pripraviť, zariadiť, postarať sa, plánovať

orgy [o:dʒi] orgie

orient [o:riənt] orientovať (sa), (z)orientovať sa (O. - orient)

orifice [orifis] otvor, ústie, hrdlo

origin [oridʒin] pôvod, počiatok

original [ə'ridʒənəl] pôvodný, originálny (o. sin - dedičný hriech)

originate [ə'ridʒineit] vytvoriť, vzniknúť, zrodiť sa

originator [ə'ridʒineitər] tvorca, pôvodca

ornament [o:nəmənt] ozdoba, okrasa, dekorácia, ozdobiť

ornithologist [o:ni'θolədʒist] ornitológ

orphan [o:fən] sirota, osirelý

orphanage [o:fənidʒ] sirotinec, ústav pre siroty

ORS (Overseas Research Students Award Scheme - Program študijných pobytov zahraničných postgraduantov)

orthodox ['o:θədoks] pravoverný, ortodoxný (the O. Church - pravoslávna cirkev), bežný, tradičný

osier [əuʒə] vrbina, prútie (na koše)

other [aðə] iný, ďalší, ostatní

otherwise [aðəwaiz] ináč, síce

otter [otə] vydra (aj kožušina)

ouch [autʃ] au!, jaj!, juj! (citoslovce bolesti)

ought (to) [o:t] modálne sloveso vyjadrujúce povinnosť, pravdepodobnosť = mal by

ounce [auns] unca (28,35 g), kúsok, trochu

our [auə] náš, naša, naše (the O. Father - Otčenáš; O. Lady - Panna Mária; O. Lord - Pán Boh)

ourselves [auə'selvz] my sami, nás

ousel [u:zl] drozd

out [aut] aut, von, vonku,

preč, mimo hry, nemoderný, chybný, zlý, odhaliť
outbreak [autbreik] výbuch, vypuknutie
outcast ['autka:st] vyvrheľ, vydedenec
outcome [autkam] výsledok, dôsledok, záver
outcry [autkrai] výkrik, búrlivý protest, pobúrenie
outdated [aut'deitid] zastaralý, nemoderný, staromódny
outdo [aut'du:] (outdid; outdone) prekonať, predstihnúť
outdoor [autdo:] vonku, v prírode, nezastrešený
outer [autə] vonkajší, krajný (o. space – kozmos, vesmír)
outfit [autfit] vybavenie, výstroj, výbava, vyzbrojiť, vybaviť
outfitter's [autfitəz] pánska konfekcia
outing [autiŋ] výlet, vychádzka, stretnutie, zápas, odhalenie, prezradenie
outlet [autlet] odtok, výtok, výfuk, filiálka, obchod, výstup, východisko
outline [autlain] obrys, náčrt, narysovať, naznačiť, ukázať
outlook [autluk] výhľad, rozhľad, náhľad
output [autput] výkon, produkcia, výťažok, výstup (o. signal – výstupný signál)
outrage [autreidʒ] násilie, potupa, urážka, hnev, rozhorčenie, uraziť, pobúriť
outside [aut'said] vonkajšok, vonku, von
outskirts [autskə:ts] predmestie, periféria
outspoken [aut'spoukn] otvorený, prostoreký
outstanding [aut'stændiŋ] vynikajúci, nápadný, nedokončený (o.s – dlhy)
outwit [aut'wit] prekabátiť, oklamať, prejsť cez rozum
oval [əuvəl] ovál, oválny, elipsa
ovary ['ouvəri] vaječník
ovation [ou'veiʃn] ovácie
oven [avn] pec, rúra na pečenie, kachle
over [əuvə] nad, cez, po, príliš, vyše, horný, vyšší (knock o. – zraziť (autom) (koniec, prepínam)

overall

overall [əuvəro:l] montérky, otepľovačky, celkový, plný

overcast [əuvəka:st] (overcast; overcast) zamračiť sa, zamračené

overcoat [əuvəkəut] kabát, zimník, ochranný náter

overcome [əuvəkam] (overcame, overcome) prekonať, premôcť, vyhrať

overcrowded [əuvə'kraudid] preplnený, prepchatý, preľudnený

overdo [əuvə'du:] (overdid; overdone) prepiecť, prevariť, prepchať, zveličovať, preháňať

overdue [əuvədju:] oneskorený, po lehote splatnosti

overflow [əuvə'fləu] (overflew; overflown) záplava, prebytok, zaplaviť, pretekať

overhaul [əuveəho:l] generálna prehliadka (oprava), vykonať GO

overhead [əuvə'hed] horný, nad hlavou, réžia, prevádzkové náklady

overload [əuvə'ləud] preťažiť, príliš naložiť, prílišné zaťaženie

overlook [ˌəuvə'luk] nespozorovať, neprihliadať, prepáčiť, prelistovať

overnight [əuvə'nait] cez noc, nočný, príručný, najnutnejšie potreby

overpass [əuvə'pa:s] nadjazd, minúť, prekročiť

overplus [əuvər'plas] nadbytok, prebytok

overrun [əuvə'ran] (overran; overrun) zamoriť, zaplaviť, uštvať, prekonať

oversea(s) [əuvəsi:(z)] zámorský, zahraničný, cudzí, v zahraničí

oversee [əuvə'si:] dozerať, kontrolovať

overshoe [əuvəʃu:] prezúvky, galoše

overpaid [əuvə'peid] preplatený, precenený

overpressure [əuvə'preʃə] pretlak, veľký tlak

oversexed [əuvə'sekst] byť posadnutý sexom

oversleep [əuvə'sli:p] (overslept; overslept) zaspať (do školy)

overstaffed [əuvər'sta:ft] sa nadmerným počtom zamestnancov

overstatement ['ouvəsteitmənt] preháňanie, zveličovanie

overtake [əuvə'teik] (overtook; overtaken) dobehnúť, predbehnúť, prekvapiť

overthrow [əuvə'θrəu] (overthrew, overthrown) prevrátiť, prevaliť

overtime [əuvə'taim] nadčas, nadčasový

overwhelm [əuvə'welm] zaplaviť, pokryť, zachvátiť, ohromiť, zmiasť

owe [əu] dlhovať, vďačiť za niečo (owing to - kvôli, vzhľadom k, vďaka čomu)

owl [aul] sova, výr (o. light - súmrak, šero)

own [əun] vlastný, mať, vlastniť (he lives on his o. - žije sám; o. goal - vlastný gól)

owner [əunə] majiteľ, vlastník, držiteľ (o. - driver - vodič amatér)

ownership [əunəʃip] vlastníctvo (private o. - súkromné vlastníctvo)

ox [oks] vôl (pl.: oxen - voly)

oxide [oksaid] kysličník, oxid

oxygen [oksidʒən] kyslík (o. debt/demand - kyslíkový dlh/potreba (tela)

oyer [oiə] výsluch, vyšetrovanie

oyster [oistə] ustrica

ozone [əuzəun] ozón

Pp

pace [peis] krok, tempo, rýchlosť, chod, chôdza
pacific [pə'sifik] tichý, pokojný, mierumilovný (P. Ocean - Tichý oceán)
pack [pæk] balík, baliť, zabaliť, zväzok, stádo
package [pækidʒ] balík, obal
packet [pækit] balíček, krabička
pact [pækt] dohoda, pakt, zmluva, aliancia
pad [pæd] podložka, podložiť, blok, notes, vypchať, obložiť (heating p. - elektrická poduška)
paddle [pædl] veslo, veslovať (p. steamer - kolesový parník)
padlock ['pædlok] visací zámok
pagan ['peigən] pohan, pohanský
page [peidʒ] strana, stránkovať, pážа, poslíček, dôležitá udalosť
pail [peil] vedro, džber
pain [pein] bolesť, bolieť, zármutok, trápiť
painful [peinful] bolestivý, trápny
painless [peinlis] bezbolestný
painstaking ['peinz'teikiŋ] pozorný, usilovný
paint [peint] farba, náter, maľovať
painter [peintə] maliar
painting [peintiŋ] maľba, maliarstvo, obraz, líčidlo
pair [peə] pár, párovať
PAL (Phase Alternating Line - sústava farebnej televízie)
palace [pælis] palác
pale [peil] kôl, bledý, blednúť
palette [pælit] paleta, slamník
palm [pa:m] dlaň, palma (P. Sunday - Kvetná nedeľa)
palpable [pælpəbl] hmateľný, zjavný, zrejmý
palpitate [pælpiteit] chvieť sa, pulzovať
pan [pæn] panvica, pekáč
panacea ['pænə'siə] všeliek
PANAM (Pan American World Airways - americká letecká spoločnosť)

138

pancake [pænkeik] palacinka, lievanec
pane [pein] okenná tabuľa, pole šachovnice
panic [pænik] panika, panický
pant [pænt] dychčanie, dychčať, jajkať, odfukovať
panties [pæntiz] nohavičky
pants [pænts] spodky, nohavice
panty-hose [pæntihəuz] pančuchové nohavičky
pap [pæp] kaša, dreň, brak
paper [peipə] papier, noviny, bankovky, listiny, preukaz, test písomný
paperback [peipəbæk] kniha s mäkkou väzbou
paper [peipəz] dokumenty, spisy, noviny, doklady, prednáška, štúdia
par [pa:] normál, parita, pár (golf), nominálna hodnota
parachute ['pærəʃu:t] padák (golden p. – vysoké odstupné pri odchode zo zamestnania)
paradigm ['pærədaim] vzor (časovania al. skloňovania)
paradise [pærədais] raj, nebo, paráda, nádhera

parallel [pærəlel] rovnobežka, rovnobežný, zhodovať sa
paralyse [pærəlaiz] paralyzovať, ochromiť
paramount [pærəməunt] prvostupňový, prevládajúci, zvrchovaný, najvyšší, výsostný
parasol [pærə'sol] slnečník (p. mushroom – bedľa vysoká (huba))
paratrooper ['pærətru:pə] výsadkár
parcel [pa:sl] balík, balíček
pardon [pa:dn] prepáčenie, odpustiť
pare [peə] olúpať, okrájať, ostrihať
parenthesis [,pæ'rɘnθisis] zátvorka (guľatá) (pl. parentheses)
parents [peərənts] rodičia (the teacher's and parent's association – rodičovské združenie)
Paris [pæris] Paríž
parish [pæriʃ] farnosť, obec, farský
park [pa:k] park, parkovisko, parkovať
parking [pa:kiŋ] parkovisko, parkovanie

139

parliament [pa:ləment] parlament
parlour [pa:lə] obývačka, salón, dvorana
parrot [pærət] papagáj
parsley [pa:sli] petržlen
parson [pa:sn] farár, pastor
part [pa:t] časť, rola, rozdeliť, rozísť sa, súčiastka, podiel (take p. in – zúčastniť sa čoho)
partake [pa:'teik] (partook; partaken), zúčastniť sa
partial [pa:ʃəl] čiastočný, zaujatý
participate [pa:'tisipeit] zúčastniť sa, zapojiť sa
participle [pa:tisipl] príčastie (past p. – príčastie minulé trpné)
particle [pa:tikl] smietka, častica, kúsok
particular [pə'tikjulə] podrobnosť, podrobný, zvláštny, špeciálny
parting [pa:tiŋ] rozchod, rozlúčka, cestička vo vlasoch
partisan [,pa:ti'zæn] straník, prívrženec, partizán
partly [pa:tli] čiastočne
partner ['pa:tnə] partner, spoločník, druh, družka, spoluhráč, spolčiť sa
partridge ['pa:tridʒ] jarabica
party [pa:ti] politická strana, večierok, spoločnosť
pass [pa:s] priechod, povolenie, prejsť okolo, minúť, prekročiť, stráviť, podať, zložiť, prepúšťať, voľný lístok, priesmyk
passable [pa:səbl] zjazdný, znesiteľný
passage [pæsidʒ] prechod, pasáž, let, plavba, ukážka
passenger [pæsindʒə] cestujúci
passer-by [pa:sə'bai] okoloidúci
passion [pæʃn] vášeň, nadšenie, hnev
passport [pa:spo:t] cestovný pas
past [pa:st] minulosť, minulý, okolo, bez, po, za, vedľa (p. hope – beznádejný)
paste [peist] cesto, paštéta, lepidlo, lepiť
pastime [pa:staim] zábava, hra
pastry [peistri] pečivo, zákusky

pat [pæt] zaklopanie, štipka, klepnúť

patch [pætʃ] záplata, náplasť, fľak

paternal [pə'tə:nl] otcovský

path [pa:θ] cesta, chodník

patient [peiʃnt] pacient, trpezlivý, zhovievavý

patrol [pə'trəul] hliadka, hliadkovať (traffic p. - dopravná hliadka)

pattern [pætən] vzor, vzorka, model

pauper ['po:pə] chudák, bedár, žobrák

pause [po:z] pauza, zastaviť sa, váhať

pavement [peivmənt] dlažba, chodník

paw [po:] laba, packa, driapať, siahať po, ohmatávať (nepríjemne)

pawn ['po:n] pešiak (šach), figúra (prenesene), (p. shop - záložňa)

pay [pei] (paid; paid) plat, platiť (p. attention - venovať pozornosť)

payable [peiəbl] splatný, výnosný

PBA (Permanent Budget Account - Sporožíro)

PC (Personal Computer - Osobný počítač)

PCB (Polychlorinated biphenyl - Polychlórderivát bifenylu)

pea [pi:] hrach, hrášok

peace [pi:s] mier, pokoj, pohoda

peaceful [pi:sful] pokojný, tichý, mierumilovný

peach [pi:tʃ] broskyňa

peacock ['pi:kok] páv

peak [pi:k] vrchol, špička

peanut [pi:nat] búrsky oriešok, podzemnica olejná

pear [peə] hruška

pearl [pə:l] perla, perleť

peasant [peznt] roľník, sedliak

peat [pi:t] rašelina, slatina (p. bog - rašelinisko)

peck [pek] ďobať, podpichovať

peculiar [pi'kju:ljə] príznačný, zvláštny, špecifický

pedal [pedl] pedál

pedestrian [pi'destriən] chodec, prízemný, nezaujímavý, suchopárny

peel [pi:l] šupka, olúpať

peep [pi:p] nakukovať, nazerať, sliedivý/pátravý pohľad

peg [peg] kolík, čap, pripevniť, zafixovať (off the p. - konfekčný, hotový)

pen [pen] pero (poison p. - anonym; fountain p. - plniace pero)

PEN Club (Poets, Playwrights Editors, Essayists and Novelists - Penklub)

penal [pi:nl] trestný, nútený (P. Code - Trestný zákonník)

penalty [penəlti] trest, pokuta, penále

pence [pens] penny

pencil [pensl] ceruzka, zväzok (lúčov)

pending [pendiŋ] v priebehu, behom, hroziaci, očakávaný, na rade, čakajúci na vybavenie

penetrate [penitreit] vniknúť, preniknúť, pochopiť

peninsula [pi'ninsjulə] polostrov

penknife [pennaif] vreckový nôž

penny [peni] penca

pension [penʃn] dôchodok, penzia

Pentagon Pentagón (budova Ministerstva obrany vo Washingtone) (p.=päťuholník)

pentathlon ['pentæθlon] päťboj (v športe)

penthouse ['penthaus] prístrešok, baldachýn, strešný byt, manzarda

people [pi:pl] ľudia, národ, zaľudniť, osídliť, naplniť (ľuďmi) (a man of the p. - muž z ľudu)

pepper [pepə] peper, (black p. - čierne korenie; bell p. - paprika (zelenina; stuffed peppers - plnená p.)

per [pə:] za, na, prostredníctvom

perceive [pə'si:v] pochopiť, postrehnúť, vnímať

percentage [pə'sentidʒ] percento

perfect ['pərfəkt] dokonalý, úplný, vzorný, zdokonaliť, dokončiť

perform [pə'fo:m] robiť, vykonávať, hrať

performance [pə'fo:məns] predstavenie, vykonanie

perfume [pə:fju:m] parfém, voňavka, vôňa

perhaps [pə'hæps] azda, možno, snáď, asi

period [piəriəd] obdobie, doba, bodka
periodical [piəri'odikl] periodický, časopis
perish [periʃ] hynúť, zahynúť, zničiť, (po)kaziť sa
perky ['pə:ki] bujný, drzý, energický
perm [pə:m] trvalá ondulácia, naondulovať
permanent [pə:mənənt] stály, trvalý
permission [pə'miʃn] povolenie, súhlas
permissible [pə:'misibl] prípustný, povolený
permit [pə'mit] povolenie, dovoliť, povoliť
perpetrator [pə:pitreitər] páchateľ
persist [pə'sist] trvať, vytrvať, pretrvať
person [pə:sn] osoba, človek, jedinec (in p. – osobne)
personality [pə:sə'næləti] osobnosť
personnel ['pə:sə'nel] personál osadenstvo, zamestnanci
perspire [pəs'paiə] potiť sa
persuade ['pəsweid] presvedčiť, nahovoriť

pertain [pə'tein] patriť, vzťahovať sa, náležať
pest [pest] škodca, neplecha
pet [pet] miláčik, obľúbené domáce zvieratko, obľúbená (téma)
petrol [petrəl] benzín (AM: gasoline) (three star p. – benzín špeciál; four star p. – b. super)
petticoat [petikəut] spodnička
petty [peti] drobný, malicherný
PHARE (Poland and Hungary Assistance for Reconstructuring of their Economies – program hospodárskej pomoci)
pharmacy [fa:məsi] lekáreň
phase ['feiz] fáza, obdobie, časový úsek
pheasant [feznt] bažant
phrase [freiz] fráza, zvrat (slovný)
physical [fizikl] fyzický, telesný, fyzikálny
physician [fi'ziʃn] lekár
physics [fiziks] fyzika
piano [pi'jænəu] piano, klavír
PIBOR (Paris Interbank Offered Rate – Parížska

pick

medzibanková úroková sadzba)
pick [pik] čakan, rýpať, zbierať, trhať (tooth p. = špáradlo)
pickpocket ['pik͵pokit] vreckový zlodej
pickled [pikld] nakladaná zelenina
picnic [piknik] piknik, výlet v prírode
picture [piktʃə] obraz, zobraziť
pie [pai] straka, paštéta, nákyp, koláč (p. chart – kruhový diagram)
piece [pi:s] kúsok, kus, detail, minca, hra (divadelná)
pier [piə] pilier, mólo
pierce [piəs] prebodnúť, prepichnúť, preraziť
piety ['paiəti] zbožnosť, úcta, pieta, oddanosť, vernosť
pig [pig] prasa, sviňa (p. iron – surové železo)
pigeon [pidʒn] holub (p. English – lámaná angličtina (napr. v Číne ap.)
pike [paik] šťuka, kopija, hrot
pile [pail] hromada, kopa, kapitál, batéria, naložiť, ukladať

pill [pil] pilulka, tabletka
pillar [pilə] stĺp, pilier
pillow [piləu] poduška, vankúš
pilot [pailət] skúsený, skúšobný, pilot, lodivod
PILOT (Programmed Inquiry Language or Teaching – programovací jazyk určený hlavne na výuku pomocou počítača)
pimp [pimp] kupliar(ka), pasák
pin [pin] špendlík, prišpendliť
PIN (Personal Identification Number – Osobné identifikačné číslo)
pinafore [pinəfo:] zástera
pineapple [pain͵æpl] ananás
pinch [pintʃ] štipka, štipnutie, uštipnúť, potiahnuť
pine [pain] borovica, túžiť, trápiť sa
pinion [piniən] brko, pero, ozubené koliesko, pastorok, priviazať, obstrihať
pink [pink] ružový, karafiát (the p. of perfection – vrchol dokonalosti)
pint [paint] pinta (0,57 l)
pioneer [paiə'niə] priekopník, pionier, ukazovať, raziť, kliesniť cestu

pip [pip] zrnko, bod, jadro (jablka), oko (na hracej kocke/domine; syfilis – vulg.)
pipe [paip] fajka, trúbka, rúra, píšťa-la, potrubie
piper [paipə] hráč na gajdy (to pay the p. – hradiť úhrady)
pirate [paiərit] pirát, pirátska loď, gauner, plagiátor, plagizovať
pistol [pistl] pištoľ, revolver (machine p. – automatická pištoľ)
piston [pistən] piest (p. chamber – valec (motora)
pit [pit] jama, prízemie divadla, šachta, depo, box, kôstka
pitch [pitʃ] smola (čierna), (vy)smoliť, ihrisko, výška (do letu), sklon spád, (na)hodiť
pitcher [pitʃər] krčah, nadhadzovač, rozohrávač (v baseballe) (p.s have ears – aj steny majú uši)
pity [piti] ľútosť, ľutovať (what a p. – aká to škoda)
pivot [pivət] (otočný) čap, os, stredný útočník, kľúčový bod
place [pleis] miesto, umiestniť, zaradiť, námestie, reštaurácia, pozícia, byt, dom (p. an order – zadať objednávku)
plague [pleig] mor, nákaza, pohroma, pliaga, trápiť, otravovať
plain [plein] jasný, úprimný, jednoduchý, rovný, pláň, rovina
plaintiff [pleintif] žalobca
plait [pleit] vrkoč, pletenec, (u)pliesť
plan [plæn] plán, projekt, plánovať
plane [plein] lietadlo, rovina, plocha, hoblík, platan, hobľovať
planet [plænit] planéta, ornát
plank [plænk] doska, lata, fošňa, debniť opekať
plant [pla:nt] rastlina, fabrika, zasadiť, pestovať
plaster [pla:stə] omietka, vakovka, náplasť, leukoplast, omietať, polepiť
plastic [plæstik] umelá hmota, tvárny, plastický
plate [pleit] platňa, doska, tanier, tabuľa
platform [plætfo:m] nástupište, perón, pódium, plošina

plausible [plo:zəbl] prijateľný, možný, hodnoverne vyzerajúci

platoon [plə'tu:n] (voj.) čata

play [plei] hra, hrať sa, vyvádzať, správať sa, konať

player [pleiə] hráč, herec, prehrávač

playground [pleigraund] ihrisko

plea [pli:] obhajoba (práv.), prosba, apel

pleasant [pleznt] príjemný

please [pli:z] prosím, páčiť sa, potešiť

pleasure [pleʒə] radosť, potešenie, želanie

pledge [pledʒ] záloha, záruka, prípitok, sľub

plenty [plenti] hojnosť, veľké množstvo

pliable [plaiəbl] poddajný, pružný

PLO (Palestina Liberation Organization – Organizácia pre oslobodenie Palestíny)

plot [plot] parcela, zápletka, sprisahanie,

plough [plau] pluh, orať

pluck [plak] trhať, oberať, brnkať (na struny), odvaha, guráž

plug [plag] čap, zátka, zástrčka, zapchať, reklama, propagácia

plum [plam] slivka (p. brandy – slivovica)

p. m. [pi: em] – in the afternoon – popoludní z Lat. post meridiem

plumb [plam] olovnica, kolmý, kolmo

plumber [plamə] inštalatér, klampiar, opravár

plump [plamp] tučný

plunge [plandʒ] poniriť, vnoriť, ponoriť sa

plural [pluərl] plurál, množné číslo

plush [plaʃ] plyš, luxusný, prepychový

poach [poutʃ] pytliačiť, chodiť do cudzieho (poached eggs – sádzané vajíčka)

P.O.B. (Post Office Box – Poštová schránka)

pocket [pokit] vrecko, dať do vrecka

pocket-knife [pokitnaif] vreckový nožík

pocket-money [pokit mani] vreckové

point [point] bod, bodka, vec, špička, ukázať, zdôraz-

niť, smerovať (p. of view – hľadisko, názor)
pointed [pointid] špicatý, ostrý
poison [poizn] jed, otráviť
poke [pəuk] strkať, prehrabávať (sa)
Poland [pəulənd] Poľsko
polar [pəulə] polárny (p. bear – ľadový/biely medveď), opačný, protichodný, diametrálne odlišný
pole [pəul] tyč, kôl, pól, (North P.– Severný pól; P.– Poliak)
police [pə'li:s] polícia
policeman [pə'li:smən] policajt, strážnik
policy [polisi] politika, poistenie, poistka, štátnictvo, rozvážnosť, prezieravosť
polish [poliʃ] leštidlo, krém, leštiť (P. – poľština, poľský)
polite [pə'lait] zdvorilý, slušný, kultivovaný
politic [politik] múdry, prezieravý, diplomatický
politician [politiʃn] politik, štátnik
politics [politiks] politika, politické zásady, presvedčenie

poll [pəul] voľby, hlasovať, voliť, prieskum verejnej mienky
pond [pond] rybník
ponder [pondə] premýšľať, uvažovať
pool [pu:l] bazén, mláka, kartel, spoločný fond, biliard
poor [puə] biedny, chudobný, úbohý
pop [pop] populárna hudba, ľudová hudba, buchnúť, vystreliť. mrštiť
popcorn [popko:n] pukance
pope [pəup] pápež
poppy [popi] mak, ópium
popular [popjulə] obľúbený, populárny, ľudový
population [popju'leiʃn] obyvateľstvo, populácia
porch [po:tʃ] krytý vchod, veranda
pore [po:] pór kože, dôkladne prezerať
pork [po:k] bravčovina
porridge [poridʒ] ovsená kaša
Porsche [po:ʃ] automobil Porsche
port [po:t] prístav, postoj, držanie tela, portské (víno), okno, otvor

portable [po:təbl] prenosný
porter [po:tə] vrátnik, nosič, čierne pivo
portion [po:ʃn] časť, diel, prídel
Portugal [po:tjugəl] Portugalsko
Portuguese [po:tju'gi:z] Portugalčan, portugalčina, portugalský
pose [pəuz] póza, postoj, predložiť, postaviť, zaujať postoj, držanie tela
position [pə'ziʃn] postavenie, poloha, miesto, postoj, úradné postavenie
positive ['pozətiv] kladný, pozitívny, presvedčivý
possess [pə'zes] mať, vlastniť, posadnúť
possession [pə'zeʃn] majetok, držba
possibility [posə'biliti] možnosť
possible [posəbl] možný, prijateľný (make p. – umožniť)
post [poust] stĺp, stráž, miesto, pošta, poslať poštou
post [poust] po (niečom, niekom)
postage [pəustidʒ] poštovné

postcard [pəustka:d] korešpondenčný lístok, pohľadnica
postcode [pəustkəud] PSČ, poštové smerovacie číslo
posterity [pos'teriti] potomstvo, potomkovia, budúca generácia
postman [pəustmən] poštár
postpone [pəust'pəun] odložiť, odročiť, odsunúť (na neskoršie)
postulate [postjuleit] žiadať, vyžadovať, prijímať bez dôkazu
pot [pot] hrniec, kvetináč, nádobka
potato [pə'teitəu] zemiak (the p. beetle – pásavka zemiaková)
pouch [pautʃ] miešok, vak, strčiť do vrecka, dať prepitné
poultry [pəultri] hydina
pound [paund] libra, funt (=453,6 g), tĺcť, dupať, búchať, ohrada, hluk, lomoz
pour [po:] liať, sypať, tiecť
pout [paut] špuliť ústa
poverty [povəti] chudoba, núdza, bieda, nedostatok (čoho)

powder [paudə] prach, prášok, púder, posypať, poprášiť

power [pauə] sila, moc, mocnosť, schopnosť, právomoc, veľmoc

powerful [pauəful] silný, mocný, mohutný

p&p (Postage and packing – Poštovné a balné)

practical [præktikl] praktický, účelný, výkonný

practice [præktis] prax, cvičenie, cvik

Prague [pra:g] Praha

praise [preiz] chvála, chváliť, velebiť

pram [præm] detský kočík

pray [prei] prosiť, modliť sa

prayer [prejə] modlitba, prosba (the Lord's prayer – modlitba Pána, otčenáš)

preach [pri:tʃ] kázať, hlásať, vyzývať (preacher – kazateľ)

preamble [pri:'æmbl] preambula, úvod, predslov

precarious [pri'keəriəs] neistý, náhodný, nebezpečný, riskantný

precaution [pri'ko:ʃn] obozretnosť, opatrnosť, bezpečnostné opatrenie, zabezpečiť

preliminary

precede [pri'si:d] predchádzať, predísť, mať prednosť

precious [preʃəs] (draho) cenný, drahý, vzácny (p. stones – drahokamy), úplný, veľmi

precise [pri'sais] presný, správny, stanovený

predator ['pre'dətər] predátor, dravec

predecessor [pri:disesə] predchodca, predok

predicate [predikeit] výrok, prísudok, tvrdiť

predict [pri'dikt] predpovedať, prorokovať

predominance [pri'dominəns] prevaha, nadvláda

preface [prefis] úvod, príhovor, uviesť, otvoriť

prefer [pri:'fə:] uprednostňovať, preferovať

prefix [pri:fiks] predpona, titul oslovenie, predsunúť (na začiatok)

pregnant [pregnənt] tehotná, gravidná, výstižný

prejudice [predʒudis] predsudok, zaujatosť, ublížiť

preliminary [pri'liminəri] predbežný, prípravný, príprava, úvod, prijímacia skúška

premier [premjə] prvý, predseda vlády, premiéra

preparation [prepə'reiʃn] príprava, prípravok

prepare [pri'peər] pripraviť, nachystať

prerequisite [pri:'rekwizit] predpoklad, základ, východisko, premisa

prescribe [pris'kraib] predpísať, stanoviť, nariadiť

prescription [pris'kripʃn] predpis, recept

presence [prezns] prítomnosť, výskyt, chovanie, zjav, výzor (p. of mind – duchaprítomnosť)

present [preznt] prítomnosť, dar, prítomný, terajší, predstaviť, darovať

press [pres] tlak, tlač, tlačiť, žehliť, lisovať, lis, stisk

pressure [preʃə] tlak, nátlak, tieseň, útlak

presumably [pri'zju:məbli] pravdepodobne, predpokladane

pretend [pri'tend] predstierať, domáhať sa, uchádzať sa, tváriť sa

preterite [pretərit] préteritum – minulý čas, minulý

pretext [pri:tekst] zámienka, výhovorka, predstieraný dôvod

pretty [priti] pekný, pôvabný, značný (p. much – veľmi, do značnej miery, takmer)

prevail [pri'veil] prevládať, víťaziť, panovať

previous [pri:viəs] predošlý, predchádzajúci

pre-war [pri:'wo:] predvojnový

prey [prei] korisť, obeť, koristiť, poľovať, okrádať (bird of p. – dravý vták)

PRG Praha (Prague) – medzinárodný kód letiska

price [prais] cena, hodnota, stanoviť cenu

price-list [praislist] cenník

prick [prik] osteň, pichnúť, bodnúť, vták t.j. penis (hov.)

prickle [prikl] osteň, tŕň, pichanie, svrbenie, pichať

pride [praid] pýcha, pyšný, pýšiť sa, hrdosť, domýšľavosť

priest [pri:st] kňaz, kazateľ, duchovný, pastor

primary [praiməri] hlavný, prvotný, základný

principal [prinsəpl] hlavný, šéf, predstavený, riaditeľ školy

principle [prinsəpl] zásada, princíp, zákon, poučka

print [print] tlač, výtlačok, tlačiť

prior [praiə] predchádzajúci, skorší, prednostný (p. to - pred niečím)

priority [prai'orəti] prednosť, priorita

prism [prizm] prisma, hranol

prison [prizn] väzenie, uväzniť

prisoner [priznə] väzeň, (p. of war - vojnový zajatec)

private [praivit] súkromný, osobný, dôverný

privilege [privilidʒ] výsada, privilégium, udeliť výsadu

prize [praiz] cena, odmena, výhra, vážiť si, ceniť

pro and con [prouəndkon] dôvody pre a proti

probable [probəbl] pravdepodobný, predpokladaný

probe [prəub] sonda, sondovať, preskúmať

proceed [prə'si:d] postupovať, pokračovať

procedure [prə'si:dʒə] postup, spôsob práce, procedúra

process [prəuses] postup, proces, spracovať, spor

procure [prək'juə] zadovažovať, obstarať, získať

prodigious [prə'didʒəs] zázračný, úžasný, ohromný

prodigy [prodidʒi] zázrak, div (an infant p. - zázračné dieťa)

produce [prə'dju:s] výroba, výrobok, produkcia, vyrobiť, režírovať, predviesť

producer [prə'dju:sə] výrobca, producent, tvorca

product [prədakt] výrobok, výsledok, násobok (mat.)

production [prə'dakʃn] výroba, dielo, predvedenie, réžia, predstavenie

profession [prə'feʃn] povolanie, vierovyznanie

profit [profit] zisk, prospech, mať zisk (net p. - čistý zisk; p. and loss (statement) - výkaz ziskov a strát)

profitable [profitəbl] prospešný, užitočný, výnosný

profound [prə'faund] hlboký, prenikavý

progress [prəugres] pokrok, postupovať

prohibited [prə'hibitid] zakázaný

project [prə'dʒekt] projekt, projektovať

prolific [prə'lifik] úrodný, plodný, produktívny

prolong [prə'loŋ] predĺžiť

promise [promis] sľub, sľúbiť (the Promised Land – zasľúbená krajina)

promising [promisiŋ] sľubný, nádejný, perspektívny

promote [prə'məut] podporovať, povýšiť

prompt [prompt] okamžitý, podnietiť, navádzať, našepkávať

prone [prəun] náchylný, naklonený

pronounced [prə'naunst] zrejmý, definitívny

pronunciation [prə͵nansi'eiʃn] výslovnosť, vyslovovanie

proof [pru:f] dôkaz, skúška, korektúra štandard (kvality, sily, liehovín), odolný, imúnny, vzdorujúci

prop [prop] opora, podoprieť

proper [propə] správny, vlastný, vhodný, riadny

properly [propəli] správne, poriadne, patričným spôsobom

property [propəti] majetok, vlastnosť, nehnuteľnosť

proportional [prə'po:ʃənl] úmerný (directly/inversely p. to – priamo/nepriamo úmerné čomu)

proposal [prə'pəuzl] návrh, ponuka

propose [prə'pəuz] navrhnúť, zamýšľať

proposition [propə'ziʃn] tvrdenie, návrh, vec, situácia, poučka

propound [prə'paund] navrhnúť, predložiť

proprietor [prə'praiətər] majiteľ, vlastník, nositeľ

prosecute [prosikju:t] súdne stíhať, žalovať, vykonávať

prosper [prospə] prosperovať, dariť sa, mať úspech

protect [prə'tekt] chrániť, kryť

protection [prə'tekʃn] ochrana, zabezpečenie, poistenie

protest [prə'test] ohadiť sa, protestovať

proud [praud] hrdý, pyšný, veľkolepý, nádherný
prove [pru:v] dokázať, osvedčiť sa, ukázať sa, vyskúšať
proverb [provəb] príslovie, porekadlo
provide [prə'vaid] obstarať, poskytnúť, zadovážiť
provided [prə'vaidid] ak, pod/za predpokladu, že; v prípade, že
providence [providns] prozreteľnosť
provision [pro'viʒn] opatrenie, zaistenie, obstaranie, klauzula, poskytnutie, ustanovenie
proxy [proksi] plná moc, splnomocnenie, splnomocnenec
prune [pru:n] slivka, sušená slivka, obstrihávať (stromy), orezávať
psychology [sai'kolədʒi] psychológia
pub [pab] krčma
public [pablik] verejnosť, verejný, obecný, štátny
publicist [pablisist] publicista
publicity [pab'lisəti] publicita, reklama, propagácia

publish [pabliʃ] uverejniť, publikovať, vydať tlačou
publisher [pabliʃə] vydavateľ
puff [paf] vyfúknutie, obláčik, pečivo, vyfúknuť, bafkať, fučať
pull [pul] ťah, ťahať, vytrhnúť, vliecť
pulley [puli] kladka (a p. block – kladkostroj)
pullover [puləuvə] pulóver
pulp [palp] dužina, dreň, kaša
pulsate [pal'seit] pulzovať, biť
pulse [pals] pulz, strukovina, impulz
pump [pamp] pumpa, pumpovať, čerpadlo
pumpkin [pampkin] tekvica
pun [pan] slovná hra, robiť slovné hry
punch [pantʃ] punč, šidlo, vrták, úder, udrieť (P. – Gašparko)
punctual [paŋktʃuəl] presný, dochvíľny, podrobný
puncture [paŋktʃə] prepichnutie, dierka, prepichnúť, mať defekt
punish [paniʃ] potrestať
puppet [papit] bábka (a p. show – bábkové divadlo)

153

pupil

pupil [pju:pl] žiak, žiačka, zrenica
puppy [papi] šteňa, švihák, psíček, havko
purchase [pə:tʃəs] nákup, kúpa, kúpiť
pure [pjuə] čistý, rýdzi, čistokrvný, dokonalý
purpose [pə:pəs] účel, cieľ, úmysel, zámer
purse [pə:s] peňaženka
pursuant [pər'sju:ənt] p. to – podľa čoho, v zhode s čím, podľa, v rámci
pursue [pə'sju:] prenasledovať, sledovať, hnať sa, usilovať sa

pus [pas] hnis
push [puʃ] náraz, strčenie, úder, tlačiť, postrčiť
put [put] (put; put), dať, položiť, postaviť, posadiť, vsadiť
puzzle [pazl] záhada, hádanka, zmiasť, uviesť do rozpakov
PVC (Polyvinyl chloride – Polyvinylchlorid)
pyjamas [pə'dʒa:məz] pyžamo
pyx [piks] cibórium, kalich na hostie

Qq

Q&A (Questions and Answers – Otázky a odpovede)

quack [kwæk] mastičkár, šarlatán, kvákať

quadrangle [kwoˈdræŋgl] štvoruholník

quadrat [kwodrət] štvorec, pokusný dielec

quadruped [kwodruped] štvornohý

quaff [kwa:f] dúšok, hlt, hltať

quag [kwæg] močiar, bažina, slatina

quail [kweil] prepelica, zastrašiť, nahnať strach

quaint [kweint] zvláštny, čudácky, malebný, pútavý, starobylý

quake [kweik] chvenie, trasenie, chvieť sa, triasť

Quaker [kveikə] kvaker (člen náboženskej sekty)

qualification [kwolifiˈkeiʃn] odbornosť, kvalifikácia, schopnosť

qualified [kwolifaid] kvalifikovaný, oprávnený, spôsobilý

qualitative [kwolitətiv] kvalitný, kvalitatívny

quality [kwoliti] akosť, kvalita, vlastnosť, stupeň, trieda

qualm [kwo:m] mdloba, mdlo, nevoľno, pochybnosti

quantify [kwontifai] určiť množstvo, kvantifikovať

quarantine [kworənti:n] karanténa

quarrel [kworəl] hádka, spor, roztržka, hádať sa

quarry [kwori] lom, korisť, dlaždica, lámať, dláždiť, dobývať, ťažiť

quart [kwo:t] štvrtina galónu (1,14 l), štvrtinka

quarter [kwo:tə] štvrť, štvrtina, štvrťrok, mestská štvrť

quarters [kwo:təz] byt, obydlie

quartz [kwo:ts] kremeň

quash [kwoʃ] potlačiť, odmietnuť, zrušiť, rozdrviť

quay [ki:] prístavisko, nábrežie

queasy [kwi:zi] nekľudný, chúlostivý, slabý

queen

queen [kwi:n] kráľovná, dáma v šachu
queer [kwiə] zvláštny, podivný, podozrivý, sporný, slabý, nesvoj
quell [kwel] potlačiť, ukľudniť
quench [kwentʃ] uhasiť (smäd), utíšiť sa, (za)kaliť (oceľ)
querulous [kwerulas] hašterivý
query [kwiəri] otázka, otázník, pýtať sa, vyzvedať (sa)
quest [kwest] hľadanie, pátranie, pátrať
question [kwestʃən] otázka, debata, vyšetrovanie, skúmanie, pýtať sa, vypočúvať, namietať
questionable [kwestʃənəbl] pochybný, sporný, neistý
questionnaire [kwestiə-'neə] dotazník
queue [kju:] rad, postaviť sa do radu
quick [kwik] rýchly, prudký, ostrý, rázny
quicken [kwikən] osviežiť, podnietiť, zrýchliť
quiescence [kwai'esns] pokoj, odpočinok, podstata, kľud

quiet [kwaiət] ticho, pokoj, kľudný, tichý, jemný, spokojný, utíšiť
Quixote [kviksət] fantasta, donkichot
quill [kwil] pero, brko, cievka, hriadeľ
quilt [kwilt] prešívaná prikrývka, prešívať, vypchať
quinsy [kwinzi] angína, zápal mandlí
quint [kwint] kvinta
quintessence [kwin'tesns] pravá podstata veci
quip [kwip] vtip, žart, vtipkovať
quirk [kwə:k] úskok, finta, maniera, zvláštnosť
quit [kwit] vzdať sa, odísť, prestať, zbaviť sa, vyrovnať sa, dať výpoveď
quittance [kwitəns] potvrdenka, kvitancia, odplata
quite [kwait] celkom, úplne, pomerne, dosť
quits [kwits] rovný, rovnaký
quiver [kwivə] chvenie, chvieť sa, triasť
quiz [kwiz] kvíz, hádanka, doberať si
quod [kwod] väzenie, basa, uväzniť

quoin [koin] uhol, roh
quondam [kwondæm] bývalý, niekdajší
quota [kwoutə] kvóta, pomerný diel
quotation [kwou'teiʃən] citát, (cenová) ponuka, udanie ceny

quote [kwout] citácia, citát, úvodzovky, citovať, uviesť, ponúknuť cenu
quotidian [kwo'tidiən] každodenný, obvyklý
quotient [kwouʃənt] podiel, kvocient

Rr

rabbet [ræbit] žliabok, drážka, drážkovať
rabbit [ræbit] králik, zajac
rabble [ræbl] zberba
rabid [ræbid] zúrivý, fanatický
rabies [reibi:z] besnota
race [reis] preteky, dostihy, druh, rasa, rod, prúd, beh
racism [reisizm] rasizmus
rack [ræk] vešiak, polica, mučidlo, sieť, hrazda, lešenie, koza, ozubenie
racket [rækit] raketa, vrava, lomoz, vydierať, hýriť
racketeer [ræki'tiə] vydierač, gangster, podvodník
racy [reisi] jadrný, pikantný, duchaplný, svojrázny
RADAR (Radio Detection and Ranging – Rádiolokácia, rádiolokátor)
radial [reidjəl] lúčovitý, hviezdicový, polomerový
radiant [reidjənt] jasný, žiariaci, oslňujúci, radostný
radiation [reidi'eiʃn] žiarenie, vyžarovanie, radiácia
radical [rædikəl] radikálny, dôkladný, základný, koreň, základ
radio [reidiəu] rádio, rozhlas
radioset [reidiəuset] rádioprijímač
radish [rædiʃ] reďkovka
radix [reidiks] základ, koreň
RAF (Royal Air Force – Kráľovské vojenské letectvo)
raffle [ræfl] tombola, losovanie, zbytky, trosky, haraburdie
raft [ra:ft] plť, pramica
rag [ræg] handra, zdrap, útržok, noviny
rage [reidʒ] hnev, zlosť, zúrivosť, posadnutosť, módny hit, zúriť
raid [reid] vpád, nájazd, nálet, razia, napadnúť, vyplieniť
rail [reil] zábradlie, koľajnice, závora, rebrina
railing [reiliŋ] zábradlie, ohrada
railman [reilmən] železničiar
railroad [reilrəud] železnica
railway [reilwei] železnica
rain [rein] dážď, pršať (r. forest – dažďový prales;

(come) rain or shine – v čase i nečase)
rainbow [reinbəu] dúha
raincoat [reinkəut] pršiplášť
raise [reiz] zdvíhať, zvýšiť, chovať, pestovať
raisin [reizn] hrozienko
rally [ræli] zhromaždenie, automobilové preteky, zotavenie, zhromaždiť sa, zotaviť sa, vzchopiť sa
ram [ræm] baran, buchar
RAM [ræm] (Random Access Memory – pamäť s priamym prístupom)
ramble [ræmbl] potulka, túlať sa, blúzniť
ramp [ræmp] rampa, svah
ranch [ra:ntʃ] farma dobytka
random [rændəm] náhoda, náhodný, neusporiadaný
range [reindʒ] rad, rozsah, dosah, sporák, zoradiť, siahať, kolísať
rank [ræŋk] rad, hodnosť, postavenie, stuhnutý, skazený, klasifikovať
ransom [rænsəm] výkupné, vykúpiť, výpalné
rap [ræp] klopanie, klopať, zaklopať, repová skladba, trestné stíhanie, zlá povesť (r. sheet – trestný register)
rape [reip] únos, znásilnenie, uniesť, znásilniť, repka olejná (r. oil – repkový olej)
rapid [ræpid] rýchly, prudký
rapids [ræpidz] pereje
rapt [ræpt] uchvátený, zaujatý
rare [reə] neobvyklý, zriedkavý, vzácny (r. steak – krvavé, neprepečené mäso)
rash [ræʃ] vyrážka, prudký, unáhlený
rasp [ra:sp] pilník, rašpľa, pilovať
raspberries [ra:zbəriz] maliny
rat [ræt] potkan (the r. race – honba za korytom/kariérou – hov. pej.)
rate [reit] sadzba, stupeň, pomer, norma, rýchlosť, daň, určiť, oceniť
rather [ra:ðə] radšej, dosť, skôr, do určitej miery
ratify [rætifai] potvrdiť, schváliť, podpísať, ratifikovať
rating ['reitiŋ] nominálna hodnota, stanovenie sa-

ratio dzieb, ohodnotenie, predpis daní

ratio ['reiʃiou] vzťah, koeficient, pomer

ration [reiʃn] dávka, prídel

ratten [rætn] sabotovať

rattle [rætl] štrngot, hrkálka, rachot, štrngať, rachotiť

rattlesnake [rætlsneik] štrkáč (had)

ravage [rævidʒ] spustošenie, spustošiť

rave [reiv] zúriť, blúzniť, pochvalná/nadšená kritika (r. party – divoký večierok)

raven [reivn] havran, hltať, plieniť, drancovať

ravenous [rævinəs] vyhladovaný, pažravý

raw [ro:] surový, hrubý, drsný (r. material – surovina)

ray [rei] lúč, raja (ryba) (cathode r. tube – obrazovka (televízora či monitoru)

razor [reizə] britva, holiaci strojček (r. blade – žiletka)

RCA (Radio Corporation of America – Americká rozhlasová spoločnosť)

reach [ri:tʃ] dosah, siahať, podať

reaction [ri'ækʃn] reakcia (aj chemická), ohlas (chain r. – reťazová reakcia)

read [ri:d] (read; read) čítať, učiť sa, poznať, odčítať, študovať

reader [ri:də] čitateľ, profesor, korektor, čítanka

ready [redi] pripravený, hotový, ochotný, pripraviť, nachystať

ready-made [redimeid] konfekčný, hotový

real [riəl] skutočný, pravý, nehnuteľný, oblasť, sféra

realize [riəlaiz] uskutočniť, uvedomiť si, pochopiť

really [riəli] skutočne, naozaj

reap [ri:p] žať, zožať, kosiť

rear [riə] zadná časť, pozadie, tylo, vzadu, vztýčiť sa

reason [ri:zn] dôvod, príčina, rozum, úsudok, uvažovať, presviedčať

reassure [ri:ə'ʃuə] uistiť, upokojiť

rebel [re'bəl] vzbúrenec, vzbúriť sa

rebuff [ri'baf] odmietnuť, odmrštiť, prekaziť

rebuke [ri'bju:k] výčitka, pokarhanie

recall [riˈkɔːl] odvolanie, zavolanie, odvolať, zavolať späť, pripomenúť

recede [riˈsiːd] odstúpiť, ustúpiť, zriecť sa, vzdaľovať sa

receipt [riˈsiːt] recept, príjem, potvrdenka

receive [riˈsiːv] dostať, prijať

recent [riːsnt] nedávny, moderný, nový

recently [riːsntli] nedávno

reception [riˈsepʃn] recepcia, prijatie, vnímanie

reception-clerk [riˈsepʃn klaːk] recepčný

reception-desk [riˈsepʃn desk] hotelová recepcia

reckless [reklis] bezohľadný, bezstarostný, ľahkomyseľný

reckon [rekən] počítať, predpokladať, oceniť, považovať, očakávať

recline [riˈklain] ležať, spočívať

recognition [rekəgˈniʃn] poznanie, uznanie

recoil [riˈkoil] odskok, cúvnuť, odskočiť

recommend [rekəˈmend] odporúčať, odporučiť

recompense [rekəmpens] odmena, odmeniť, nahradiť

reconnaissance [riˈkonisəns] prieskum

record [reˈkɔːd/reˈkəd] záznam, zápis, gramofónová platňa, rekord, [riˈkɔːd] zapísať, zaznamenať

recount [riˈkaunt] rozprávať, vyratúvať

recover [riˈkavə] získať, objaviť, vyliečiť sa

recovery [riˈkavəri] vyzdravenie, obnova, regenerácia

recreation [rekriˈeiʃn] rekreácia, osvieženie

recruit [riˈkruːt] nováčik, verbovať

recur [riˈkəː] vracať sa, znova sa objaviť

red [red] červeň, rumenec, červený, komunista, červené víno, ryšavé (vlasy)

redouble [riˈdabl] zdvojnásobiť

reduce [riˈdjuːs] zmenšiť, znížiť, podrobiť, prinútiť, redukovať

reduction [riˈdakʃn] zníženie, zľava, zmenšenie, redukcia, zmiernenie

redundant [riˈdandənt] prebytočný, hojný, nadmerný

reed [riːd] trstina

reek [ri:k] dym, para, zápach

reel [ri:l] cievka, navijak, tackať sa, navíjať

refer [ri'fə] prisudzovať, odvolávať sa, poukazovať, týkať sa, priraďovať k

reference [refrəns] vzťah, zmienka, odkaz, odvolávka

reflect [ri'flekt] odrážať, odzrkadľovať, uvažovať, zobrazovať

reflection [ri'flekʃn] odraz, úvaha

refresh [ri'freʃ] osviežiť, občerstviť

refrigerator [ri'fridʒəreitə] chladnička (hov. fridge)

refuge [refju:dʒ] útočište, ostrovček

refugee [refju:dʒi:] utečenec

refund [ri:'fand] nahradiť, refundovať

refuse [ri'fju:z] odpadky, odmietnuť, zavrhnúť

regard [ri'ga:d] ohľad, zreteľ, úcta, dívať sa, pozerať, týkať sa, mať vzťah, (r.s - pozdravy)

regardless [ri'ga:dlis] bezohľadný, nezávisle

régime [rei'ʒi:m] režim, vláda, životospráva

region ['ri:dʒən] kraj, región, oblasť

register [redʒistə] zoznam, register, zaznamenať, zapísať, súpis, katalóg

regret [ri'gret] ľútosť, ľutovať, sklamanie

regular [regjulə] pravidelný, riadny, stály

regulation [regju'leiʃn] regulácia, prispôsobenie, pravidlo, predpis, zoradenie

rehearse [ri'hə:s] skúšať, opakovať

reign [rein] vláda, vládnuť (r. of terror - hrôzovláda, vláda teroru)

rein [rein] uzda, opraty (give free r. - nechať voľnú ruku/priechod)

reimburse [ri:im'bə:s] nahradiť, zaplatiť, kryť výdavky

reinforce [ri:in'fo:s] zosilniť, spevniť

reject [ri'dʒekt] odmietnuť, zamietnuť, zavrhnúť

relapse [ri'læps] opakovanie, recidíva

relate [ri'leit] rozprávať, týkať sa, vzťahovať sa
relation [ri'leiʃn] vzťah, pomer, príbuzenstvo, rozprávanie
relax [ri'læks] uvoľniť, oddýchnuť si
release [ri':li:s] uvoľnenie, prepustenie, páčka, uvoľniť, prepustiť
relent [ri'lent] povoliť, popustiť, obmäkčiť
relentless [ri'lentlis] nemilosrdný, zarytý
relevant [relivənt] dôležitý, príslušný, patričný, závažný
reliability [ri'laiə'biliti] spoľahlivosť
reliance [ri'laiəns] spoľahnutie sa, dôvera
relic [relik] pamiatka, relikvia
relief [ri'li:f] úľava, pomoc, reliéf, pomoc, útecha
relieve [ri'li:v] uľaviť, vyslobodiť, zbaviť, znížiť
religion [ri'lidʒn] náboženstvo, vyznanie
relish [reliʃ] chuť, potešenie, ochutenie, doplnok (jedla), vychutnávať, radovať sa
reluctance [ri'laktəns] odpor, neochota

rely [ri'lai] spoľahnúť sa, rátať s kým
remain [ri'mein] zostať, zvýšiť sa, trvať
remark [ri'ma:k] poznámka, poznamenať, spozorovať
remedy [remidi] liek, náprava, napraviť, pomoc
remember [ri'membə] pamätať, spomenúť si, pozdravovať
remind [ri'maind] pripomenúť
remit [ri'mit] prepáčiť, odpustiť, poukázať
remittance [ri'mitəns] poukázanie peňazí
remorse [ri'mo:s] výčitky svedomia, ľútosť
remote [ri'məut] odľahlý, vzdialený, zdržanlivý, (r. control – diaľkové ovládanie)
remove [ri'mu:v] premiestiť, odstrániť, presťahovať
render [rendə] vrátiť, odplácať, predviesť, poskytnúť
renew [ri'nju:] obnoviť, renovovať, predĺžiť
renounce [ri'nauns] zriecť sa, zaprieť

rent [rent] nájomné, najať, trhlina, prenajať

reorganization [riːˈoːgənaiˈzeiʃn] reorganizácia, prestavba

repair [riˈpeə] oprava, opraviť, napraviť, odčiniť

reparation [repəˈreiʃn] oprava, odškodné, reparácia

repartee [repaːˈtiː] odseknutie, odseknúť, rázne odpovedať

repast [riˈpaːst] jedlo, potrava

repatriate [riːˈpætrieit] repatriovať, vrátiť do vlasti

repay [riˈpei] splatiť, odplatiť, odškodniť, vyplatiť sa

repayment [riˈpeimənt] splátka, odplata

repeal [riˈpiːl] odvolanie, zrušenie

repeat [riˈpiːt] opakovať, opätovať

repeatedly [riˈpiːtədli] znova a znova

repel [riˈpel] odohnať, odpudiť, odraziť, odvrhnúť

repellent [riˈpelənt] repelent, odpudivý, odporný

repent [riˈpent] kajať sa, ľutovať

repentance [riˈpentəns] ľútosť, pokánie

repercussion [riˈpəːˈkaʃn] spätný odraz, ohlas, dopad, následok

repine [riˈpain] trápiť sa, reptať, sťažovať sa

replace [riˈpleis] vrátiť, nahradiť, preložiť, zameniť

replacement [riˈpleismənt] náhrada, preloženie, výmena

replant [riːˈplaːnt] presadiť (rastlinu)

repletion [riˈpliːʃn] naplnenie, nasýtenie

reply [riˈplai] odpoveď, odpovedať

report [riˈpoːt] správa, záznam, urobiť záznam, referovať, reportovať, oznámiť

reportage [ˌrepoˈtaːʒ] reportáž

repose [riˈpouz] odpočinok, odpočívať, ležať

repository [rəˈpozitəri] sklad, schránka, pokladnica

reprehend [repriˈhend] karhať, napomínať, kritizovať

represent [ˌripriˈzent] predstavovať, vyjadrovať, zastupovať, reprezentovať

representation [reprizenˈteiʃn] reprezentácia, zastúpenie, predstavenie

representative [repri'zentətiv] predstaviteľ, zástupca, poslanec, delegát, vzor, typ

repression [ri'preʃn] potlačenie, represia

reprieve [ri'pri:v] odklad, lehota, milosť, úľava, oddýchnutie

reprimand [repri'ma:nd] pokarhanie, pokarhať

reprisal [ri'praizl] odveta, represálie, odškodnenie, kompenzácia

reproach [ri'proutʃ] výčitka, hanba, vyčítať

reproachful [ri'proutʃful] vyčítavý, hanlivý

reprobate [reprobeit] zatratenec, odvrhnutý, zavrhnúť

reproduce [ri:prə'dju:s] reprodukovať, množiť sa, rozmnožovať sa, napodobňovať, splodiť

reproduction [ri:prə'dakʃn] reprodukcia, kópia, kopírovanie, rozmnožovanie

reproof [ri'pru:f] výčitka, pokarhanie

reprove [ri'pru:v] pokarhať, odsudzovať

reptile [reptail] plaz, had, plazivý

republic [ri'pablik] republika

republican [ri'pablikn] republikán, republikánsky

repudiate [ri'pju:dieit] odohnať, odmietnuť, zriecť sa

repudiation [ripju:di'eiʃn] vyhnanie, zavrhnutie, vypovedanie, odrazenie (útoku)

repugnance [ri'pagnəns] odpor, nechuť, rozpor, konflikt

repugnant [ri'pagnənt] odporný, nechutný, protivný

repulse [ri'pals] odohnanie, odrazenie, odmietnutie, odohnať

repulsion [ri'palʃn] odpor, nechuť, odmietnutie

reputation [repju'teiʃn] povesť, úcta, vážnosť, reputácia, všeobecná mienka

repute [ripju:t] úcta, ctiť, vážiť si

reputedly [ri'pju:tidli] údajne

request [ri'kwest] prosba, želanie

require [ri'kwaiə] žiadať, vyžadovať

requirement [ri'kwaiəmənt] požiadavka, potreba, nárok

requisite [rekwizit] potreba, rekvizita, nutný

requisition

requisition [rekwiziʃn] žiadosť, výzva, vymáhanie, zhabanie, rekvirovanie
requite [ri'kwait] odmeniť, odplatiť sa, odškodniť
rescue [reskju:] záchrana, vyslobodenie, zachrániť, vyslobodiť
research [ri'sə:tʃ] výskum, bádanie
researcher [ri'sə:tʃə] bádateľ, výskumník
resemblance [ri'zembləns] podobnosť, podoba
resemble [ri'zembl] podobať sa, pripomínať
resentment [ri'zentmənt] namrzenosť, odpor, zlosť, hnev
reservation [rezə'veiʃn] rezervácia, výnimka, rezervovanie
reserve [ri'zə:v] rezerva, záloha, zdržanlivosť, rezervácia, udržiavať, ponechať
reserved [ri'zə:vd] zdržanlivý, rezervovaný, skromný
reservist [ri'zə:vist] záložník
reservoir [rezəwa:] rezervoár, nádrž, zásobník
reshape [ri:'ʃeip] pretvoriť, prebudovať

reside [ri'zaid] bývať, usadiť sa
residence [rezidəns] sídlo, rezidencia, byt
resident [rezidənt] obyvateľ, rezident
residential [rezi'denʃl] domáci, miestny, obytný
residue [rezidju:] zvyšok
resign [ri'zain] odstúpiť, vzdať sa, podať demisiu
resignation [rezig'neiʃn] odstúpenie, odovzdanosť
resilience [rə'ziliəns] pružnosť
resilient [rə'ziliənt] pružný, elastický, odolný, pevný
resin [rezin] smola, živica
resist [ri'zist] odolávať, odolať, brániť sa, vzdorovať, odporovať
resistance [ri'zistəns] odolnosť, odboj, odpor
resistless [ri'zistlis] bezbranný, neodolateľný
resoluble [ri:'soljəbl] rozpustný, (roz)riešiteľný, rozlúštiteľný
resolute [rezə'lu:t] odhodlaný, rázny, energický
resolution [rezə'lu:ʃn] odhodlanie, rozklad, rezolúcia, riešenie

resolve [ri'zolv] rozhodnutie, rezolúcia, rozpustiť, analyzovať, vyriešiť, vysvetliť

resolvent [ri'zolvnt] rozpúšťadlo

resonance [rezənəns] rezonancia, ozvena

resort [ri'zo:t] útočisko, inštancia, dochádzka, návšteva, navštevované miesto

resound [ri'zaund] znieť, rozliehať sa

resounding [ri'zaundiŋ] senzačný

resource [ri'zo:s] zdroj, prostriedky, východisko

resourceful [ri'zo:sful] vynaliezavý, nápaditý, pohotový

respect [ri'spekt] úcta, vážnosť, rešpekt, ohľad, vzťah

respectability [rispektə-'biləti] váženosť, úctyhodnosť, slušnosť, čestnosť

respectable [ri'spektəbl] vážený

respectful [ri'spektfəl] úctivý, zdvorilý, uhladený

respective [ri'spektiv] náležitý, príslušný, vlastný

respiration [respə'reiʃn] dýchanie, respirácia

respire [ri'spaiə] dýchať, vdychovať, vydýchnuť si

respite [respait] odklad, prestávka, oddych

resplendent [ri'splendənt] lesklý, žiarivý, oslnivý

respond [ri'spond] odpovedať, reagovať

respondent [ri'spondənt] obhajca (názoru), odporca, žalovaný, respondent

response [ri'spons] odpoveď, reakcia, odozva, ohlas

responsibility [ri,sponsə-'biləti] zodpovednosť, záruka

responsible [rə'sponsəbl] zodpovedný, spoľahlivý

responsive [ri'sponsiv] citlivý, vnímavý, prístupný

rest [rest] oddych, odpočívať, zvyšok, opora (nohy), (and the r. – a tak ďalej)

restaurant [restəro:n, restərənt] reštaurácia (r. car – jedálenský vozeň)

restful [restful] pokojný, upokojujúci

resting-place [restiŋ'pleis] odpočívadlo, hrob

restless [restlis] nepokojný, netrpezlivý, nervózny

restitution

restitution [resti'tju:ʃn] náhrada, odškodnenie, reštitúcia, obnovenie, rehabilitácia
restive [restiv] tvrdohlavý, netrpezlivý, nepoddajný
restoration [restə'reiʃn] obnovenie, uzdravenie
restore [ri'sto:] obnoviť, reštaurovať, vrátiť, uzdraviť
restrain [ri'strein] krotiť, prekážať, zdržovať, obmedziť
restraint [ri'streint] obmedzovanie, nátlak, kontrola, zdržanlivosť, zadržanie
restrict [ri'strikt] obmedziť, zabrániť (r.ed area –zakázaná oblasť/pásmo)
restriction [ri'strikʃn] obmedzenie, reštrikcia, zákaz, zmenšenie, zníženie
result [ri'zalt] výsledok, vyplývať, dôsledok, dopadnúť, skončiť, mať za následok
resultant [ri'zaltənt] výsledný
resume [ri'zju:m] zhrnutie, zhrnúť, záver
resurgence [ri'sə:dʒəns] vzkriesenie, obroda, obnova
resurrection [rezə'rekʃn] vzkriesenie, zmŕtvychvstanie
resuscitate [ri'sasiteit] kriesiť, oživovať

resuscitation [risasi'teiʃn] obnova, oživovanie
retail [ri:teil] maloobchod, maloobchodný
retailer [ri:teilə] maloobchodník, rozprávač
retain [ri'tein] držať, udržať, zadržať
retainer [ri'teinə] nádržka, zmluva, záloha, (general r. – paušálny honorár)
retaliation [ritæli'eiʃn] odveta, represálie
retaliatory [ritæliətəri] odvetný, represívny
retard [ri'ta:d] spomaliť, zdržať, retardovať
retardation [ri:ta:'deiʃn] spomalenie, omeškanie (vo vývoji)
retarded [ri'ta:did] (duševne) zaostalý, oneskorený (vo vývoji)
retch [retʃ] vracať, dáviť
retention [ri'tenʃn] zadržanie, väzba, zápcha
rethink [ˌri:'θiŋk] znovu premyslieť, rozmyslieť (si), prehodnotiť
reticence [retisns] málovravnosť, mlčanlivosť
reticent [retisnt] nezhovor-

čivý, zamĺknutý, diskrétny, rezervovaný
retinue [retinju:] družina, suita
retire [ri'taiə] ústup, ustúpiť, odísť
retired [ri'taiəd] utiahnutý, v dôchodku, odľahlý
retirement [ri'taiəmənt] dôchodok, ústranie, ústup
retiring [ri'taiəriŋ] uzavretý, samotársky
retort [ri'to:t] odseknutie, odplata, odseknúť (v reči)
retouch [ri:'tatʃ] retušovať opraviť
retrace [ri'treis] vrátiť sa, sledovať dozadu, zrekapitulovať, obkresliť
retract [ri'trækt] stiahnuť späť, vziať späť, odvolať
retraction [ri'trækʃn] odvolanie, sťahovanie
retreat [ri'tri:t] ústup, ustúpiť, útulok, cúvnuť
retrench [ri'trentʃ] obmedziť, znížiť, skrátiť, zoškrtať
retribution [retri'bju:ʃn] odplata, odškodnenie
retrieval [ri'tri:vl] hľadanie, získavanie, záchrana
retrieve [ri'tri:v] nájsť, obnoviť, napraviť chybu
retrograde [retrəgreid] obrátený, spätný
retrospection [retrə'spekʃn] retrospektíva, pohľad späť
return [ri'tə:n] návrat, obrat, odplata, odpoveď, zvrat (many happy r.s – veľa šťastia a zdravia – gratulácia)
reunion [ri:ju:njən] znovu zjednotenie, stretnutie
reunite [ri:ju'nait] spojiť, stretnúť sa opäť
rev [rev] obrátka, rozkrútiť, roztočiť
revanchism [rə'va:nʃizəm] revanšizmus
reveal [ri'vi:l] odhaliť, odkryť, zistiť, osvetliť
reveille [ri'væli/revəli] budíček (vojenský)
revel [revl] oslava, hýrenie, veseliť sa, holdovať
revelry [revəlri] bujná zábava, radovánky, oslava
revelation [revə'leiʃn] odhalenie, objav, prezradenie, zjavenie
revenge [ri'vendʒ] pomsta, odplata, mstiť sa

revengeful [ri'vendʒful] pomstychtivý, pomstivý
revenue ['revənju:] príjem, výnos, tržba, dôchodok
revere [ri'viər] ctiť, vážiť si
reverence [revərəns] úcta, vážnosť
reverend [revərənd] ctihodný, dôstojný, velebný
reversal [ri'və:sl] obrat, zvrat
reverse [ri'və:s] opak, rub, obrat, neúspech, spiatočka, opačný, obrátený
revert [ri'və:t] vrátiť sa, odvrátiť sa
review [ri'vju:] posudok, recenzia, revue, prehliadka, revízia, prehliadať
reviewer [ri'vju:ə] recenzent, posudzovateľ
revile [ri'vail] nadávať, očierňovať, hanobiť
revisal [ri'vaizl] revízia, prehliadka, korektúra
revise [ri'vaiz] zrevidovať, zopakovať, opraviť
revision [ri'viʒn] revízia, oprava, opakovanie
revival [ri'vaivl] obrodenie, oživenie, renesancia
revivalist [ri'vaivəlist] obrodenec

revive [ri'vaiv] obnoviť, oživiť, vzkriesiť
revocation [revə'keiʃn] odvolanie, zrušenie, storno
revoke [ri'vouk] odvolať, zrušiť
revolt [ri'voult] vzbura, odpor, vzbúriť sa
revolution [revə'lu:ʃn] revolúcia, prevrat, obeh, krúženie, otáčanie
revolutionary [revə'lu:ʃənəri] revolucionár, revolučný, prevratný
revolve [ri'volv] obiehať, otáčať sa, premýšľať, uvažovať
revolver [ri'volvə] revolver
revolving [ri'volviŋ] otáčavý, otočný
revue [ri'vju:] revue
reward [ri'wo:d] odmena, odmeniť
rewarding [ri'wo:diŋ] užitočný
rewrite [ri:'rait] prepísať, prepracovať
RFE (Radio Free Europe – rozhlasová stanica Slobodná Európa)
rhapsody [ræpsədi] rapsódia

rhetorical [ri'torikl] rečnícky

rhetorician [retə'riʃn] rečník

rheumatism [ru:mətizəm] reumatizmus

Rhine [rain] the R. - Rýn (rieka)

rhinoceros, rhino [rai'nosərəs, rainou] nosorožec

rhomb [rɔmb] kosoštvorec

rhubarb [ru:ba:b] rebarbora

rhyme, rime [raim] rým, verš, rýmovať

rhythm [riðəm] rytmus, tempo

rhythmic, -ical [riðmik(l)] rytmický, pravidelný

rib [rib] rebro, podpichovať

ribald [ribəld] nemravník, oplzlý

ribbon [ribən] stuha, páska, prúžok, lišta

rice [rais] ryža

rich [ritʃ] bohatý, hojný, plodný

riches [ritʃiz] bohatstvo

richness [ritʃnis] bohatosť, plodnosť, úrodnosť, plnosť

rickets [rikits] krivica

rickety [rikəti] rachitický, vratký, roztrasený

rickshaw [rikʃo:] rikša

ricochet [rikəʃei] odraz, odskočenie

rid [rid] oslobodzovať, zbavovať, oddeliť

riddance [ridəns] odstránenie, zbavenie sa; (good r. - s pánombohom)

riddle [ridl] hádanka, sito

ride [raid] (rode; ridden) jazda, jazdiť, viezť sa

rider [raidə] jazdec, vodič

ridge [ridʒ] hrebeň chrbát, chrbtica

ridicule [ridikju:l] posmech, výsmech

ridiculous [ri'dikjuləs] smiešny, nezmyselný

rife [raif] bežný, hojný, rozšírený, známy, početný

riff-raff [rifræf] handry, spodina

rifle [raifl] puška

rift [rift] prasklina, trhlina, rozpor

rig [rig] zmanipulovať; vrtná veža

rigging [rigiŋ] vybavenie, zariadenie

right [rait] pravda, právo, pravica, pravý, správny (r. away - hneď, bezodkladne)

righteous [raitʃəs] čestný, spravodlivý, riadny (naozajstný)
righteousness [raitʃəsnis] správnosť, spravodlivosť, čestnosť
rightful [raitful] oprávnený, spravodlivý, právoplatný
rightist [raitist] pravičiar
rightness [raitnis] priamosť, spravodlivosť, správnosť
rigid [ridʒid] pevný, tuhý, neohybný, prísny (režim)
rigidity [ri'dʒidəti] pevnosť, tuhosť, neohybnosť, prísnosť
rigor [raigo:] zimnica
rigour, rigor [rigə:] drsnosť, prísnosť, nevľúdnosť, krutosť
rigorous [rigərəs] prísny, drsný, krutý, úzkostlivý
rill [ril] potôčik, jarček
rim [rim] obruba, okraj, rámec
rime [raim] inovať, srieň, námraza, puklina, prasklina, r.= rhyme – rým
rimmed [rimd] lemovaný, obrúbený
rind [raind] kôra, koža, šupka

ring [riŋ] (rang; rung) kruh, krúžok, prsteň, ring, okraj, okruh, zvoniť, vyzváňať
ringer [riŋə] zvonár
ringlet [riŋlit] prstienok, kader
rink [riŋk] klzisko
rinsing [rinsiŋ] plákanie, preliv
riot [raiət] hluk, výtržnosť, vzbura
rioter [raiətə] výtržník, burič
riotous [raiətəs] hlučný, búrlivý, samopašný, divý
rip [rip] trhlina, rozparok, párať, vyrvať
RIP (Rest in Peace – Odpočívaj v pokoji; z Lat.: Requiescat in Pace)
ripe [raip] zrelý, zrieť, dospelý, dospievať
ripeneness [raipnis] zrelosť, dospelosť
ripple [ripl] vlnka, vlnenie, vlniť sa, čeriť
rise [raiz] (rose; risen) povstanie, stúpanie, kopec, svah, vznik, počiatok, povstať, vstať
risk [risk] riziko, riskovať (security r. – podvratný/ nespoľahlivý živel)

risky [riski] riskantný
rissole [risoul] karbonátok
rite [rait] obrad, ceremónia (last r.s – posledné pomazanie)
ritual [ritʃuəl] rituál, rituálny
rival [raivəl] sok, rival, konkurent, súper
rivalry [raivəli] súperenie, rivalita
rive [raiv] štiepať, rozštiepiť
river [rivə] rieka, prúd (r. bed – riečište, koryto)
rivet [rivit] nit, nitovať, upútať, strhnúť (pozornosť)
rivulet [rivjulit] potôčik, jarček
roach [routʃ] belica, ploštica
road [roud] cesta, dráha, trieda
roadster [roudstə] kabriolet
roadway [roudwei] vozovka
roam [roum] potulka, túlať sa, blúdiť
roan [roun] grošovaný (kôň)
roar [ro:] rev, burácanie, rachot
roaring [ro:riŋ] búrlivý, skvelý

roast [roust] pečienka, pečený, piecť
rob [rob] okradnúť, olúpiť
robber [robə] lupič
robbery [robəri] lúpež
robe [roub] róba, rúcho, župan, kúpací plášť
robin [robin] červienka, drozd – AmE
robot [roubot] robot
robotics [rou'botiks] robotika
robust [rə'bast] mohutný, silný, robustný
rock [rok] skala, útes, kameň, cukrík
rockery [rokəri] záhradná skalka
rocket [rokit] raketa, svetlica
rocking [rokiŋ] hojdanie
rock'n'roll [rokn'roul] rokenrol
rock oil [rokoil] ropa
rocky [roki] skalnatý, kamenistý, kolísavý, vratký
rod [rod] palica, tyč, prút, tiahlo
rodent [roudənt] hlodavec
roe [rou] ikry
roedeer [roudiər] srnec, srna

roebuck [roubak] srnec
rogue [roug] darebák, tulák
roisterer [roistərə] chvastúň
role [roul] úloha, rola
roll [roul] zvitok, valec, rožok, zoznam, listina, zápis, cievka, vrkoč, gúľanie, váľanie, záhyb
roller [roulə] valec, kladka, natáčka, obväz
rollicking [rolikiŋ] rozjarený, žoviálny, neviazaný
rolling [rouliŋ] kolísanie, hojdanie, krútenie, valcovanie, rolovanie
roly-poly [rouli'pouli] závin
ROM (Read-only memory – Permanentná pamäť (iba s možnosťou čítania)
Roman [rəu'mæn] Riman(ka), rímsky
Romanesque [ˌroumæ'nəsk] románsky (štýl v arch.)
romance [rə'mæns] romanca, romantika
Romania [rə'meiniə] Rumunsko
Romanian [rə'meiniən] Rumun(ka), rumunčina, rumunský
romantic [rə'mæntik] romantický

Rome [roum] Rím
romp [romp] uličník, šantenie, vystrájanie, nezáväzný a príležitostný sex
roof [ru:f] strecha, zastrešiť
roofer [ru:fə] pokrývač
rook [ruk] havran, veža (v šachu)
room [ru:m] miestnosť, izba, miesto, priestor, možnosť
roomer [ru:mə] am. nájomník
roomy [ru:mi] priestorný
roost [ru:st] bidlo, sedieť na bidle
root [ru:t] koreň, pôvod, odmocnina, zakoreniť, zasadiť
rope [roup] lano, povraz, slučka
rosary [rouzəri] rozárium, ruženec
rose [rouz] ruža, ružica, cedidlo, ružový (life is not a bed of r.s – život nie je med lízať)
roseate [rouziit] ružový
rosemary ['rouzməri] rozmarín
rose-rash [rouz'ræʃ] ružienka
rosette [rou'zet] ružica, rozeta

roster [rostə] zoznam, rozpis, register
rostrum [rostrəm] tribúna, zobák
rosy [rouzi] ružový
rot [rot] hniloba, plieseň, slang: kecy, blbosť
rotary [routəri] rotačka, otočný, otáčavý
rotate [rə'teit] točiť sa, striedať, rotovať, krúžiť
rotation [rə'teiʃn] rotácia, otáčanie
rotten [rotn] skazený, zhnitý, mizerný, nepríjemný
rotter [rotə] ničomník, darebák
rotundity [rou'tandəti] oblosť, okrúhlosť
rouge [ruːʒ] rúž, červený, maľovať sa
rough [raf] drsný, hrubý, chlpatý, surový
roughly [rafli] hrubo, surovo, približne, asi
roulette [ru'let] ruleta
round [raund] kolo, kolobeh, kruh, kružnica, okruh, okrúhly, oblý, plný, približný
rouse [rauz] vyburcovať, vzbudiť

rout [raut] porážka, pohroma, zmätok
route [ruːt] trasa, cesta, trať
routine [ruː'tiːn] rutina
rove [rouv] túlať sa, potulovať (sa)
rover [rouvə] tulák, skaut
row [rau, rou] zvada, hluk, rad
rowdy [raudi] bitkár, hulvát, sprostý
royal [roiəl] kráľovský, skvelý
royalist [roiəlist] monarchista, prívrženec rojalizmu
RRF (Rapid Reaction Forces – Sily rýchleho nasadenia)
RSC (Referee stopped contest – zastavenie boja v ringu rozhodcom-technický knockout)
RSVP (Please reply – Prosím o odpoveď; z franc. Répondez s'il vous plait)
RTL (Radio Television Luxembourg)
rub [rab] trenie, masáž, brúsenie, brúsiť, trieť, utierať, hladiť, drhnúť
rubber [rabə] guma, brús, brusič, handra, utierka, puk

rubbish

rubbish [rabiʃ] odpad, smeti, nezmysel
rubble [rabl] sutiny, rumovisko, hromada trosiek, štrk
ruby [ru:bi] rubín, rubínový
ruck [rak] vráska, záhyb
rucksack [raksæk] plecniak, ruksak
rudder [radə] kormidlo, smerovka
ruddy [radi] červený, rumenný
rude [ru:d] hrubý, drsný, neslušný, neotesaný
rudeness [ru:dənis] hrubosť
rudiment [ru:dimənt] základ, počiatok
rue [ru:] ľútosť, ľutovať
rueful [ru:fl] žalostný, smutný, nariekajúci
ruffian [rafiən] bitkár, surovec
ruffle [rafl] zvlnenie, volánik, postrapatiť, pokrčiť
rug [rag] koberček, prikrývka, tapeta
rugby [ragbi] rugby
rugged [ragid] drsný, hrboľatý
ruin [ru:in], zrútenie, zruinovanie, zrúcanina, úpadok
ruined [ru:ind] zničený, zrútený
ruins [ru:ins] zrúcaniny, trosky
rule [ru:l] pravidlo, predpis, vláda, obyčaj, zásada, lineár
ruler [ru:lə] vládca, pravítko
rum [ram] rum
Rumania [ru:'meinjə] Rumunsko
Rumanian [ru:'meinjən] Rumun, rumunčina, rumunský
rumble [rambl] hrmenie, rachot
rummage [ramidʒ] haraburdy, prehľadávanie
rummer [ramə] čaša
rumour, rumor [ru:mə] povesti, klebety, reči
rump [ramp] zadok, stehno (zvierat)
rumple [rampl] zvraštiť, rozstrapatiť, pokrčiť
run [ran] (ran; run) beh, priebeh, obeh, behať, utekať, uháňať, robiť (pokus)
rune [ru:n] mystérium, záhada, runa
rung [raŋ] priečka (rebríka)
runner [ranə] bežec, šprintér, utečenec

running [raniŋ] beh, chod, tok, priebeh, bežecký, priebežný

runt [rant] zákrpok. nedôchodča

rupee [ru:'pi:] rupia (ázijská mena)

rupture [raptʃə] trhlina, roztržka, prietrž

rural [ruərəl] dedinský, vidiecky

ruse [ru:z] lesť, úskok

rush [raʃ] beh, zhon, ruch, náraz, prepad, nával, hnať sa, ponáhľať sa, letieť

rusk [rask] suchár

Russia [raʃə] Rusko

Russian [raʃən] Rus(ka), ruština, ruský

rust [rast] hrdza, pleseň

rustic [rastik] dedinský, vidiecky, prostý, sedliacky

rustle [rasl] šum, šuchot, šušťanie

rut [rat] koľaj, stopa, brázda, ruja

ruth [ru:θ] ľútosť, súcit

ruthless [ru:θlis] bezcitný, bezohľadný, nemilosrdný, krutý

rye [rai] žito, žitná pálenka

Ss

sabbath [sæbəθ] sobota, židovský sviatok

sable [seibl] soboľ, sobolia kožušina, chmúrny

sabotage [sæbəta:ʒ] sabotáž

sabre [seibə] šabľa

sack [sæk] vrece, vak, lúpenie, (get the s. - byť prepustený z práce;, give the s. - prepustiť)

sacred [seikrid] posvätný, nedotknuteľný

sacrifice [sækrifais] obeť, obetovať, obeta

sad [sæd] smutný, namrznený, chmúrny (s. to say - bohužiaľ, nanešťastie)

saddle [sædl] sedlo, osedlať

safe [seif] trezor, bezpečný, spoľahlivý, istý

safeguard [seifga:d] záruka, chrániť

safe-keeping [seif'ki:piŋ] úschova, úschovňa

safety [seifti] bezpečnosť, bezpečný, istota, poistka

safety-match [seiftimætʃ] zápalky

safety-razor [seifti'reizə] holiaci strojček

sag [sæg] prehýbať sa, ovisať, klesnúť

sagacity [sə'gæsiti] prezieravosť, múdrosť, chytrosť

sage [seidʒ] mudrc, šalvia

sail [seil] plachta, plavba, plaviť sa, plachtiť

sailor [seilə] námorník, lodník

saint [seint] svätý, svätec

sake [seik] for the s. of - kvôli, pre

salad [sæləd] šalát

salary [sæləri] plat, mzda

sale [seil] predaj, dražba, výpredaj, odbyt

salesman [seilzmən] predavač, obchodný cestujúci

salient [seiljənt] vyčnievajúci, vynikajúci, viditeľný, hlavný, klin, predmostie (voj.)

saliva [sə'laivə] slina (salivary gland - slinné žľazy)

sallow [sæləu] žltkastý, bledožltkastý

salmon [sæmən] losos

saloon [sə'lu:n] salón, hala, výčap

salt [so:lt] soľ, slaný, soliť

SALT (Strategic Arms Limitation Talks – Jednania o obmedzení strategických zbraní)
salt-cellar [so:lt'selə] soľnička
same [seim] ten istý, rovnaký, súčasne
sample [sa:mpl] vzorka, ukážka, príklad
sanction [sæŋkʃn] sankcia, povolenie,
sand [sænd] piesok, pieskovať
sandwich [sændwidʒ] sendvič, chlebíček
sandy [sændi] piesočný, piesčitý, zrnitý
sane [sein] rozumný, normálny, duševne zdravý
sanitary [sænitəri] hygienický, zdravotný
sanity [sæniti] zdravý rozum
sap [sæp] miazga, šťava, podkop, podkopávať
SAT (Scholastic Aptitude Test – prijímacia skúška na americké vysoké školy)
satisfaction [sætis'fækʃn] uspokojenie, satisfakcia, spokojnosť

satisfy [sætisfai] uspokojiť, ukojiť, vyhovovať
Saturday [sætədi] sobota (Holy S. – Biela sobota)
sauce [so:s] omáčka, hustá šťava
saucer [so:sə] tanierik
saucy [so:si] bezočivý, prostoreký
saunter [so:ntə] prechádzka, vliecť sa
sausage [sosidʒ] klobása, saláma, párok, jaternica
savage [sævidʒ] divoch, divý, surový
save [seiv] šetriť, sporiť, chrániť, zachrániť
saviour [seivjə] záchranca, Spasiteľ, Vykupiteľ
savoury [seivəri] chutný, lahodný, chuťovka, jednohubka, predkrm
savour [seivə] chuť, príchuť, prísada
saw [so:] píla, píliť; (min. čas od see – vidieť)
say [sei] (said; said) povedať, hovoriť (s. the least – mierne povedané, bez nadsádzky)
scab [skæb] svrab, chrasta, štrajkokaz

scale [skeil] stupnica, škála, mierka, šupina, váha (prístroj), vážiť
scales [skeilz] váhy
scall [skæl] chrasty, svrab, lišaj, ekzém (na hlave)
scallop [skoləp] hrebenatka, lastúra, mušľa (jedlá), zárezy, vrúbkovanie
scallywag ['skæliwæg] šarvanec, uličník, darebák
scalp [skælp] koža na temeni hlavy, skalp, zvaliť, odrovnať, predávať na čierno (vstupenky)
scalpel ['skælpəl] skalpel
scam [skæm] podfuk, švindeľ, habaďúra, trik
scampi ['skæmpi] krevety (hlavne vyprážané)
scan [skæn] nahliadnuť, snímať, (na)skenovať, ultrazvukové vyšetrenie
scandal [skændl] škandál, aféra, hanba
Scandinavia [skændi'neiviə] Škandinávia
scanner [skænə] snímač, skener
scant ['skænt] malý, mizivý, skromný, necelý, púhy, sotva, nedostatočný

scanties ['skænti:z] (krátke) dámske nohavičky, slipy
scapegoat ['skeipgout] obetný baránok, urobiť z niekoho obetného baránka
scapegrace ['skeipgreis] darebák, niktoš, lotor
scapula ['skæpjulə] lopatka (kosť)
scar [ska:] jazva, poškriabať, poškodiť, poznamenať
scarab ['skærəb] skarabeus (chrobák), posvätný
scaramouche ['skærəmaut∫] scramouche (postava talianskej comedia dell'arte), tĺčuba, chvastúň, lotor, vychvaľovať sa
scarce [skeəs] vzácny, zriedkavý, skromný
scarcely [skeəsli] sotva, ťažko, skôr nie
scare [skeə] strach, panika, vystrašiť
scarecrow ['skeəkrou] strašiak (v poli)
scaremongering ['skeəmaŋgəriŋ] panikárčenie, šírenie poplašných správ
scarf [ska:f] šál, šerpa
scarlatina ['ska:rlə'ti:nə] šarlach (choroba)

scarlet ['ska:lət] šarlátový, jasne červený, začervenanie sa (hanbou) (s. fever – šarlach)

scatter [skætə] rozptyl, rozloženie, distribúcia

scenery [si:nəri] scéna, scenéria, príroda

scent [sent] vôňa, pach, čuch, stopa, voňavka, ňuchať, cítiť, navoňať

sceptic [skeptik] skeptik, pochybovačný človek

schedule [ʃedju:l] program, plán, harmonogram, zoznam, rozvrh, cestovný poriadok

scheme [ski:m] schéma, plán, kuť plány, intriga

scholar [skolə] vedec, učenec

scholarship [skoləʃip] štipendium, vzdelanosť, bádanie

school [sku:l] škola, vyučovanie

schoolmaster [sku:lma:stə] učiteľ, riaditeľ (školy)

schoolmate [sku:lmeit] spolužiak

schoolroom [sku:lrum] trieda (školská), učebňa

scrambled eggs

science [saiəns] veda, vedomosť, vedný odbor

scientific [saiən'tifik] vedecký

scissors [sisəz] nožnice

scoff [skof] posmievať sa

scold [skəuld] hrešiť, hádať sa, nadávať

scoop [sku:p] naberačka, nabrať, načerpať

scope [skəup] rozhľad, rozsah, východisko

scorch [sko:tʃ] spáliť, popáliť

score [sko:] výsledok zápasu, skóre, vrub, skórovať

scorn [sko:n] opovrhnutie, opovrhovať, pohŕdať

Scotch [skotʃ] škótska (whisky), škótsky

Scotland [skotlənd] Škótsko

Scotsman [skotsmən] Škót

scowl [skaul] mračiť sa, chmúriť

Scrabble ['skræbl] – spoločenská hra pri ktorom sa vykladajú slová z vylosovaných písmen

scramble [skræmbl] liezť, plaziť sa, ruvať sa

scrambled eggs [skræmbld egz] praženica

scrap [skræp] kúsok, zdrap
scrape [skreip] škrabať, škrípať
scratch [skrætʃ] škrabať, vzdať zápas, škrtať
scream [skri:m] výkrik, jačanie, kričať, jačať, vrieskať
screen [skri:n] záves, plátno, obrazovka, clona, zacloniť, premietať, chrániť, kryť
screw [skru:] skrutka, závit, skrutkovať, priťahovať (have a s. loose – mať o koliesko menej)
screw-driver [skru:draivə] skrutkovač
scribble [skribl] čarbať, čmárať
script [skript] scenár, rukopis
scrub [skrab] kefovať, drhnúť kefou
scruple [skru:pl] škrupule, pochybnosti, zábrana
scrutiny [‚skru:tini] skúmanie, prehliadka, sčítanie hlasov
scull [skal] (párové) veslo, čln, veslovať
sculpture [skalptʃə] sochárstvo, socha
SDI (Strategic Defense Initiative ("Star Wars") – Strategická obranná iniciatíva)

sea [si:] more, oceán, vlna
sea-gull [si:gal] čajka
seal [si:l] pečať, plomba, tuleň, zapečatiť
seaman [si:mən] námorník
search [sə:tʃ] hľadanie, hľadať, pátrať, získať, prieskum
seasickness [si:siknis] morská choroba/nemoc
seaside [si:'said] pobrežie mora
season [si:zn] sezóna, (ročné) obdobie, okoreniť, sušiť (drevo)
seasoning [si:zniŋ] korenie, koreniny
seat [si:t] sedadlo, sídlo, miesto, sadnúť si
second [seknd] sekunda, druhý, odveliť
second-hand [sekənd'hænd] použitý, z druhej ruky, antikvárny
second-rate [sekənd'reit] podradný
secret [si:krit] tajomstvo, tajný, skrytý (s. service – tajná služba)
secretary [sekrətri] sekretárka, tajomník, tajomníčka, minister

section [sekʃn] sekcia, časť, úsek, oddelenie, rez, pitva

secure [siˈkjuːə] bezpečný, istý, zabezpečiť, pripevniť

security [siˈkjuəriti] bezpečnosť, istota, záruka, cenný papier, obligácia

seduce [siˈdjuːs] zviesť, zvádzať, oklamať, zmiasť

see [siː] (saw; seen) vidieť, chápať, navštíviť, dozerať

seed [siːd] semeno, sejba, siať

seek [siːk] (sought; sought) hľadať, snažiť sa, pokúšať sa

seem [siːm] zdať sa, ukazovať sa, pripadať

seethe [siːð] vrieť, kypieť

seize [siːz] uchopiť, zmocniť sa, zabaviť, skonfiškovať

seldom [seldəm] zriedkavý, zriedka

select [siˈlekt] vybraný, vyberať, vybrať, zvoliť

self [self] ja (vlastný), sám, sama, samo, ego, subjekt, osobnosť

self-acting [selfˈæktiŋ] samočinný, automatický

self-actualization [selfˈæktjuəlaiˈzeiʃn] sebarealizácia

self-assured [selfˈæʃuəd] sebaistý

self-confidence [selfˈkonfidəns] sebavedomie

self-control [selfkənˈtrəul] sebakontrola

selfish [selfiʃ] sebecký

sell [sel] (sold; sold) predávať, predať

seller [selə] predávajúci

send [send] (sent; sent) poslať, vysielať

sender [sendə] odosielateľ, zasielateľ, vysielačka

senior [siːnjə] senior, starší

sensation [senˈseiʃn] senzácia, pocit, vnímanie

sense [sens] zmysel, zdravý rozum, smer, význam, tušenie (common s. – zdravý rozum)

senseless [senslis] nezmyselný, v bezvedomí

sensible [sensəbl] rozumný, citeľný

sensitive [sensitiv] citlivý, vnímavý

sensual [sensjuəl] zmyslový, zmyselný

sentence [sentəns] veta, rozsudok, odsúdiť

sentinel [sentinl] stráž, hliadka

separate [sepəreit] oddeliť, oddeľovať, [sepərət] oddelený

separation [sepə'reiʃn] oddelenie, rozdelenie, odlúčenie

September [sep'tembə] september

Serbia [sə:biə] Srbsko

Serbian [sə:biən] Srb(ka), srbský, srbčina

serene [si'ri:n] jasný, pokojný, vyrovnaný

serenity [si'reniti] jasnosť, pokoj

series [siəri:z] séria, rad, seriál, sada

serious [siəriəs] vážny, seriózny, skutočný

serpent [sə:pənt] had

servant [sə:vənt] sluha, slúžka

serve [sə:v] slúžiť, obslúžiť, servírovať, hodiť sa

service [sə:vis] služba, obsluha, servis (lip s. - prázdne sľuby/slová)

session [seʃən] schôdza, zasadanie

set [set] (set; set) nastaviť, súprava, sada, prístroj, aparát, niekde dať, položiť, usadiť, ustanoviť, scéna, množina

settee [se'ti] pohovka

setting [setiŋ] prostredie, scéna, usporiadanie, rámec, zhudobnenie

settle [setl] usadiť, osídliť, urovnať, vyriešiť, vyrovnať

settlement [setlmənt] osada, usporiadanie. dohoda, úhrada (účtu)

sever [sevə] oddeliť, prerušiť, roztrhnúť, rozviesť

several [sevrəl] niekoľko, viac, rôzny

severe [si'viə] prísny, krutý, drsný, tučný (chorobne), bolestivý

sew [səu] šiť, ušiť

sewing-machine [səuiŋ mə'ʃin] šijací stroj

sex [seks] pohlavie, súlož (have s. (with) - mať pohlavný styk; fair s. - nežné pohlavie -ženy)

shabby [ʃæbi] ošarpaný, obnosený, nečestný

shack [ʃæk] chata, chatrč

shackles [ʃæklz] okovy, putá

shade [ʃeid] tieň, odtieň, tienidlo, zatieniť

shadow [ʃædəu] tieň, špehovať, tieniť
shaft [ʃa:ft] držadlo, násada, žrď, hriadeľ, oštep
shake [ʃeik] potriasť, triasť, otriasť, trasenie
shallow [ʃæləu] plytčina, plytký
sham [ʃæm] nepravý, fingovaný
shame [ʃeim] hanba, stud, zahanbiť, smola, nepríjemnosť
shameful [ʃeimfl] hanebný
shameless [ʃeimlis] nehanebný
shampoo [ʃæm'pu:] šampón
shamrock ['ʃæmrok] ďatelina (symbol Írska)
shape [ʃeip] forma, tvar, útvar, stvárniť, utvárať, formovať
share [ʃeə] podiel, rozdeliť si, podieľať sa, akcia
shareholder [ʃeə'həuldə] akcionár, podielnik
shark [ʃa:k] žralok, chamtivec
sharp [ʃa:p] ostrý, prenikavý
sharpen [ʃa:pən] ostriť, nabrúsiť

shatter [ʃætə] rozšíriť, podlomiť, rozbiť, roztrieštiť sa
shave [ʃeiv] holenie, holiť
shaven [ʃeivn] oholený
shaver [ʃeivə] holič, holiaci strojček
shawl [ʃo:l] šál, šatka
she [ʃi:] ona, žena
shear [ʃiə] strih, strihať
sheath [ʃi:θ] pošva, puzdro
shed [ʃed] kôlňa, šopa, zhadzovať, roniť
sheep [ʃi:p] ovca (pl. sheep); (s. dog – ovčiarsky pes)
sheer [ʃiə] číry, púhy, tenký
sheet [ʃi:t] plachta, kus papiera, tabuľa, hárok, plech (oceľový)
shelf [ʃelf] polica, regál (pl. shelves)
shell [ʃel] lastúra, škrupina, vylúpnuť
shelter [ʃeltə] úkryt, útočište
shepherd [ʃepəd] pastier
shield [ʃi:ld] štít, šilt, chrániť, pancier
shift [ʃift] smena, šichta, posunovač, posúvať, posunovať, radiť rýchlosť

shine [ʃain] (shone; shone) žiariť, lesk, svit, žiara, svietiť, lesknúť sa

ship [ʃip] loď, nalodiť, poslať loďou

shipment [ʃipmənt] lodná doprava, zásielka

shirk [ʃə:k] vyhýbať sa, uhýbať

shirt [ʃə:t] košeľa, blúza, tričko (keep your s. on – len pokojne, nerozčuľuj(te) sa)

shit [ʃit] hovno, sračka, posran, srať, vysrať sa, posrať sa (Shit! – do riti!)

shiver [ʃivə] chvenie, mrazenie, chvieť sa, triasť

shock [ʃok] otras, rana, šok, pohoršiť, otriasť

shocking [ʃokiŋ] odporný, hrozný, šokujúci

shoe [ʃu:] (shod; shod) okovať, topánka, obuť, (horse-s. – podkova)

shoe-lace [ʃu:leis] šnúrka do topánok

shoot [ʃu:t] (shot; shot) strieľať, výstrel, výhonok, zastreliť, vyraziť, fotografovať

shop [ʃop] obchod, dielňa, nakupovať

shopkeeper [ʃop'ki:pə] obchodník, vlastník obchodu

shop-window [ʃop'windəu] výklad

shore [ʃo:] breh, pobrežie

short [ʃo:t] krátky, nedostatočný, malý človek

shortage [ʃo:tidʒ] nedostatok

shorten [ʃo:tn] skrátiť

shortly [ʃo:tli] krátko, stručne, skoro

shorts [ʃo:ts] šortky

shot [ʃot] výstrel, strela, filmový záber

shoulder [ʃəuldə] plece, rameno

shoulder-blade [ʃəuldəbleid] lopatka (anat.)

shout [ʃaut] krik, výkrik, volanie, kričať, volať

shove [ʃav] strčiť, rýpnuť

shovel [ʃavl] lopata

show [ʃəu] výstava, prehliadka, zábavný program, predvádzať

shower [ʃauə] sprcha, spŕška, dážď, liať

shower-bath [ʃauəba:θ] sprcha

show-room [ʃəuru:m] výstavná miestnosť

shrewd [ʃru:d] bystrý, obozretný
shriek [ʃri:k] výkrik, vykríknuť
shrill [ʃril] prenikavý, vrieskať
shrine [ʃrain] kaplnka, svätyňa
shrink [ʃriŋk] (shrank; shrunk) uhýbať, scvrknúť sa
shrivel [ʃrivəl] obsychať, scvrkávať sa
shrub [ʃrab] ker, krík, krovie
shudder [ʃadə] zachvenie, otriasť sa
shuffle [ʃafl] posunúť, miešať karty
shun [ʃan] vyhýbať sa niečomu
shunt [ʃant] výhybka, prípojka elektriny, odkloniť, odsunúť
shut [ʃat] (shut; shut) zavrieť, zastaviť
shutter [ʃatə] okenica, záver
shuttle [ʃatl] čln, člnok
shy [ʃai] bojazlivý, plachý, nesmelý
Siberia [sai'biəriə] Sibír

sick [sik] chorý, nezdravý
sickle [sikl] kosák
sickness [siknis] choroba, nevoľnosť
side [said] strana, bok, svah, stráň, breh
side-walk [saidwo:k] chodník
sift [sift] presiať, osiať
sigh [sai] vzdych, vzdychať
sight [sait] pohľad, zrak, zorné pole, vidieť, zazrieť
sign [sain] znak, značka, posunok, symbol, symptóm, podpísať, signovať
signature [signitʃə] podpis
significance [sig'nifikəns] význam, dôležitosť
significant [sig'nifikənt] významný, dôležitý
signify [signifai] značiť, mať význam
silence [sailəns] ticho, mlčanie, umlčať
silent [sailənt] tichý, mlkvy
silently [sailəntli] mlčky
silica [silikə] kremeň
silk [silk] hodváb
silly [sili] hlúpy, bláznivý
silver [silvə] striebro, strieborný
similar [similə] podobný

simple

simple [simpl] jednoduchý

simulate [simjuleit] simulovať, napodobovať, reprodukovať

sin [sin] hriech, hrešiť, zhrešiť

since [sins] od, odvtedy, pretože

sincere [sin'siə] úprimný, ozajstný

sinew [sinju:] šľacha

sing [siŋ] (sang; sung) spievať, ospevovať; (Sing Sing – väzenie v USA)

singe [sindʒ] opáliť, spáliť

single [siŋgl] jednotlivý, slobodný, nevydatá

single room [siŋgl ru:m] jednoposteľová izba

singly [siŋgli] jednotlivo, po jednom

singularity [ˌsiŋgju'lærəti] jedinečnosť, zvláštnosť, osobitosť

sinister [sinistə] zlovestný, hrozivý

sink [siŋk] (sank; sunk) klesať, topiť sa, potopiť, ponoriť sa, výlevka

sip [sip] srkanie, srkať

sir [sə:] pán, pane

sirloin [sə:loin] sviečkovica

SIS (Secret Intelligence Service – Tajná výzvedná služba)

sister [sistə] sestra

sister-in law [sistə inlo:] švagriná

sit [sit] (sat; sat) sedieť, zasadať

site [sait] poloha miesta, časť, diel, pozemok

sitting room [sitiŋru:m] obývačka

situation [sitju'eiʃn] situácia, poloha, miesto, zamestnanie

six [siks] šesť, šestka

size [saiz] veľkosť, rozmer, číslo

sizzle [sizl] syčať, prskať

skate [skeit] korčuľa, korčuľovať

skeleton [skelitn] kostra

sketch [sketʃ] náčrt, škica, skeč

ski [ski:] lyže, lyžovať

skid [skid] kĺzať, šmýkať, šmyknúť sa

ski-lift [ski:lift] lyžiarsky vlek

skill [skil] obratnosť, šikovnosť, zručnosť, kvalifikácia (odborná)

skilled [skild] kvalifikovaný, šikovný, zručný

skin [skin] koža, pokožka, šupka

skip [skip] poskakovať, preskočiť

skirmish [skə:miʃ] potýčka, šarvátka

skirt [skə:t] sukňa, lem, okraj

skull [skal] lebka

sky [skai] nebo, obloha

skylark [skai:lak] škovránok

sky-line [skailain] horizont, silueta

skyscraper [skai'skreipə] mrakodrap

slack [slæk] chabý, mdlý

slacks [slæks] nohavice

slam [slæm] tresnúť, buchnúť, trieskať

slap [slæp] udrieť, poťapkať

slash [slæʃ] bičovať, rozpárať, odsudzovať

slaughter [slo:tə] zabíjanie dobytka (na bitúnku), masaker, masakrovať

Slav [sla:v] Slovan, slovanský

slave [sleiv] otrok, podradený

slaw [slo:] kapustový šalát

slay [slei] zabiť, zavraždiť

sledge [sledʒ] sánky (športové)

sleek [sli:k] úlisný, klzký, ulízaný

sleep [sli:p] (slept; slept) spánok, spať

sleeping car [sli:piŋ ka:] spací vozeň

sleepy [sli:pi] ospalý

sleeve [sli:v] rukáv, obal

slender [slendə] štíhly, útly

slice [slais] plátok, krajec

slide [slaid] (slid; slid) kĺzať, šmýkať sa, pošmyknutie, šmýkačka, diapozitív

slight [slait] drobný, krehký, nepatrný, ignorovanie, znevažovanie

slightly [slaitli] trocha, nepatrne

slim [slim] štíhly, tenký, drobný

slime [slaim] sliz, hlien

slimy [slaimi] slizký, úlisný

sling [sliŋ] (slung; slung) prak, slučka, mrštiť

slip [slip] pošmyknutie, chyba, kombiné, povlak podušky, kĺzať, šmýkať sa, zasunúť, nasadiť, pomýliť sa

slippers [slipəz] papuče
slit [slit] (slit; slit) zárez, rozparok, rozrezať, rozpárať
slope [sləup] svah, breh
slot [slot] štrbina, škára
slot-machine [slotmə'ʃi:n] automat na mince
Slovak [sləuvæk] Slovák, slovenský
Slovakia [sləuvækiə] Slovensko
Slovakian [sləuvækiən] Slovák, slovenský
slovenly [slavnli] nedbalý, nečistý
slow [sləu] pomalý, nechápavý, nudný, spomaliť
sluggish [slagiʃ] lenivý, pomalý
slum [slam] brloh, štvrť bedárov
slumber [slambə] driemota, driemať
slump [slamp] pád cien, prepadnúť sa, stagnácia, kríza
slut [slat] cundra, pobehlica
sly [slai] prefíkaný, ľstivý
smack [smæk] mliaskať, plesnúť
small [smo:l] malý, drobný

smart [sma:t] šípľavý, bolestivý, ostrý, módny, elegantný, vtipný, bystrý
smash [smæʃ] smeč, rozbiť, roztrieštiť
smear [smiə] škvrna, zašpiniť, zamazať
smell [smel] (smelt; smelt) čuch, pach, voňať, páchnuť
smelt [smelt] taviť, roztápať
smile [smail] úsmev, usmievať sa
smith [smiθ] kováč
smoke [sməuk] dym, fajčiť, dymiť, údiť
smoker [sməukə] fajčiar, fajčiarsky vozeň
smooth [smu:ð] rovný, hladký, zmierlivý, vyhladiť, vyrovnať, príjemný
smother [smaðə] dusiť, potlačiť, zadusiť sa
smudge [smadʒ] škvrna, rozmazať
smuggle [smagl] pašovať
smut [smat] sadza, obscénnosť, oplzlosť
snack [snæk] občerstvenie, automat, bufet, ľahké jedlo
snack-bar [snækba:] bistro, bufet
snail [sneil] slimák

snake [sneik] had
snap [snæp] chňapnúť, chytiť, prasknúť, cvaknúť
snare [sneə] oko, pasca
snarl [sna:l] vrčanie, vrčať, ceriť zuby, zapliesť
sneak [sni:k] prikrádať sa, plaziť (sa), podliezať
sneeze [sni:z] kýchnutie, kýchať
sniff [snif] poťahovať nosom, ňuchať
snivel [snivl] fňukať, smrkať
snob [snob] snob, povýšenec
snore [sno:] chrápanie, chrápať
snort [sno:t] frkať, odfrkať
snot [snot] sopeľ (u nosu), (snotty – sopľavý, zasoplený)
snout [snaut] ňufák, rypák, zobák
snow [snəu] sneh, snežiť
snowdrift [snəudrift] snehový závej
snowdrop [snəudrop] snežienka
snug [snag] pohodlný, útulný
so [səu] tak, a tak, takto
soak [səuk] namočiť, premočiť, presiaknuť, presakovať

soap [səup] mydlo, (na)mydliť (sa) (s. opera – televízny/rozhlasový seriál)
soar [so:] vzlietnuť, vznášať sa, týčiť sa do výšky
sob [sob] vzlyk, vzlykať
sober [səubə] triezvy, rozvážny, vecný, striedmy
social [səuʃəl] spoločenský, sociálny (Social Security Act – Zákon o sociálnom poistení)
society [sə'saiəti] spoločnosť, spolok, kolektív
socks [soks] ponožky
socket [sokit] dutina, zásuvka (elektrická), objímka
soda-water [səudəwo:tə] sódovka
sofa [səufə] pohovka
soft [soft] jemný, mäkký, nežný, tichý, tlmený, mierny
soften [sofn] mäknúť, zmierniť, obmäkčiť
soil [soil] pôda, špina, zašpiniť
solace [soləs] útecha, utešovať
soldier [səuldʒə] vojak
sole [səul] chodidlo, podošva, sám, jediný, výhradný, morský jazyk (ryba)

solicit

solicit [sə'lisit] prosiť, žiadať

solicitous [sə'lisitəs] úzkostlivý, starostlivý

solid [solid] zrno, hmota, teleso, pevný, masívny, solídny

solitary [solitəri] osamelý, osamotený

soluble [solju:bl] rozpustný

solution [sə'lu:ʃn] roztok, riešenie

solve [solv] riešiť, rozriešiť, rozpúšťať, vypočítať

some [sam] nejaký, niekoľko, niektorý, trocha, približne, okolo

somebody [sambədi] niekto

somehow [samhau] nejako

someone [samwan] niekto

something [samθiŋ] niečo

sometimes [samtaimz] niekedy

somewhere [samweə] niekde, kdesi, niekam

son [san] syn

song [soŋ] pieseň, spev, báseň

son-in-law [san in lo:] zať

soon [su:n] skoro, hneď

soot [sut] sadza, čmud

soothe [su:ð] upokojiť, učíkať, mierniť

sophisticated [so'fistikeitid] rafinovaný

sorcerer [so:sərə] čarodejník

sordid [so:did] špinavý, sprostý

sore [so:] bolesť, boľavý, bolieť, rana, zranenie

sorrow [sorəu] žiaľ, ľútosť

sorry [sori] zarmútený, ľutovať

sort [so:t] druh, akosť, triediť

soul [səul] duša, duch

sound [saund] zvuk, zdravý, poriadny, znieť, vysloviť

soundless [saundlis] nehlučný, tichý

soup [su:p] polievka

soup-plate [su:p pleit] hlboký tanier

sour [sauə] kyslý, trpký

source [so:s] prameň, zdroj, princíp, zásada, pôvod

south [sauθ] juh, južný, južne

sow [səu] siať, rozsievať

spa [spa:] kúpele

space [speis] priestor, miesto, vzdialenosť, obdobie, interval, vesmír

spacious [speiʃəs] priestorný, rozľahlý, obšírny

spade [speid] rýľ, piky
Spain [spein] Španielsko
span [spæn] rozpätie, preklenúť, rozpieť
Spaniard [spæniərd] Španiel(ka)
Spanish [spæniʃ] Španieli, španielčina, španielsky
spank [spæŋk] plesnúť, vyplieskať
spar [spa:] krokva, brvno, závora
spare [speə] sporivý, náhradný, šetriť
spark [spa:k] iskra, iskriť
sparrow [spærəu] vrabec
spatial [speiʃl] kozmický, priestorový, priestranný
spawn [spo:n] ikry, podhubie
speak [spi:k] (spoke, spoken) hovoriť, rozprávať, prednášať
speaker [spi:kə] hovorca, rečník, tlmočník, hlásateľ
spear [spiə] kopija, oštep
special [speʃl] zvláštny, špeciálny, odborný
species [spi:ʃi:z] druh, odroda, trieda
specific [spə'sifik] presný, podrobný, špecifický, zvláštny

specify [spesifai] presne určiť, špecifikovať
specimen [spesimin] ukážka, vzorka, výstavný kus
speck [spek] fliačik, škvrnka, slanina, poškvrniť
spectacle [spektəkl] divadlo, pohľad
spectacles [spektəklz] okuliare
spectrum [spektrəm] spektrum, škála, rozsah, charakteristika
speech [spi:tʃ] prejav, reč
speechless [spi:tʃlis] neschopný slova, nemý
speed [spi:d] rýchlosť, hnať sa, uháňať
speeding [spi:diŋ] prekročenie rýchlosti
speedometer [spi:'domitə] tachometer, rýchlomer
speedy [spi:di] rýchly, súrny, okamžitý, skorý
spell [spel] (spelt; spelt) doba, obdobie, kúzlo, písať pravopisne, hláskovať
spellbound [spelbaund] očarený
spend [spend] (spent; spent) minúť, spotrebovať, tráviť čas

sphere

sphere [sfiə] guľa, oblasť, sféra, zemeguľa

spice [spais] korenie, koreniť

spider [spaidə] pavúk, trojnožka

spike [spaik] špička, tŕň, bodec, klas

spill [spil] rozliať, rozsypať sa

spin [spin] (spun; spun) priasť, spriadať, víriť, vymýšľať si (príbehy)

spinach [spinidʒ] špenát

spinal [spainl] chrbtový

spine [spain] chrbtica, chrbát, osteň, horský hrebeň

spinster [spinstə] stará panna

spirit [spirit] duch, duša, alkohol, lieh, nálada, duševný stav

spit [spi] (spat; spat) slina, razeň, pľuvať, prskať, chrliť, nabodnúť

spiteful [spaitful] hnevlivý, nevražiaci, nahnevaný, zlomyseľný

splash [splæʃ] čľapot, špliechanie, špliechať, striekať, čľapkať

spleen [spli:n] melanchólia, slezina, rozladenosť

splendid [splendid] skvelý, nádherný, vynikajúci

split [split] (split; split) trhlina, rozštiepenie, rozkol, štiepať, rozdeliť

spoil [spoil] kaziť, pokaziť, rozmaznať

spoke [spəuk] špica (kolesa), priečka rebríka

sponge [spandʒ] špongia, umývať špongiou

sponge-cake [spandʒ'keik] piškóta, piškótový múčnik

sponsor [spɒnsə] sponzor, ručiteľ, podporovať, spolupôsobiť

spool [spu:l] cievka, navíjať

spoon [spu:n] lyžica, naberať lyžicou

spot [spot] bod, škvrna, miesto, poškvrniť, všimnúť si

spotless [spotlis] bez poškvrny

spout [spaut] hrdlo, odkvap, žriedlo, chrlič, prúd

sprawl [sprɔ:l] natiahnuť sa, rozvaľovať

spray [sprei] konár, spŕška, sprej, rozprašovač

spread [spred] (spread; spread) rozšírenie, rozloha, roz-

ťahovať, rozširovať, rozvinúť, mazať, prestrieť, šíriť
spring [spring] (sprang; sprung) skok, prameň, pružina, jar, skákať, skočiť, pučať
sprinkle [spriŋkl] pokropiť, postriekať, posypať
sprint [sprint] šprint
sprite [sprait] škriatok
sprout [spraut] výhonok, pučať
spruce [spru:s] smrek, drevo ihličnanov, elegantný, vyfešákovaný
spur [spə:] ostroha, poháňať, bodať ostrohami
spurious [spjuəriəs] falošný, podvrhnutý, predstieraný
spurt [spə:t] šprurt, zrýchlenie, vzplanutie, vytrysknúť, zrýchliť
sputter [spatə] prskot, prskať
spy [spai] špeh, špión, špehovať
squad [skwod] čata, roj, skupina, mužstvo, oddiel, obsluha
squalid [skwolid] špinavý, zanedbaný

square [skweə] štvorec, uholník, mocnina, námestie, štvorcový, riadny, umocniť
squash [skwoʃ] stisk, rozpučiť, rozdrviť, loptová hra
squat [skwot] územčistý, malý, čupieť, kvoknúť, (nedovolene) sa usadiť
squeak [skwi:k] kvičanie, piskot, kvičať, pišťať
squeeze [skwi:z] stisnutie, tlačenica, stisnúť, zovrieť, vytlačiť
squire [skwaiə] statkár, zeman
squirm [skwə:m] vykrúcať sa, zvíjať sa, vrtieť sa
squirrel [skwi:rəl] veverička
stab [stæb] bodnutie, bodnúť
stable [steibl] stajňa, stály, pevný, stabilný, odolný
staff [sta:f] palica, štáb, zbor, personál, opora, žrď
stag [stæg] jeleň (s. party – večierok iba pre pánov, pánska jazda)
stage [steidʒ] javisko, štádium, etapa, režírovať (s. fright – tréma)
stagecoach ['steidʒkoutʃ] dostavník

stain

stain [stein] škvrna, pošpiniť, poškvrniť, farbiť, zhanobiť

stainless [steinlis] bez poškvrny, nehrdzavejúci

stairs [steəz] schody, schodisko

staircase [steəkeis] schodište

stake [steik] kôl, stĺp, staviť sa

stalk [sto:k] byľ, stvol, vkrádať sa, vystopovať

stall [sto:l] stánok, kreslo, vynechať, stajňa, chliev, pozastaviť

stallion [stæljən] žrebec

stamina [stæminə] sila, energia, vitalita, výdrž, vytrvalosť

stamp [stæmp] pečiatka, známka, kolok, dupnutie, dupať, známkovať

stand [stænd] (stood; stood) stanovisko, stojan, stánok, zastávka, stáť, postaviť, vydržať

standard [stændəd] zástava, meradlo, úroveň, štandard, norma

standpoint [stændpoint] hľadisko, stanovisko, postoj

standing ['stændiŋ] postavenie, pozícia, stály, obvyklý, osvedčený (s. committe – stály výbor; s. order – trvalý príkaz (v banke)

star [sta:] hviezda, hrať hlavnú úlohu

starch [sta:tʃ] škrob, škrobiť

stare [steə] zízať, uprene hľadieť

starling [sta:liŋ] škorec

start [sta:t] začiatok, štart, začať, vyštartovať, spustiť

starvation [sta:'veiʃn] hladovanie, vyhladovanie

starve [sta:v] hladovať, umierať hladom, za niečim

state [steit] štát, stav, stanoviť, konštatovať, rozpoloženie

statement [steitmənt] vyhlásenie, výrok, vyjadrenie, výkaz, výpis

statesman [steitsmən] štátnik

station [steiʃn] stanica, postavenie, zastávka, pôsobište

stationary [steiʃnəri] stály, nehybný, stacionárny

stationery [steiʃnəri] papiernictvo

statue [stætʃu:] socha

statute [stætju:t] zákon, štatút, stanovy, nariadenie, ustanovenie

staunch [sto:ntʃ] verný, oddaný, spoľahlivý, zásadný

stay [stei] zostať, bývať, zastaviť, byť na návšteve, pobyt

steady [stedi] pevný, odolný, stály, neustály, upevniť

steak [steik] biftek, rezeň

steal [sti:l] (stole; stolen) kradnúť, zakrádať sa

steam [sti:m] para, vypúšťať paru, dymiť, variť v pare

steamer [sti:mə] parník

steel [sti:l] oceľ, oceľový

steep [sti:p] príkry, strmý, namáčať, navlhčiť

steering-wheel [stiəriŋwi:l] volant

stellar [stelə] hviezdny

stem [stem] kmeň, peň, stonka, upchať, prameniť

stench [stentʃ] zápach

step [step] krok, schod, stupeň, štádium, kráčať, ísť

stern [stə:n] prísny, tvrdý, tuhý, strohý, korma (lode)

stew [stju:] dusené mäso, dusiť

stewed [stju:d] dusený, parený (s. fruit – kompót)

stick [stik] (stuck; stuck) palica, tyčka, prepichnúť, strčiť, prilepiť, lipnúť

sticky [stiki] lepkavý

stiff [stif] tuhý, neohybný

stifle [staifl] dusiť, pridusiť, zadusiť

still [stil] nehybný, pokojný, ešte, ešte stále, ale, utíšiť, ukojiť, uspokojiť; (s. life – zátišie)

stimulant [stimjulənt] dráždidlo, dráždivý, povzbudzujúci

sting [stiŋ] (stung; stung) žihadlo, pichnutie, bodnutie, pichnúť

stink [stiŋk] (stank; stunk) zápach, smrdieť

stir [stə:] pohyb, rozruch, hýbať, pohnúť, premiešať

stitch [stitʃ] steh, šev, pichanie, šiť

stock [stok] rod, zásoba, sklad, akcie, zásobiť, mať na sklade

stockings [stokiŋz] pančuchy

stomach [stamək] žalúdok, brucho

stone

stone [stəun] kameň, kôstka, kamenný, vykôstkovať

stool [stu:l] stolička, stolica

stoop [stu:p] zohnúť sa, poniížiť sa, hrbiť sa

stop [stop] zastávka, zastaviť, prestať, upchať

stopper [stopə] zátka, zarážka

store [sto:] sklad, obchodný dom, zásobiť, uskladniť

storey [sto:ri] poschodie

stork [sto:k] bocian

storm [sto:m] búrka, útok, nápor

story [sto:ri] historka, príbeh, poviedka, udalosť, reportáž

stout [staut] tlstý, statný, húževnatý

stove [stəuv] kachle, sporák

straddle [strædl] obkročiť, rozkročiť sa, klenúť sa (nad riekou)

straight [streit] priamy, rovný, rovno, usporiadaný, rovinka (šport.) (s. flush = farba v pokeri)

strain [strein] námaha, napätie, napnúť, namáhať, napínať, kmeň (biolog.), cediť

strait [streit] úžina, tiesňava, úzky, tesný

strange [streindʒ] cudzí, neznámy, zvláštny, čudný

strangle [stræŋgl] škrtiť, zaškrtiť, udusiť, tlmiť

strap [stræp] remeň, zbiť remeňom, zviazať

straw [stro:] slama, slamka, steblo

strawberry [stro:bəri] jahoda

streak [stri:k] pruh, priúžok, stopa

stream [stri:m] prúd, tok, tiecť. chod, sled

street [stri:t] ulica, cesta

strength [streŋθ] sila, moc

strenuous [strenjuəs] namáhavý, energický, snaživý

stress [stres] dôraz, tlak, zaťaženie, stres, zdôrazniť, nepohoda

stretch [stretʃ] roztiahnutie, rozpätie, natiahnuť, roztiahnuť, rozprestierať sa

strew [stru:] posypať, pokryť, trúsiť

strict [strikt] prísny, presný, určitý, ostrý

stride [straid] (strode; stridden) prekročiť, vykračovať si, veľký krok

strident [straidnt] prenikavý, škrípavý
strife [straif] zvada, spor
strike [straik] (struck; struck/stricken) štrajk, úder, udrieť, biť, naraziť, štrajkovať
striking [straikiŋ] prekvapujúci, skvelý, nápadný, neobyčajný
string [striŋ] (strung; strung) šnúra, povrázok, rad, navliekať, napnúť, vybičovať, struna, vlákno
stringent [strindʒənt] naliehavý, presný, prísny, rigorózny
strip [strip] olúpať, vyzliecť
stripe [straip] pruh, prúžok
strive [straiv] (strove; striven) bojovať, zápasiť, snažiť sa
stroke [strəuk] rana, úder, kúsok, tempo, pohladenie
stroll [strəul] prechádzka, prechádzať sa, potulovať sa
strong [stroŋ] silný, statný, energický, odolný
structure [straktʃə] konštrukcia, štruktúra, zloženie
strut [strat] vykračovať si, vychvaľovať sa
stub [stab] peň, kýpeť, ohorok

stubborn [stabən] tvrdohlavý, húževnatý, úporný
stud [stad] kolík, gombík, tŕň, čap
study [stadi] štúdium, študovňa, štúdia, študovať, učiť sa, snažiť sa
stuff [staf] materiál, látka, haraburdy, napchať, plniť
stuffy [stafi] dusný, nudný
stumble [stambl] potknúť sa, naraziť
stump [stamp] peň, kýpeť
stun [stan] omráčiť, otriasť
stunt [stant] zvláštnosť, finta, senzácia, brzdiť (vývoj), kaskadér
stupendous [stju:pendəs] úžasný, obrovský
stupid [stju:pid] hlúpy, sprostý
sturdy [stə:di] silný, statný
sty [stai] chliev, očný jačmeň
style [stail] sloh, štýl, rydlo, štylizovať, elegancia, vkus
suave [sweiv] jemný, lahodný, prívetivý, zdvorilý
subconscious [sab'konʃəs] podvedomý, neuvedomelý
subdue [səb'dju:] podrobiť, potlačiť stlmiť

subject

subject [sabdʒikt] občan, predmet, subjekt, podmet, téma, poddaný, podrobený
subject [səb'dʒekt] podrobiť, podriadiť
subjective [səb'dʒektiv] subjektívny
sublime [sə'blaim] majestátny, vznešený
submerge [səb'mə:dʒ] zatopiť, ponoriť (sa)
submission [səb'miʃn] podrobenie, pokora, rezignácia
submit [səbmit] podrobiť sa, predložiť, odovzdať
subscribe [səb'skraib] prispieť, predplatiť, súhlasiť
subscript [səb'skript] označenie, index
subside [səb'said] klesať, sadať, utíšiť, odoznieť
subsidiary [səb'sidjəri] pomocný, dodatočný
subsist [səb'sist] existovať, živiť sa
substance [sabstəns] jadro, podstata, hmota, látka
substantial [səb'stænʃl] hmotný, podstatný, zámožný, výdatný
substitute [sabstitju:t] náhradník, nahradiť, zastúpiť, zameniť
subtle [satl] jemný, prenikavý, bystrý
suburb [sabə:b] predmestie
subvert [sab'və:t] podvracať, rozvracať, podrývať
subway [sabwei] podchod, metro
succeed [sək'si:d] uspieť, nasledovať, nastúpiť
success [sək'ses] úspech
successor [sək'sesə] nástupca, následník, dedič
succumb [sə'kam] podľahnúť, vzdať sa (nepriateľovi)
such [satʃ] taký, tento
suck [sak] cucať, sať, lízať
suckling [sakliŋ] dojča
suction [sakʃn] cucanie, nasávanie, odsávanie
sudden [sadn] náhly, nečakaný
sue [sju:] žalovať (sa), podať žalobu
suffer [safə] trpieť, strpieť, dovoliť
suffice [sə'fais] stačiť, postačiť
suffocate [safəkeit] udusiť, dusiť sa
suffrage [safridʒ] hlasovanie, volebné právo

sugar [ʃugə] cukor
suggest [sə'dʒest] podnietiť, navrhovať, naznačiť
suggestion [sə'dʒestʃən] návrh, podnet, náznak
suicide [sjusaid] samovražda, samovrah
suit [sju:t] oblek, šaty, prosba, hodiť sa, vyhovovať
suitable [sju:təbl] vhodný, zodpovedajúci
suite [swi:t] sprievod, suita, družina
sulky [salki] namrzený, šomravý
sulphur [salfə] síra
sulphuric acid ['salfju:rik æsid] kyselina sírová (H_2SO_4)
sultry [saltri] dusný, horúci, vášnivý, zmyselný
sum [sam] suma, súčet, čiastka, obnos
summary [saməri] zhrnutie, súhrn
summer [samə] leto, letovať
summit [samit] vrchol, vrcholný
summon [samən] predvolať, zvolať
sumptuos [samptjuəs] prepychový

sun [san] slnko, slniť sa
Sunday [sandi] nedeľa
sundown [sandaun] západ slnka
sunflower [san'flauə] slnečnica
sun-glasses [san'gla:sis] slnečné okuliare
sunlight [sanlait] slnečné svetlo
sunny [sani] slnečný, veselý
sunrise [sanraiz] východ slnka
sunset [sanset] západ slnka
sunstroke [sanstrəuk] úpal
suntanned [san'tænd] opálený
superb [sju:pəb] nádherný, úžasný
superficial [ˌsju:pə'fiʃl] povrchný
superfluous [sju:'pəfluəs] nadbytočný, zbytočný
superior [sju:'piəriə] nadriadený, vyšší, šéf, lepší
supermarket [sju:pə'makit] samoobsluha, supermarket
supernatural [sju:pə'nætʃrəl] nadprirodzený
supper [sapə] večera
supple [sapl] ohybný, pružný, poddajný, povoľný

supplement

supplement [saplimənt] doplnok
supplicate [saplikeit] prosiť, naliehať
supplies [sə'plaiz] zásoby
supply [sə'plai] zásoba, dodávka, zásobovať, dodávať
support [sə'po:t] podpora, podporovať, znášať, zniesť
suppose [sə'pəuz] domnievať sa, predpokladať
suppress [sə'pres] potlačiť, zatajiť, zdolať, zakázať
supremacy [sju'preməsi] nadvláda, najvyššia moc
sure [ʃuə] istý, iste, spoľahlivý
surely [ʃuəli] iste, určite
surf [sə:f] príboj, jazdiť na vlnách
surface [sə:fis] povrch, plocha, rovina, hladina
surfeit [sə:fit] presýtenie, prejedať sa, prebytok, nadmiera
surge [sə:dʒ] príboj, vzdúvať sa, vlna, kypenie
surgery [sə:dʒəri] ordinácia, chirurgia
surmise [sə:'maiz] dohad, tušenie, tušiť
surname [sə:neim] priezvisko

surpass [sə:'pa:s] prevyšovať, predstihovať, vynikať
surplus [sə:pləs] nadbytok, prebytok, zvyšok, zisk
surprise [sə'praiz] prekvapenie, prekvapiť
surrender [sə'rendə] kapitulácia, vzdať sa
surround [se'raund] obklopiť, obkľúčiť, obkolesiť, obchvátiť
survey [sə:vei] prehľad, prezrieť
survival [se'vaivəl] zvyšok, prežitie
survive [sə'vaiv] prežiť, prečkať, zachrániť sa
susceptible [sə‚septə'bl] vnímavý, citlivý
suspect [səs'pekt] podozrievať, podozrivý, tušiť
suspend [səs'pend] zavesiť, zastaviť, spomaliť, brzdiť
suspicious [səs'piʃəs] podozrivý
sustain [səs'tein] podporovať, podopierať
swallow [swoləu] hlt, hltať, prehltnúť, lastovička
swan [swon] labuť
swarm [swo:m] roj, kŕdeľ, rojiť sa, hemžiť sa

sway [swei] kolísať sa, hojdať, kymácanie, vláda

swear [sweə] (swore; sworn) kliatba, prisahať, kliať, hrešiť

sweat [swet] pot, potiť sa

Swede [swi:d] Švéd(ka)

Sweden [swi:dn] Švédsko

Swedish ['swi:diʃ] švédsky, švédčina

sweep [swi:p] (swept; swept) zametanie, zametať čistiť

sweeping [swi:piŋ] rýchly, prudký, radikálny, splývajúci

sweet [swi:t] múčnik, sladký, milý, nežný

sweets [swi:ts] sladkosti, cukríky

sweetheart [swi:tha:t] miláčik, srdiečko, zlatko, milenec

swell [swel] nadúvať sa, opúchať, skvelý, kypieť, prekypovať

swift [swift] jašterička, rýchly, pohotový

swim [swim] (swam; swum) plávať, plaviť sa

swimsuit [swimsju:t] plavky

swindle [swindl] podvod, podviesť

swine [swain] sviňa, lump, darebák

swing [swiŋ] (swung; swung) hojdačka, kolísanie, tempo, kolísať sa, otáčať sa, tackať sa

Swiss [swis] Švajčiar(ka), švajčiarsky

switch [switʃ] vypínač, výhybka, prepnúť, šľahať

Switzerland [switsərlænd] Švajčiarsko

swollen [swəuln] opuchnutý

swoon [swu:n] mdloba, omdlieť

swoop [swu:p] uchvátenie, zletieť, uniesť

sword [so:d] meč

sympathy [simpəθi] pochopenie, účasť, sympatia, sústrasť

syndicate [sindikət] syndikát, združenie, spolok

syntax [sintæks] skladba, syntax

syringe [sirindʒ] injekčná striekačka

syrup [sirəp] sirup

system [sistəm] systém, sústava

Tt

table [teibl] stôl, tabuľka (t.-cloth [teibl kloθ] obrus
tablet [tæblit] tabuľka, doštička
tabular [tæbjulə] prehľadný, tabuľkový
tack [tæk] pripináčik, metóda, spôsob, pripevniť, pripnúť
tackle [tækl] kladkostroj, pustiť sa do
tactful [tæktful] taktný
tag [tæg] menovka, štítok
tail [teil] koniec, chvost, tajný detektív, sledovať, stopovať (heads or tails - panna alebo orol)
tailor [teilə] krajčír, šiť, šiť na mieru
taint [teint] škvrna, nákaza, nakaziť, pošpiniť
Taiwan [tai'wa:n] Tchajwan
Taiwanese [tai'wə'ni:z] tchajwanský
take [teik] (took; taken) brať, vziať, chytiť, zabrať, (t. time - trvať; t. it easy - nerob si starosti, ukľudni sa)
tale [teil] rozprávanie, historka

talent [tælənt] talent, nadanie
talk [to:k] hovor, rozhovor, rozprávať (small t. - prázdne reči)
tall [to:l] vysoký, veľký
tame [teim] krotký, poslušný, krotiť
tan [tæn] hnedý, opálený
tangerine [tændʒəri:n] mandarínka
tangible [tændʒəbl] hmatateľný, hmotný, reálny
tangle [tæŋgl] spleť, zmätok, zamotať, zapliesť sa
tank [tæŋk] cisterna, nádrž, tank
tap [tæp] klopanie, ťukanie, kohútik, klopať, využívať, odpočúvanie (tajné); (on t. - čapovaný nápoj)
tape [teip] páska, stuha (red t. - byrokracia, úradný šimeľ)
tape-recorder [teip ri'ko:də] magnetofón
tar [ta:] decht, pokryť dechtom
tardy [ta:di] pomalý, váhavý

target [ta:git] terč, cieľ
tariff [tærif] tarifa, sadzba, clo
tarn [ta:n] pleso, oko
tart [ta:t] ovocný koláč, kyslý, cundra
task [ta:sk] úloha, dať úlohu
taste [teist] chuť, vkus, záľuba, chutiť, ochutnať
tattoo [tə'tu:] večierka, tetovanie
taut [to:t] napnutý
tavern [tævən] krčma, výčap
tax [tæks] daň, poplatok, zdaniť
taxi [tæksi] taxík, ísť taxíkom, rolovať (lietadlo)
tea [ti:] čaj, olovrant (beef t. – hovädzí vývar; high t. – výdatný (neskorý) olovrant)
teacup [ti:kap] čajová šálka
teach [ti:tʃ] (taught; taught) učiť, vyučovať
teacher [ti:tʃə] učiteľ
team [ti:m] tím, mužstvo, záprah
teapot [ti:pot] čajník
tear [tiə] (tore; torn) slza, diera, trhlina, trhať, roztrhnúť

tearful [tiəful] uplakaný, uslzený
tease [ti:z] škádliť, doberať si, dráždiť
teaspoon [ti:spu:n] čajová lyžička
technical [teknikl] technický, odborný (aj výraz, termín)
tedious [ti:diəs] nudný, fádny, únavný, nezaujímavý
teenager [ti:neidʒə] chlapec, dievča pod 20 rokov
teeth [ti:θ] zuby
teetotaller [ti:'təutlə] abstinent
TEFL (Teaching English as a Foreign Language – Kvalifikačný kurz a osvedčenie pre učiteľov angličtiny ako cudzieho jazyka)
telecast [telika:st] televízne vysielanie, program
telephone [telifəun] telefón, telefonovať
telescope [teliskəup] ďalekohľad
television [teli'viʒn] televízia
tell [tel] (told; told) povedať, rozprávať, odlišovať

temper

temper [tempə] povaha, nálada (loose t. – stratiť nervy, trpezlivosť, neovládnuť sa)

temperature [tempritʃə] teplota

tempest [tempist] búrka, víchrica

temple [templ] chrám, spánok hlavy

temporary [tempərəri] dočasný, časový, prechodný, provizórny

tempt [tempt] zvádzať

ten [ten] desať (T. Commendments – Desať božích prikázaní)

tenacious [ti'neiʃəs] pevný, húževnatý, úporný

tenant [tenənt] nájomník, nájomca

tenfold [tenfould] desaťnásobný, desať násobok

tend [tend] smerovať, starať sa, mať tendenciu

tender [tendə] jemný, nežný, mäkký, útly

tendon [tendən] šľacha

tenement [tenimənt] obytný dom, byt, bydlisko

tense [tens] napätý, strnulý, natiahnutý, čas (gramaticky); (past t. – minulý čas)

tension [tenʃn] napätie, napnúť

tent [tent] stan, bývať v stane, stanovať

tepid [tepid] vlažný

term [tə:m] čas, termín, lehota, semester, nazývať, vyjadrovať, podmienka (zmluvy)

terminal [tə:minl] koniec, zakončenie, konečný, konečná stanica

terms [tə:mz] podmienky, pomer

terrace [terəs] terasa, rad domov (veľa seba), tribúny (na štadióne)

terrible [teribl] hrozný, strašný, mizerný (feel t. – cítiť sa mizerne)

terrific [tə'rifik] hrozný, strašný, úžasný, čarovný

terrify [terifai] postrašiť, vydesiť

territory [teritəri] územie

terror [terə] teror, hrôza

terse [tə:s] stručný, hutný, strohý

TESL (Teaching English as a Second Language – Kvalifikačný kurz a osvedčenie pre učiteľa angličtiny ako úradného druhého jazyka)

test [test] skúška, skúšať, preverovať

testify [testifai] svedčiť, dosvedčiť

testimonial [testi'mounjəl] odporúčanie, svedectvo

textbook [tekstbuk] učebnica, príručka, učebnicový (príklad)

textile [tekstail] látka, textil

texture [tekstʃə] tkanina, štruktúra

TGIF (Thanks God it's Friday – Vďaka Bohu, že je piatok)

Thames [temz] Temža (rieka)

than [ðən, ðn] než, ako

thank [θæŋk] ďakovať, poďakovať

thanks [θæŋks] ďakujem, vďaka

that [ðæt] ten, tá, to, tamten, ktorý, taký, tak, že, aby

thaw [θo:] topenie, topiť sa

the [ðə, ði] ten, tá, to, tí, tie

theatre [θiətə] divadlo

thee [ði:] ty (zastaralo, básnicky)

theft [θeft] krádež

their [ðeər] ich

them [ðem] ich, im

themselves [ðəm'selvz] sami, seba, sa

then [ðen] potom, teda, vtedy, vtedajší

there [ðeə] tam, ta, no tak

thereabouts [ðeərəbauts] približne, tak nejako

thereby [ðeə'bai] takto, tým (že)

therefore [ðeə'fo:] preto

thereupon [ðeərə'pon] potom, následkom

thermometer [θə'momitə] teplomer

they [ðei] oni, ony

thick [θik] tlstý, hrubý, hustý

thief [θi:f] zlodej

thigh [θai] stehno

thin [θin] tenký, chudý, riedky

thine [ðain] tvoj (zastaralo, básnicky)

thing [θiŋ] vec, predmet, záležitosť, prípad

think [θiŋk] (thought; thought) myslieť, pamätať na, predpokladať, zamýšľať, predstavovať si

thirsty [θə:sti] smädný

this [ðis] tento, táto, toto

those [ðəuz] tamtí, tamtie

though [ðəu] hoci

thought [θo:t] myšlienka, myslenie, uvažovanie, názor; (min. čas od think – myslieť)

thrash [θræʃ] mlátiť, biť

thread [θred] niť, vlákno, navliecť

threat [θret] hrozba

thriller [θrilər] thriller, napínavý román/film

thrive [θraiv] prospievať, prekvitať, mať úspech

throat [θrəut] hrdlo

through [θru:] skrz, cez, čím, počas, prostredníctvom

throw [θrəu] (threw; thrown) vrh, hod, hodiť

thrust [θrast] (thrust; thrust) náraz, tlak, strkanie, nápor, vraziť, strčiť

thumb [θam] palec, ohmatať (thumbs up! – fajn, prima, výborne! Tom T. – Janko Hraško)

thunder [θandə] hrom, hrmieť

Thursday [θə:zdi] štvrtok

thus [ðas] takto, teda

thy [ðai] tvoj (zastaralo, básnicky)

tick [tik] tikot, tikanie, kliešť, odfajkovať (on the t. – na sekundu presne;)

ticket [tikit] lístok, vstupenka, cestovný lístok, lós, tiket

tickle [tikl] štekliť

tide [taid] príliv a odliv, prúd (t. turns – karta sa obracia, nastáva zvrat)

tidy [taidi] úhľadný, pekný, upratať, upraviť

tie [tai] viazanka, stuha, uzol, puto, remíza, priviazať

tiger [taigə] tiger

tight [tait] tesný, priliehavý, pevný, nepreniknuteľný

tights [taits] pančuchové nohavičky

tile [tail] dlaždica, škridla

till [til] do, až to, tým, dokiaľ nie

tilt [tilt] nakloniť sa, vtrhnúť

time [taim] čas, doba, lehota, načasovať, perióda (for the t. being – nateraz; zatiaľ')

timely [taimli] skorý, včasný, vhodný, príhodný

times [taimz] krát
time-table [taim'teibl] cestovný poriadok, rozvrh hodín, časový harmonogram
timid [timid] bojazlivý, plachý
tin [tin] plech, plechovka, cín, konzerva, konzervovať
tinkle [tiŋkl] cengať, zvoniť
tin-opener [tinəupənə] otvárač konzerv
tint [tint] odtieň, nádych
tiny [taini] malý, jemný, drobnučký, tenučký
tip [tip] špička, končiek, tip, rada, prepitné
tipsy [tipsi] opitý
tire [taiə] ustať, unaviť sa, am. pneumatika
tired [taiəd] unavený
tireless [taiəlis] neúnavný
tiresome [taiəsəm] únavný, nudný
tissue [tisju:] tkanivo, papierová vreckovka
tit [tit] sýkorka, prsné bradavky, kozy, (tit for tat – oko za oko, zub za zub)
title [taitl] titul, názov, nárok
titter [titə] chichotať sa
to [tu/tə] do, k, ku, na, v, pre

toad [təud] ropucha
toast [təust] hrianka, prípitok, oslávenec, opekať
toboggan [tə'bogən] sánky, sánkovať sa, jazda na sánkach
today [tə'dei] dnes
toe [təu] prst nohy, špička, pazúr, úpätie
TOEFL (Test of English as a Foreign Language – Test zo znalostí angličtiny ako cudzieho jazyka)
TOESL (Test of English as a Second Language – Test zo znalostí angličtiny ako druhého cudzieho jazyka)
together [tə'geðə] spolu, dokopy
toil [toil] drina, námaha, drieť
toilet [toilit] toaleta, záchod, toaletný stolík
token [təukən] znamenie, symbol, dôkaz, kupón
tolerance [tolərəns] znášanlivosť, tolerancia, odchýlka
tolerate [toləreit] znášať, tolerovať
toll [təul] mýto
tomb [tu:m] hrob, hrobka
tomb-stone [tu:mstəun] náhrobný kameň

tom-cat [tomkæt] kocúr
tomorrow [tə'morəu] zajtra
ton [tan] tón, tona
tone [təun] tón, zvuk, hlas, prízvuk, naladiť, tónovať
tongs [toŋz] kliešte
tongue [taŋ] jazyk, reč, jazýček
tonight [tə'nait] dnes večer
tonnage [tanidʒ] tonáž
too [tu:] príliš, tiež, ešte, navyše, veľmi (all t. – až príliš)
tool [tu:l] nástroj, náradie, metóda, obrábať
toot [tu:t] húkať, trúbiť
tooth [tu:θ] zub
toothache [tu:θeik] bolenie zubov
toothpaste [tu:θpeist] zubná pasta
top [top] vrchol, vŕšok, povrch, kryt, vrchný, prevýšiť
topic [topik] téma, námet
topical [topikl] aktuálny
topmost [topməust] nanajvýš
torch [to:tʃ] pochodeň, horák, baterka, podpáliť, zapáliť
torment [to:'mənt] muky, trápenie, mučiť, trápiť

torrid [torid] horúci, suchý
torture [to:tʃə] mučenie, mučiť
toss [tos] hodiť, zmietať sa, natriasať sa (t. a coin – žrebovať, losovať, hodiť si mincu)
total [təutl] celok, úplný, celkový, celkom
touch [tatʃ] dotyk, hmat, dotknúť sa (get in t. (with) – skontaktovať sa, spojiť sa)
touching [tatʃiŋ] dojemný
tough [taf] tuhý, silný, húževnatý, ťažký, tvrdý
tour [tuə] cesta, túra
tow [təu] vlek, vliecť; (t. boat – vlečný čln)
toward(s) [təwo:d(z)] smerom k, voči
towel [tauəl] uterák, utierka; (sanitary t. – hygienická vložka)
tower [tauə] veža, týčiť sa
town [taun] mesto (paint the t. red – vyhodiť si z kopýtka, ísť na flám)
toxic [toksik] otravný, toxický
toy [toi] hračka, pohrávať sa
trace [treis] stopa, sledovať
track [træk] stopa, dráha, trať, trasa (be on the right t. – byť na správnej stope)

tractor [træktə] traktor, ťahač

trade [treid] obchod, obchodovať, profesia, remeslo

tradition [trə'diʃn] tradícia

traffic [træfik] premávka, obchod (white-slave t. – obchod s bielym mäsom)

tragedy [trædʒədi] tragédia

trail [treil] cestička, vliecť, stopovať

trailer [treilə] ťahač, príves

train [trein] vlak, vlečka, sprievod, cvičiť, školiť

trait [treit] črta tváre, rys

tram [træm] električka

tramp [træmp] tramp, tulák, túlať sa, dupot

trample [træmpl] šliapať, dupať

tramway [træmwei] električka

transaction [træn'zekʃn] obchod, transakcia

transfer [trænsfə:] prenos, odsun, preniesť, prevod

transform [træns'fo:m] premeniť, transformovať

transit [trænsit] prechod, preprava

transient [trænziənt] prechodný, prechádzajúci, dočasný

translate [træ:ns'leit] preložiť, prekladať, transformovať

transmit [trænz'mit] doručiť, odovzdať, preniesť, vysielať

transparent [træns'peərənt] priehľadný, jasný

transport [træns'po:t] doprava, dopravovať

trap [træp] pasca, chytiť do pasce

trash [træʃ] brak, odpadky

travel [trævl] cestovanie, cestovať

traveller [trævlə] cestujúci

tray [trei] podnos

tread [tred] (trod; trod/trodden) stúpiť, šliapnuť

treasure [treʒə] poklad, ceniť si

treat [tri:t] pôžitok, radosť, zaobchádzať, vyjednávať, liečiť, spracovávať

treatment [tri:tmənt] zaobchádzanie, liečba, hostenie

treaty [tri:ti] dohoda, zmluva

tree [tri:] strom (family t. – rodokmeň)

tremble [trembl] chvieť sa, báť sa

tremendous

tremendous [tri'mendəs] obrovský, strašný, senzačný, fantastický
trend [trend] trend, smer, tendencia
trial [traiəl] pokus, skúška, súdny proces, skúšobná doba
triangle [traiæŋgl] trojuholník (the eternal t. – manželský/ľúbostný trojuholník)
tribe [traib] kmeň, rod
trick [trik] trik, úskok, podvod
trifle [traifl] drobnosť, maličkosť, torta (a trifle – trochu)
trim [trim] upravený, úhľadný, pristrihnúť, upraviť
Trinity [triniti] (najsvätejšia) Trojica
trinket ['triŋkit] čačka, taľafatka, lacný šperk/bižutéria
trio ['tri:ou] trio, trojica, trojlístok
trip [trip] výlet, zakopnutie, cupkať, extáza (po droge)
tripe [traip] držky, blbosť, volovina (t. soup – držková polievka)
trivial [triviəl] bežný, obyčajný, triviálny, bezvýznamný

trolley [troli] vozík (nákupný/servírovací), električka
trolley-bus [trolibas] trolejbus
trollop ['troləp] fľandra, pobehlica, cundra
troops [tru:ps] vojsko
trouble [trabl] starosť, ťažkosť, námaha, nepokoj, havária, obťažovať, trápiť
trousers [trauzəs] nohavice
trout [traut] pstruh
truce [tru:s] prímerie
truck [trak] nákladný vagón/auto
true [tru:] verný, pravdivý, ozajstný
trump [tramp] tromf, dobrák
trumpet [trampit] trúbka
truncheon [trantʃən] obušok
trunk [traŋk] kmeň, trup, chobot
trust [trast] dôvera, viera, trust, veriť, dôverovať
truth [tru:θ] pravda, skutočnosť, presnosť
try [trai] pokúsiť sa, skúsiť, vyskúšať
TSE (Test of Spoken English – Test z hovoreného prejavu v angličtine)

tub [tab] vaňa, sud
tube [tju:b] trúbka, rúra, hadica, metro, potrubie, kaďa
Tuesday [tju:zdi] utorok
tuft [taft] chumáč
tug [tag] ťahanie, ťahať; (t. of war - preťahovanie lanom, hra)
tulip [tju:lip] tulipán
tumble [tambl] rútiť sa, rozpadnúť, prehadzovať (t. drier - sušička)
tumbler [tamblə] pohár
tummy [tami] bruško
tumultuos [tju:maltjuəs] divý, búrlivý
tune [tju:n] melódia, nápev
tunnel [tanl] tunel
tunic [tju:nik] blúzka, tunika
Turkey [tə:ki] Turecko
turkey [tə:ki] morka
Turkish [tə:kiʃ] Turek, turečtina, turecký (t. delight - turecký med)
turn [tə:n] obrat, obrátka, zvrat, obrátiť sa, meniť, stať sa (by turns - striedavo)
turning [tə:niŋ] zákruta, odbočka, rázcestie

turnip [tə:nip] repa
turtle [tə:tl] korytnačka
Tuscany ['taskəni:] Toskánsko
TV [ti:vi:] televízia
TWE (Test of Written English - Test z písomného prejavu v angličtine)
twice [twais] dvakrát
twig [twig] konárik, vetvička
twin [twin] dvojča
twist [twist] skrútenie, povraz, zvitok, krútiť sa, pliesť, zvinovať, prekrúcať
type [taip] typ, symbol, litera
typewriter [taipraitə] písací stroj
typhoid [taifoid] týfus, týfusový
typhoon [tai'fu:n] tajfún
typical [tipikl] typický
typist [taipist] pisárka
tyranny [tirəni] tyrania
tyre [taiə] pneumatika
Tzigane [tsi'ga:n] Cigán, cigánsky

Uu

U (underground) [undə-graund] označenie metra
UFO (Unidentified Flying Object – Neidentifikovaný lietajúci objekt)
ugly [agli] škaredý, ohavný, nepríjemný, šeredný
UK (United Kingdom of Great Britain and Northern Ireland – Spojené kráľovstvo Veľkej Británie a Severného Írska)
Ukraine [juːˈkrein] Ukrajina
Ukrainian [juːkreinjən] Ukrajinec, ukrajinský
ulcer [alsə] vred
ultimate [altimət] najvzdialenejší, posledný, hlavný, maximálny, konečný
ultimatum [altiˈmeitəm] ultimátum
umbrella [amˈbrelə] dáždnik
umpire [amˈpaiə] rozhodca
(un)able [anˈeibl] (ne)schopný
unabriged [anəˈbridʒd] neskrátený, úplný
unaccustomed [anəˈkastəmd] nezvyčajný, zvláštny

unadvised [anədˈvaizd] neopatrný, unáhlený
unaffected [anəˈfektid] prirodzený, úprimný
unaware [anəˈweə] nevedomý, netušený, neuvedomujúci si
unbalanced [anˈbælənst] nevyrovnaný, nerozvážny, pomätený, vychýlený z rovnováhy
unbend [anˈbend] povoliť, uvoľniť, narovnať
unbind [anˈbaind] odviazať, uvoľniť
unbound [anˈbaund] neviazaný, nespútaný, voľný
unbroken [anˈbrəukn] neporušený, nepretržitý, nerozbitý, nezlomený
unbutton [anˈbatn] rozopnúť, uvoľniť sa
uncertain [anˈsəːtn] neistý, nespoľahlivý
uncle [aŋkl] strýko (U. Sam – strýko Sam – zosobnenie Spojených štátov)
unclean [anˈkliːn] špinavý
unconscious [anˈkɔnʃəs] bezvedomý

uncontrolled [ankən'trəuld] neovládaný, bezuzdný
uncouple [an'kapl] odpojiť, rozpojiť, oddeliť
uncover [an'kavə] odhaliť, odkryť
uncultivated [an'kaltiveitid] neobrábaný, nepestovaný
undamaged [an'dæmidʒd] nepoškodený
undaunted [an'do:ntid] nebojácny, neskrotený
undeniable [andi'naiəbl] nepopierateľný, nesporný
under [andə] pod, za, pri, v, vo (u. questionable circumstances – za podozrivých okolností)
underbrush [andəbraʃ] podrast, porast
underclothes [andəkləuz] spódná bielizeň
underestimate [andər'estimeit] podceňovať
undergo [andəgəu] podstúpiť, znášať, podrobiť sa
underground [andəgraund] metro, podzemie, podzemný, tajný, ilegálny, protivládny
underlay [andəlei] podložiť, podoprieť

underlie [andəlai] ležať pod niečím, tvoriť základ
underline [andə'lain] podčiarknuť, zdôrazniť, podtrhnúť
undermost [andəməust] najspodnejší, najnižšie
underneath [andə'ni:θ] pod, dole
underpants [andepænts] (pánske) spodky
underpass [andəpa:s] podchod, podjazd
undersea [andə'si:] podmorský
understand [andə'stænd] rozumieť, chápať, pochopiť
understanding [andə'stændiŋ] porozumenie, pochopenie, rozum, zhoda, dohoda
undertake [andə'teik] prevziať, podniknúť, urobiť
underwear [andə'weə] spodná bielizeň
undesirable [andi'zaiərəbl] nežiadúci
undo [an'du:] otvoriť, uvoľniť, odčiniť
undone [an'dan] nehotový, nedokončený, neurobený
undress [an'dres] vyzliecť

undue

undue [an'dju:] nevhodný, neprípustný, prehnaný
undulate [andjuleit] rozvlniť, vlniť sa
unduly [an'dju:li] príliš, nadmieru, prehnane, nemiestne, nevhodne
uneasy [an'i:zi] nepohodlný, nesvoj
(un)employed [anim'ploid] (ne)zamestnaný
(un)employment [anim'ploimənt] (ne)zamestnanosť
UNESCO (United Nations Educational, Scientific and Cultural Organization – Organizácia OSN pre výchovu, vedu a kultúru)
uneven [an'i:vn] nerovný, hrboľatý, nepárny
(un)expected [aniks'pektid] (ne)očakávaný
unfailing [an'feiliŋ] nevyčerpateľný, spoľahlivý
(un)fair [an'feə] (ne)čestný, (ne)spravodlivý
(un)fit [an'fit] (ne)vhodný, (ne)súci
unfold [an'fəuld] roztvoriť, rozvinúť
(un)fortunate [an'fo:tʃnit] (ne)šťastný, (ne)šťastlivec

ungainly [an'geinli] nemotorný, neobratný
(un)handsome [an'hænsəm] (ne)pekný, (ne)zdvorilý
unhandy [an'hændi] nešikovný, nevhodný
(un)happy [an'hæpi] (ne)šťastný
unhealthy [an'helθi] nezdravý, škodlivý
UNHCR (United Nations High Commisioner for Refugees – (Úrad) vysokej komisárky OSN pre utečencov)
UNICEF (United Nations Children's Fund – Detský fond OSN)
UNIDO (United Nations Industrial Development Organization – Organizácia OSN pre priemyselný rozvoj)
uniform [ju:nifo:m] uniforma, rovnomerný, rovnaký, jednotný, zjednotiť
unify [ju:nifai] zjednotiť
unilateral [,ju:ni'lætrəl] jednostranný, unilaterálny
union [ju:njən] spojenie, jednota, zväz, združenie, odborový zväz

unionist [juːnjənist] odborár
unique [juːniːk] jedinečný, špecifický, ojedinelý, fantastický
unit [juːnit] jednotka, celok, element, agregát (u. furniture – sektorový nábytok
unite [juːnait] spojiť, zjednotiť
unity [juːniti] jednota, súlad, svornosť, zhoda
universal [juːnivəːsəl] všeobecný, univerzálny
universe [juːnivəs] vesmír, svet
university [juːniˈvəːsiti] univerzita
unkempt [anˈkempt] neučesaný, neupravený, zanedbaný
unkind [anˈkaind] neláskavý, zlý
unknown [anˈnəun] neznámy, cudzí, neznáma osoba (the tomb of U. Soldier/Warrior – hrob Neznámeho vojaka/bojovníka)
unless [ənˈles] ak nie, iba ak
unlike [anˈlaik] nepodobný, na rozdiel
(un)likely [anˈlaikli] (ne)pravdepodobný

UNRRA

unlock [anˈlok] odomknúť, uvoľniť, odhaliť
unlucky [anˈlaki] nešťastný, smoliarsky, mať smolu
unmarried [anˈmærid] slobodný, nevydatá
unnecessary [anˈnesisəri] nepotrebný, zbytočný, príliš
UNO (United Nations Organization – Organizácia spojených národov)
unpack [anˈpæk] vybaliť, rozbaliť, rozvinúť (myšlienku)
unpaid [anˈpeid] bezplatný, neplatený, nezaplatený (účet)
(un)pleasant [anˈpleznt] (ne)príjemný
UNPROFOR (United Nations Protection Force – Ochranné sily OSN)
(un)qualified [anˈkwolifaid] (ne)kvalifikovaný, (ne)odborný, (ne)oprávnený
UNREF (United Nations Refugee Fund – Fond OSN pre utečencov)
UNRRA (United Nations Relief and Rehabilitation Administration – Správa Spojených národov pre pomoc a (povojnovú) obnovu

untenable [an'tenəbl] neudržateľný, neobhájiteľný

until [an'til] až do, kým nie, pokiaľ

untrue [an'tru:] nepravdivý, nesprávny, nečestný

untruth [an'tru:θ] nepravda, výmysel

unusual [an'ju:ʒuəl] neobyčajný, zvláštny, mimoriadny, vzácny

up [ap] nahor, hore, zvýšiť, navýšiť (What's up? - Čo sa deje? Čo sa stalo?)

upon [ə'pon] na, dohora, nahor

upper [apə] horný, vrchný, zvršok, povzbudzujúca droga (u. case - veľké písmená; u. crust - smotánka (spoločnosti))

upright [ap'rait] kolmosť, zvislosť, kolmý, vztýčený, čestný

uprise [ap'raiz] stúpanie, východ, vstať, stúpať, vzniknúť

UPC (Universal Product Code - Univerzálny čiarkový kód)

UPS (United Parcel Service - názov firmy)

upset [ap'set] prevalenie, prevrátenie, zmätok, prevrátený, zmätený

upstairs [ap'stəz] hore, do výšky, vo výške, vo vzduchu, na poschodí

upsurge [ap'sə:dʒ] zdvíhanie, výstup, budíček

up-to-date [,aptədeit] súčasný, dnešný, doterajší, moderný, aktuálny

upturn [ap'tə:n] obrat, obrátiť, zlepšenie, vzostup

upward [apwəd] dohora, nahor, nad, vyše

upwards [apwədz] nahor, navrchu, navyše

uranium [ju'reinjəm] urán (depleted u. - ochudobnený urán)

Uranus [juərənəs] Urán (planéta)

urban [ə:bən] mestský (u. area - mestské územie; u. planning - urbanizmus; u. renewal - obnova zástavby, asanácia)

urge [ə:dʒ] súriť, naliehať, tvrdiť, nutkanie, naliehavá potreba

urgent [ə:dʒənt] súrny, naliehavý, nevyhnutný

urine [juərin] moč (u. analysis - rozbor moču)
urn [ə:n] urna, popolnica
us [as] nás, nám (let us go - poďme)
USA (United States of America - Spojené štáty americké)
USAAF (United States Army Air Force - Letecký zbor Spojených štátov)
usage ['ju:zidʒ] ustálená jazyková zvyklosť, úzus, použitie, užitie (slov), zaobchádzanie
USAID (United States Agency for International Development - Agentúra Spojených štátov pre medzinárodný rozvoj)
use [ju:s] použitie, používať, spotrebovať, zaobchádzať
used [ju:zd] použitý, špinavý, skazený, ojazdený (auto) (u. to - byť zvyknutý na, často robiť)

useful [ju:sful] užitočný (u. load - užitočné zaťaženie)
useless [ju:slis] neužitočný, nepotrebný, zbytočný
usual [ju:ʒuəl] zvyčajný, obvyklý
usually [ju: ʒuəli] obyčajne
Utah [ju:ta:] Utah - štát USA
utility [ju:'tiliti] prospešnosť, užitočnosť
utmost [ətməust] vrchol, maximum, najvzdialenejší, najvyšší, najväčší
utter [atə] úplný, vyjadriť, vysloviť
utterly [atəli] celkom, úplne, bezvýhradne, totálne
U-turn [ju: tə:n] účko (obrat vozidlom do protismeru, obrat o 180 stupňov)

Vv

vacancy [veikənsi] voľné miesto, prázdno, vákuum

vacation [və'keiʃn] prázdniny, dovolenka, prázdno, vyprázdnenie

vacant [veiknt] prázdny, voľný, neobsadený

vaccinate [væksineit] očkovať

vaccination [væksi'neiʃn] očkovanie

vagabond [vægəbənd] tulák, túlavý, lotor

vagina [və'dʒainə] pošva, vagína

vague [veig] nejasný, neurčitý, hmlistý, nepresný

vain [vein] márny, zbytočný

vale [veil] dolina, údolie

valid [vælid] platný, oprávnený, právoplatný

validity [və'liditi] platnosť

valise [və'li:z] cestovná taška

valley [væli] údolie, úžľabina, dolina

valour [vælə] odvaha, udatnosť

value [vælju:] hodnota, cena, veličina, oceniť, odhadnúť, vážiť si

valve [vælv] ventil, elektrónka, chlopňa (srdce)

vampire [væmpaiə] upír

van [væn] predvoj, dodávkové auto

vandal [vændəl] vandal

vane [vein] lopatka, list (turbíny)

vanguard [vænga:d] avantgarda, predvoj

vanish [væniʃ] miznúť, zmiznúť, rozplynúť sa, vyblednúť

vanity [vænəti] márnosť, namyslenosť, samoľúbosť (V. Fair - Trh márnosti)

vanquish ['væŋkwiʃ] zvaliť, premôcť, prekonať, zdolať, zvíťaziť

vapid ['væpid] nevýrazný, nudný

vapour [veipə] para, opar, vyparovať sa, chvastať sa

variable [veəriəbl] premenlivý, nestály, variabilný

variance [veəriəns] variácia, zmena, odchýlka

varied [veərid] rozličný, rozmanitý, rôzny

variety [və'raiəti] pestrosť, rozmanitosť, veľký výber, varieté, estráda

variola [vəˈraiɔlə] variola, kiahne
varix [veəriks] kŕčová žila
various [veəriəs] rôzny, rozličný
varnish [vaːniʃ] fermež, lak, nalakovať, glazúrovať
vary [veəri] meniť, kolísať, striedať, líšiť sa
vas [væs] cieva (v. deferens/ seminal duct - semenovod)
vassal [væsəl] vazal, poddaný
vast [vaːst] široký, priestranný, obrovský, ohromný
vat [væt] sud, vaňa, kaďa, nádrž, dávať do kade
VAT (Value Added Tax - Daň z pridanej hodnoty - DPH)
Vatican [ˈvætikən] Vatikán
vault [voːlt] klenba, krypta, pivnica, trezor, (pre)skočiť (o tyči)
vaulting horse [vɔultiŋ hoːs] telocvičný kôň, preskok cez koňa
VCR (Video Cassette Recorder - Kazetový video magnetofón)
VD (Venereal Disease - Pohlavná choroba)

V-E Day (Victory Day in Europe - Deň víťazstva v Európe (8. mája 1945)
veal [viːl] teľacina
vegan [viːgən/viːdʒən] vegetarián
vegetarian [ˌvedʒiˈteəriən] vegetarián, vegetariánsky
vegetable [vedʒitəbl] rastlina, rastlinný, tupý, jednotvárny, monotónny, človek umelo udržiavaný pri živote (na prístrojoch)
vegetables [vedʒitəblz] zelenina
vegetation [vedʒiˈteiʃn] vegetácia, rastlinstvo
vehement [viːimənt] prudký, silný, úporný
vehicle [viːikl] vozidlo, dopravný prostriedok, nástroj, šíriteľ
veil [veil] závoj, zahaliť
vein [vein] žila, žilka, povaha, nálada, talent
velar [viːlə] velára, zadopodnebné (hlásky)
velcro [ˈveˈlkrou] suchý zips
velocity [vəˈlositi] rýchlosť
velvet [velvit] zamat
vena [vɪːnə] žila (v. cava - dutá žila)

venal

venal ['vi:nəl] predajný, úplatný, podplatiteľný, skorumpovaný

vendetta [ven'detə] krvná pomsta

vending machine [vendiŋ mæʃi:n] predajný automat

vendor [vendə] predavač, predajný automat

Venetian [və'ni:ʃn] Benátčan(ka), benátsky (V. blind – okenná žalúzia)

venerable ['venərəbl] ctihodný, úctyhodný

venereal [və'niəriəl] pohlavná (choroba), sexuálna (túžba)

vengeance [vendʒəns] pomsta, odveta, odplata

Venice [venis] Benátky

venison [vénizən] zverina, srnčie/jelenie mäso

venom ['venəm] jedovatosť, zlosť, nenávisť, jed

venous ['vi:nəs] žilový, žilkovaný

vent [vent] otvor, priechod, prieduch, ventilácia, vyliať si (zlosť)

ventricle ['ventrikl] srdečná komora

ventriloquist [vent'riləkwist] bruchomluvec

venture ['ventʃər] podnik, čin, akcia, projekt (riskantný), riskovať, trúfnuť si (v. capital – rizikový kapitál)

venue ['venju:] miesto (činu, podujatia)

Venus [vi:nəs] Venuša

verb [və:b] sloveso; (regular/irregular v. – pravidelné/nepravidelné sloveso)

verbal [və:bl] slovný, ústny, slovesný

verbatim [və:'beitim] slovo od slova, doslovne, doslovný

verdict [və:dikt] rozsudok, názor, rozhodnutie

verge [və:dʒ] okraj, obvod, okruh, berla, hraničiť, susediť, kloniť sa

verify [verifai] overiť, potvrdiť

veritable [veritəbl] pravý, ozajstný, skutočný

verity [veriti] pravda, skutočnosť, vernosť

vermin [və:min] zver, hmyz, háveď

versatile [və:sətail] všestranný, prispôsobivý, premenlivý

verse [və:s] poézia, verš, veršovať

version [vəːʃn] verzia, preklad, výklad, variant
versus [vəːsəs] proti, v porovnaní, v závislosti (od)
vertebra [vəːtibrə] stavec, chrbtica
vertical ['vəːtikl] zvislý, vertikálny, kolmica
vertigo ['vəːtigou] závrat
verve [vəːv] verva, elán, energia
very [veri] veľmi, práve, hneď, dokonalý, pravý, skutočný
vessel [vesl] nádoba, loď, cieva
vest [vest] vesta, tričko, udeliť, zveriť
vestment [vestmənt] rúcho, ornát
VHF (Very High Frequency – Veľmi vysoká frekvencia/ Veľmi krátke vlny)
VHV (Very High Voltage – Veľmi vysoké napätie)
via [vaiə] smerom, cez, cestou, pomocou
vibration [vai'breiʃn] chvenie, vibrácia
vice [vais] neresť, nectnosť, zlozvyk, zhýralosť, nemorálnosť, zverák (nástroj) (v. squad – mravnostná polícia)
vice versa [vaisi'vəːsə] (lat.) naopak, obrátene
vicinity [vi'sinəti] okolie, susedstvo, blízkosť
vicious [viʃəs] hriešny, nerestný, zlomyseľný, brutálny (v. circle – začarovaný/ bludný kruh)
victim [viktim] obeť
victory [viktəri] víťazstvo
Vienna [vi'enə] Viedeň
Viennese [vi:ə'ni:z] Viedenčan(ka), viedenský
Vietnamese [ˌvjetnə'mi:z] Vietnamec/Vietnamka, vietnamčina, vietnamský
view [vju:] pohľad, názor, obraz, prehliadka, úmysel, dívať sa, pozerať, výhľad
viewer [vju:ə] dozorca, divák televízie
viewpoint ['vju:point] hľadisko, stanovisko, výhľad
vigilance ['vidʒiləns] bdelosť, ostražitosť, opatrnosť, pozornosť (v. committee – civilná stráž, občianska (mravnostná) polícia)
vigorous [vigərəs] silný, energický, prudký, statný

vigour

vigour [vigə] sila, energia, prudkosť, vitalita, platný právny status
Viking [vaikiŋ] Viking
vile [vail] hnusný, nízky, podlý
villa [vilə] vila
village [vilidʒ] dedina, osada
villain [vilən] darebák, lotor, ničomník
vine [vain] vinič
vinegar [vinigə] ocot
vintage ['vintidʒ] vinobranie, ročník (vína), historický (automobil), vynikajúci
vineyard ['vinjəd] vinica, vinohrad
violate [vaiəleit] porušiť, zhanobiť, znásilniť
violence [vaiələns] násilie, prudkosť, zúrivosť
violet [vaiəlit] fialka, fialový
violin [vaiə'lin] husle
VIP (Very Important Person – Veľmi dôležitá osoba) prominent
viper [vaipə] zmija
virgin [və:dʒin] panna, panic, panenský, nedotknutý
virile [virail] mužný, mužský
virtual [və:tʃuəl] skutočný, myslený, činný, faktický

virtue [və:tju:] cnosť, moc, sila, vlastnosť, prednosť, pôsobivosť
visa [vi:zə] vízum
visage [vizidʒ] tvár, vzhľad
visible [vizəbl] viditeľný, zjavný
vision [viʒn] videnie, pohľad, zrak, vidina
visit [vizit] návšteva, navštíviť, navštevovať, prísť na návštevu
visiting-card [viziṭiŋ'ka:d] navštívenka, vizitka
visual [viʒuəl] optický, vizuálny, zrakový
vital [vaitl] životný, osudný, nevyhnutný, živý, temperamentný
vivid [vivid] živý, čulý, jasný
VOA (Voice of America – Hlas Ameriky – rozhlasová stanica)
vogue [vəug] móda
voice [vois] hlas, vyjadrenie, vysloviť
void [void] prázdny, pustý, vyprázdniť; (null and v. – neplatný, neúčinný (článok zmluvy, zmluva))
volcano [vol'keinəu] sopka, vulkán

voluntary [voləntəri] dobrovoľný, nezávislý
volume [voljum] objem, priestor, diel, ročník, zväzok
vomit [vomit] vracanie, vracať, dáviť
vote [vəut] hlas, hlasovanie, hlasovať, voliť
voucher [vautʃə] poukaz, potvrdenka, kupón, bon

voyage [voidʒ] cesta, let, plavba
VSOP (Very Special Old Pale – napr. brandy, označenie kvalitného alkoholu)
vulgar [valgə] vulgárny, sprostý, hrubý, obyčajný, ľudový
vulnerable [valnərəbl] zraniteľný
vulture [valtʃə] sup

Ww

wad [wod] chumáč, vypchávka, vypchať, zapchať

wade [weid] brodiť sa, predierať sa

waffle [wofl] oblátka

wag [wæg] vrtenie, vrtieť, kolísať

wages [weidʒiz] mzda, plat

wagon [wægn] vagón, vozeň

wail [weil] nárek, nariekať, kvíliť; (Wall of W. – Múr nárekov v Jeruzaleme)

waist [weist] driek, pás

waistband [weistbænd] opasok, pás

wait [weit] čakať, obsluhovať

waiter [weitə] čašník

waitress [weitris] čašníčka

waiver [weivər] vzdanie sa práva

wake [weik] (woke; waken) bdenie, prebudenie, zobudiť, bdieť

waken [weikn] prebudiť, prebudiť sa

walk [wo:k] chôdza, krok, prechádzka, ísť, kráčať

wall [wo:l] stena, hradba, priehrada

wallet [wolit] náprsná taška, peňaženka (pánska)

wallpaper [wo:lpeipə] tapeta

walnut [wo:lnut] vlašský orech

wander [wondə] blúdiť, putovať

want [wont] nedostatok, potreba, chcieť, potrebovať, chýbať

wanton [wontən] bezohľadný (čin), bujný, roztopašný, chlipný, nemravná (žena)

war [wo:] vojna, bojovať

ward [wo:d] nemocničná izba, opatera, poručníctvo

warden [wo:dən] dozorca, strážca

wardrobe [wo:drəub] skriňa, šatník, garderóba

ware [weə] tovar

warehouse [weəhaus] sklad, obchodný dom

warm [wo:m] teplý, vrúcny, zohriať sa

warmth [wo:mθ] teplo, teplota, vrúcnosť, ohnivosť

warn [wo:n] upozorniť, varovať

warning [wo:niŋ] varovanie, výstraha, výpoveď

warrant [worənt] oprávnenie, splnomocnenie, záruka, oprávniť, splnomocniť, zaručiť

warranty [worənti] záruka, záručný list, zmluvná podmienka

warrior [woriə] bojovník

Warsaw [wo:so:] Varšava

wash [woʃ] umyť, umývať, prať

wash-basin [woʃbeisn] umývadlo

washing-machine [woʃiŋ-mə'ʃin] práčka

wasp [wosp] osa

waste [weist] strata, úbytok, pustý, zbytočný, márny, mrhať, plytvať, odpad

watch [wotʃ] hodinky, stráž, sledovať, pozorovať, strážiť (w. word – heslo)

water [wo:tə] voda, vodná hladina, zaliať vodou, polievať

waterfall [wə:təfo:l] vodopád

water-gate [wo:təgeit] splav, stavidlo

waterproof [wo:təpru:f] vodotesný, nepremokavý

watertight [wo:tətait] vodotesný

wave [weiv] vlna, vlniť, kývnutie, mávať, naondulovať

wax [wæks] vosk, navoskovať

way [wei] cesta, dráha, smer, spôsob, postup, zvyk

WBA (World Box Association – Svetová boxerská asociácia)

WC (napr. Water Closet – Splachovací záchod)

we [wi:] my

weak [wi:k] slabý, krehký, nerozhodný

wealth [welθ] bohatstvo

wealthy [welθi] bohatý

weapon [wepən] zbraň

wear [weə] (wore; worn) nosiť šaty, mať oblečené, obnosiť, opotrebovať, unaviť

weariness [weərinis] únava

weasel [wi:zl] lasica

weather [weðə] počasie, povetrie, odolať, otužiť, zvetrať

weather forecast [weðə fo:ka:st] predpoveď počasia

web [web] tkanivo, pavučina

wedding [wediŋ] svadba, sobáš

Wednesday [wenzdi] streda

wee [wi:] drobučký, nepatrný

week [wi:k] týždeň

weekday [wi:kdei] všedný deň (v týždni)

weeping [wi:piŋ] plač

WEF (World Economic Forum – Svetové ekonomické fórum)

weigh [wei] vážiť, odvážiť, oceňovať

weight [weit] hmotnosť, bremeno, závažie, poťažkať, porovnať

welcome [welkəm] privítanie, vítaný, vítať, vitajte!; (You're w. – nie je za čo, rado sa stalo, ako odpoveď na ďakujem)

well [wel] studňa, dobro, dobre, správne, no, tak teda, nuž

Welsh [welʃ] waleský

west [west] západ, západný

wet [wet] mokro, vlhkosť, mokrý, vlhký, daždivý, navlhčiť, namočiť, pomočiť sa

whack [wæk] plesnutie, úder, biť, zbiť

whale [weil] veľryba

what [wot] čo, aký, ktorý

whatever [wot'evə] hocaký, ľubovoľný, čokoľvek

wheat [wi:t] pšenica

wheel [wi:l] koleso, obracať sa, kormidlo, volant, krúžiť

wheeze [wi:z] syčanie, dychčanie, syčať, dychčať, sipieť

when [wen] kedy, keď, až

whenever [wen'evə] vždy keď, kedykoľvek, hocikedy

where [weə] kam, kde

wherever [weər'evə] kamkoľvek, kdekoľvek, hocikde, hocikam

whet [wet] brúsenie, brúsiť, nabrúsiť

which [witʃ] ktorý, aký, kto, čo

while [wail] chvíľa, kým

whimper [wimpə] fňukanie, kňučanie, fňukať

whip [wip] bič, bičovať

whirl [wə:l] krúženie, vír, krútiť, otáčať, víriť

whirlpool [wə:lpu:l] vír, krútňava

whiskey [wiski] whisky vyrábané v Írsku al. v USA

whisky [wiski] pálenka (škótska)

whisper [wispə] šepot, šepkať
whistle [wisl] hvízdanie, píšťalka, hvízdať
white [wait] beloba, beloch, bielok, biely, bledý, čistý (W. Friar – Karmelitán, W. Monk – Cistercián)
whiteness [waitnis] beloba, bledosť, čistota, nevinnosť
Whit Sunday [wit sandei] Svätodušná nedeľa
whizz [wiz] pískanie, svišťanie, fičanie, pískať, fičať, eso, macher (whizz-kid – zázračné dieťa, mladý génius)
WHO (World Health Organization – Svetová zdravotnícka organizácia)
who [hu:] kto, koho, komu, ktorý
whoever [hu:'evə] každý, ktokoľvek, kto
whole [həul] celý, celok,
wholesale [həulseil] veľkoobchod
wholly [həuli] celkom, úplne, výhradne, celo
whom [hu:m] koho, komu
whore [ho:r] kurva, cundra
whose [hu:z] čí, koho, ktorého, ktorých

why [wai] prečo, však
wicked [wikid] hriešny, zlý, skazený, nemravný
wide [waid] široký, široko
widen [waidn] rozšíriť, šíriť sa
widow [widəu] vdova
widower [widəuər] vdovec
width [widθ] šírka, rozšírenie, voľnosť
wife [waif] žena, manželka
wig [wig] parochňa
wild [waild] divý, divoký, prudký, zúrivý
wilderness [wildənis] divočina, pustatina
will [wil] vôľa, úsilie, posledná vôľa, ochota, úmysel
willing [wiliŋ] ochotný, povoľný
willow [wiləu] vŕba
win [win] (won; won) víťazstvo, výhra, získať, vyhrať, zvíťaziť
wind [waind] (wound; wound) točiť, vinúť
wind [wind] vietor
window [windəu] okno, výklad
windscreen [windskri:ŋ] predné sklo auta
windy [windi] veterný, búrlivý

wine [wain] víno

wing [wiŋ] krídlo, peruť (letecká)

wink [wiŋk] žmurkať, žmurknutie, pokyn

winner [winə] víťaz, výherca

winter [wintə] zima, prezimovať, zimný, stráviť zimu

W.I.P. (Work in Progress – Nedokončená výroba, rozpracovanosť)

wipe [waip] utierať, zotrieť

wire [waiə] drôt, telegraf, telegram, pridrôtovať, zadrôtovať, inštalovať el. vedenie

wise [waiz] múdry, vzdelaný, účelný

wisecrack [waiskræk] robiť vtipné/trefné poznámky, bonmot, vtip

wish [wiʃ] želanie, želať, priať, chcieť, prosba

wit [wit] vtip, dôvtip, vtipný

with [wið] s, pri, u, ku, cez, v súvislosti, v prípade, ak

withdraw [wið'dro:] odstrániť, vytiahnuť, ustúpiť, vybrať (z účtu peniaze), zanechať

withdrawal [wið'dro:əl] ústup, odstúpenie, odvolanie (koho), vybratie

within [wi'ðin] na, na dosah, v, vo, vnútri, v rámci, za, okrem

without [wi'ðaut] bez, bezo, mimo

withstand [wið'stænd] (withstood; withstood) odolať, vydržať, stavať sa proti, odporovať

witness [witnis] svedok, svedectvo, svedčiť

wolf [wulf] vlk

wolfdog [wulfdog] vlčiak

wolfram ['wulfrəm] (aj tungsten) wolfrám

woman [wumən] žena

womanly [wumənli] ženský

wonder [wandə] div, zázrak, diviť sa, byť zvedavý

wonderful [wandəful] skvelý, úžasný

woo [wu:] dvoriť, uchádzať sa, lákať, vábiť

wood [wud] drevo, les

wool [wul] vlna, vlnená látka

woollen [wulən] vlnený

word [wə:d] slovo, správa, heslo, sľub

work [wə:k] práca, pracovať, dielo
workday [wə:kdei] pracovný deň
worker [wə:kə] robotník, pracovník
working [wə:kiŋ] činnosť, chod, pracujúci, pracovný, pohon
workman [wə:kmən] robotník, pracujúci
works [wə:ks] továreň, závod
workshop [wə:kʃop] dielňa, seminár
worldwide [wə:ldwaid] svetový, celosvetový, svetoznámy
world [wə:ld] svet, svetový, zem, ľudstvo
worm [wə:m] červík, bedár, závit, liezť
worn [wo:n] obnosený, ošúchaný, vyčerpaný
worry [wari] starosť, trápenie, trápiť sa, starať sa, obťažovať
worse [wə:s] horší, horšie
worship [wə:ʃip] bohoslužba, kult
worst [wə:st] najhorší, najhoršie

worth [wə:θ] hodnota, cena, cenný (be w. – mať cenu, vyplatiť sa)
worthless [wə:θlis] bezcenný, neschopný
would-be [wudbi:] zdanlivý, predpokladaný
wound [wu:nd] rana, zranenie, zraniť
WR (World Record – Svetový rekord)
wrap [ræp] baliť, zahaliť, prikrývka
wrapping [ræpiŋ] obal, obálka, balenie
wreath [ri:θ] veniec
wreathe [ri:ð] pliesť, viť, ovinúť
wreck [rek] vrak, skaza, stroskotať
wrench [rentʃ] krútenie, vykrúcanie, trhnutie, francúzsky kľúč
wrestle [resl] zápas, zápasiť, preteky
wriggle [rigl] vrtieť sa, zvíjať sa
wring [riŋ] (wrung; wrung) krútiť, žmýkať
wrinkle [riŋkl] vráska, záhyb, podnet, tip, podnet
wrist [rist] zápästie

wristlet

wristlet [ristlit] náramok, manžeta, bandáž (zápästia)
wrist-watch [ristwotʃ] náramkové hodinky
writ [rit] písmo
write [rait] (wrote; written) písať, zapísať
writer [raitə] spisovateľ, pisateľ
writing [raitiŋ] písmo, spis, štýl, spisovateľstvo
writing-desk [raitiŋdesk] písací stôl
writing-paper [raitiŋpeipə] listový papier
wrong [roŋ] nesprávnosť, zlo, krivda, nesprávny, chybný, zlý

wry [rai] skrivený, skrútený, ironický
w&s (Whisky and Soda)
WTA (Women's Tennis Association – Ženská tenisová asociácia)
WTC (World Trade Center) – Svetové obchodné stredisko
WTO (World Trade Association – Svetová obchodná organizácia)
WW (World War – Svetová vojna)
WWF (World Wildlife Fund – Svetový fond na ochranu prírody)
WWW (World Wide Web)

Xx

x, x [eks] am. desaťdolarovka, desiatka, mládeži neprístupný film
XBAG (Excess Baggage – Batožina má nadváhu (v leteckej doprave)
xenon [zi:non] xenon
xerophilous [ziəˈrofiləs] suchomilný
xerox [ziəroks] xerografická kópia, xerox, xeroxovať
XL (Extra Large – Veľmi veľký (veľkosť odevu)
Xmas [krisməs] Vianoce

X.O. (Extra Old – Obvzlášť starý – nápoj, brandy)
X-ray [eksˈrei] röntgenovať, röntgenový lúč
X-rays [eksˈreiz] röntgen, röntgenové lúče
XS (Extra small – Veľmi malý – veľkosť odevu)
xylene [zaili:n] xylén
xylography [zaiˈlogrəfi] drevoryt, drevorytectvo
xylophone [zailəfəun] xylofón
XXL (Extra extra large – Nadmerne veľký – odev)

Yy

yacht [jot] jachta
Yankee [jæŋki] Američan, americký
yard [ja:d] yard (0,914 m)
yard-stick [ja:dstik] jardové meradlo, miera, kritérium
yarn [ja:n] historka, anekdota, priadza
yawn [jo:n] zívanie, zívať
year [jiə] rok
yearn [jə:n] túžiť
yeast [ji:st] droždie, kvások
yell [jel] jačanie, krik, vresk, jačať, vrieskať
yellow [jeləu] žltý, zafarbiť na žlto
yelp [jelp] štekať, skríknuť, zhíknuť
yeoman [jəomən] zeman, roľník, sedliak
yes [jes] áno
yesterday [jestədi] včera
yet [jet] ešte, už, ale, predsa
yew [ju:] tis
yield [ji:ld] poskytovať, niesť, vynášať, výnos, úroda, výťažok, povoliť, poddať sa
YMCA (Young Men's Christian Association – Kresťanské združenie mladých mužov)
YMQ (Montreal – medzinárodný kód letiska)
YMX (Montreal Mirabel – medzinárodný kód letiska)
YOW (Ottawa – medzinárodný kód letiska)
YQB (Quebeck – medzinárodný kód letiska)
YQX (Gander – medzinárodný kód letiska)
yoghurt [jogə:t] jogurt
yoke [jəuk] jarmo, zapriahnuť
yolk [jəuk] žĺtok
you [ju] vy, vám, ty, tebe
young [jaŋ] mladý, začiatočník
youngster [jaŋstə] dieťa, mladík, mládenec
your [jo, juə] váš, tvoj, svoj
yours [jo:z] váš, tvoj
yourself [jo:'self] vy sami, ty sám, sa, seba
youth [ju:θ] mladosť, mladík
youthful [ju:θful] mladistvý
YTO (Toronto – medzinárodný kód letiska)

YTZ (Toronto Island – medzinárodný kód letiska)
Yugoslavia [yu:gəu'sla:viə] Juhoslávia
YUL (Montreal Dorval International – medzinárodný kód letiska)
Yule [ju:l] Vianoce
YVR (Vancouver – medzinárodný kód letiska)
YWCA (Young Women's Christian Association – Kresťanské združenie mladých žien)
YYZ (Toronto Lester B. Pearson International – medzinárodný kód letiska)

Zz

zany [zeini] šašo, hlupák
Zealand [zi:lənd] Zéland
zeal [zi:l] horlivosť, zápal
zealous [zeləs] horlivý
zebra [zi:brə] zebra (z. crossing – prechod pre chodcov)
zenith [zeniθ] zenit, obzor
zero [ziərəu] nula (z. hour – hodina H), nulový
zest [zest] horlivosť, potešenie, švih, šmrnc, pikantná príchuť
zigzag [zigzæg] kľukatá čiara, kľukatiť sa
zinc [ziŋk] zinok, zinkový
zip [zip] svišťanie, švih, odzipsovať, zatiahnuť zips
zip code [zip kəud] poštové smerovacie číslo
zipper [zipə] zips
zits [zits] uhry (na tvári)
zodiac [zəudiæk] zverokruh
zonal [zəunl] pásmový, oblastný
zone [zəun] pásmo, zóna, pás, sféra
Zoo [zu:] zoo
zoology [zu'olədʒi] zoológia
zoom [zu:m] bzučanie, bzučať, hučať

Slovensko-anglická časť

Aa

a and [ænd]
abeceda alphabet [ælfəbit], ABC, basics, rudiments
abecedný alphabetical [ælfəbetikl]
abiturient (absolvent) alumnus [e'lamnəs] school leaver, high school graduate
abnormalita abnormality [æbnɔːˈmæliti]
abonent (predplatiteľ) subscriber [səbˈskraibər]
absolútny absolute [æbsəluːt]
absolvent graduate [grædjueit]
absorbovať absorb [əbˈsoːb]
abstinent teetotaller [tiːˈtəutlə]
aby for [foː], so that [səu ðæt]
aby nie lest [lest]
adresa address [əˈdres]
adresovať address [əˈdres], direct [diˈrekt]
advokát advocate [ædvəkət], lawyer [loːjə]
aféra scandal [skændl]
Afrika Africa [æfrikə]
agát acacia [əˈkeiʃə]
agent agent [eidʒənt]
agentúra agency [eidʒənsi]
agresívny aggressive [əˈgresiv]

ahoj hi [hai], bye-bye [baibai], hallo [həˈləu]
aj also [oːlsəu], and [ænd]
ak if [if]
akadémia academy [əˈkædəmi]
akcia action [ækʃn], share [ʃeə] (finančná)
akcionár shareholder [ʃeəˈhəuldə]
ak nie unless [ənˈles]
ako than [ðən, ðn], as [æz], like [laik], how [hau]
akokoľvek anyhow [enihau], however [hauˈevə]
akosť quality [kvoliti], sort [soːt]
aktívny active [æktiv]
aktovka briefcase [briːfkeis]
aký what [wot], which [witʃ]
ale but [bat], still [stil], yet [jet]
alebo or [oː]
alej avenue [ævənjuː], alley [æli]
algebra algebra [ældʒibrə]
alkohol alcohol [ælkəhol], spirit [spirit]
alternatíva alternative [oːlˈtənətiv]

239

ambasáda

ambasáda embassy [embəsi]
ambícia ambition [æm'biʃn] aspiration ['æspi'reiʃn]
ambulantný pacient outpatient [autpei∫ənt]
Američan, americký American [ə'merikən], Yankee [jæŋki] (a. vojak - GI)
Amerika America [ə'merikə]
amplión loudspeaker [laud'spi:kə]
analýza analysis [ə'næləsis] (pl. analyses [ə'nælisi:z])
ananás pineapple [pain'æpl]
anekdota yarn [ja:n] anecdote ['ænikdout] joke [dʒəuk]
angína quinsy [kwinzi], angina [æn'dʒainə], tonsilitis ['tonsi'laitis] (zápal mandlí)
anglický English [iŋgliʃ]
angličtina English [iŋgliʃ]
ani nor [no:], neither [naiðə]
ani jeden neither [naiðə], none [nan]
anjel angel [eindʒl]
áno yes [jes]
aparát set [set], apparatus [æpə'reitəs]
apartmán apartment [ə'pa:tmənt]
apríl April [eiprəl]

argument argument [a:gjumənt]
argumentovať argue [a:gju:]
architekt architect [a:kitekt]
architektúra [a:kitektʃə]
armáda army [a:mi] military [militəri] (A. Spásy - Salvation A.)
asistent assistant [ə'sistənt]
ateliér studio [stju:diəu]
atmosféra atmosphere [ætməsfiə]
atrakcia attraction [ə'trækʃn]
atrament ink [ink]
august August [o:gəst]
auto car [ka:], motor-car [məutəka:]
autobus bus [bas]
automatický automatic [o:tə'mætik]
automobil car [ka:], automobile [o:təməbi:l]
autostop hitchhike [hitʃhaik]
avšak but [bat], however [hau'evə]
azda maybe [meibi:], perhaps [pə'hæps]
až till [til], when [wen]
až do until [an'til]

Bb

bábika doll [dol]
bác bang [bæŋ]
bádanie research [ri'sə:ʃ], inquiry [in'kwaiəri], observation [obzə'veiʃn]
bafkať puff [paf]
bájka fable [feibl]
balet ballet [bælei]
balík packet [pækit], pack [pæk], parcel ['pa:sl] (b. na dobierku – COD (cash on delivery)
baliť wrap [ræp], pack [pæk]
balón balloon [bə'lu:n]
balvan block [blok]
banán banana [bə'na:nə]
banda band [bænd], gang [gæŋ]
baník miner [mainə]
banka bank [bæŋk], (komerčná b. - commercial b.)
bankovka banknote [bæŋknəut], bill [bil] (bezcenná/znehodnotená - worthless/invalidated)
baňa mine [main], pit [pit], quarry [kwori]
bar bar [ba:], taverna [tævərnə]

baran ram [ræm], Aries ['eəri:z] (súhvezdie), bullheaded [bulhedid] (tvrdohlavý)
baranina mutton [matn]
baránok lamb [læm] (b. veľkonočný - Easter l.; obetný b. - sacrificial l.)
bariéra barrier [bæriər] (jazyková/veková b. - language/age b.)
basa quod [kwod] slammer ['slæmər] lock-up [lokap]
báseň poem [pəuim] (milostná - love)
básnik poet [pəuit]
bastard bastard [bæstəd], whoreson [ho:san], by blow [bai bləu]
baterka flashlight [flæʃlait], torch [to:tʃ], flash-lamp [flæʃ'læmp]
batoh knapsack [næpsæk], rucksack [raksæk]
batožina baggage [bægidʒ], luggage [lagidʒ]
báť sa fear [fiə], dread [dred], be afraid/scared/fridghtened of [əfreid/skeəd/fraitnəd]

241

baviť amuse [ə'mju:z], entertain [entə'tein] (bav sa dobre - enjoy yourself/have a good time)
bavlna cotton [kotn]
bavlnený cotton [kotn]
Bavorsko - Bavaria [bə'veəri:ə]
Bavorský - Bavarian [bə'veəri:ən]
báza base [beis], basis [beisis], ground [graund], fundamentals [fandə'mentlz]
bazén basin [beisn] pool [pu:l] (otvorený - open air/outdoor; plavecký - swimming p.)
bažant pheasant [feznt], recruit [rekruit] (nováčik)
bedákanie lament [lə'ment]
bedeker guidebook [gaidbuk] (turistický sprievodca)
bedrá loins [loinz]
bedrový kĺb hip [hip]
beh race [reis], run [ran], course [ko:s], dash [dæʃ] (b. naprázdno - idle run)
Belehrad Belgrade [belgreid]
beletria fiction [fikʃən]
Belgicko Belgium [beldʒəm]
belgický Belgian [beldʒən]
beloch white [wait]
benzín petrol [petrəl], gasoline [gæsəlin], (bezolovnatý - lead-free/unleaded; b. do zapaľovača - lighter fuel)
beseda chat [tʃæt], party [pa:'ti] (zábava)
besnota rabies [reibi:z]
besný rabid [ræbid]
bez less [les] (menej), without [wi'ðaut]
bezbolestný painless [peinlis]
bezchybný flawless [flo:lis], faultless [fo:ltlis]
bezmocný helpless [helplis]
bezočivý bold [bəuld], saucy [so:si]
bezohľadný reckless [reklis], ruthless ['ru:θlis], insensible [in'sensəbl]
bezpečnosť safety [seifti], security [si'kjuəriti]
bezpečný safe [seif], secure [si'kju:ə]
bezplatný free [fri:] (f. of charge), complimentary [kompli'mentri]
bezpochyby doubtless [dautlis]
bezprostredný immediate [i'mi:djət]

bez srdca heartless [ha:tlis]
bezstarostný reckless [reklis], careless [keəlis]
bezvedomý unconscious [an'konʃəs]
bezvýznamný null [nal], insignificant [insig'nifikənt]
bežec runner [ranə], jogger [dʒogər]
bežný current [karənt], usual [ju:ʒuəl], ordinary [o:dinəri], common ['komən], standard [stændəd]
bicykel bicycle [baisikl], bike [baik]
bicyklista cyclist [saiklist]
bič whip [wip] (upliesť na seba b. - make a rod for one's own back)
bičovať whip [wip], lash [læʃ], flog [flog]
biedny poor [puə], destitute [destitju:t], miserable [mizərəbl]
bielizeň underclothes [andəkləuðz], underwear [andə'weə], hosiery [həuʒiəri], linen [linin]
biely white [wait] (bielogvardejec - White Guardian)
biftek steak [steik], beefsteak [bi:fsteik]

bilancia balance [bæləns] (aktívna obchodná b. - active trade b.)
bistro snack-bar [snækba:]
bitka battle [bætl], row [rau], fight [fait], scrimmage [skrimidʒ]
biť beat [bi:t], strike [straik], hit [hit], thrash [θræʃ]
blahoželať congratulate [kən'grætjuleit], gratulate [grætju:leit], felicitate [fe'lisiteit]
blatník mudguard [madga:d], fender [fendər], wing [wiŋ]
blato mud [mad], clay [klei], dirt [də:t] (špina)
bláznivý crazy [kreizi], silly [sili], foolish [fu:liʃ], mad [mæd], lunatic [lu:nətik]
bláznovstvo folly [foli], madness [mædnis], insanity [insæniti], lunacy [lu:nəsi]
blednúť fade [feid]
bledý pale [peil]
blesk lightning [laitniŋ]; (ako namydlený b. - like greased l.)
blcha flea [fli:] (šťastný ako b. - thrilled to bits; (as) pleased as Punch)

blikať blink [bliŋk], flash [flæʃ], twinkle [twiŋkl],

blízkosť vicinity [vi'siniti], proximity [prok'simiti], imminency [iminənsi] (nebezpečia)

blízky close [kləus], near [niə] (b. vzťah medzi ľuďmi - association)

blok block [blok]

blokovať block [blok], obstruct [obstrakt] (zatarasiť cestu ap.)

blondínka blonde [blond], (odfarbená b. - peroxide b.)

blúdiť wander [wondə], stray [strei], roam [rəum], rove [rouv] (očami),

blúza blouse [blauz], shirt [ʃəːt], tunic ['tjuːnik]

blúzka blouse [blauz], jumper [dʒampə]

blúzniť rave [reiv] (v horúčke), craze [kreiz] (láskou), fool around [fuːl əraund] (ako šašo),

bocian stork [stoːk]

bod item [aitəm] (programu), point [point] (b. varu - boiling p.), article [aːtikl] (zmluvy), pixel ['piksel] (na obrazovke)

Bodamské jazero Lake Constance [leik konstæns]

bodec spike [spaik], barb [baːb]

bodka point [point], dot [dot], full stop/period [ful stop]/[piːriəd] - AmE (za vetou), tittle ['titl] (diakritické znamienko)

bodnutie stab [stæb], sting [stiŋ]

bodnúť prick [prik], stab [stæb], sting [stiŋ], jab [dʒæb]

boh God [god] (milosrdný - merciful/compasionate; všemohúci - almighty/omnipotent/all-powerful)

bohatstvo richness [ritʃnis], wealth [welθ]

bohatý rich [ritʃ], well-to-do [weltudu], wealthy [welθi], plentiful [plentiful]

bohoslužba liturgy [litədʒi], worship [wəːʃip], mass [mæs], divine/church service [divain/tʃəːtʃ səːrvis]

bohužiaľ unfortunately [an'foːtʃnətli], regrettably [ri'gretəbli]

bochník loaf [ləuf] (of bread - chleba)

boj battle [bætl], fight [fait], combat [kombæt], struggle [stragl], strife [straif], contest [kontest] (súťaž)

bojazlivý shy [ʃai], timid [timid], bashful [bæʃful]

bojovať fight [fait], strive [straiv], battle [bætl], struggle [stragl]

bojovník warrior [woriə], fighter [faitə], combatant [kombətənt]

bok side [said], hip [hip]

bokom alongside [əˈloŋsaid], aside [əˈsaid], by [bai]

boky loins [loinz], hip [hip]

bolestivý painful [peinful], aching [eikiŋ]

bolesť, bolieť pain [pein], sore [so:]

bolesť hlavy headache [hedeik]

bomba bomb [bom], stunner [stanər] (senzácia)

borovica pine [pain]

bosorka witch [witʃ]

Bosnia Bosnia [bozniə]

boxovať box [boks]

bozk kiss [kis]

bozkávať kiss [kis], peck [pek] (letmý)

božský divine [diˈvain], heavenly [hevnli], godlike [godlaik]

božstvo deity [dei:ti], divinity [diviniti], godhood [godhud]

brada beard [biəd], chin [tʃin]

bradavka nipple [nipl]

brak trash [træʃ], rubbish [rabiʃ], junk [dʒank], tripe [traip]

bralo rock [rok] (skala)

brána gate [geit], goal [gəul] (futbalová)

brániť defend [diˈfend] (ochraňovať), impede [imˈpi:d] (v niečom), prevent (from) [priˈvent] (v čom)

brat brother [braðə] sibling [sibliŋ] (súrodenec) (nevlastný b. - half/step/foster-b.)

bratranec cousin [kazn]

brať take [teik]

bravčovina pork [po:k]

brázda furrow [farəu]

Brazília Brazil [bræzil]

brečtan ivy [aivi]

breh coast [kəust], bank [bæŋk], shore [ʃo:], slope [sləup] (svah)

245

brechať bark [ba:k]
bremeno weight [weit]
brest elm [elm]
brieždenie dawn [do:n]
bridž bridge [bridʒ] (karty)
britva razor [reizə]
brloh slum [slam], den [den]
brodiť sa wade [weid] (brodivý vták - wading bird)
broskyňa peach [pi:tʃ]
brucho belly [beli] abdomen [æbdomən], stomach [stamək], tummy [tami] (bruško)
Brusel Brussels [braslz]
brúsiť grind [graind]
bruško tummy [tami]
brzda, brzdiť brake [breik]
brzdiť curb [kə:b], brake [breik], retard [ri'ta:d]
bublina bubble [babl]
bubnovať drum [dram]
bubon drum [dram]
bucľatý plump [plamp], chubby [tʃabi], round [raund]
búda hut [hat], shelter [ʃeltə]
Budapešť - Budapest [bju:-dəpest]
Bukurešť - Bucharest [bju:-kə'rest]
budík alarm clock [ə'la:m klok] (nariadiť si b. - set the a.)
budiť rouse [rauz], wake up [weik ap]
búdka booth [bu:θ], box [boks]
budova building [bildiŋ], edifice [edifis]
budúci future [fju:tʃə], next [nekst]
budúcnosť future [fju:tʃə] (predpovedať b. - foretell/predict f.)
bufet snack [snæk], snack-bar [snækba:], buffet ['bafei]
búchať pound [paund], knock [nok], beat [bi:t]
buchnutie slamming [slæmiŋ], bang [bæŋ]
buchnúť slam [slæm], bang [bæŋ]
buchta cake [keik], bun [ban], bird [bə:d] (dievča)
bujný copious [kəupjəs], perky [pə'ki], rank [ræŋk]
buk beech [bi:tʃ] (b. červený – copper b.; b. lesný - European b.)
Bulharsko Bulgaria [bal'geəriə]
bunka cell [sel] (bunkové jadro - cell nucleus)

burina weed [wi:d]
búrka storm [sto:m], tempest [tempist]
búrlivý tumultuos [tju:maltjuəs], stormy [sto:mi], wild [waild]
búrsky oriešok peanut [pi:nat]
burza bourse [buəs], stock exchange [stok iks'tʃeindʒ]
bydlisko domicile [domisail], habitation [hæbiteiʃn], residence [rezidəns]
býk bull [bul], Taurus ['to:rəs] (súhvezdie)
byľ stalk [sto:k]
bystrý cute [kju:t], shrewd [ʃru:d], subtle [satl] (prešibaný), clever [klevə], smart [sma:t]

byt apartment [ə'pa:tmənt], residence [rezidəns], habitation [hæbiteiʃn], flat [flæt]
bytie being [bi:iŋ], existence [ig'zistəns]
bytosť being [bi:iŋ] (ľudská b. - human b.)
byť be [bi:], exist [ig'zist] (b. či nebyť - to be or not to be)
bývalý former [fo:mə], late [leit], one-time [wan'taim], past [pa:st], ex [eks] (manželka)
bývať dwell [dwel], house [haus], live [liv], reside [ri'zaid], stay [stei] (v hoteli)
byvol buffalo [bafələu]
bzučať buzz [baz], hum [ham]

Cc

cap he-goat [hi:'gəut] billy goat [bili'gəut]

cár czar [za:] tsar [tsa:r]

cech guild [gild], corporation [ko:pə'reiʃn], company ['kampəni]

cedidlo strainer [streinə], filter [filtər]

cela cell [sel] (c. smrti - condemned c.)

celkom all [o:l], utterly [atəli], entirely [in'taiəli], fairly [feəli], totally [toutəli], quite [kwait], absolutely ['æbsəlu:tli]

celkový total [təutl], comprehensive [kompri'hensiv], general ['dʒenrəl], overall ['əuvəro:l] (c. počet - total)

celok unit [ju:nit], whole [həul], complex [kompleks], entirety [in'taiəriti]

celý whole [həul], all [o:l], entire [in'taiə], complete [kəm'pli:t]

celý život lifetime [laiftaim]

cena price [prais] (tovaru), prize [praiz] (v súťaži), value [vælju:], worth [wə:θ], cost [kost] (maloobchodná c. - retail p.), award [ə'wo:d] (ocenenie)

cencúľ icicle [aisikl]

cengať tinkle [tiŋkl], jingle [dʒiŋgl], ring [riŋ], ding [diŋ]

cenník price-list [praislist], tariff [tærif]

cenný valuable [væljuəbl, precious [preʃəs]

centrum centre/center (AmE) [sentər]

centrála headquarters [hed'kwotəz]

ceriť zuby grin [grin]

ceruzka pencil [pensl]

cesnak garlic [ga:lik]

cesta road [rəud], path [pa:θ], route [ru:t], tour [tuə], voyage [voidʒ], way [wei], drive [draiv], highway [haiwei]

cestička trail [treil], path [pa:θ]

cesto paste [peist], dough [dəu]

cestovanie journey [dʒə:ni], travel [trævl]

cestovné fare [feə] (c. lístok - ticket)

cestovný pas passport [pa:spo:t]
cestovný poriadok time-table [taim'teibl], schedule [ʃedju:l]
cestujúci passenger [pæsindʒə], traveller [trævlər]
cez across [ə'kros], through [θru:], via [vaiə] (mesto), because of/owing to [biko:z əv/əuiŋ tu] (kvôli)
cibuľa onion [anjən], bulb [balb] (rastliny)
cicavec mammal [mæml]
cieľ aim [eim], target [ta:git], goal [gəul]
cieva vein [vein], blood vessel [blad vesl]
cievka spool [spu:l], coil [koil], reel [ri:l], bobbin [bobin]
cifernik dial [daiəl], face [feis] (hodín), phiz [fiz] (obličaj)
cigareta cigarette [sigə'ret], fag [fæg] (hov.) (nedopalok c-y - fag/end)
Cigán Gipsy/Gypsy [dʒipsi], Tzigane [tsiga:n]
cintorín cemetery [semitri]
cín tin [tin], pewter [pju:tər]
cirkev church [tʃə:tʃ], denomination [di,nomi-'neiʃn]

cirkus circus [sə:kəs], chaos ['keios] (zmätok), row [rau] (scéna)
cisterna tank [tæŋk], cistern ['sistən]
cisár emperor [emperər]
cisárovná empress [empris]
cisársky imperatorial [impərə'to:riəl], imperial [im-'pəriəl] (c. rez - cesarian section)
cisárstvo empire [empaiə]
cit emotion [i'məuʃn], feeling [fi:liŋ], sensation [sen'seiʃn]
citát quotation [kwou'teiʃən], quote [kwout], reference [refrəns] (odkaz)
citeľný sensible [sensəbl], perceptible [pə'septəbl]
cítenie feeling [fi:liŋ]
cítiť feel [fi:l] (c. sa vinným - f. guilty; c. bolesť - f. pain), smell [smel] (čuchom)
citlivý sensitive [sensitiv]
citrón lemon [lemən]
citrusový plod lime [laim]
civilizácia civilization [sivilai'zeiʃn]
civilný civil [sivil]
clo customs [kastəmz], duty [dju:ti], tariff [tærif]

clona screen [skri:n], shade [ʃeid] (tieň)
cmiter cemetery [semitri]
colnica custom-office [kastəm-ofis]
ctiteľ admirer [əd'maiərə]
cucanie suction [sakʃn]
cucať suck [sak]
cudný chaste [tʃeist], coy [koi]
cudzinec alien [eiljən], foreigner [forinə]
cudzí strange [streindʒ], alien [eiljən], foreign [forin]
cukor sugar [ʃugə], glucose ['glu:kous] (prírodná látka, hroznový cukor)
cukornička sugar-basin [ʃugə'beisn]
cukráreň confectionery [kən'fəkʃnəri], candy store [kændi sto:]
cukríky candies [kændiz], sweets [swi:ts]
cumlík teat [ti:t]
cupkať trip [trip], patter [pætər], scuttle [skatl], scutter [skatər]
cúvať back [bæk], retreat [ri'tri:t], reverse [ri'vəs]
cvaknúť snap [snæp]
cvičenie exercise [eksəsaiz], practise/practice (AmE) [præktis], drill [dril] (vojenské)
cvičiť train [trein], exercise [eksəsaiz]
cvikla beetroot/beet (AmE) [bi:tru:t/bi:t]
cvrček cricket [krikit]
cyklus cycle [saikl], series [siəri:z] (televízny), course [ko:s] (prednášok)
cyprus cypress [saiprəs] (C. - Cyprus)
cyrilika - Cyrillic (alphabet) [si'rilik 'ælfəbet]
cysta cyst [sist]

Čč

čadič basalt [bæso:lt]
čadiť smoke [sməuk]
čaj tea [ti:]
čajka sea-gull [si:gal], sea mew [si:mju:]
čajník teapot [ti:pot]
čakan pick [pik], hatchet [hætʃit]
čakanie waiting [weitiŋ], expectation [ekspek'teiʃn]
čakáreň waiting-room [weitiŋ'rum]
čakať wait [weit], expect [iks'pekt], await [ə'weit]
čalúnenie upholstery [ap'həulstəri], tapestry [tæpistri]
čap pivot [pivət], pipe [paip], tap [tæp]
čarbať scrawl [skro:l], scribble [skribl]
čaro charm [tʃa:m]
čarodejnica witch [witʃ]
čarodejník sorcerer [so:sərə]
čas time [taim], tense [tens] (gram.)
časopis journal [dʒə:nl], periodical [piəri'odikl], magazine [mægə'zi:n]
časovanie conjugation [kondʒu'geiʃn]

časť part [pa:t], section [sekʃn], deal [di:l], piece [pi:s], portion ['po:ʃn]
častica particle [pa:tikl], element ['elimənt]
často often [ofn/oftn], frequently [fri:kwəntli]
častý frequent [fri:'kwent]
čaša bowl [bəul], cup [kap]
čašník waiter [weitə], barman [ba:mən]
čašníčka waitress [weitris], barmaid [ba:meid]
čata squad [skwod]
Čech Czech [tʃek]
Čechy Bohemia [bəu'hi:mjə], Czech lands [tʃek lænds]
čelo forehead [forid], front [frant]
čeľusť jaw [dʒo:]
čepeľ blade [bleid]
čepiec bonnet [bonit]
čerešňa cherry [tʃeri]
černica blackberry [blækbəri]
černoch, černošský Negro [ni:grəu], black [blæk]
čerpadlo pump [pamp]
čerpať draw [dro:]

čerstvý

čerstvý fresh [freʃ]
čert devil [devl]
červ worm [wəːm]
červenať sa blush [blaʃ]
červený red [red], ruddy [radi]
červený smrek larch [laːtʃ]
česať sa comb [kəum]
Československo Czechoslovakia [tʃekəusləuˈvækiə]
československý Czechoslovakian [tʃekəusləuˈvækiən]
čestný fair [feə], honest [onist]
česť honour [onə], credit [kredit]
Češka Czech woman [tʃekˈwumən]
či if [if], whether [weðər]
čí, čia, čie whose [huːz]
čiapka cap [kæp]
čiara line [lain]
čiarka comma [komə]
čiastka amount [əˈmaunt], sum [sam]
čiastočný partial [paːʃl]
čierne korenie pepper [pepə]
čierny black [blæk], dark [daːk]
čin act [ækt], deed [diːd] (hrdinský č. - exploit [eksploit], feat [fiːt])

Čína China [tʃainə]
Číňan Chinese [tʃaiˈniːz]
činiť do [du], make [meik]
činnosť activity [ækˈtiviti]
činžiak tenement-house [tenimənt haus], block of flats [blok əv flæts]
čipka lace [leis]
číry sheer [ʃiə], genuine [dʒenjuin]
číslica figure [figə], digit [didʒit], numeral [njuːmərəl], number [nambər], cipher [saifər]
číslo number [nambə], size [saiz] (veľkosť)
číslovka numeral [njuːmərəl]
čistiareň dry cleaner's [drai kliːnəz]
čistič cleaner [kliːnər]
čistina glade [gleid], clearing [kliəriŋ]
čistota cleanness [kliːnis], purity [pjuəriti], cleanliness [kliːnlinis]
čistý clean [kliːn], pure [pjuə], net [net]
čítať read [riːd]
čitateľ reader [riːdə] (knihy), numerator [ˈnjuːməreitər] (zlomku)

čitateľný legible [ledʒebl], readable [ri:dæbl]

čiže or [o:], to put it differently [tu put it difərentli]

čižma high boot [hai bu:t]

čí whose [hu:z]

článok article [a:tikl], feature [fi:tʃə], link [liŋk]

čľapot splash [splæʃ]

člen member [membə]

členok ankle [æŋkl]

čln boat [bəut], shuttle [ʃatl]

človek man [mæn], soul [səul], human being [hju:mən bi:iŋ]

čnieť protrude [prə'tru:d], tower [tauə]

čo what [wot], which [witʃ], that [ðæt]

čokoláda chocolate [tʃoklət]

čokoľvek anything [eniθiŋ], whatever [wot'evə]

čosi something [samθiŋ], anything [eniθiŋ]

čpavok ammonia [ə'məunjə]

črepina splinter [splintə]

črepník flowerpot [flauəpot]

črevá guts [gats], bowels [bauəlz]

črieda herd [hə:d], flock [flok]

črta feature ['fi:tʃər], trait [treit] (č. tváre - trait)

čučoriedka bilberry [bilbəri]

čudný odd [od], strange [streindʒ], curious [kjuəriəs]

čudovať sa wonder [wandə]

čuch smell [smel]

čulý active [æktiv], alert [ə'lə:t], vivid [vivid]

čupieť squat [skwot], cower [kauə] (hrbiť sa)

čvirikať chirp [tʃə:p], twitter [twitə]

Dd, Ďď

ďakovať thank [θæŋk] (byť povďačný - be indebted)
ďakujem thanks [θæŋks] (vďaka!)
ďalej farther [fa:ðə] (miestne), further (on) [fə:ðə] (v ďalšom)
ďaleko far [fa:] (ď. od sveta - in the middle of nowhere)
ďalekohľad telescope [teliskəup]
ďalší next [nekst], another [ə'naðə], further [fə:ðə]
dáma lady [leidi], dame [deim] (britský šľachtický titul), madam [mædəm], queen [kwi:n] (šach, karty)
dámsky ladies' [leidiz], lady like [leidilaik]
daň tax [tæks], rate [reit] (d. z pridanej hodnoty - DPH - VAT - value added tax)
dar present [preznt], gift [gift], gratuity [grætjuiti]
darca giver [givə], donor [dəunə]
darebák rascal [ra:skəl], villain [vilən], knave [neiv]

darovať give [giv], present [preznt], gift [gift], donate [dou'neit]
ďasno gum [gam]
dať give [giv], put [put], grant [gra:nt] (udeliť)
dáta data [deitə]
dátum date [deit]
dav crowd [kraud], mass [mæs], throng [θroŋ]
dávať pozor attend (to) [ə-'tend], pay attention [pei ə'tenʃn]
dávidlo emetic [i'metik], nauseant [no:'ziənt], vomit [vomit] (zvratok)
dáviť vomit [vomit], throw up [θrəu ap]
dávka dose [dəus], rate [reit], ration [reiʃn]
dáždnik umbrella [am'brelə]
dážď rain [rein]
dážďovka earthworm [əθ:-wə:m]
dbať mind [maind]
dcéra daughter [do:tə]
debatovať discuss [diskas]
debna case [keis], chest [tʃest], box [boks] (krabica)
debut début [deibu:]

december December [di'sembə]

decentný decent [di:snt], modest [məudist] (skromný), sober ['soubər]

decimeter decimetre [desi'mi:tə]

decko child [tʃaild], kid [kid]

dečka coverlet [kavəlit]

dedič(ka) heir(ess) [eə(ris)]

dedičstvo heritage [heritidʒ], legacy [legəsi]

dedina village [vilidʒ], hamlet ['hæmlit] (vieska) (olympijská d. - Olympic v.)

dedo grandfather [grændfa:ðə], forefather ['fo:fa:ðər] (predok)

definitívny definite [definit], ultimate ['altimət] (rozhodnutie), final [fainl]

degradovať degrade [di'greid], demote [di:'məut], relegate ['religeit]

decht tar [ta:], pitch [pitʃ]

dej event [i'vent], plot [plot], process [prəuses], action [ækʃn]

dejiny history [histəri]

dekan dean [di:n]

deklarácia declaration [dekləˈreiʃn]

deľba sharing [ʃeəriŋ], division [diviʒn], distribution [distriˈbju:ʃn] (d. práce - division of labour)

delfín dolphin [dolfin]

deliť divide [di'vaid], separate ['səpəreit], split (up) [split (ap)]

delo gun [gan], artillery [a:-'tiləri], cannon ['kænən]

demisia resignation [rezig-'neiʃn]

demokracia democracy [di-'mokrəsi]

demokrat democrat [deməkrət]

demonštrácia demonstration [demənsˈtreiʃn]

demonštrovať demonstrate [demənstreit]

deň day [dei] (za bieleho d. – in the daytime; d. D - target/D d.; d. matiek - Mother's d.; d. nezávislosti - Independence D./Fourth of July; d. vďakyvzdania - Thanksgiving; d. zúčtovania - d. of reckoning)

denne daily [deili]

denník daily [deili], diary [daiəri]

denný daily [deili]

255

depresia depression [di-'preʃn]
deprimovať depress [di-'pres], deject [di'dʒekt], dishearten [dis'ha:tn], get down [get daun]
desiata snack [snæk], break [breik] (prestávka)
detail detail [di:teil], close-up [kləus ap] (záberu), particulars [pə'tikju-ləz]
detektív detective [di'tektiv], investigator [in'vestigeitər] (vyšetrovateľ), sleuth [slu:θ]
detský, detinský childish [tʃaildiʃ]
detstvo childhood [tʃaildhud]
dezert dessert [di'zət], sweet [swi:t], afters [a:ftəz]
dezertovať desert [dezət], defect [di:fekt] (zbehnúť)
diabol devil [devl], demon [di:mən] (Satan - Satan, Devil, Lucifer, Beelzebub, Old Nick, Prince of Darkness, the Tempter (pokušiteľ))
diaľnica freeway [fri:wei], motorway [məutəwei], highway [haiwei]
diapozitív slide [slaid]
diár diary [daiəri], notebook [nəutbuk]
dielňa workshop [wə:kʃop], shop [ʃop]
dielo work [wə:k], performance [pə'fo:məns] (umelecké) (umelecké/hudobné/písomné d. - w. of art/opus/writing)
diera hole [həul], tear [tiə], den [den] (brloh), leak [li:k] (trhlina)
diéta diet [daiət] (odtučňovacia d. - slimming d.)
dieťa baby [beibi], child [tʃaild], kid [kid], youngster [jaŋstə], infant [infənt]
dievča girl [gə:l], maid [meid], lass [læs], dolly [doli] (bábika) (d. pre všetko - slavey/gofer)
diktátor dictator [dik'teitə]
diktovať dictate [dik'teit]
diplom diploma [di'pləumə]
dirigent conductor [kən-'daktə]
dirigovať conduct [kən-'dakt], direct [di'rekt]
disciplína discipline [disiplin], event [i'vent] (športová)

disk disc [disk], discus [diskəs]
diskreditovať discredit [dis'kredit]
diskrétny discreet [dis'kri:t], tactful [tæktfəl], coy [koi]
diskusia discussion [dis'kaʃn], debate [di'beit]
disponovať dispose [dis'pəuz], have (something) available/at one's disposal [ə'veiləbl]
div wonder [wandə], marvel [ma:vəl]
divadlo theatre/theater (AmE) [θiətə] bábkové d. - puppet/marionette t.; kočovné d. - travelling t.)
divák spectator [spək'teitə]
dívať sa look [luk], stare [steər] (uprene), see [si:] (posudzovať)
diviť sa wonder [wandə], marvel [ma:vl], be surprised [bi: sə'praizd]
divočina wilderness [wildənis]
divoch, divý savage [sævidʒ]
divokosť ferocity [fə'rositi]
divoký wild [waild], fierce [fiəs], savage [sævidʒ], barbarian [ba:'beəriən]

divý tumultuous [tju:maltjuəs], wild [waild] (d. život - disarranged life)
dlaň palm [pa:m]
dláto chisel [tʃizl]
dláviť crush [kraʃ]
dlažba pavement [peivmənt]
dlaždica tile [tail], slab [slæb]
dlážka floor [flo:] (parketová d. - parquetry)
dlh debt [det], debit ['debit]
dlho long [loŋ], at length [ət lenθ]
dlhovať owe [əu]
dlhý long [loŋ]
dĺžka length [lenθ]
dlžný indebted [in'detid], owing (to) [əuiŋ], due [dju:]
dlžoba debit [debit], debt [det]
dnes today [tə'dei]
dnes večer tonight [tə'nait]
dno base [beis], bottom [botəm], ground [graund]
do by [bai], in [in], into [intu], till [til], to [tu:], for [fo:]
doba era [iərə], time [taim], spell [spel], period [piəriəd]
ďobať peck [pek]

dobrák

dobrák good natured man [gud'neitʃəd mæn], do-gooder [du:gudər]

dobre O.K. [əukei], well [wel], all right [o:l'rait]

dobro well [wel], good [gud]

dobročinnosť charity [tʃæriti]

dobrovoľník volunteer [volən'tiə]

dobrovoľný voluntary [voləntəri]

dobrý good [gud], kind [kaind] (láskavý), useful ['ju:sfəl] (užitočný)

dobyť conquer [koŋkə], capture ['kæptʃər], overrun [əuvə'ran], seize [si:z]

dobytok cattle [kætl], stock [stok], livestock ['laivstok]

dočasný temporary [tempərəri], provisional [prə'viʒənl], interim ['intərim]

dodatočný additional [ə'diʃənl], subsidiary [səb'sidjəri], supplementary [sapli'mentri], accessory [æk'sesəri]

dodatok supplement ['saplimənt], appendix [ə'pendiks], amendment [ə'mendmənt] (pozmieňovací návrh), addition [ə'diʃən], postscript [pousskript] (v liste)

dodávka supply [sə'plai], delivery [di'livəri], van [væn] (auto), pick-up [pik ap] (auto)

dohadovať sa guess [ges], surmise [sə:'maiz], argue [a:gju:], dispute [di'spju:t], haggle [hægl]

dohľad view [vju:], control [kən'trəul], supervision [sju:pəviʒn]

dohoda pact [pækt], agreement [ə'gri:mənt], settlement, [setlmənt], treaty [tri:ti]

dohoniť overtake [əuvə'teik], catch up (with) [kætʃ ap wiθ]

dohovor convention [kən'venʃn], treaty ['tri:ti], pact [pækt], agreement [ə'gri:mənt], accord [ə'ko:d], arrangement [ə'reindʒmənt]

dochádzka frequentation [fri:kwənteiʃn], attendance [ə'tendəns]

dojatie emotion [i'məuʃn]

dojatý touched [tatʃt]

258

dojča suckling [sakliŋ], baby [beibi]
dojem impression [im'preʃn], effect [i:fekt], image [imidʒ]
dojemný touching [tatʃiŋ]
dok dock [dok]
dokázať prove [pru:v]
doklad document [dokjumənt], certificate [sə'tifikət], papers [peipərs], evidence [evidəns] (svedectvo)
dokonca even [i:ven]
dokončiť finish [finiʃ], complet [kəm'pli:t], get through [get θru:]
dokopy together [tə'geðə], all in [o:l in] (cena), complete with [kəm'pli:t wiθ]
doktor doctor [doktə]
dokumenty papers [peipəz]
dole down [daun], underneath [andə'ni:θ], below [bi'ləu], beneath [bi'ni:θ]
dolina vale [veil], valley [veli]
dolník jack [dʒæk] (karta)
dom house [haus], bungalow [baŋgələu], building [bildiŋ]
doma indoors [in'do:z], at home [ət həum]

doplnok

domáca housekeeper [haus'ki:pə]
domáca pani landlady [lənd'leidi]
domáci domestic [də'mestik], homely [həumli], inland [inlənd]
domáci pán landlord [lændlo:d]
domácky homely [həumli], home-made [həum'meid]
domácnosť household [haushəuld]
domnievať sa suppose [sə'pəuz], assume [ə'sju:m], presume [pri'zju:m]
domorodec native [neitiv], aboriginal [æbə'ridʒənl]
domov home [həum], abode [ə'boud], domicile [domisail], asylum [ə'sailəm] (útočište) (bezdomovec - homeless/dosser)
donáška delivery [di'livri]
donútiť compel [kəm'pel]
dookola around [ə'raund]
doplniť supplement [saplimənt], make full [meik ful], complete [kəm'pli:t], refill ['ri:fil], replenish [ri'pleniʃ]
doplnok supplement [saplimənt]

259

dopočuť sa

dopočuť sa hear [hiə]
doprava transport [træns'po:t], traffic [træfik], carriage [kæridʒ], conveyance [kən'veiəns]
dopravca carrier [kæriə], hauler/haulier ['ho:lər/'ho:liər], forwarder [fo:r-wə:dər] (špeditér)
dopravovať carry [kæri], ship [ʃip], freight [freit] (náklad), convey [kən'vei]
dorozumenie understanding [andə'stændiŋ], comity ['komiti]
dorozumievať sa communicate [kə'mju:nikeit]
doručiť deliver [di'livə]
dosah reach [ri:tʃ], range [reindʒ]
dosiahnuť achieve [ə'tʃi:v], attain [ə'tein], reach [ri:tʃ]
doska board [bo:d], plank [plænk], tablet [tæblit]
dospelý mature [mə'tjuə], adult [ædalt], grown-up [grəunap]
dostať get [get], obtain [əb'tein], receive [ri'si:v], catch [kætʃ]
dosť enough [i'naf], fairly [feəli]
dostihy horse-race [ho:sreis]

dosvedčiť testify [testifai]
dotácia grant [gra:nt], subsidy [sabsədi], endowment [in'daumənt]
dotazník questionnaire [kwestʃə'neər]
dotyk touch [tatʃ]
dotýkať sa hand [hænd], touch [tatʃ]
dovážať carry [kæri], import [im'po:t]
dovnútra inside [in'said]
dovolenie permission [pə'miʃn]
dovolenka holiday [holədei], vacation [və'keiʃn], leave [li:v]
dovoliť allow [ə'lau], let [let], permit [pə'mit]
dovoliť si afford [ə'fo:d]
dozerať (na) oversee [ouvə'si:], supervise ['su:pəvaiz], superintend [su:pərin'tend], inspect [in'spekt]
dozor charge [tʃa:dʒ], control [kən'trəul]
dozorca guard [ga:d], warden [wo:dən]
dozrieť (grow) mature [mə'tjuə] (človek), ripen [raipən] (ovocie)

dozvedieť sa know [nəu], learn [lə:n]
doživotný lifelong [laifloŋ]
dôkaz proof [pru:f], evidence [evidəns]
dôkladný thorough ['θarə], intimate ['intimət], complete [kəm'pli:t]
dôležitý important [impo:tənt], significant [signi'fikənt], relevant ['reləvənt], notable ['noutəbl] (významný), big [big] (človek)
dôraz accent [æksnt], emphasis [emfəsis]
dôstojný dignified [dignifaid], reverend [revərənd], grave [greiv]
dôvera credit [kredit], reliance [ri'laiəns], trust [trast], faith [feiθ], confidence [konfidəns]
dôvernosť confidentiality [konfi‚dənʃi'æliti]
dôverný intimate [intimit], privileged ['privəlidʒd], (informácia), confidential [konfi'denʃl] (informácia), close [kləuz] (rozhovor)
dôvod reason [ri:zn], cause [ko:z]

dráb beadle [bi:dl]
dráha track [træk], course [ko:s]
drahocenný precious [preʃəs], valuable ['væljuəbl], treasured ['treʒəd] costly [kostli]
drahý costly [kostli], dear [diə], expensive [iks'pensiv]
drak dragon [drægən]
dráma drama [dra:mə]
draslík potassium [pə'tæsjəm]
dravec predator [predətə]
dražba auction [o:kʃən]
dráždidlo stimulant [stimjulənt]
dráždivý irritating ['iriteitiŋ] (chemikálie), stimulating [stimjuleitiŋ] (efekt)
dráždiť stimulate [stimjuleit], excite [ik'sait], tease [ti:z]
drážka rabbet [ræbit], slot [slot], groove [gru:v]
dreň marrow [mærəu] (kosti), flesh [fleʃ] (ovocia), pulp [palp]
drevák clog [klog], patten [pætn]
drevo wood [wud], lumber [lambə], timber [timbə]

drevorubač

drevorubač wood-cutter [wud'katə]
drevoryt xylograph [zai-'lografi]
drevorytectvo xylography [zai'lografi]
drgnúť jog [dʒog]
drhnúť scour [skauə], rub [rab], scrub [skrab]
driapať scratch [skrætʃ]
driek waist [weist]
driemať slumber [slambə], doze [dəuz], drowse [drauz]
driemota slumber [slambə], nap [næp]
drieť toil [toil], grind [graind]
drina toil [toil]
drobnosť trifle [traifl]
drobný petty [peti], slight [slait], small [smo:l], tiny [taini]
droga drug [drag]
drôt wire [waiə]
drozd thrush [θraʃ]
drsný rough [raf], severe [si-'viə], coarse [ko:s], harsh [ha:ʃ]
druh kind [kaind], sort [so:t]
druh companion [kəm'pænjən], fellow [feləu], mate [meit]

druhý second [sekənd], another [ə'naðə], latter [lætə] (ten d., naposledy menovaný), next [nekst]
drviť crush [kraʃ], grind [graind]
držadlo shaft [ʃa:ft], hand [hænd], handle [hændl], holder [həuldər], grip [grip] (rukoväť)
držať hold [həuld], keep [ki:p] (d. ako rukojemníka - hold somebody hostage; držím ti miesto - I hold a place for you)
dub oak [ouk]
dúfať hope [həup]
dúha rainbow [reinbəu]
duch ghost [gəust], spirit [spirit]
duchaplný witty [witi], sharp [ʃa:p], brilliant [briljənt], racy [reisi], ingenious [in-'dʒi:niəs] (dômyselný)
duchovný clergyman [klədʒimən], churchman [tʃə:-tʃmən], parson ['pa:sn], minister [ministər], priest [pri:st], spiritual [spiritʃuəl] (intelektuálny)
Dunaj the Danube [ðə dænju:b]

dunenie roar [ro:]
dunieť rumble [rambl]
dupať stamp [stæmp], trample [træmpl]
dupot stamp [stæmp]
dusený stewed [stju:d]
dusiť stifle [staifl], smother [smaðə], stew [stju:] (mäso)
dusiť sa choke [tʃəuk], suffocate [safəkeit]
dusný stuffy [stafi], sultry [saltri], humid [hju:mid] (vlhký)
duša soul [səul], spirit [spirit], mind [maind] (myseľ), psyche ['saiki], inner tube [inər tju:b] (pneumatiky)
duševný mental [mentl], spiritual [spiritjuəl]
dúšok nip [nip], quaff [kwa:f], draught [dra:ft]
dužina flesh [fleʃ]
dvakrát twice [twais]
dvere door [do:], entry [entri], doorway [do:wei]
dvíhať heave [hiv]
dvojbodka colon [kəulən] (:)
dvojča twin [twin]
dvojhláska dipthong [difθoŋ]

dvojica couple [kapl], pair [peər], twosome ['tu:səm]
dvojitý double [dabl]
dvor court [ko:t], yard [ja:d]
dych breath [breθ], respiration [,respə'reiʃn] (dychová kapela - brass band)
dýchanie breathing [bri:ðiŋ], respiration [respə'reiʃn]
dýchať breathe [bri:ð], respire [ri'spaiə]
dychčať pant [pænt], gasp [ga:sp]
dychtivý eager [i:gər], keen [ki:n], anxious [æŋkʃəs]
dýka dagger [dægə]
dym smoke [smək], fume [fju:m]
dymiť smoke [smək], fume [fju:m]
dynamický dynamic [dai'næmik]
dynastia dynasty [dinəsti]
džem jam [dʒæm], jelly [dʒeli], preserve [pri'zə:v]
džínsy jeans [dʒi:nz], Levi´s [li:vaiz]
džungľa jungle [dʒaŋgl]
džús juice [dʒu:s]

Ee

eben ebony [ebəni]
edícia edition [i'diʃn], issue ['iʃuː], publication [pabli'keiʃn]
efekt effect [iːfekt], result [ri'zalt] (výsledok), impression [im'preʃn] (dojem) (skleníkový/blahodárny/zvukový/ľahký e. - greenhouse/beneficial/sound/facile e.)
efektívny effective [iːfektiv], efficient [i'fiʃnt], efficacious [ˌefi'keiʃəs]
egreš gooseberry [guzbəri]
Egypt Egypt [iːdʒipt] (staroveký E. - Ancient E.)
ekológia ecology [iː'kolədʒi], environmentalism [inˌvaiərən'mentəlizm]
ekonomický economic [iːkə'nomik]
ekonómia economy [iːkonəmi] (hospodárstvo), economics [ˌiːkə'nomiks] (veda)
elegancia elegance [eligəns], grace [greis], stylishness [stailiʃnəs]
elegantný elegant [eligənt], smart [smaːt], jaunty [dʒɔːnti]

elektráreň power station/plant [pauə'steiʃn/plænt] (vodná/atómová - hydroelectric/nuclear p.p.)
elektrický electric(al) [i'lektrik(l)] (e. prúd - e. power; e. kreslo - electric chair)
električka tram [træm], tramway [træmwei], trolley [troli]
elektrikár electrician [ilek'triʃn]
elektrina electricity [ilek'trisiti], electric power [i'lektrik'pauər]
elektromotor electric motor [i'lektrik məutə]
elektrón electron [i'lektron]
elektrónka valve [vælv], vacuum tube [vəkjum tjuːb] (výbojka)
elipsa ellipse [i'lips]
elita elite [ei'liːt]
email enamel [i'næml] (povlak)
emigrant emigrant [emigrənt]
emisia emission [i'miʃn], issue [iʃuː] (napr. vydanie knihy), exhaust [ig'zoːst] (plynov)

emócia emotion [i'məuʃn]
encián gentian [dʒenʃn] (horec)
encyklopédia encyclopedia [insaikləu'pi:djə]
energia energy [enədʒi], stamina [stæminə] (životná sila), power [pauər]
energický energetic [enə'dʒetik], strenuous [strenjuəs]
epidémia epidemic [epi'demik]
epilepsia epilepsy [epilepsi]
epocha epoch ['i:pok]
éra era [iərə], age [eidʒ], period [piəriəd], time [taim], epoch ['i:pok]
erb escutcheon [is'katʃən], coat of arms [kəut əv a:ms]
esej essay [esei]
eskadra squadron [skwodrən]
eso ace [eis] (karta, tenis, človek), superstar [su:pə͵sta:r], whizz ['wiz] (hov.)
espreso espresso [e'spresəu]
ešte still [stil], yet [jet]
etapa stage [steidʒ], period ['piəriəd], phase [feiz] (záverečná e. - closing/conclusive/final s.)

éter ether/aether [i:θə]
Európa Europe [juərəp] (Východná/Stredná E. - Eastern/Central E.)
európsky European [juərə'pi:ən]
evanjelický evangelic [i:væn'dʒelik]
evanjelik Protestant [protistnt]
evanjelium gospel [gospəl]
evidencia filing [failiŋ], file keeping [fail ki:piŋ]
exaktný exact [ig'zækt]
exhibícia exhibition [eksi'biʃn], display [displei]
existencia existence [ig'zistəns], livelihood ['laivlihud] (živobytie), (neistá/zaistená e. - hand to mouth/secure, ensured)
existovať be [bi:], subsist [səb'sist], exist [ig'zist]
exkurzia excursion [iks'kə:ʃn]
expedícia expedition [ekspi'diʃn]
experiment experiment [iks'perimənt]
expert expert [ekspə:t] (znalec) (expertná komisia - think-tank)

explodovať

explodovať explode [ik-'sploud], burst [bə:st], detonate [dətəneit], blow up [bləu ap]
exponovať expose [iks'pəuz]
export export [ekspo:t] (vývoz) (vývozné clo - e. duty)

exportovať export [ik'spo:t]
expres express [iks'pres] (vlak, zásielka)
extrémny extreme [iks'tri:m]

Ff

fabrika factory [fæktəri], plant [pla:nt], works [wə:ks], mill [mil]
facka cuff [kaf], slap [slæp]
fackovať slap [slæp]
fajčenie smoking [sməukiŋ]
fajčiar smoker [sməukə]
fajčiť smoke [sməuk]
fajka pipe [paip]
fakľa torch [to:tʃ]
fakt fact [fækt] (literatúra faktu - non-fiction; nepopierateľný f. - undeniable/incontestable (incontrovertible)
faktor factor [fæktə] (zásadný f. - cardinal/crucial f.; určujúci f.- determining f.)
faktúra invoice [invois], bill [bil]
fakulta faculty [fækəlti], college ['kolidʒ]
faloš falsehood [fo:lshud], sham [ʃæm] (podvod)
falošný false [fo:ls], spurious [spjuəriəs], faithless [feiθlis]
falšovať falsify [fo:lsifai]
fanatik fanatic [fə'nætik]
fantázia fancy [fænsi], phantasy/fantasy [fæntəzi], imagination [i,mædʒi'neiʃn], dream [dri:m], vision [viʒn]
fantóm phantom [fæntəm], shape [ʃeip]
fanúšik (sports) fan [fæn], supporter [sə'pə:tər], friend [frend], jock [dʒok]
fara parish [pæriʃ], rectory [rektəri]
farár priest [pri:st], parson [pa:sn]
farba colour [kalə], dye [dai], hue [hju:], paint [peint]
farbiť colour [kalə], dye [dai], paint [peint]
farebný colour [kalə], coloured/colored - AmE) [kaləd]
farma farm [fa:m], ranch [ra:ntʃ]
farmácia pharmacy [fa:məsi]
farmár farmer [fa:mə]
farnosť parish [pæriʃ]
fasáda facade [fə'sa:d]
fascinácia fascination [fæsi-'neiʃn]
fascinovať fascinate [fæsineit]
fašírka mincemeat [minsmi:t]
fašista fascist [fæʃist]

fašizmus fascism [fæʃizm]
favorit favourite/favorite - AmE [feivərit] (predpokladaný/horúci f. - assumed/heavy, hot f.)
fazuľa bean [bi:n]
február February [februəri]
federácia federation [fedə'reiʃn]
fenikel fennel [fenl]
fenomén phenomenon [fi'nominən] (pl. phenomena) (jav)
fermež varnish [va:niʃ]
festival festival [festivl] (každoročný f. - annual f.; f. mládeže - youth f.)
fešný handsome [hænsəm]
feudalizmus feudalism [fju:dəlizm]
fialka, fialový violet [vaiəlit]
fiaker (hackney) carriage [hækni 'kæridʒ], cab [kæb]
fiasko failure [feiljə]
figa fig [fig]
figúra figure [figə], chess piece [ʃes pi:s] (šachová f.), (f. vo výklade - dummy in a shop window, tanečná f. - dance f.), character ['kærəktər] (filmová postava)
filatelia philately [fi'lætəli]
filé fillet [filit], steak [steik]
film film [film], movie [mu:vi] (hraný f. - acted f.; prístupný v sprievode rodičov - PG; bez obmedzenia - U, (US) G; s vekovým obmedzením - (US) R, X)
filozof philosopher [fi'losəfə]
filozofia philosophy [fi'losəfi] (životná f. - life p., p. of life)
finále final [fainl], finale [fi'na:li] (v opere)
financie finances [fai'nænsiz], funds [fandz]
finiš finish [finiʃ]
finta trick [trik], stunt [stant], ruse [ru:z] (úskok), artifice ['a:tifis] (rafinovanosť), feint [feint] (v športe)
firma firm [fə:m], company [kampəni], enterprise ['entəpraiz], concern [kən'sə:n], establishment [i'stæbliʃmənt], business ['biznəs]
flóra flora [flo:rə]
flotila fleet [fli:t]
fľak stain [stein], spot [spot], splotch [splotʃ] (škvrna)

fľaša bottle [botl], flask [flæsk]
fond fund [fand] (peňažný), stock [stok] (zásoba)
fontána fountain [fauntin]
forma form [fo:m], shape [ʃeip]
formalita formality [fo:-'mæliti]
formulár blank [blæŋk], form [fo:m]
fotel armchair [a:m'tʃeə]
fotoaparát camera [kæmərə]
fotoblesk flashlight [flæʃlait]
fotograf photographer [fə-'togrəfər]
fotografia photograph [fətogra:f], photo [fəutəu]
fotografovať take photographs [teik fotogra:fs]
foyer lounge [laundʒ], foyer ['foiei], lobby [lobi]
francuzák wrench [rentʃ] (kľúč)

Francúzsko France [fra:ns]
francúzsky French [frentʃ]
fráza phrase [freiz], idiom [idiəm], cliché ['kli:ʃei], banality [bə'næliti]
freska fresco [freskəu]
fŕkať, odfŕkať spatter [spætə], snort [sno:t]
front front [frant]
fučať whizz [wiz], blow [bləu], wheeze [wi:z] (dychčať)
fujavica snowstorm [snəusto:m]
fúkať blow [bləu]
funkcia function [faŋkʃn], role [rəul], part [pa:t], office [ofis], operation [opereiʃn] (činnosť)
futbal football [futbo:l]
fúzy moustache [məs'ta:ʃ]
fyzický physical [fizikl]
fyzik physicist [fizisist]
fyzika physics [fiziks]

Gg

gajdoš piper [paipə]
gajdy bagpipes [bægpaips]
galantéria fancy goods [fænsi gudz]
galantný courteous [kə:-tiəs], gallant [gælənt]
galéria gallery [gæləri]
galón gallon [gælən]
galoše galosh [gəˈloʃ]
gániť gape [geip]
garancia guarantee/guaranty [gærənˈti:]
garáž garage [gæraːʒ]
garda guard [ga:d]
garderóba wardrobe [wo:drəub]
gaštan chestnut [tʃesnat]
gauč couch [kautʃ], sofa [səufə]
gáza gauze [go:z]
gazdiná housekeeper [hausˈkiːpə], housewife [hauswaif]
gejzír geyser [giːzə]
generácia generation [dʒenəˈreiʃn]
generál general [dʒenrəl]
génius genius [dʒi:njəs]
gesto gesture [dʒestʃə]
gitara guitar [giˈtaː]

glej glue [glu:]
glóbus globe [gləub]
gól goal [gəul]
golier collar [kolə]
gombík button [batn], stud [stad], knob [nob]
gorila gorilla [gəˈrilə]
gotika gothic [goθik]
grafika graphics [græfiks]
gram gram/gramme [græm]
gramatika grammar [græmə] (g. - grammar book)
gramofón gramophone [græməfəun], record player [reko:d pleiər]
gramotnosť literacy [ˈlitərəsi]
granát grenade [griˈneid] (zbraň), garnet [ga:nit] (polodrahokam) (granátové jablko - pomegrenate)
gratulácia congratulation [kəngrætjuˈleiʃn], felicitation [fəˌlisitiˈteiʃn]
grep grapefruit [greipfru:t]
gril grill [gril], grillroom [grilrum]
grilovaný grilled [grild]
grilovať grill [gril]
grobian rough [raf], lout [laut], churl [tʃəːl], boor [buər]

gróf count [kaunt], earl [əːl]
guláš goulash [guːlæʃ]
guľa ball [boːl], globe [gləub]
guma rubber [rabə], gum [gam], eraser [iˈreizə]
gumovať erase [iˈreiz]
gunár gander [gændə]

guvernér governor [gavənə]
gymnastika gymnastics [dʒimˈnæstiks]
gymnázium grammar-school [græməˈskuːl], secondary school [sekəndəri ˈskuːl]

Hh

habkať fumble [fambl], grope [grəup]
Habsburgský Habsburg/Hapsburg [hæpsbə:g]
háčik hooklet [huklit], clasp [kla:sp]
had snake [sneik], serpent [sə:pənt] (jedovatý h. - poisonous/venomous s.; slizký - slimy)
hádanka puzzle [pazl], riddle [ridl]
hádať guess [ges], divine [di'vain], solve [solv]
hádať sa argue [a:gju:], contend [kən'tend]
hadica hose [həuz], tube [tju:b]
hádka quarrel [kworəl], dispute [dis'pju:t]
hádzaná handball [hændbo:l]
hádzať throw [θrəu], hurl [hə:l], toss [tos] (mincu), fling [fliŋ] (šmariť)
háj grove [grəuv]
hájiť sa defend [di'fend] (brániť)
hajzeľ john [dʒon], bog [bog], loo [lu:]

hák hook [hu:k]
hala hall [ho:l], lounge [laundʒ]
halier heller [helə], groat [grəut] (groš)
haliť veil [veil], cover [kavə]
haluz branch [bra:ntʃ], spray [sprei], twig [twig]
hanba shame [ʃeim], blame [bleim], disgrace [dis'greis]
hanblivý bashful [bæʃful], shy [ʃai]
handra rag [ræg], mop [mop]
hanebný shameful [ʃeimfəl], mean [mi:n]
hánka joint [dʒoint], knuckle [nakl]
hanobiť libel [laibl], blame [bleim], calumniate [kə'lamnieit], defame [di'feim], slander [sla:ndər] (zhanobiť cintorín - desecrate a cemetary)
harmanček camomile [kæməmail]
harmónia harmony [ha:məni], concord [koŋko:d] (súlad, svornosť, zhoda), unity [juniti]

harmonika accordion [ə-'kɔ:djən] (ústna/fúkacia h. - mouth organ)

harmonogram timetable [taimteibl], schedule ['ʃedju:l]

hárok (papiera) sheet (of paper) [ʃi:t əv peipər]

harpúna harpoon [ha:'pu:n]

hasič fireman [faiəmən]

hašterivý querulous [kwerulƏs], quarrelsome [kworəlsəm]

havária crash [kræʃ] (napr. lietadla), breakdown [breikdaun] (stroja), accident [æksidənt] (nehoda)

háveď vermin [və:min]

havran raven [reivn]

hazard hazard [hæzəd], gambling [gæmbliŋ] (hra)

hazardná hra gamble [gæmbl]

hektár hectare [hekta:]

helma helmet [helmit]

hemžiť sa swarm [swɔ:m]

herec actor [æktə]

herečka actress [æktris]

heslo password [pa:swə:d], watchword [wotʃwə:d], slogan [sləugən]

historka story [stɔ:ri], tale [teil], yarn [ja:n]

hit hit [hit], smash [smæʃ] (hov.)

hlad hunger [haŋgə], starvation [sta:'veiʃn], famine [fæmin] (hladomor)

hľadanie search for [sə:tʃ fɔ:], quest [kwest]

hľadať look for [luk fɔ:], seek [si:k], hunt for [hant fɔ:], be after [bi: a:ftər]

hladina surface [sə:fis] (povrch), level [levl] (úroveň)

hladkať caress [kə'res], fondle [fondl], stroke [strəuk]

hladký smooth [smu:ð], even [i:vən], fine [fain] (jemný), plain [plein] (vzor)

hladný hungry [haŋgri], greedy [gri:di]

hladovať starve [sta:v], hunger [haŋgə]

hlas voice [vois], sound [saund], vote [vəut] (volebný)

hlásateľ speaker [spi:kə], broadcaster [broudka:stər] (správ), announcer [ə'naunsər], newscaster ['nju:zka:stər]

hlásenie report [ri'pɔ:t], announcing [ə'naunsiŋ]

273

hláskovať

hláskovať spell [spel]
hlásiť announce [əˈnauns], report [riˈpoːt], inform [inˈfoːm]
hlasno aloud [əˈlaud], loudly [laudli]
hlasný loud [laud], noisy [ˈnoizi], resonant [ˈrezənənt]
hlasovať vote [vəut]
hlava head [hed] (H. XXII - Catch XXII; h. ústavy - chapter of a constitution; h. - heads - pri minci; bolí ma h. - I have a headache)
hlávkový šalát lettuce [letis]
hlavne mainly [meinli]
hlavný main [mein], chief [tʃiːf], principal [prinsəpl], primary [praiməri], cardinal [kaːdinl]
hlavný čašník headwaiter [hedweitə]
hĺbka depth [depθ]
hlboký deep [diːp], profound [prəˈfaund]
hliadka patrol [pəˈtrəul], guard [gaːd]
hlien slime [slaim]
hlina clay [klei], earth [əːθ]
hliník aluminium [æljuˈminjəm]

hlodať gnaw [noː]
hlodavec rodent [rəudənt]
hlt gulp [galp] (veľký), sip [sip] (malý), swig [swig]
hltan gullet [galit]
hltať swallow [swoləu], gobble [gobl], gulp [galp]
hlučný noisy [noizi]
hluchý deaf [def]
hluk noise [noiz], racket [rækit], din [din]
hlupák blockhead [blokhed], dunce [dans], fool [fuːl], jackass [dʒækæs]
hlupáčik oaf [əuf], simpleton [simpltən]
hlúpy stupid [stjuːpid], silly [sili], dense [dens]
hmat touch [tatʃ]
hmataťeľný tangible [tændʒəbl]
hmla fog [fog], haze [heiz], mist [mist]
hmlistý vague [veig], foggy [fogi], misty [misti]
hmota matter [mætə], mass [mæs], solid [solid], substance [sabstns]
hmotnosť weight [weit]
hmotný substantial [səbˈstænʃl]
hmyz insect [insekt], vermin [vəːmin] (hávaď)

hnačka diarrhoea [daiə'riə], lax [læks]
hnať drift [drift], drive [draiv]
hnať sa speed [spi:d], rush [raʃ], race [reis]
hnedý brown [braun], tan [tæn]
hneď soon [su:n], right [rait], at once [ət wans], directly [di'rektli]
hnev anger [æŋgə], passion [pæʃn]
hnevať anger [æŋgə], tease [ti:z], annoy [ə'noi]
hnevlivý spiteful [spaitfl]
hnida nit [nit]
hniesť knead [ni:d]
hniezdo nest [nest], hideout [haid‚aut] (úkryt) (hniezdočko lásky – love nest)
hniloba rot [rot]
hnusiť sa detest [di'test], disgust [dis'gast]
hnusný odiuos [əudiəs], distaste [dis'teist]
hnutie movement [mu:vmənt], motion [məuʃn] (pohyb)
hocaký whatever [wot'evə]
hoci though [ðəu], although [o:lðəu]
hocikto anybody [enibodi]

holandský

hod throw [θrəu], sling [sliŋ] (prakom), shot [ʃot] (guľou)
hodina hour [auə], lesson [lesn] class [kla:s], (v škole) (h. H/pravdy - zero hour/moment of truth)
hodinky watch [wotʃ] (náramkové h. - wrist w.)
hodiny clock [klok]
hodiť throw [θrəu], toss [tos], dash [dæʃ]
hodnota value [vælju:], worth [wə:θ]
hodváb silk [silk] (umelý h. - rayon)
hojdačka swing [swiŋ] (páková h. - seesaw/teeter toter)
hojdať swing [swiŋ], rock [rok], sway [swei]
hojne abundantly [ə'bandəntli], much [matʃ], largely [la:dʒli]
hojnosť abundance [ə'bandəns], plenty [plenti], wealth [welθ]
hojný abundant [ə'bandənt], plentiful [plentifəl], copious [kəupjəs]
hokej ice-hockey [aishoki]
holandský Dutch [datʃ] (h. dražba - D. auction; h. gulden - guilder)

holenie, holiť shave [ʃeiv]
holiaci strojček safety-razor [seifti'reizə]
holič barber [ba:bə] (pánsky), haidresser [heədresər] (dámsky)
holub pigeon [pidʒn], dove [dav]
holý naked [neikid], bare [beə]
homosexuál gay [gei]
hon hunt [hant], chase [tʃeis]
honorár fee [fi:], charge [tʃa:dʒ]
hora mountain [mauntin], hill [hil]
horčica mustard [mastəd]
hore up [ap], upwards [apwədz], upstairs [ap'steəz] (schodmi) (hore a dolu - up-and-down)
horieť burn [bə:n]
horizont horizon [hə'raizn], sky-line [skailain]
horký bitter [bitə]
horľavina, horľavý combustible [kəm'bastəbl]
horlivosť zeal [zi:l], zest [zest]
horlivý ardent [a:dənt], zealous [zeləs]

horší inferior [in'fiəriə] (kvalita), worse [wə:s] (2. stupeň od bad - zlý)
horšie worse [wə:s] (2. stupeň od bad - zlý)
horúci hot [hot], sultry [saltri], torrid [torid], ardent [a:dənt]
horúčava heat [hi:t]
horúčka fever [fi:və], temperature [temprətʃər] (H. sobotňajšej noci . Saturday night´s fever; zlatá h. - gold rush)
horúčkovitý feverish [fi:vəriʃ]
hospodárenie economy [i:'konəmi]
hospodársky economic [i:kə'nomik]
hospodárstvo farm [fa:m] (usadlosti), economy [i'konəmi], management ['mænidʒmənt] (hospodárenie), housekeeping [haus,ki:piŋ] (domácnosti)
hosteska hostess [həustis]
hostina feast [fi:st], banquet ['bæŋkwit], dinner party [dinər 'pa:ti]
hostinec inn [in], pub [pab], public house [pablik

haus], tavern [tævən], **sallon** [sə'lu:n]
hostiteľ host [həust]
hostiteľka hostess [həustis]
hostiť entertain [entətein] (zabávať), treat [tri:t]
hosť guest [gest], customer [kastəmər] (v reštaurácii), visitor [vizitər] (návštevník)
hotel hotel [həu'tel] (bývať v hoteli - stay in a hotel; ubytovať sa - check in)
hotovosť cash [kæʃ], ready money ['redi'mani]
hotový ready [redi], finished [finiʃt], complete [kəm'pli:t]
hovädzina beef [bi:f]
hovädo cattle [kætl], brute [bru:t]
hovor talk [to:k], conversation [konvə'seiʃn], chat [tʃæt] (neformálny)
hovorca speaker [spi:kə], spokesman ['spouksmən], briefer ['bri:fər] (tlačový)
hovoriť speak [spi:k], chat [tʃæt], discuss [dis'kas], tell [tel]
hra game [geim], play [plei] (h. na skrývačku - hide and seek)

hrací automat juke-box [dʒu:kboks] (na platne), one-armed bandit [wan a:md bændit]
hráč player [pleiə], gambler [gæmblər] (hazardný), musician [mju:'ziʃn] (na hudobný nástroj)
hračka toy [toi] (je to hračka/ľahké - it is a piece of cake)
hrad castle [ka:sl]
hradba wall [wo:l], barrier ['bæriər] (prekážka), rampart ['ræmpa:t] (opevnenie)
hrádza dam [dæm], dike [daik], embankment [im'bæŋkmənt]
hrana edge [edʒ], rim [rim] (okraj)
hranica border [bo:də], limit [limit], bonfire [bonfaiər] (vatra)
hranice frontier [frantjə], border [bo:dər]
hranolky chips [tʃips]
hrášok pea [pi:]
hrča lump [lamp], knot [not]
hrdina hero [hiərəu]
hrdlo throat [θrəut], spout [spaut] (odtok), neck [nek]

hrdý

(fľaše) (h. maternice - cervix)

hrdý proud [praud], elated [i'leitid]

hrdza rust [rast], corrosion [kə'rəuʒn]

hrebeň comb [kəum], ridge [ridʒ] (hory)

hrebienok crest [krest]

hrešiť scold [skəuld], swear [sweə] (nadávať), sin [sin] (hriech)

hriadeľ shaft [ʃa:ft]

hrianka toast [təust]

hríb mushroom [maʃru:m]

hriech sin [sin], crime [kraim] (zločin) wrongdoing [roŋdu:iŋ], (smrteľný h. - mortal/deadly/cardinal s.)

hriešny wicked [wikid] (skazený), sinful ['sinfəl]

hrnček mug [mag], cup [kap]

hrniec pot [pot]

hrob tomb [tu:m], grave [greiv] (mlčať ako h. - be as silent as the g.)

hrom thunder [ðandə]

hromžiť grumble [grambl]

hrozba threat [θret], menace [menəs]

hroziaci imminent [iminənt], impending [im'pendiŋ]

hrozienko (sušené) raisin [reizn]

hrozienka currants [karənts]

hrozivý sinister [sinistə], frightening [fraitniŋ], fearful ['fiəfəl]

hrozno grape [greip]

hrozný shocking [ʃokiŋ], terrible [teribl], terrific [tə'rifik], awful [o:fl], formidable [fo:midəbl], horrible [horəbl]

hrôza terror [terər], horror [horər]

hrubý thick [θik], ribald [ribəld], rude [ru:d], coarse [ko:s], crude [kru:d]

hruda clod [klod], lump [lamp]

hruď chest [tʃest], bosom [buzəm], breast [brest]

hruška pear [peə]

hrýzť bite [bait], chew [tʃu:], gnaw [no:]

huba mushroom [maʃru:m] (hríb) (Zatvor hubu! - Shut up!)

hudba music [mju:zik] (h. budúcnosti - a dream of a future)

hudobník musician [mju:-ziʃn]
hudobný musical [mju:zikl]
húkať toot [tu:t] (trúbiť - auto), hoot [hu:t]
humánny human [hju:mən]
humorný humorous [hju:mərəs]
hus goose [gu:s] (pl. geese)
husle violin [vaiə'lin] (hrať druhé h.- play second fiddle)
hustý thick [θik], dense [dens]
hutný dense [dens], consistent [kən'sistænt]
húževnatý stubborn [stabən], tenacious [ti'neiʃəs], tough [taf]
hviezda star [sta:] (betlehémska h. - s. of Bethlehem; židovská h. - s. of David/ Magen David)
hviezdny stellar [stelə]
hýbať move [mu:v]
hydina poultry [pəultri], fowl [faul]
hygienický sanitary [sænitəri]
hymna hymn [him] (náboženská), anthem [ænθəm] (národná)
hynutie, hynúť decay [di-'kei], perish [periʃ]

CHch

chabý faint [feint], slack [slæk]

chalupa cottage [kotidʒ], bungalow ['baŋgəlou], chalet ['ʃælei] (chata)

chamtivosť greediness [griːdinis], graspingness [graːspinˈnis]

chamtivý greedy [griːdi]

chaos chaos [kejəs]

chápať understand [andəˈstænd], see [siː]

chápavosť understanding [andəˈstændiŋ], comprehension [kompriˈhənʃn]

chápavý understanding [andəˈstændiŋ], sharp [ʃaːp]

charakter character [kæriktə]

chata cottage [kotidʒ], shack [ʃæk], bungalow [baŋgələu], chalet [ʃælei]

chatrč hut [hat]

chcieť want [wont], wish [wiʃ]

chémia chemistry [kemistri]

chemik chemist [kemist]

chichot giggle [gigl], titter [titə], snicker [snikər]

chirurgia surgery [səːdʒəri]

chlad chill [tʃil], cold [kəuld]

chladený chilled [tʃild], iced [aist]

chladnička refrigerator [riˈfridʒəreitə], fridge [fridʒ], ice-box [aisboks]

chladný cold [kəuld], cool [kuːl], chilly [tʃili]

chlap guy [gai], fellow [feləu], chap [tʃæp]

chlapec boy [boi], guy [gai], lad [læd]

chlapík guy [gai]

chlebíček sandwich [sændwidʒ]

chlieb bread [bred]

chliev sty [stai] (pre svine), cowshed [kauʃed] (pre kravy), pen [pen] (ohrada), barn [baːn] (stodola)

chlípnosť lust [last]

chlpy hair [heər]

chmúrny cloudy [klaudi], sable [seibl]

chňapnúť snap [snæp]

chobot trunk [traŋk]

chod run [ran], course [koːs], operation [opəreiʃn] (prevádzka), functioning [faŋkʃniŋ]

chodba corridor [korido:], gangway [gæŋwei]
chodec pedestrian [pi'destriən], walker [wo:kə]
chodidlo sole [səul], foot [fut]
chodník path [pa:θ], sidewalk [saidwo:k], footpath [futpa:θ]
chôdza walk [wo:k], pace [peis]
chopiť seize [si:z], grip [grip], grasp [gra:sp]
choroba sickness [siknis], disease [di'zi:z] (nákazlivá), illness [ilnis]
chorý sick [sik,], ill [il]
chov breed [bri:d], breeding [bri:diŋ]
chovanie behaviour/behavior - AmE [bi'heivjə] (správanie sa)
chovať raise [reiz] (napr. zvieratá)
chovať sa behave [bi'heiv]
chrám temple [templ], cathedral [kə'θi:drəl]
chrániť protect [prə'tekt]
chrápanie, chrápať snore [sno:]
chrapľavý hoarse [ho:s]
chrasta crust [krast]

chrbát back [bæk]
chrbtica backbone [bækbəun], spine [spain]
chrbtový spinal [spainl]
chren horse-radish [ho:srædiʃ]
chrípka flu [flu], influenza [influ'enzə]
chrlič spout [spaut]
chrliť spit [spit], emit [i'mit], spout [spaut]
chrobák beetle [bi:tl]
chromý lame [leim]
chtivosť eagerness [i:gənəs], lust [last], greediness [gri:dinis]
chtivý eager [i:gə], greedy [gri:di]
chudoba poverty [povəti], poorness [pu:ənis], penury [penjuəri] (bieda)
chudobný poor [puə], destitute [destitju:t], needy [ni:di]
chudý thin [θin] (tenký), lean [li:n] (mäso)
chuligán hooligan [hu:ligən], rowdy [raudi]
chúlostivý delicate [delikit], touchy [tatʃi]
chumáč tuft [taft], bunch [bantʃ]

281

chutný savoury [seivəri], dainty [deinti], delicate [delikit], tasty [teisti]

chuť taste [teist], relish [reliʃ], flavour [fleivə]

chvála praise [preiz], acclaim [əˈkleim]

chvastať sa bluster [blastə], boast [bəust]

chvenie trembling [trembliŋ], quiver [kwivə], shiver [ʃivə]

chvieť sa tremble [trembl], palpitate [pælpiteit], quake [kweik]

chvíľa while [wail], moment [məumənt], instant [instənt] (v tej ch. - at that m.; dlhá ch. - boredom)

chvost tail [teil] (ch. - copponytail), cock/prick/pecker [kok/prik/pekər] (mužský úd hov.)

chyba defect [diˈfekt], blunder [blandə], error [erə], fault [fo:lt], flaw [flo:], mistake [misˈteik]

chýbať be absent [bi: æbsnt] (neprítomný), miss [mis] (postrádať)

chytiť catch [kætʃ], snap [snæp], grip [grip]

chytráctvo cunning [kaniŋ]

chyžná chambermaid [tʃeimbəmeid], maid [meid]

Ii

iba only [əunli], just [dʒast], alone [əˈləun], barely [beəli]
iba ak unless [ənˈles]
idea idea [aiˈdiə] (fixná i. - fixed i.)
ideálny ideal [aiˈdiəl]
idyla idyll [idil]
ihla needle [ni:dl]
ihlan pyramid [pirəmid]
ihličnatý coniferous [kəuˈnifəˈrəs]
ihneď instantly [instəntli], at once [ətˈwans]
ihrisko playground [pleigraund], court [ko:t], (playing) field [fi:ld], pitch [pitʃ] (futbalové), course [ko:s] (golfové)
ich their [θeər], them [ðem]
ikry spawn [spo:n], roe [rou], fish egg [fiʃ eg]
íl clay [klei]
ilustrovaný illustrated [iləstreitid]
ilustrovať illustrate [iləstreit]
ilúzia illusion [iˈlu:ʒn]
import import [impo:t]
ináč otherwise [aðəwaiz]

inam elsewhere [elsˈweə]
inde else [els], elsewhere [elsˈweə]
individualita individuality [individjuˈæliti]
individuálny individual [indiˈvidjuəl]
infekcia infection [inˈfekʃn]
inflácia inflation [inˈfleiʃn]
informácia information [infəˈmeiʃn] (pl. information!)
informovať inform [inˈfo:m]
iniciatíva, iniciatívny initiative [iˈniʃiətiv]
injekcia injection [inˈdʒekʃn], jab [dʒæb], shot [ʃot], vaccine [væksi:n] (látka)
inkasovať cash [kæʃ], collect [kolekt]
inovať hoarfrost [ho:ˈfrost], rime [raim]
inštancia instance [instəns], authority [o:ˈθoriti]
inštitúcia institution [instiˈtju:ʃn]
inštrukcia instruction [inˈstrakʃn]
intelekt intellect [intəˈlekt]
intelektuálny intellectual [intiˈlektjuəl]

inteligencia

A
B
C
Č
D
E
F
G
H
CH
I
J
K
L
M
N
O
P
R
S
Š
T
U
V
Z
Ž

inteligencia intelligence [in'telidʒns]
inteligentný intelligent [in'telidʒnt]
intenzita intensity [in'tensiti]
intenzívny intensive [in'tensi:v]
interiér interior [in'tiəriə]
internát boarding-house [bo:diŋ haus], hostel [hostəl], dormitory [do:mitəri]
interný internal [in'tənl]
interpunkcia punctuation [paŋktʃu'eiʃən]
interval interval [intə:vl]
intímny intimate [intimit], snug [snag]
invalid disabled [dis'eibld], invalid [invælid]
investícia investment [in'vestmənt]
investovať invest [in'vest]
iný other [aðə], another [ə'naðə], different [difrənt], else [els]
inzerát advertisement [əd'və:tismənt]

inžinier engineer [endʒi'niə]
Írsko Ireland [aiələnd]
Írsky Irish [aiəriʃ]
iskra spark [spa:k]
Island Iceland [aisənd]
ísť go [gəu], walk [wo:k]
iste certainly [sə:tnli], surely [ʃuəli]
istota certainty [sə:tnti], security [si'kjuəriti]
istý certain [sə:tn], sure [ʃuə], secure [si'kjuə]
izba room [ru:m], chamber [tʃeimbə], apartment [ə'pa:tmənt]
izolácia isolation [aisə'leiʃn] (odlúčenie), insulation [insju'leiʃn] (materiálu), waterproofing [wo:təpru:fiŋ] (proti vode)
izolovať isolate [aisəleit] (krajinu), insulate [insju'leit] (drôt), separate [sepəreit], segregate [segrigeit]
Izrael Israel [izreiəl]

Jj

ja I [ai] (ja byť tebou - if I were you)

ja, sám, sa myself [mai'self]

jablko apple [æpl] (j. sváru - apple of discord; J. nepadá ďaleko od stromu - The apple never falls far from the tree)

jačať yell [jel], scream [skri:m], shriek [ʃri:k], screech [skri:tʃ]

jačmeň barley [ba:li] (j. oka - stye [stai])

jadrný racy [reisi]

jadro kernel [kə:nl] (orecha), core [ko:] (zemské), grain [grein], substance [sabstəns], nucleus [nju:kliəs] (atómu), essence [esns] (podstata)

jahňa lamb [læm] (jahňacia koža – lambskin)

jahoda strawberry [stro:bəri]

jachta yacht [jot]

jama pit [pit], hole [həul]

Ján John [dʒon]

Jana Jean [dʒi:n]

jantár amber [æmbə]

január January [dʒænjuəri]

Japonsko Japan [dʒə'pæn]

japonský Japanese [dʒæpə'ni:z]

jar spring [spriŋ], springtime [spriŋ'taim]

jarabica partridge [pa:tridʒ]

jarabina rowan [rouən]

jarmo yoke [jəuk]

jarmok market [ma:kit], fair [feə]

jas brightness [braitnis]

jaseň ash-tree [æʃtri:]

jaskyňa cave [keiv], cavern [kævən], grotto [grotou]

jasle créche [kreiʃ], nursery (school) [nə:səri]

jasný bright [brait], clear [kliə], explicit [iks'plisit], lucid [lu:sid]

jastrab hawk [ho:k]

jašter, jašterica lizard [lizəd]

jaternica sausage [sosidʒ]

jatky slaughter (house) [slo:tə]

jav phenomenon [fi'nominən] (pl. phenomena) (úkaz)

javisko stage [steidʒ], scene [si:n], arena [ə'ri:nə] (prenesene)

285

javor maple [meipl] (javorový list/sirup - m. leaf/sirup/syrup)

jazda ride [raid], drive [draiv]

jazdec driver [draivə], horseman [ho:smən]

jazdiť drive [draiv] (na aute), ride [raid] (na koni/bicykli)

jazdný pruh lane [lein]

jazero lake [leik], loch [lok]

jazva scar [ska:] (j. na duši - mental/psychological s.; trvalá j. - permanent s.)

jazyk tongue [taŋ] (ústa), language [læŋgwidʒ] (reč)

jed poison [poizn], venom [venəm], canker [kæŋkər] (sneť, rakovina), (na to môžeš vziať j. - you bet)

jedáleň dining-room [daininŋru:m], canteen [kæn-'ti:n] (v práci)

jeden one [wan] (j. druhého - each other, one another; j. jediný - single; j. nikdy nevie - you never know/one never knows)

jediný sole [səul], the only one [ði əunli wan]

jedľa fir-tree [fə:tri:]

jedlo meal [mi:l], food [fu:d], victual [vitl], dish [diʃ] (chod)

jedlý edible [edibl], eatable [i:təbl]

jednať sa bargain [ba:gin] (o cenu)

jednoduchý plain [plein], simple [simpl]

jednosmerný one-way [wan-'wei] (cesta), unidirectional [juni'direkʃənəl] (prúd)

jednota union [ju:njən], unity [ju:niti]

jednotka unit [ju:nit]

jednotlivo singly [siŋgli]

jednotný uniform [ju:nifo:m], united [junaitid], flat [flæt] (sadzba), standard [stændəd] (cena) (j. číslo - singular)

jeho his [hiz], its [its], him [him]

jeleň deer [diə], stag [stæg], hart [ha:t]

jemnosť delicacy [delikəsi], fineness [fainnəs]

jemný fine [fain], soft [soft], subtle [satl], tender [tendə], delicate [delikət], gentle [dʒentl]

jemu him [him]

jeseň autumn [o:təm], fall - AmE [fo:l]
jesť eat [i:t], dine [dain] (j. v prírode - picnic; j. olovrant - snack)
jež hedgehog [hedʒhog]
Ježiš Jesus [dʒi:zəs]
jód iodine [aiədi:n]
jogurt yoghurt [jogət]
Jožko Joe [dʒəu]
ju, jej her [hə:]
jubileum jubilee [dʒu:bili:]

juh South [sauθ]
Juhoslávia Yugoslavia [ju:gəu'sla:vjə]
júl July [dʒu:lai]
jún June [dʒu:n]
juta jute [dʒu:t]
južný, južne south [sauθ], southern [saðən] (j. pologuľa - southern hemisphere; J. Korea - South Korea; J. pól - South Pole)

Kk

kabaret cabaret [kæbərei]
kabát overcoat [əuvəkəut], coat [kəut]
kabátik blazer [bleizə]
kábel cable [keibl], flex [fleks]
kabelka handbag [hændbæg]
kabína cabin [kæbin]
kabínka booth [bu:θ]
kačica duck [dak] (novinárska k. - canard; divá/domáca k. - wild/domestic d.)
káčer drake [dreik]
kader curl [kə:l], lock [lok]
kaderník hairdresser [heə'dresə]
kachle stove [stəuv]
kajuta cabin [kæbin]
kakao cocoa [kəukəu]
kal mud [mad], dregs [dregz], slime [slaim]
kalendár calendar [kælində]
kaleráb kohlrabi [kəul'ra:bi]
kalný muddy [madi], dim [dim]
kaktus cactus [kæktəs] (pl. cacti [kæktai])
kam where [weə]

kamarát friend [frend], mate [meit], fellow [feləu]
kameň rock [rok], stone [stəun] (k. úrazu - a bone of contention)
kampaň campaign [kæm'pein]
kanál canal [kə'næl], channel [tʃænl]
kancelária office [ofis], bureau [bju:rəu]
kanvica kettle [ketl] (čajová)
kapacita capacity [kə'pæsiti]
kapela band [bænd], group [gru:p]
kapitál capital [kæpitl]
kapitola chapter [tʃæptə]
kapitulácia capitulation [kəpitju'leiʃn], surrender [sə'rendə]
kaplnka chapel [tʃæpəl]
kapor carp [ka:p]
kapota bonnet [bonit], hood [hud]
kapucňa cape [keip], hood [hud]
kapusta cabbage [kæbidʒ]
kapustový šalát slaw [slo:]

karanténa quarantine [kworənti:n]
karavána caravan [kærəvæn]
karburátor carburettor [ka:bjuretə]
karfiol cauliflower [ko:liflauə]
karhať reprehend [repri'hend], rebuke [ri'bju:k], reproach [ri'proutʃ]
kariéra career [kə'riə]
karta card [ka:d], file [fail] (evidenčná) (vykladacia k. - fortune telling/tarrot c.; zdravotná k. - medical c.; žolíkové k. - (standard) playing c.s; odkrytá k. - exposed c.)
kartotéka card-index [ka:d-'indeks], file [fail]
kasárne barracks [bærəks]
kaša gruel [gruəl], pap [pæp], (zemiaková k. - potato mash; ovsená k.- porridge)
kašeľ cough [kof] (chrchľavý/dráždivý k. - phlegmy/irritating c.)
kašlať cough [kof]
katastrofa catastrophe [kə'tæstrəfi], disaster [di'za:stə], calamity [kə'læmiti]
katedrála cathedral [kə'θi:drəl]
káva coffee [kofi]
kaviareň café [kæfei]
kaz flaw [flo:], fault [fo:lt]
kazeta casette [kə'set]
kaziť spoil [spoil]
každodenný daily [deili], quotidian [kwo'tidiən]
každoročný yearly [jə:li], annual [ænjuəl]
každý each [i:tʃ], every [evri], any [eni], everybody [evri bodi], whoever [hu:'evə]
kde where [weə]
kdekoľvek anywhere [eniweə]
keby if [if]
kedy when [wen], ever [evə]
keď when [wen], as [æz]
keďže since [sins], as [æz]
kefa brush [braʃ] (zubná k. - toothbrush; zjem kefu - I´ll eat my hat (if))
kefovať brush [braʃ], scrub [skrab]
keks biscuit [biskit], snap [snæp], cracker [krækə]
kel kale [keil], cabbage [kæbidʒ] (zelenina), tusk [task] (slona)
kemping camp [kæmp]

kengura

kengura kangaroo [kæŋgəru:]
ker shrub [ʃrab], bush [buʃ]
keramika ceramics [si'ræmiks]
kino cinema [sinimə], pictures [piktʃəz], movies [mu:viz]
kinofilm cinefilm [sinifilm]
klada log [log], beam [bi:m]
kladivo hammer [hæmə]
klaksón horn [ho:n]
klam deceit [di'si:t]
klamár liar [laiə]
klamať lie [lai], deceive [di'si:v]
klamný false [fo:ls]
klamstvo deceit [di'si:t], sham [ʃæm]
klan clan [clæn]
klas ear [iə], spike [spaik]
klásť lay [lei], put [put]
kláštor convent [konvənt], cloister [kloistə], monastery [monəstri] (mužský)
klát block [blok]
klávesa key [ki:]
klavír piano [piæ:nəu] (rozladený k. - out of tune)
kĺb joint [dʒoint]
kĺb prstu knuckle [nakl]
klbko clew [klu:], ball [bo:l]
klebeta gossip [gosip]

klenba vault [vo:lt], arch [a:tʃ]
klenot jewel [dʒu:əl]
klenotníctvo jewelry [dʒu:əlri]
klesať sink [siŋk], subside [səb'said], droop [dru:p], fall [fo:l], drop [drop]
kliatba swear [sweə], curse [kə:s]
klieště tongs [toŋz], pincers [pinsərs]
klietka cage [keidʒ]
klinec nail [neil] (drevený k. - treenail/peg; zlatý k. (napr. programu) - highlight)
klinika clinic [klinik]
klobása sausage [sosidʒ] (zapekaná k./párky - toad-in-the-hole)
klobúk hat [hæt] (kovbojský k. - cowboy/ten-gallon/stetson h.)
kloktať gargle [ga:gl]
kloniť sa verge [və:dʒ], bow [bəu]
klopanie knocking [nokiŋ], tap [tæp]
klopať knock [nok], tap [tæp], clap [klæp]
klub club [klab], association [ə‚səusi'eiʃn] (spolok), (striptízový k. - strip joint)

kľúč key [ki:] (basový k. - the F/bass clef; husľový k. - the G/treble clef; patentný k. - latch/patent k.; univerzálny/skupinový - master/pass/skeleton k.)
klusať jog [dʒog], trot [trot]
kĺzať slide [slaid], glide [glaid], slip [slip]
klzisko rink [riŋk], skating-rink [skeitiŋ riŋk], ice-rink [ais riŋk]
klzký slippery [slipəri], sleek [sli:k]
kmeň stem [stem], tribe [traib] (domorodcov), trunk [traŋk] (stromu)
kňaz priest [pri:st], clergyman [klədʒimən]
knedľa dumpling [dampliŋ] (domáca k. - home-made d.)
kniha book [buk] (palubná k. - log b.; posvätná k. - sacred b.; viazaná/brožovaná k. - bound/paperback)
kníhkupectvo book shop [buk ʃop], bookstore [buk sto:]
knižnica library [laibrəri]
koberec carpet [ka:pit], rug [rag]
kocka cube [kju:b], lump [lamp] (Kocky sú hodené - The die is cast)
kocúr tom-cat [tomˈkæt] (Keď kocúr nie je doma, myši majú bál - When the cat is away the mice will play)
koč coach [kəutʃ]
kočík pram [præm]
kód code [kəud]
koho, komu whom [hu:m]
kohút cock [kok], rooster [ru:stər], faucet [fo:sit] (vodovodný), quiff [kwif] (vlasov)
kojenec baby [beibi], suckling [sakliŋ]
kôl stake [steik]
koláč cake [keik]
koláčik cookie [kuki], muffin [mafin]
koľajnica rail [reil]
kolega colleague [koli:g], mate [meit]
kolégium college [kolidʒ], board [bo:d], committe [kəˈmiti]
kolekcia collection [kəlekʃən]
koleno knee [ni:], knuckle [nakl]
koleso wheel [wi:l]

kolík peg [peg], stud [stad]
kolísanie swing [swiŋ]
kolísať rock [rok], vary [veəri] (meniť sa)
kolísať sa sway [swei], swing [swiŋ]
kolísavý groggy [grogi]
kolízia collision [kəˈliʒn]
koľko? how much [hau matʃ] (nepočítateľné), how many [hau mæni] (počítateľné)
kôlňa shed [ʃed]
kolok stamp [stæmp]
kolotoč merry-go-round [merigəuˈraund]
komár gnat [næt], mosquito [məsˈki:təu]
kombajn harvester [ha:vistə]
kombinácia combination [kəmbiˈneiʃn]
kombiné slip [slip]
kombinovať combine [kəmˈbain]
komédia comedy [komədi]
komentovať comment [koment]
komentár comment [koment], commentary [koməntəri]
komický comical [komikl], funny [fani]
komín chimney [tʃimni], stack [stæk]

komora chamber [tʃeimbə]
kompa ferryboat [feribəut], car-ferry [ka:feri]
kompetentný competent [kompitənt]
komplikácia complication [kompliˈkeiʃn]
komplikovaný complicated [komplikeitid]
komponovať compose [kəmˈpəuz]
komunikácia communication [kəmju:niˈkeiʃn]
konárik twig [twig]
konať do [du], hold [həuld] (podujatie)
koncentrácia concentration [konsənˈtreiʃn]
koncepcia conception [kənˈsepʃn]
koncovka ending [endiŋ]
konček tip [tip]
končiť end [end]
konečne lastly [la:stli], at last [ət la:st]
konečný final [fainl], terminal [təˈminl]
konfekcia clothing industry [kləuðiŋ indastri], ready-made clothes [redi meid kləuðs] (oblečenie)

konfekčný ready-made [re-dimeid]
konferencia conference [konfərəns]
kongres congress [koŋgres]
koníček hobby [hobi]
koniec end [end], ending [endiŋ], finish [finiʃ] (šťastný k. - happy end)
koník little horse [litl ho:s], pony [pəuni], grasshopper [gra:shopər] (lúčny), sea horse [si: ho:s] (morský)
konkrétny concrete [koŋkri:t]
konkurencia competition [kompə'tiʃən]
konkurz tender [tendər], competition [kompə'tiʃən], audition [o:'diʃn], interview [intəvju:], recruitment [ri'kru:tmənt]
konštrukcia construction [kən'strakʃn]
kontakt contact [kontækt]
kontext context [kontekst]
kontinent continent [kontinənt]
kontrast contrast [kontræst]
kontrola check [tʃek], checkup [tʃekap], control [kən'trəul]

kontrolovať check [tʃek], inspect [in'spekt]
konvenčný conventional [kən'venʃnl]
konverzácia conversation [konvə'seiʃn]
konverzia conversion [kən'və:ʃn]
konzerva tin [tin], can [kæn]
konzervatívec, konzervatívny conservative [kən'sə:vətiv]
konzervovaný canned [kænd]
konzul consul [konsəl]
konzulát consulate [konsjulit]
kopanec kick [kik]
kopať dig [dig], kick [kik]
kopcovitý hilly [hili]
kopec hill [hil], mound [maund]
kópia copy [kopi]
kopija spear [spiə]
kopírovať copy [kopi]
korálka bead [bi:d]
korčuľa skate [skeit]
korektný correct [kə'rekt], proper [propər], tactful [tæktfəl]
korenie seasoning [si:zniŋ], spice [spais]

koreň

koreň root [ru:t]
korisť prey [preil], quarry [kwori], loot [lu:t]
kormidlo helm [helm], steering wheel [sti:riŋ wi:l]
korok cork [ko:k]
korumpovať corrupt [kə'rapt]
koruna crown [kraun]
korytnačka turtle [tə:tl], tortoise [to:təs]
kosák sickle [sikl]
kosť bone [bəun]
kostol church [tʃə:tʃ]
kostolík chapel [tʃæpəl]
kostra skeleton [skelitn], frame [freim]
kostým costume [kostju:m]
košeľa shirt [ʃə:t]
kotlík kettle [ketl], pot [pot]
kotol boiler [boilər]
kotrmelec tumble [tambl] (spadnutie), somersault [saməso:lt] (premet)
kov metal [metl]
kováč smith [smiθ]
koza goat [gəut]
kozľa kid [kid]
kozmetika cosmetics [koz'metiks]
kozub fireplace [faiəpleis], hearth [ha:θ]

koža skin [skin] (pokožka), leather [leðə] (surovina)
koženka leatherette [leðəret]
kožený leather [leðə]
kožušina fur [fə:]
kôň horse [ho:s]
koňak brandy [brændi]
kôpor dill [dil]
kôra bark [ba:k] (stromu), crust [krast] (chleba, zeme)
kôš basket [ba:skit]
krab crab kræb], lobster [lobstə]
kráčať step [step], march [ma:tʃ]
krádež theft [θeft]
kradnúť steal [sti:l]
kraj region [ri:dʒən], landscape [lændskeip]
krájať slice [slais], carve [ka:v], cut [kat]
krajčír dressmaker [dresmeikə], tailor [teilə]
krajec slice [slais]
krajina country [kantri], land [lænd], landscape [lændskeip]
krajnosť excess [ik'ses], extreme [ik'stri:m]
krajný extreme [ik'stri:m]
králik rabbit [ræbit]

krížovka

kráľ king [kiŋ]
kráľovna queen [kwi:n]
kráľovstvo kingdom [kiŋdəm]
krása beauty [bju:ti]
krásavica beauty [bju:ti]
krásny beautiful [bju:tifəl]
krát times [taimz]
krátko shortly [ʃo:tli]
krátky short [ʃo:t], brief [bri:f]
krava cow [kau] (dojná k. - milch [milʃ] c.)
kŕč cramp [kræmp], spasm [spæzm]
krčah jug [dʒag]
krčiť crumple [krampl], shrink [ʃriŋk]
krčiť sa cower [kauə], crease [kri:s], shrink [ʃriŋk]
krčma pub [pab], saloon [sə'lu:n], tavern [tævən]
kŕdeľ swarm [swo:m]
krehký frail [freil], slight [slait], crisp [krisp], fragile [frædʒail]
krém cream [kri:m], ointment ['ointmənt], polish [poliʃ] (leštidlo)
kremeň quartz [kwo:ts]
krémový cream [kri:m]
kresba drawing [dro:iŋ]
kresliť draw [dro:]

kreslo armchair [a:mtʃeə], chair [tʃeə]
kričať shout [ʃaut], cry [krai], call [ko:l]
krídlo wing [wiŋ]
krieda chalk [tʃo:k]
krik cry [krai], shout [ʃaut], yell [jel], scream [skri:m]
krík bush [buʃ], shrub [ʃrab]
kriket cricket [krikit]
Kristus Christ [kraist], lord [lo:d] (pred Kristom - n.l.- before Christ)
krištáľ crystal [kristl]
kritik critic [kritik]
kritika critique [kriti:k], criticism [kritisizm]
kritizovať criticize [kritisaiz]
krívať hobble [hobl], limp [limp]
krivka curve [kə:v]
krivý crooked [krukid], lame [leim]
kríza crisis [kraisis], slump [slamp]
kríž cross [kros], crucifix [krusifix] (znázornenie ukrižovania) (svätý k. - holy rood)
krížovka crossword [kroswə:d]

križovatka crossing [krosiŋ], interchange [intə-'tʃeindʒ], intersection [inte'sekʃn], junction [dʒankʃn]

krk neck [nek]

kŕmiť feed [fi:d]

kroj costume [kostju:m]

krok step [step]

krotiť restrain [ris'trein], tame [teim]

krotký, krotiť tame [teim]

krt mole [məul] (slepý ako k. - as blind as a bat)

kruh circle [sə:kl], ring [riŋ] (začarovaný k. - vicious c.; záchranný k. - life ring/belt; hrnčiarsky k. - potter´s wheel)

kruh, krúžiť circle [se:kl]

krútiť wring [riŋ], revolve [ri'volv], twist [twist]

krutosť ferocity [fə'rositi], cruelty [kruelti]

krutý severe [si'viə], bitter [bitə], cruel [kruəl], grim [grim], heartless [ha:tlis]

krúžok ring [riŋ], circlet [sə:klit], slice [slais] (krajec), quoit [koit] (hádzaný na kolík)

krv blood [blad] (z cudzieho k. netečie - it´s no skin off my nose; Krv nie je voda - Blood is thicker than water)

krvavý bloody [bladi] (k. tlačenka - blood pudding)

krvácať bleed [bli:d]

krviprelievanie carnage [ka:-nidʒ] (masaker), slaughter [slo:tər], bloodshed [bladʃed]

krypta vault [vo:lt], crypt [kript]

kryt mantle [mæntl], cover [kavər], shield [ʃi:ld], housing [hausiŋ], bonnet [bonit] (kapoty motora), shelter [ʃeltər] (úkryt)

krytý covered [kavəd] (k. bazén - indoor swimming pool)

kto who [hu:], which [witʃ] (ktorý)

ktokoľvek whoever [hu:'evə], anybody [enibodi]

ktorého whose [hu:z] (čí)

ktorý who [hu:], that [ðæt], what [wot], which [witʃ]

ktorýkoľvek any [eni]

ku to [tu:], towards [tə-'wo:dz] smerom ku

kubický cubic [kju:bik]

kučera curl [kə:l]

kučeravý crisp [krisp], curly [kə:li]
kufor suitcase [sju:tkeis]
kuchár cook [kuk], chef [ʃef] (hlavný k.)
kuchyňa kitchen [kitʃin] (miestnosť), cuisine [kwi'zi:n] (národná)
kukurica maize [meiz], (Indian) corn [ko:n] (kukuričná placka - johny cake)
kult worship [wə:ʃip] (uctievanie), cult [kalt]
kultúra culture [kaltʃə]
kupé compartment [kəm'pa:tmənt]
kurča chicken [tʃikən]
kurt court [ko:t]
kúpa purchase [pə:tʃəs]
kúpať sa bathe [beið]
kúpele spa [spa:]
kúpeľ bath [ba:θ]
kúpeľňa bath [ba:θ], bathroom [ba:θru:m]
kúpiť buy [bai], purchase [pə:tʃəs]
kúrenie heating [hi:tiŋ]
kúriť heat [hi:t]
kurz course [ko:s]
kus lump [lamp], bit [bit], piece [pi:s], part [pa:t], fragment [fræg'ment] (úlomok), head [hed] (dobytka)
kúsok piece [pi:s], bit [bit], scrap [scræp], stroke [strəuk]
kút corner [ko:nə], nook [nuk]
kúzelník magician [mə'dʒiʃn]
kúzelný magic [mædʒik] (k./lietajúci koberec - m. carpet; k. palička - m. wand)
kúzlo spell [spel], magic [mædʒik]
kužeľ cone [kəun]
kvalifikácia qualification [kwolifi'keiʃn]
kvalifikovaný qualified [kwolifaid], skilled [skild], competent [kompitənt]
kvalita quality [kwoliti]
kvalitný, kvalitatívny qualitative [kwolitətiv]
kvantifikovať quantify [kwontifai]
kvapka drop [drop]
kvet bloom [blu:m], flower [flauə]
kvetináč flowerpot [flauəpot]
kvetinárstvo florist's [florists]
kvinta quint [kwint]

kvitnúť

kvitnúť bloom [blu:m]
kvíliť wail [weil]
kvíz quiz [kwiz]
kvóta quota [kwoutə]
kvôli sake [seik] (for the sake of)
kýchať, kýchnutie sneeze [sni:z]
kyjak club [klab]
kým while [wail] (pokiaľ)
kým nie until [an'til]
kymácanie sway [swei]
kýpeť stub [stab], stump [stamp]

kyselina acid [æsid] (k. sírová - sulphuric a./oil of vitriol; k. soľná - hydrochloric a.)
kyslík oxygen [oksidʒn]
kyslý sour [sauə], acid [æsid] (k. kapusta - sauerkraut)
kytica bouquet [bukei], bunch of flowers [bantʃ əv flauəs]
kývnutie nod [nod] (hlavou)

Ll

laba paw [po:] (holú labu lízať - be empty handed)
Labe Elbe [elb]
labuť swan [swon] (labutia pieseň - s. song)
lacný cheap [tʃi:p], inexpensive [iniks'pensiv]
lahodný sweet [swi:t], mild [maild], delicious [diliʃəs]
lahôdka delicacy [delikəsi], dainty [deinti], treat [tri:t]
lákať decoy [di'koi], lure [ljuər]
laketˇ elbow [elbəu] (telo), cubit ['kju:bit] (dĺžková miera),
lalok lobe [ləub]
lampa lamp [læmp]
lano rope [rəup], tow [təu], cable [keibl]
lanovka funicular [fju:-'nikjulə]
láska love [lav], affection [ə'fekʃn] (náklonnosť), passion ['pæʃn] (záľuba), beloved [bi'lavid] (miláčik) (L. hory prenáša - Love makes the world go round; stará l. - old flame)

láskavosť favour [feivə], kindness [kaindnis]
láskavý fond [fond], gentle [dʒentl], kind [kaind]
lastovička swallow [swoləu]
lastúra shell [ʃel], conch [kontʃ], scallop [skoləp] (jedlá)
látka stuff [staf], textile [tekstail], cloth [kloθ], material [mətiəriəl]
lavica bench [bentʃ], desk [desk] (školská), pew [pju:] (kostolná)
lebka skull [skal]
lebo because [bi'koz], for [fo:]
legenda legend [ledʒnd]
lehota term [tə:m], time [taim], period ['piəriəd], deadline [dedlain]
lejak pour [po:], shower [ʃauə]
lekár physician [fi'ziʃn], doctor [doktə]
lekáreň pharmacy [fa:məsi], dispensary [dis'pensəri]
lekárnik chemist [kemist]
lekársky medical [medikl]
lekcia lecture [lektʃə], lesson [lesn]
lem brim [brim], hem [hem]

299

len

len but [bat], only [əunli], alone [ə'ləun], just [dʒast]
lenivý sluggish [slagiʃ], idle [aidl], lazy [leizi]
lepidlo gum [gam], paste [peist], glue [glu:]
lepiť paste [peist], gum [gam], glue [glu:]
lepkavý sticky [stiki]
lepší, lepšie better [betə] (2. stupeň od good)
les forest [forist], wood [wud]
lesk shine [ʃain], gleam [gli:m]
lesklý shiny [ʃaini], glossy [glosi], lustrous [lastrəs]
lesknúť sa gleam [gli:m], shine [ʃain]
leštidlo polish [poliʃ]
let flight [flait], voyage ['voiidʒ], haste [heist] (chvat)
leták leaflet [li:flit]
letenka air-ticket [eətikit]
letieť fly [flai]
letisko airport [eəpo:t], aerodrome [eərədroum], airfield [eəfi:ld]
leto summer [samə] (babie l. - Indian summer)
letuška stewardess [stjuədis], air hostess [eər hostis]
lev lion [laiən] (leví podiel - lion's share)

levica lioness [laiənis]
lezenie creeping [kri:piŋ], crawling [kro:liŋ], climbing [klaimiŋ], scramble [skræmbl]
ležať lie [lai] (l. s chrípkou - be down with flu), located/situated [lokeitid/sitʃueitid] (nachádzať sa)
ležiak lager [la:gə] (pivo)
liať pour [po:], shed [ʃed] (slzy)
liberál liberal [libərəl]
liberálny liberal [libərəl]
libra pound [paund] (mena aj váha)
líce cheek [tʃi:k], face [feis] (l. a rub niečoho - both sides of the coin)
licencia franchise [fræntʃaiz], licence [laisəns]
liečba cure [kjuər]
liečiť treat [tri:t], heal [hi:l], cure [kjuər]
lieh spirit [spirit], alcohol ['ælkəhol]
liehovina liquor [likə]
liek medicine [medsin], remedy [remidi], cure [kjuər]
lieska hazel (nut) [heizl (nat)]
lietadlo plane [plein], liner [lainə], air craft [eər kra:ft]

liezť creep [kri:p], climb [klaim]
liga league [li:g] (l. majstrov - champions´ l.)
lichotiť flatter [flætə], coax [kəuks]
limit limit [limit]
limonáda lemonade [lemə-'neid]
linka line [lain] (kuchynská l. - kitchen unit/fitted kitchen), extension [ikˈstenʃn] (telef. prípojka), flight [flait] (letecká)
lipnúť stick [stik], cling [kliŋ]
lisovať, lis press [pres]
list letter [letə], leaf [li:f] (pl. leaves) (stromu) (figový l. - fig leaf)
listnatý leafy [li:fi]
lístok ticket [tikit]
líška fox [foks], vixen [viksn] (samica) (strieborná l. - silver f.)
liter litre [li:tə]
litera type [taip]
literatúra literature [litritʃə] (použitá l. - bibliography; l. faktu - non-fiction)
lízanka lollipop [lolipop]
lízať lick [lik]

losos

lodenica dock [dok], shipyard [ʃipjɑ:d], boathouse [ˈbəutˌhaus] (pre člny)
lodná doprava shipment [ʃipmənt]
loď ship [ʃip], vessel [vesl], boat [bəut]
loďka boat [bəut], dinghy [diŋgi]
loďstvo fleet [fli:t]
logika logic [lodʒik]
logický logical [lodʒikl]
lokaj lackey [læki], footman [fuːtmæn]
lokálny local [ləukəl]
lokomotíva engine [endʒin], locomotive [ləukəˈməutiv]
lomoz uproar [apˈrɔ:], row [rau]
Londýn London [landn]
Londýnčan Londoner [landənə]
lono lap [læp], womb [wu:m] (maternica), bosom [buzəm] (náruč)
lopata shovel [ʃavl]
lopatka shoulder-blade [ʃouldəbleid] (kosť), blade [bleid] (stroja), vane [vein] (turbíny)
lopta ball [bo:l]
losos salmon [sæmən]

A B C Č D E F G H CH I J K **L** M N O P R S Š T U V Z Ž

lotéria

lotéria lottery [lotəri]
lov hunting [hantiŋ], chase [tʃeis]
lovec hunter [hantə]
lož lie [lai] (L. má krátke nohy - Lies have short legs. A lie has no legs)
lôžko bed [bed]
lôžkový vozeň sleeping car [sli:piŋ ka:]
lúč ray [rei], beam [bi:m]
lúčovitý radial [reidjəl]
luhár liar [laiə]
luk bow [bəu]
lúka meadow [medəu]
lump blackguard [blæga:d], knave [neiv], swine [swain]
lunapark fun-fair [fanfeə]
lúpež robbery [robəri], raid [reid]
lupič robber [robə]
lúpiť rob [rob], loot [lu:t]
luxus luxury [lakʃəri]
luxusný fancy [fænsi], luxurious [lag'ʒuəriəs], deluxe [də'laks], luxury [lakʃəri], splendid [splendid]
lynč lynch [lintʃ]
lýra lyre [laiə]
lyrika lyric [lirik], lyric poetry [lirik pəuitri]
lysý bald [bo:ld]

lýtko calf [ka:f]
lyže ski [ski:]
lyžiarsky vlek ski-lift [ski:lift]
lyžica spoon [spu:n], spoonful [spu:nful] (miera), shoehorn [ʃu:ho:n] (obúvacia), plastering trowel [pla:stəriŋ trauəl] (murárska na omietky)
ľad ice [ais]
ľadvina kidney [kidni]
ľahký easy [i:zi], light [lait] (váha), simple [simpl] (jednoduchý), loose [lu:z] (žena)
ľahnúť si lie [lai]
ľak fright [frait]
ľavý left [left] (byť na niečo ľ. - be all thumbs/ clumsy)
ľstivý sly [slai]
ľud folk [fəuk]
ľudia people [pi:pl], folks [fo:ks], men [men] (všetci ľ. dobrej vôle - all men/women of goodwill)
ľudský human [hju:mən]
ľudstvo mankind [mæn-'kaind]
ľútosť pity [piti], regret [ri'gret], sorrow [sorəu]
ľútostivý sorrowful [sorəufl], rueful [ru:fəl], woeful

[wəufəl], regretful [ri'gretfəl]

ľutovať sorry [sori], regret [ri'gret], deplore [di'plo:]

Mm

ma, mňa, mi, mne me [mi:]
macocha stepmother [step-'maðə]
mačiatko kitten [kitn]
mačka (pussy) cat [kæt] (kocúr - tomy cat; hrať sa ako m. s myšou - game of cat and mouse)
Maďar Hungarian [haŋ'geəriən]
Maďarsko Hungary [haŋgəri]
magazín magazine [mægə-'zi:n]
magnet magnet [mægnit]
magnetofón tape-recorder [teipri'ko:də]
mach moss [mos]
máj May [mei]
majestátny majestic [mə-'dʒestik], sublime [sə'bleim] (vznešený)
majetok possession [pə'zeʃn], property [propəti], goods [gudz] (tovar)
majiteľ owner [əunə], possessor [pə'sesə], proprietor [prə'praiətə]
majster master [ma:stə]
majstrovstvá championship [tʃæmpiənʃip]

malátny languid [læŋgwid]
maliar painter [peintə]
maličkosť trifle [traifl]
maliny raspberries [ra:zbəriz]
málo few [fju:], little [litl]
maloobchod retail [ri:teil]
malý little [litl], small [smo:l], short [ʃo:t] (krátky), tiny [taini] (maličký)
maľba painting [peintiŋ]
maľovať paint [peint]
mamička mummy [mami], mum [mam]
mandarínka tangerine [tændʒəri:n]
manikúra manicure [mænikjuə]
manipulovať manipulate [mə'nipjuleit], handle [hændl]
manžel husband [hazbənd]
manželka wife [waif], woman [wumən], half [ha:f] (polovička), spouse [spauz]
manželský conjugal [kondʒugəl], marital [mæ'ritəl], matrimonial [mætri'mouniəl] (ne)manželské dieťa - (il)legitimate child)

manželstvo marriage [mæridʒ], matrimony [mætriməni], wedlock [wedlok]
manžeta cuff [kaf], sleeve [sli:v], cup [kap] (technicky)
mapa map [mæp], chart [tʃa:t] (podrobná), folder [fəuldər] (obal)
marec March [ma:tʃ]
margaréta daisy [deizi]
margarín margarine [ma:dʒə'ri:n]
marhuľa apricot [eiprikot]
márny vain [vein], waste [weist], futile [fju:tail]
masa mass [mæs], bulk [balk], crowd [kraud] (dav ľudí)
masaker, masakrovať massacre [mæsəkə], slaughter [slo:tə]
masívny massive [mæsiv], solid [solid]
maslo butter [batə] (chlieb s maslom - bread and butter)
mastný fat [fæt], greasy [gri:zi]
masť fat [fæt] (tuk), grease [gri:s] (pomáda), ointment ['ointmənt] (mastička), balm [ba:m] (hojivá m.)

matematika mathematics [mæθə'mætiks]
materiál material [mə'tiəriəl], stuff [staf]
matka mother [maðə] (Aká m., taká Katka - Like mother, like daughter)
matrac mattress [mætris]
Matuzálem Methuselah [mi'θju:zələ], (podľa biblie sa dožil 969 rokov) (Starý ako M. - as old as the hills/M.)
mať own [əun] (vlastniť), have [hæv], possess [pə'zəs], mother ['maðər] (matka)
mať rád like [laik], enjoy [in'dʒoi] (rád vás poznávam - nice to meet you)
mávať wave [weiv]
mávnutie sweep [swi:p], flourish [flariʃ], wave [weiv]
mazadlo ointment [ointmənt], lubricant ['lu:brikənt], grease [gri:s]
mazať lubricate [lu:brikeit], grease [gri:s]
maznať sa caress [kə'res], hug [hag]
mäkký soft [soft], tender [tendə]
mäknúť soften [sofn]
mäsiar butcher [butʃər]

305

mäso

mäso meat [mi:t] (bravčové/hovädzie/teľacie m. - pork/beef/veal)
mdloba unconsciousness [un'konʃəsnəs] (bezvedomie), dizziness ['dizinəs] (závrat), swoon [swu:n] (omdlieť), qualm [kwo:m], faintness [feintnis]
mdlý slack [slæk], faint [feint], languid [læŋgwid]
meč sword [so:d] (Damoklov m. mu visí nad hlavou - a s. of Damocles [dæməkli:z] is hanging over his head)
med honey [hani] (oplývať medom a mliekom (kniž.) - flow with milk and honey)
médium medium [mi:diəm] (pl. media)
medveď bear [beə] (ľadový m. - polar b.; silný ako m. - as strong as a horse/an ox)
medzera gap [gæp], space [speis], opening [əupəniŋ], interval [intəvl] (pauza)
medzi between [bi'twi:n] (dvoma), among [ə'maŋ] (mnohými)
medzinárodný international [intə'næʃnəl]

medzitým meanwhile [mi:n-'wail]
melanchólia spleen [spli:n], melancholy ['melənkoli]
melódia tune [tju:n], melody [melədi]
melón melon [melən] (žltý m. - honeydew m.; červený m. - dyňa - water m.)
mena currency [karənsi], legal tender [li:gəl tendə] (platidlo)
menej less [les], fewer [fju:ər], minus ['mainəs]
meniť change [tʃeindʒ], vary [veəri], alter ['o:ltər], modify [modifai], replace [ri'pleis]
meno name [neim], title [taitl], reputation [repju'teiʃn] (reputácia) (krstné m. - first/forename/given n.)
menovka tag [tæg], label [leibl], nameplate ['neimpleit]
menší smaller [smo:lə], less [les], minor [mainə], petty [peti] (menšie zlo - the lesser of two evils/the lesser evil)
menu menu [menju] (jedálny lístok)

306

merať measure [meʒə], meter ['mi:tər], gauge [geidʒ]
mesačník monthly [manθli]
mesačný monthly [manθli]
mesiac month [manθ] (vyzerať/tváriť sa akoby bol spadol z mesiaca - look as if he´d fallen from the clouds)
Mesiac moon [mu:n]
mesto town [taun], city [siti] (hlavné m. - capital; stred mesta - downtown, centre, the City - v Londýne)
mestský municipal [mju:'nisipl], town [taun], city [siti]
metelica blizzard [blizəd], snowstorm ['snəusto:m]
meter metre [mi:tə]
metla broom [bru:m] (Nová m. dobre metie - A new b. sweeps clean)
metro subway [sabwei], U(underground) [undəgraund], Metro ['metrou]
miazga sap [sæp]
mieniť mean [mi:n] (Človek mieni pán Boh mení - Man proposes God disposes)
mier peace [pi:s], tranquillity [træn'kwiliti] (pokoj)

miera measure [meʒə], rate [reit], gauge [geidʒ]
mierka scale [skeil] (na mape)
mierny mild [maild], moderate [modərət], modest [modist]
miesiť knead [ni:d]
miestnosť room [ru:m]
miestny local [ləukəl]
miesto place [pleis], room [ru:m], space [speis], spot [spot]
miešať blend [blend], stir [stə:], mix [miks]
mihalnica eyelash [ai:læʃ]
mikrofón microphone [maikrəfəun]
milá sweetheart [swi:t'ha:t]
miláčik darling [da:liŋ], sweetheart [swi:t'ha:t], honey [hani], pet [pet] (zviera)
milenec sweetheart [swi:t'ha:t], lover [lavə]
milovanie love making [lav meikiŋ]
milovaný beloved [bi'lavid], darling [da:liŋ]
milovať love [lav]
milovať sa make love [meik lav]

milý

milý dear [diə], nice [nais], sweet [swi:t], jolly [dʒoli], kind [kaind], lovely [lavli]
míľa mile [mail] (1609 m)
míľnik milestone [mailstəun]
mimoriadny extraordinary [iks'tro:dnri]
mína mine [main]
minca coin [koin]
minulý past [pa:st], last [la:st]
minúť pass [pa:s], miss [mis], spend [spend], consume [kən'sju:m]
minúta minute [minit]
misa bowl [bəul], dish [diʃ]
mizerný terrible [teribl], wretched [retʃid], poor [puər], bloody [bladi]
miznúť vanish [væniʃ], disappear [disə'piər]
mládenec lad [læd]
mladík youngster [jaŋstə], youth [ju:θ], young man [jaŋ mæn]
mladistvý youthful [ju:θfl], juvenile [dʒu:vinail]
mladosť youth [ju:θ]
mladší junior [dʒu:njə], minor [mainə] (neplnoletý)
mladý young [jaŋ]
mlčať be quiet [bi: kwaiət], be silent [bi: sailənt] (hovoriť striebro, m. zlato - speech is silver but silence is golden)
mlčky silently [sailəntli]
mliaskať smack [smæk]
mlieko milk [milk] (plakať nad rozliatym mliekom - cry over spilt milk)
mlieť grind [graind] (Božie mlyny melú pomaly, ale isto - Mills of God grind slowly, but sure)
mlkvy silent [sailənt], taciturn [tæsitən], reticent [retisnt], uncommunicative [ankə'mjuni:kətiv]
mlyn mill [mil] (bojovať proti veterným mlynom - fight the windmills)
mníška nun [nan], cloistress [kloistris] (rehoľníčka)
mnoho many [meni], much [matʃ] (Čo je mnoho, to je mnoho - Enough is enough)
mnohonásobný multiple [maltipəl]
mnohý many [meni] (mnoho kriku za nič - much ado about nothing)
množstvo amount [ə'maunt], lot [lot]

moc force [fo:s], might [mait], power [pauə]

mocný mighty [maiti], powerful [pauəfəl], strong [stroŋ], forceful [fo:sfəl], potent [potənt]

močiar quag [kwæg], marsh [ma:ʃ], swamp [swomp], moor [muər] (vresovisko), bog [bog] (bažina)

móda fashion [fæʃn], style [stail], vogue [voug] (byť v m. - be in vogue)

model model [modl]

moderný modern [modən], fashionable [fæʃnəbl], up to date [ap tə deit] (m. päťboj - m. pentathlon)

modla idol [aidl], god [god]

modliť sa pray [prei]

módny smart [sma:t], fashionable [fæʃnəbl]

modrý blue [blu:] (m. krv - b. blood; mať m. pondelok - "Blue Monday")

mohutný mighty [maiti], massive [mæsiv], robust [rəubast]

moja my [mai] (s predmetom), mine [main] (samostatné)

mokrý wet [wet], humid [hju:mid]

moľ moth [moθ]

mólo jetty [dʒeti], pier [piə]

moment moment [məumənt]

montérky overalls [əuv'rə:lz], boiler suit [bojlə sjut], dungarees [daŋgə'ri:z]

mora night moth [moθ] (motýľ) (nočná m. - nightmare)

more sea [si:] (Stredozemné/Jadranské/Čierne m. - Mediterranean/Adriatic/Black s.)

morka turkey [tə:ki]

most bridge [bridʒ] (spáliť za sebou všetky m. - burn one´s boats/bridges)

motocykel motor-cycle [məutəsaikl]

motor engine [endʒin], motor [məutə]

motúz cord [ko:d], string [striŋ]

motýľ butterfly [batəflai]

mozog brain [brein]

možno perhaps [pə:hæps], maybe [meibi:]

možnosť possibility [posə'biliti], chance [tʃa:ns], eventuality [i,ventʃu'æliti], option [opʃn]

možný

možný possible [posibl], plausible ['plo:zəbl], practicable ['præktikəbl]

môcť may [mei] (smieť), can [kæn], be able [bi: eibl]

môj mine [main] (samostatné), my [mai] (s predmetom)

mračiť sa scowl [skaul], frown [fraun]

mrak cloud [klaud]

mrakodrap skyscraper [skai-'skreipə]

mramor marble [ma:bl]

mravec ant [ænt]

mráz frost [frost], freeze [fri:z], (bod mrazu - freezing point; M. žihľavu nespáli - Ill weeds grow apace; príde na psa m. - every dog has his day)

mrazený chilled [tʃild] (vychladený), frozen [frəuzən] (mäso), iced [aist] (čaj)

mraznička freezer [fri:zə]

mreža lattice [lætis], grate [greit] (rošt), grid [grid], grille [gril] (na okno)

mrhať waste [weist], squander ['skwondər]

mrholenie drizzle [drizl]

mrholiť drizzle [drizl]

mrkva carrot [kærət]

mŕtvy dead [ded], lifeless [laifləs], inanimate [in-'ænimət] (príroda), dull [dal] (sezóna)

mrzák disabled [dis'eibld], cripple [kripl] (pej.), (ty m.! - you c.!)

mrznúť freeze [fri:z]

mučenie torture [to:tʃə]

múčnik pastry [peistri], sweet [swi:t]

mudrc sage [seidʒ] (Traja Mudrci/Mágovia/Králi - The Three Magi [meidʒai] (bibl.)

múdrosť wisdom ['wizdəm], prudence ['pru:dns], sapience [sæpiəns], sagacity [sə'gæsiti] (dôvtip)

múdry wise [waiz], clever [klevə], smart [sma:t], sensible [sensəbl] (Múdrejší ustúpi - The wiser head gives in)

mucha fly [flai] (slabý ako m. - as weak as water/a kitten)

múka meal [mi:l] (hrubá), flour [flauə]

muky torment [to:'mənt], sufferings [safəriŋs]

310

musieť have to [hæv tə], must [mast]

mušľa shell [ʃel]

mušt cider [saidə] (jablčný)

múzeum museum [mju:-'ziəm]

muž male [meil], man [mæn]

muži men [men] (traja ľadoví m. (Pankrác, Servác, Bonifác) - "three frozen men")

mužný manly [mænli], virile [virail], mannish [mæniʃ] (vzhľad)

mužský male [meil], masculine ['mæskjulin] (m. rod - masculine gender) (gram.)

mužstvo team [ti:m], crew [kru:]

my we [wi:]

my sami, nás ourselves [auə'selvz]

mydlo soap [səup]

mýliť sa err [ər:] (M. je ľudské - To err is human), be mistaken [bi: misteikn], be wrong [bi: wroŋ]

mys cape [keip] (M. dobrej nádeje - Cape of Good Hope)

myseľ mind [maind]

myslieť think [θiŋk], believe [bíli:v], guess [ges]

myš mouse [maus] (pl. mice) (chudobný ako kostolná m. - as poor as a church m.; vidieť biele m. - see pink elephant)

myšlienka thought [θo:t], idea [ai'diə] (pohrávať sa s m. - toy with an idea)

mýto toll [təul]

mzda salary [sæləri] (plat), wages [weidʒiz], income [inkam]

Nn

na on [on], to [tu:], upon [ə'pon], at [æt], by [bai], for [fo:], in [in]

naberačka scoop [sku:p], ladle [leidl], dipper ['dipər]

nabitý crowded [kraudid] (preplnený), charged [tʃa:dʒd] (elektrinou)

náboj charge [tʃa:dʒ] (elektrický), hub [hab] (kolesa), cartridge ['ka:tridʒ] (zbrane)

náboženstvo religion [ri-'lidʒn], faith [feiθ] (viera), theology [θi'olədʒi] (náuka)

nábrežie quay [ki:], embankment [im'bæŋkmənt] (hrádza), shore [ʃo:r]

nábytok furniture [fə:nitʃə]

nacionalizmus nationalism [næʃnəlizm]

načasovať time [taim]

náčrt sketch [sketʃ], draft [dra:ft]

načúvať listen [lisn]

nad over [əuvə], above [ə-'bav], beyond [bi'jond] (teplota n. nulou - temperature above zero)

nadácia foundation [faun-'deiʃn]

nadanie gift [gift], aptitude ['æptitju:d], talent ['tælənt], faculty ['fæklti]

nadávať scold [skəuld], swear [sweər] (kliať), curse [kə:s] grumble [grambl]

nadbytočný spare [speə], superfluous [sju:'pəfluəs], over-abundant [əuvər-'əbandənt]

nadčas overtime [əuvə-'taim]

nádej hope [həup], promise [promis], chance [tʃa:ns] (vyhliadka), prospect [prə-'spekt], (N. umiera posledná - While there's life there is hope)

nádhera splendour [splendə], glory [glo:ri]

nádherný splendid [splendid], superb [sju:pəb], gorgeous [go:dʒəs], glorious [glo:riəs]

nadjazd overpass [əuvə-'pa:s], flyover [flaiəuvə]

nadmerný excessive [ik'sesiv]

nádoba vessel [vesl], container [kən'teinər], dustbin [dastbin] (na odpadky)
nadol down [daun], downward(s) [daunwəd(z)] (smer)
nadpis caption [kæpʃn]
nadprirodzený supernatural [sju:pə'nætʃrl]
nadriadený superior [sju:piəriə]
nádrž tank [tæŋk], basin [beisn]
nadšenie enthusiasm [in'θju:ziæzm]
nadšený enthusiastic [inθju:zi'æstik], elated [i'leitid]
nadutý haughty [ho:ti]
nadúvať sa swell [swel]
nadvláda supremacy [sju:'preməsi]
nádych tint [tint], tinge [tindʒ] (odtieň)
nafukovačka air-bed [eəbed]
nahlas aloud [ə'laud], loud [laud]
nahliadnuť scan [skæn], look in [luk in], inspect [inspekt]

náhlenie hurry [hari]
náhly sudden [sadn], abrupt [ə'brapt], immediate [i'midiət] (okamžitý)
nahnevaný angry [æŋgri], spiteful [spaitfl]
náhoda accident [æksidənt], chance [tʃa:ns]
náhodný accidental [æksi'dəntl], random [rændom]
nahor up [ap], upwards [apwədz]
nahovárať coax [kəuks]
náhrada damages [dæmidʒiz], compensation [kompenseiʃn], reimbursement [ri:im'bə:smənt] (refundácia - výdavkov)
nahradiť refund [ri:fand], replace [ri'pleis], reimburse [ri:im'bə:s], compensate [kompenseit]
náhradník, nahradiť substitute [sabstitju:t]
náhradný spare [speə], standby [stændbai] (záložný), alternative [o:l'tə:nətiv], emergency [i'mədʒənsi] (núdzový)
náhrdelník necklace [neklis]
nahý naked [neikid], nude [nju:d], bare [beə]

nachádzať

nachádzať find [faind]
naivný naive [na:'i:v]
najať hire [haiə], charter [tʃa:tə]
nájazd raid [reid] (prepadnutie)
najhorší, najhoršie the worst [wə:st] (3. stupeň od bad)
najlepší the best [best] (3. stupeň od good), choice [tʃois]
najmenej least [li:st]
najmenší least [li:st]
najnovší latest [leitist]
nájom hire [haiə], lease [li:s], rental [rentl]
nájomné rent [rent], rental [rentl]
nájomník tenant [tenənt]
nájsť find [faind], discover [dis'kavər] (objaviť), detect [di'tekt] (zistiť)
najprv first [fə:st], foremost [fo:məust]
najviac most [məust]
nákaza infection [in'fekʃn], taint [teint] (vírusom)
nákazlivý infectious [in'fekʃəs]
náklad load [ləud], cargo [ka:gəu], freight [freit], shipment [ʃipmənt], cost [kost] (výdavok), expense [ik'spens], printing ['printiŋ] (knihy)
nákladný expensive [iks'pensiv] (drahý)
nákladný vagón, nákladné auto truck [trak], lorry [lori]
náklady expenses [iks'pensis], costs [kosts], spending [spendiŋ]
nákup purchase [pə:tʃəs]
nálada mood [mu:d], cheer [tʃiə]
nálepka label [leibl], sticker ['stikər] (samolepka)
námaha effort [efət], strain [strein], toil [toil], trouble [trabl], exertion [ig'zə:ʃn], labour [leibə]
námestie place [pleis], square [skweər], circus ['sə:kəs] (kruhovité) (Piccadilly Circus - n. v Londýne s fontánou a sochou Erosa uprostred)
námet topic [topik], subject [sabdʒekt], theme [θi:m], proposal [prə'pəuzl] (návrh)
námorník sailor [seilə], seaman [si:mən], mariner ['mærinər]

nános deposit [di'pozit]
nápad invention [in'venʃn], resource [ri'so:s], device [di'vais] (Ani nápad! - By no means!/ No way!)
nápis inscription [in'skripʃn]
náplasť patch [pætʃ], plaster [plastə]
nápoj beverage [bevəridʒ], drink [driŋk]
nápor attack [ə'tæk], storm [sto:m], impact [impækt]
náprava axle [æksl] (auta), remedy [remidi] (pomoc), rectification [rektifi'keiʃn]
náramok bracelet [breislit]
náraz thrust [θrast], bump [bamp], crash [kræʃ], impact [impækt]
narcis daffodil [dæfədil], narcissus [na:sisəz]
nárek wail [weil], lament [lə'ment] (Múr nárekov - Wall of Wails)
národ nation [neiʃn], folk [fəuk]
narodeniny birthday [bə:θdei]
národnosť nationality [næʃə'næliti]
národný national [næʃənl]

nárok claim [kleim], title [taitl]
nerv nerve [nə:v] (stratiť nervy - lose one's temper)
nás us [as]
násada handle [hændl], shaft [ʃa:ft]
násilie violence [vaiələns], outrage [autreidʒ]
násilný violent [vaiələnt], forcible [fo:səbl], forced [fo:st] (smiech)
následkom thereupon [ðeərə'pon], as a consequence [æs ə 'konsikwəns]
nasledovať follow [foləu]
nasledujúci following [foləuiŋ], next [nekst], subsequent ['sabsikwənt]
naspäť back [bæk]
nastaviť set [set], adjust [ə'dʒast]
nástraha snare [sneə] (pasca)
nástroj tool [tu:l], instrument [instrumənt]
nástupca successor [sək'sesə], descendant [di'səndənt] (potomok)
nástupište platform [plætfo:m]
náš, naša, naše our [auə], ours [auəs]

náter coat [kəut], paint [peint), overlay [əuvərlei], finishing [finiʃiŋ]

náušnica earring [iəriŋ]

nával rush [raʃ], jam [dʒæm] (dopravný), gust [gast] (vetra)

naveky forever [fo:'revə], for good [fə: gud]

návrat return [ri'tə:n], comeback [kambæk], recovery [ri'kavəri] (do pôvodného stavu)

návrh proposal [prə'pəuzl], suggestion [sə'dʒestʃən], design [di'zain]

navrhovať propose [prə'pəuz], suggest [sə'dʒest]

návšteva, navštíviť visit [vizit], call [ko:l]

návšteva dochádzkou attendance [ə'tendəns]

návštevník visitor [vizitə], caller [ko:lər], guest [gest], customer [kastəmər], client [klaiənt], alien [eiliən] (mimozemšťan)

navyše moreover [mo:'rəuvə], plenty [plenti]

naznačiť indicate [indikeit], suggest [sə'dʒest], signify [signifai], signal [signəl]

náznak indication [indi-'keiʃn], suggestion [sə-'dʒestʃən]

názor opinion [ə'pinjən], (point of) view [vju:]

názov name [neim], title [taitl], headline [hedlain]

naživo alive [ə'laiv], live [laiv] (prenos v TV)

nebezpečenstvo danger [deindʒə], jeopardy ['dʒepədi], risk [risk], peril [perəl], menace [menəs]

nebezpečný dangerous [deindʒrəs]

nebo sky [skai], heaven [hevn] (Nikto učený z neba nespadol - No man is born wise/learned)

nebohý late [leit], poor [puə]

nebývalý unprecedented [an'presidəntid]

necitlivý insensitive [in'sensətiv], unfeeling [anfi:liŋ], numb [nam]

necudný obscene [əb'si:n], lewd [lju:d], filthy [filθi]

nečestný dishonest [dis-'onist], unfair [an'feər], crooked [krukid]

nečinný idle [aidl]

nečistota uncleanness [an-ˈkliːnnis], dirtiness [dəːtinis], dirt [dəːt], grime [graim], filth [filθ] (mravná)
nedávno recently [riːsntli], lately [leitli]
nedávny recent [riːsnt]
nedbalosť negligence [neglidʒəns]
nedbanlivý careless [keəlis], negligent [neglidʒənt]
nedbať neglect [niˈglekt]
nedeľa Sunday [sandi]
nedorozumenie misunderstanding [misandəˈstændiŋ]
nedospelý minor [mainə], immature [iməˈtjuər], juvenile [dʒuːvənail]
nedostatočný short [ʃoːt], unsatisfactory [ansætisˈfæktri], insufficient [insəfiʃnt]
nedostatok shortage [ʃoːtidʒ], want [wont], lack [læk]
nedôvera distrust [disˈtrast], suspicion [səˈspiʃn], incredulity [inkriˈdjuːliti]
nedôverčivý sceptical [skeptikl], distrustful [disˈtrastfəl], suspicious [səˈspiʃəs]

nejako

nedôverovať distrust [disˈtrast]
neďaleký nearby [niəbai]
neformálny informal [infoːml], casual [kæʒuəl]
neha tenderness [tendənis]
nehanebný shameless [ʃeimlis]
nehlučný noiseless [noizlis], soundless [saundlis]
nehnuteľnosť real estate [riəl isteit], property [propəti]
nehoda accident [æksidənt], mishap [mishæp] (drobná)
nehrdzavejúci stainless [steinlis]
nehybný stationary [steiʃnəri], still [stil]
nechápavý slow-witted [sləuˈwitid], dull [dal], dense [dens]
nechať leave [liːv], let [let]
nechať si keep [kiːp]
nechet nail [neil]
nechuť dislike [disˈlaik]
neistý uncertain [anˈsəːtn]
neistota uncertainity [anˈsəːtnti]
nejako somehow [samhau], anyhow [enihau]

nejaký some [sam], any [eni]

nejasný dim [dim]

nekonečno infinity [in'finiti]

nekonečný infinite [infinit], endless [endlis]

nekorektný incorrect [inkə'rekt]

neláskavý unkind [an'kaind]

nelegálny illegal [i'li:gl]

nemilosrdný relentless [ri'lentlis], ruthless [ru:θlis]

nemilosť disgrace [dis'greis]

nemocnica hospital [hospitl]

nemožný impossible [im'posəbl]

nemý dumb [dam], mute [mju:t]

nenásytný greedy [gri:di]

nenávidieť detest [di'test], hate [heit], loathe [ləuð]

nenávisť hate [heit], hatred [heitrid]

nenávistný hateful [heitfl]

nenormálny abnormal [æb'no:ml]

nenútene leisurely [leʒəli]

nenútený easy [i:zi], casual [kæʒuəl], informal [info:ml]

neobsadený vacant [veikənt]

neobvyklý rare [reə], strange [streindʒ], odd [od], uncommon [an'komən], unusual [an'ju:ʒuəl], extraordinary [ik'stro:dnəri]

neočakávaný unexpected [aniks'pektid], sudden [sadn], unforeseen [anfo:si:n]

neohrabaný awkward [o:kwəd], clumsy [klamzi], blunt [blant]

neohybný rigid [ridʒid], stiff [stif]

neopatrný careless [keəlis]

neosobný impersonal [im'pə:snl]

nepárny odd [od], uneven [an'i:vn]

nepatrný minute [mainju:it], slim [slim], slight [slait]

neplatený unpaid [an'peid]

neplatný invalid [in'vælid]

nepoctivý unfair [an'feə], crooked [krukid], dishonest [dis'onist], foul [faul]

nepodobný unlike [an'laik]

nepodstatný irrelevant [i'reləvənt]

nepohodlie discomfort [dis'kamfət]

nepohodlný uneasy [an'i:zi]

nepochybne doubtles [dautlis]

nepokojný restless [restlis]
nepopierateľný undeniable [andi'naiəbl]
neporiadok disorder [dis-'o:də], mess [mes]
neposlušný naughty [no:ti]
nepoškodený undamaged [an'dæmidʒd]
nepotrebný needless [ni:dlis], unnecessary [an'nesəsəri], useless [ju:slis]
nepravdepodobný improbable [im'probəbl], unlikely [an'ləikli]
nepravý sham [ʃæm], false [fo:ls]
nepredvídaný sudden [sadn]
nepremokavý waterproof [wo:təpru:f]
neprestajný ceaseless [si:slis]
nepriateľ enemy [enəmi], foe [fəu], opponent [ə'pəunənt]
nepriateľský hostile [hostail]
nepriateľstvo hostility [hos'tiliti]
nepríjemnosť nuisance [nju:sns]
nepríjemný bad [bæd], unpleasant [an'pleznt]

neprítomnosť absence [æbsns]
neprítomný absent [æbsnt]
nerád unwillingly [an'wiliŋli], grudgingly [gradʒiŋli], dislike [dis'laik] (nemať rád)
nerestný vicious [viʃəs]
nerovný uneven [an'i:vn]
nervózny nervous [nə:vəs]
neskorší later [leitə]
neskorý late [leit]
neskôr later [leitə]
neslušný ribald [ribəld], rude [ru:d], indecent [in'di:snt]
nesmelý shy [ʃai], coy [koi]
nespokojnosť discontent [diskontent], dissatisfaction [dis'sætis'fækʃn]
nespokojný discontent [diskən'tent], unsatisfied [an'sætisfaid]
nesporný undeniable [andi'naiəbl], indisputable [indi'spju:təbl]
nesprávny wrong [roŋ], incorrect [inkə'rekt]
nespravodlivosť injustice [in'dʒastis]
nespravodlivý unjust [an'dʒast], unfair [an'feə]
nestranný impartial [im'pa:ʃəl]

nesúci unfit [an'fit]
nesúhlas dissent [di'sent], disagreement [disə'gri:mənt]
nesvoj queer [kwiə], uneasy [an'i:zi]
nešikovný clumsy [klamzi], blunt [blant]
neškodný harmless [ha:mlis]
nešťastný unlucky [an'laki], unhappy [an'hæpi]
neter niece [ni:s]
netopier bat [bæt]
netrpezlivý impatient [im'peiʃənt]
netto net [net]
neúnavný tireless [taiəlis]
neurčitý vague [veig] (n. člen - indefinite article)
neúspech failure [feiljə], setback [setbæk]
neustály constant [konstənt], continual [kontinjuəl], continuous [kontinjuəs], steady [stedi]
neutrálny neutral [nju:trəl]
neuveriteľný incredible [in'kredəbl]
neužitočný useless [ju:slis]
nevedomosť ignorance ['ignərəns], unknowingness [an'nəuiŋnis]
neverný faithless [feiθlis]

nevesta daughter-in-law [do:tərinlo:] (pre svokru), fiancée [fi'a:nsei] (snúbenka), bride [braid]
nevhodný inconvenient [inkən'vi:niənt], undue [an'dju:], unfit [an'fit]
neviazaný unrestrained [anri'streind] (nespútaný), wild [waild]/crazy [kreizi] (bláznivý)
nevinný innocent [inəsnt], not guilty [not gilti], harmless [ha:mlis] (neškodný)
nevkusný tasteless [teistlis]
nevoľnosť sickness [siknis], indigestion [indi'dʒestʃn] (žalúdočná)
nevražívý spiteful [spaitfl]
nevyberaný not fastidious [not fəstidiəs]
nevyčerpateľný inexhaustible [inig'zo:stəbl], unfailing [an'feiliŋ]
nevydatá single [siŋgl], discovert [dis'kavət] (práv.)
nevyhnutný necessary [nesisəri], inevitable [in'evitəbl]
nevýhoda disadvantage [disəd'va:ntidʒ], drawback [dro:bæk]

320

nevyhovujúci unsatisfactory [ansætis'fæktəri], unsuitable [ansu:təbl], inconvenient [inkən'vi:njənt]
nevychovaný ill-mannered [il'mænəd], naughty [no:ti]
nezákonný illegal [ili:gəl], illegitimate [ili'dʒitimət], illicit [i'lisit], unlawful [an'lo:fəl], unauthorized [an'o:θəraizd]
nezamestnanosť unemployement [anim'ploimənt]
nezamestnaný unemployed [anim'ploid]
nezaujatý impartial [im'pa:ʃl], objective [əb'dʒektiv], disinterested [dis'intristid]
nezávislý independent [indi'pendənt]
nezdvorilý impolite [impəlait]
nezmysel nonsense [nonsəns], humbug [hambag]
nezmyselný senseless [senslis]
neznámy unknown [an'nəun], strange [streindʒ], new [nju:]
neznášať resent [ri'zent]
nezvyčajný unusual [an'ju:ʒuəl]
než than [ðən, ðn]

neženatý unmarried [an'mærid]
neživý dead [ded]
nežný tender [tendə], gentle [dʒentl]
nič nothing [naθiŋ], nought [no:t], nil [nil] (nula)
nie no [nəu], not [not]
niečo something [samθiŋ], anything [eniθiŋ]
niekdajší former [fo:mər], one-time [wan taim], quondam [kwondæm]
niekde somewhere [samweə], anywhere [eniweər]
niekedy sometimes [samtaimz], ever [evə]
niekoľko some [sam], few [fju:]
niekto somebody [sambədi], someone [samwan], anybody [enibodi] (hocikto)
niektorý some [sam], any [eni]
niesť carry [kæri], yield [ji:ld] (výnos)
nikam nowhere [nəuweə], anywhere [eniweər]
nikde nowhere [nəuweə]
nikdy never [nevə]
nikto none [nan], nobody [nəubədi]
nit rivet [rivit]

niť

niť thread [θred]
nízko low [ləu]
nízky low [ləu], vile [vail], mean [mi:n] (charakter), base [beiz]
nižšie below [bi'ləu], lower [ləuə], down [daun]
nižší lower [ləuə], lesser [lesər], minor [mainər]
no well [wel] (nuž)
noc night [nait]
nocľaháreň hostel [hostel]
nočná košeľa night-gown [naitgaun]
nočný overnight [əuvə'nait]
nočný bar night-club [naitklab]
noha leg [leg], foot [fut]
nohavice trousers [trauzəs], pants [pænts], slacks [slæks]
nohavičky panties [pæntiz], knickers [nikəz]
nohy feet [fi:t]
norma standard [stændəd], gauge [geidʒ] (mierka), norm [no:m]
nos nose [nəuz]
nosič carrier [kæriə] (techn.), porter [po:tər] (batožiny)
nosidlá stretcher [stretʃə]
nosiť bear [beə]

nováčik recruit [ri'kru:t], novice [novis]
november November [nəu'vembə]
novinár journalist [dʒə:nəlist]
novinový stánok newsstand [nju:sstænd]
noviny newspaper [nju:s'peipə], daily [deili], journal [dʒə:nl]
novší latter [lætə]
nový new [nju:], novel [novl], fresh [freʃ], recent [ri:snt] (z posledného obdobia); (N. Zákon – New Testament)
nozdra nostril [nostril]
nožík jack-knife [dʒæknaif]
nožnice scissors [sisəz]
nôž knife [naif] (pl. knives)
nudný bore [bo:] (človek), tame [teim], tedious [ti:diəs], tiresome [taiəsəm], boring [bo:riŋ]
núdza need [ni:d], distress [dis'tres], emergency [i'mə:dʒensi] (mimoriadny stav)
nula naught [no:t], nil [nil], nought [no:t], zero [ziərəu], love [lav] (tenis)

nútený forcible [fo:səbl], forced [fo:st]
nútiť force [fo:s], compel [kəm'pel], urge [ə:dʒ]

nuž well [wel], why [wai]
ňuchať sniff [snif]

Oo

o about [ə'baut], at [æt], of [əv], on [on]

obaja both [bəuθ], either [aiðə]

obal cover [kavə], sleeve [sli:v] (platne), packaging [pækidʒiŋ], wrapping [ræpiŋ]

obálka envelope [enviləup]

obava anxiety [æŋ'zaiəti], fear [fiə]

občan citizen [sitizn], subject [sabdʒikt]

občasný occasional [ə'keiʒnl]

občerstvenie snack [snæk]

občerstviť refresh [ri'freʃ]

občiansky civil [sivil]

obdiv admiration [ædmə'reiʃn]

obdivovať admire [æd'maiə]

obdobie period [piəriəd], season [si:zn]

obe both [bəuθ]

obec community [kə'mju:niti]

obecenstvo audience [o:djəns], public [pablik]

obecný communal [komjunl], common [komən]

obed dinner [dinə], lunch [lantʃ] (ľahký)

obeh circulation [sə:kju'leiʃn]

oberať pluck [plak] (ovocie)

obesiť hang [hæŋ]

obeť victim [viktim]

obchádzka by-pass [baipa:s], detour [dituə]

obchod trade [treid], shop [ʃop], transaction [træn'zekʃn], bargain [ba:gin], business [biznis]

obchodník shopkeeper [ʃop'ki:pə], dealer [di:lə]

obchodný commercial [kə'mə:ʃl]

obchodný dom warehouse [weəhaus], department store [di'pa:tmənt sto:], supermarket [sju:pəma:kit]

obchodovať deal [di:l], trade [treid]

obilie cereals [siəriəlz], corn [ko:n], grain [grein]

obilniny cereals [siəriəlz]

objatie embrace [im'breis], hug [hag], enfold [infəuld]

objav discovery [dis'kavəri]

objaviť discover [dis'kavə]

objaviť sa appear [əˈpiə], emerge [iˈməːdʒ]
objem volume [vəljum], bulk [balk]
objemný voluminous [vəˈljuːminəs], bulky [balki], large [laːdʒ]
objímať embrace [imˈbreis]
obklopiť surround [səˈraund]
obkľúčiť surround [səˈraund], encircle [inˈsəːkl]
obkročiť straddle [strædl]
oblak cloud [klaud]
oblasť area [eəriə], region [riːdʒn], sphere [sfiə], district [distrikt], field [fiːld]
oblátka waffle [wofl]
oblečený clad [klæd], dressed [drest]
oblek suit [sjuːt]
oblička kidney [kidni]
obliecť sa dress [dres], put on [put on]
oblina curve [kəːv]
obloha sky [skai]
obložený garnished [gaːniʃt] (jedlo)
obľúbený popular [popjulə], favourite [feivərit]
obluda monster [monstə]
oblúk arch [aːtʃ], arc [aːk] (elektrický), bow [bau]

obmedzenie limit [limit]
obmedziť restrict [riˈstrikt], limit [limit], confine [kənˈfain]
obnosený worn out [woːn aut], shabby [ʃæbi]
obnosiť wear [weə]
obnova recovery [riˈkavəri], renewal [riˈnjuːəl], restoration [restəreiʃn]
obnoviť renew [riˈnjuː], restore [risˈtoː]
obočie brow [brau], eyebrow [aibrau]
obohatiť enrich [inˈritʃ]
obojok collar [kolə]
obor giant [dʒaiənt]
obracať revolve [riˈvolv]
obrad ceremony [seriməni]
obrana defence [diˈfens]
obranca defender [diˈfendə], back [bæk]
obrat turn [təːn]
obrátiť sa turn [təːn]
obratnosť skill [skil], skilfulness [skilfəlnis]
obratný deft [deft]
obraz picture [piktʃə], image [imidʒ], painting [peintiŋ]
obrazovka screen [skriːn]
obrazec figure [figə]

obrovský

obrovský giant [dʒaiənt], huge [hju:dʒ], stupendous [stju:pendəs], enormous [i'no:məs]
obruba rim [rim], border [bo:də]
obrúbiť border [bo:də]
obrus table-cloth [teiblkloθ], cloth [kloθ]
obrys outline [autlain]
obsadený occupied [okjupaid], engaged [in'geidʒd]
obsadenie cast [ka:st] (role)
obsadené booked up [bukt'ap] (rezervované)
obsah contents [kontents]
obsahovať contain [kən'tein], embody [im'bodi], embrace [im'breis]
obsluha service [sə:vis], attendance [ə'tendəns], operation [opə'reiʃn]
obslúžiť serve [sə:v]
obstarať provide [prə'vaid]
obsychať shrivel [ʃrivəl]
obťažný difficult [difikəlt]
obťažovať trouble [trabl], annoy [ə'noi]
obušok truncheon [trantʃən]
obuv footwear [futweə]
obväz, obviazať bandage [bændidʒ]

obvinenie charge [tʃa:dʒ]
obviniť accuse [ə'kju:z]
obvyklý usual [ju:ʒuəl]
obyčaj custom [kastəm]
obyčajný ordinary [o:dnri], common [komən]
obytný príves camper [kæmpə], caravan [kærəvæn]
obyvateľ inhabitant [in'hæbitənt]
obyvateľstvo population [popju'leiʃn]
obývačka parlour [pa:lə], sitting room [sitiŋru:m], living-room [liviŋru:m], lounge [laundʒ]
obzor horizon [hə'raizn]
oceán ocean [əuʃn]
oceľ, oceľový steel [sti:l]
oceniť appraise [ə'preiz], appreciate [ə'priʃieit], estimate [estimət]
ocko dad [dæd]
ocot vinegar [vinigə]
očakávať await [ə'weit], expect [iks'pekt]
očarený spellbound [spelbaund]
očariť enchant [in'tʃa:nt], fascinate [fæsineit]
očariť, očarovať bewitch [bi'witʃ]

očividne apparently [ə'pærəntli]

očkovanie vaccination [væksineiʃn], inoculation [inokju'leiʃn]

očné viečko eyelid [ailid]

očný lekár oculist [okjulist]

od from [frəm], since [sins] (od hlavy k päte - from head to heel), to [tə] (účel)

odbočiť digress [dai'gres] (od témy), turn off [tə:n'əv] (zahnúť)

odborár unionist [ju:njənist]

odborník professional [prə'feʃnl], expert [ekspə:t], specialist [speʃəlist]

odborný professional [prə'feʃnl]

odcestovať depart [di'pa:t]

oddaný dedicated [dedikeitid], loyal [loiəl], attached [ə'tætʃt], staunch [sto:ntʃ], devoted [divəutid]

oddelene apart [ə'pa:t]

oddelenie section [sekʃn], separation [sepə'reiʃn], compartment [kəm'pa:tmənt]

oddelený separate [sepərət]

oddeliť detach [di'tætʃ], separate [sepəreit], disjoint [dis'dʒoint]

oddych rest [rest], relaxation [ri:læk'seiʃn], retirement [ri'taiəmənt] (dôchodok), lull [lal]

odev wear [weə], clothes [kləuðz]

odfukovať gasp [ga:sp]

odhad estimate [estimit], estimation [estimeiʃn], guess [ges], assessment [ə'sesmənt]

odhadnúť appraise [ə'preiz]

odhaliť reveal [ri'vi:l], expose [iks'pəuz], disclose [diskləuz]

odhlásiť sa check out [tʃek aut] (v hoteli)

odhodiť discard [dis'ka:d] (vyhodiť), throw (away) [θrəu]

odhodlaný resolute [rezəlju:t], resolved [ri'zolvd]

odhovárať dissuade [di'sweid]

odchod departure [di'pa:tʃə]

odchýliť sa digress [dai'gres], deviate [di:vieit]

odísť depart [di'pa:t], retire [ri'taiə], go [gəu], leave [li:v]

odkaz reference [refrəns], heritage [heritidʒ], message [mesidʒ]

odklad delay [di'lei], postponement [pəst'pəunmənt], respite [respait]

odkladať delay [di'lei], procrastinate [prəu'kræstineit]

odľahlý remote [ri'məut]

odlakovač varnish remover [va:niʃ rimu:və]

odlišný different [difrənt], distinct [dis'tiŋkt]

odliv ebb [eb], (low) tide [taid]

odložiť discard [dis'ka:d]

odmeniť reward [ri'wo:d], recompense [rekəmpens]

odmena prize [praiz], reward [ri'wo:d]

odmietnuť refuse [ri'fju:z], reject [ri'dʒekt]

odmietnutie rebuff [ri'baf], repulse [ri'pals], denial [di'naiəl]

odolávať resist [ri'zist]

odomknúť unlock [an'lok]

odoprieť deny [di'nai]

odosielateľ sender [sendə]

odoslať dispatch [dis'pætʃ], consign [kən'sain]

odovzdať deliver [di'livə], transmit [trænz'mit], commit [kə'mit]

odpad refuse [refju:s]

odpadky trash [træʃ], garbage [ga:bidʒ], litter [litə]

odplata retaliation [ri'tæli'eiʃn] (odveta), revenge [ri'vendʒ] (pomsta), reward [ri'wo:d] (odmena), repay [ri'pei]

odplácať render [rendə]

odpočinok repose [ri'pəuz]

odpočítať deduct [di'dakt]

odpor reluctance [ri'laktəns], repulsion [ri'palʃn], disgust [dis'gast], distaste [dis'teist], grudge [gradʒ]

odporný nasty [na:sti], odious [əudiəs], shocking [ʃokiŋ], distasteful [dis'teistfəl], hideous [hidiəs]

odporovať contradict [kontrə'dikt]

odporúčať recommend [rekə'mend]

odpoveď answer [a:nsə], reply [ri'plai], response [ris'pons]

odpovedať answer [a:nsə], respond [ris'pond]

odpustiť forgive [fə'giv], remit [ri'mit]

odraz reflection [ri'flekʃn]

odrazenie repulse [ri'pals]

odrážať reflect [ri'flekt]

odstrániť remove [ri'mu:v]
odstúpiť recede [ri:'sid], resign [ri'zain]
odsudzovať disapprove [disə'pru:v], deplore [di'plo:r]
odsun transfer [trænsfə:]
odškodniť compensate [kompenseit]
odtiaľ hence [hens]
odtieň shade [ʃeid], tint [tint]
odtok drain [drein] (odtekať)
odvaha valour [vælə], courage [karidʒ], guts [gats]
odvážiť weigh [wei]
odvážiť sa dare [deə]
odvážny bold [bəuld], courageous [kə'ridʒəs]
odvodniť drain [drein]
odvolanie recall [ri'ko:l]
odvolať revoke [ri'vəuk], cancel [kænsəl] (zrušiť)
odzrkadľovať reflect [ri'flekt]
ohavný nasty [na:sti], hideous [hidiəs]
oheň fire [faiə]
ohľad regard [ri'ga:d], respect [ris'pekt]
ohnisko fireplace [faiəpleis]
ohnivý fiery [faiəri]

ohňostroj fireworks [faiəwə:ks]
oholený shaven [ʃeivn]
ohorok stub [stab]
ohováranie libel [laibl], slander [slændər]
ohrada railing [reiliŋ]
ohradiť enclose [in'kləuz]
ohromný enormous [i'no:məs], huge [hju:dʒ]
ohroziť endanger [in'deindʒə]
ohyb bend [bend]
ohybný supple [sapl], flexible [fleksəbl]
ochabnutý flabby [flæbi]
ochorieť fall ill [fo:l il]
ochotný ready [redi], willing [wiliŋ]
ochrana protection [prə'tekʃən], shield [ʃi:ld] (kryt)
ochraňovať protect [prə'tekt]
okamžitý prompt [prompt], immediate [i'mi:djət], instant [instənt]
okenica shutter [ʃatə]
okenná tabuľa pane [pein]
okienko counter [kauntə] (prepážka)
okliesniť lop [lop]
okno window [windəu]
oko eye [ai], snare [sneə]

okolie

okolie environment [in'vaiərənmənt] (životné prostredie)
okolnosť circumstance [sə:kəmstəns]
okolo around [ə'raund], by [bai], about [əbaut]
okoloidúci passer-by [pa:sə'bai]
okoreniť flavour [fleivə], season [si:zn]
okovy shackles [ʃæklz], chains [tʃeinz]
okraj border [bo:də], verge [və:dʒ], edge [edʒ], hem [hem]
okrem besides [bi'saidz], but [bat], except [ik'sept]
okrem toho moreover [mo:rəuvə], besides [bi'saidz]
okres district [distrikt]
okrúhly round [raund]
október October [ok'təubə]
okuliare glasses [gla:siz], spectacles [spektəklz]
okupácia occupation [okju'peiʃn]
olej oil [oil]
olemovať hem [hem]
olovo lead [led]
olúpať peel [pi:l], strip [strip]
olúpiť rob [rob]

omáčka sauce [so:s], gravy [greivi] (mäsová)
omdlieť swoon [swu:n], faint [feint]
omráčiť stun [stan]
omša mass [mæs], (divine) service [divain səvis]
omyl blunder [blandə], slip [slip], error [erə], mistake [mis'teik], fault [fo:lt]
on he [hi:]
on sám, sa himself [him'self]
ona she [ʃi:]
onemelý speechless [spi:tʃlis]
oneskorený late [leit], overdue [əuvədju:]
oneskorenie retard [ri:ta:d], delay [dilei]
oni, ony they [ðei]
ono it [it]
opačný contrary [kontrəri], opposite [opəzit], reverse [ri'vəs]
opak reverse [ri'vəs], contrary [kontrəri]
opakovať repeat [ri'pit]
opálený sunntaned [san'tænd], tan [tæn]
opar vapour [veipə]
opasok belt [belt]
opatrenia measure [meʒə]

opatrnosť caution [koːʃən]
opatrný careful [keəful]
opäť again [əˈgen]
opekať roast [rəust], grill [gril]
operácia operation [opəˈreiʃn]
operadlo back [bæk]
opica ape [eip], monkey [manki]
opierať sa lean [liːn], loll [lol]
opis description [disˈkripʃn], copy [kopi]
opísať describe [disˈkraib]
opitý drunk [draŋk], tipsy [tipsi]
oplzlý lewd [luːd]
opona curtain [kəːtn]
opora prop [prop]
opovrhnutie scorn [skoːn]
oprava repair [riˈpeə]
opraviť repair [riˈpeə], correct [kəˈrekt], mend [mend], fix [fiks]
oprávniť warrant [worənt], authorize [oːθəraiz]
oprávnenie warranty [worənti]
oprávniť justify [dʒastifai], entitle [inˈtaitl]
optik optician [opˈtiʃn]
optimizmus optimism [optimizm]

opúchať swell [swel]
opuchnutý swollen [swəuln]
opustiť leave [liːv], desert [dezət]
orať plough [plau]
ordinácia surgery [səːdʒəri]
organizácia organization [oːgənaiˈzeiʃn]
organizovať organize [oːgənaiz]
orech nut [nat]
orechová škrupina nutshell [natʃel]
orchester orchestra [oːkistrə]
orchidea orchid [oːkid]
originálna original [əˈridʒnl]
orol eagle [iːgl]
orúbať lop [lop]
osa wasp [wosp]
osada settlement [setlmənt]
osamelý lonely [ləunli], solitary [solitəri]
osedlať saddle [sædl]
osiať sow [səu]
oslava celebration [seliˈbreiʃn]
oslavovať celebrate [selibreit]
oslepiť blind [blaind]
oslniť dazzle [dæzl]

oslnivý

oslnivý dazzling [dæzliŋ], gorgeous [go:dʒəs]
oslňujúci radiant [reidjənt], gorgeous [go:dʒəs]
oslobodiť liberate [libəreit], free [fri:]
OSN UNO [ju:ən əu]
osoba person [pə:sn]
osobitný extra [ekstrə], individual [indi'vidjuəl]
osobnosť personality [pə:sə'næliti]
osol ass [æs], donkey [doŋki]
ospalý sleepy [sli:pi], drowsy [drauzi]
ospravedlniť excuse [iks'kju:z], justify [dʒastifai]
ospravedlniť sa apologize [ə'polədʒaiz]
osteň spine [spain]
ostrie edge [edʒ]
ostriť sharpen [ʃa:pən]
ostroha spur [spə:]
ostrov island [ailənd], isle [ail]
ostrý sharp [ʃa:p], keen [ki:n], harsh [ha:ʃ], smart [sma:t]
osud destiny [destini], doom [du:m], fate [feit], lot [lot], luck [lak]
osudný fatal [feitl], vital [vaitl]

osvietiť enlighten [in'laitn]
osviežiť refresh [ri'freʃ], quicken [kwikən] (oživiť)
osýpky measles [mi:zlz]
ošarpaný shabby [ʃæbi]
ošetrovateľka, sestra nurse [nə:s]
ošetrovať attend [ə'tend], nurse [nə:s]
oštep javelin [dʒævlin], spear [spiə]
ošúchaný dingy [dindʒi], worn (out) [wo:n aut]
otáľať linger [liŋgə]
otázka question [kwestʃən], query [kwiəry]
otáznik question mark [kwestʃən ma:k]
otcovský paternal [pə'tə:nəl]
otec father [fa:ðə], dad [dæd]
otepľovačky overalls [əuv'ro:lz]
otras shock [ʃok]
otravný toxic [toksik]
otriasť stun [stan] (ohromiť), shake [ʃeik] (zatriasť)
otrok slave [sleiv]
otupený dull [dal], blunt [blant], jaded [dʒeidid] (psychicky)
otužilý hardy [ha:di]
otvor opening [əupniŋ],

hole [həul], orifice [orifis], vent [vent], gap [gæp]
otvorený, otvoriť open [əupən]
otvoriť, zatiahnuť zips zip [zip]
ovácie cheer [tʃiə], ovation [əu'veiʃən]
oválny oval [əuvəl]
ovca sheep [ʃi:p]
ovčiarsky pes sheep-dog [ʃi:p dog], shepherd [ʃepəd]
oveľa much [matʃ], far [fa:r], greatly [greitli] (o. lepší - head and shoulders)
overiť verify [verifai], check out [tʃek aut] (o. pravosť podpisu - witness)
ovládať control [kən'trəul], master [ma:stə], manage [mænidʒ]
ovocie fruit [fru:t] (kandované/zakázané/dužinaté o. - candied/forbidden/fleshy f.; zaváranép o. - preserves)

ovocný sad orchard [o:tʃəd]
ovsená kaša porridge [poridʒ]
ozajstný veritable [veritəbl], true [tru:]
ozdoba decoration [dekə'reiʃn]
označiť mark [ma:k], label [leibl], tag [tæg], highlight [hailait] (zvýrazniť)
oznam announcement [ə'naunsmənt], notice [nəutis]
oznámiť announce [ə'nauns], notify [nəutifai], communicate [kə'mju:nikeit]
ozón ozone [əuzəun] (ozónová diera/vrstva - o. hole/layer)
ozubenie rack [ræk], toothing [tu:θiŋ] (stroja)
ozvena echo [ekəu]
oženiť sa marry [mæri]
oživenie revival [ri'vaivəl]
oživiť revive [ri'vaiv], enliven [in'laivn]

Pp

pá bye-bye [bai bai]
pacient patient [peiʃnt]
páčiť sa please [pli:z], like [laik]
pád fall [fo:l], crash [kræʃ], drop [drop], case [keis] (gramatický), decline [di'klain] pokles, collapse [kə'læps] (cien)
padnúť fall [fo:l], drop [drop]
pach odour [əudə], scent [sent], smell [smel], stink [stiŋk]
páchnuť smell [smel]
páka lever [li:və], gear [giər] (rýchlostná), (joy) stick [dʒoi stik] (riadiaca)
palác palace [pælis]
palacinka pancake [pænkeik]
palec thumb [θam] (ruky)
palec (2,54 cm) inch [intʃ] (dĺžková miera)
palec nohy toe [təu]
pálenka whisky [wiski], brandy [brændi]
palica cane [kein], club [klab], rod [rod], stick [stik], bat [bæt]
páliť burn [bə:n], fire [faiə]
palivo fuel [fjuəl] (palivový systém - f. system)
palma palm [pa:m]
paluba board [bo:d], deck [dek] (Vítaj na palube!/Medzi nami. - Welcome on board!)
pamäť memory [meməri] (pokiaľ p. siaha - within living m.; naspamäť - from m.)
pamätať remember [ri'membə]
pamätník memorial [mi'mo:riəl], monument [monjumənt]
pamiatka memory [meməri], relic [relik] (na p. zosnulého - in memory of the deceased)
pán gentleman [dʒentlmən], master [ma:stə], Mr. [mistə]
pane sir [sə:] (oslovenie)
pančucha stocking [stokiŋ]
pančuchové nohavičky panty-hose [pæntihəuz]
panghart bastard [bæstəd]
pani lady [leidi], madam [mædəm], Mrs. [misiz]
panika panic [pænik], scare [skeə]

panna, panenský virgin [və:dʒin], Virgo [və:gəu] (súhvezdie) (P. Mária - the Virgin/Madonna, V. Mary; morská p.- mermaid; krajčírska p. dummy; p. alebo orol - heads or tails)

pánska konfekcia outfitter's [autfitəz]

panva basin [beisn] (uhoľná), pelvis [pelvis] (kostry)

panvica pan [pæn]

papagáj parrot [pærət]

páperie down [daun], fluff [flaf], egret ['i:grət] (púpavy), fuzz [faz] (chlpy)

pápež pope [pəup], pontiff [pontif], Holy Father [holi fa:ðər]

papier paper [peipə]

papiere documents [dokjuməntsə]

papiernictvo stationery [steiʃnəri]

papuče slippers [slipəz]

papuľa mouth [mauθ], maw [mo:], jaw [dʒo:] (čeľusť)

pár pair [peə], couple [kapl]

para steam [sti:m], vapour [veipə], haze [heiz]

parfum perfume [pə:fju:m]

Paríž Paris [pæris]

pašovať

parkovanie parking [pa:kiŋ]

parkovisko car park [ka:pa:k], parking lot [pa:kiŋ lot]

párky frankfurter [fræŋkfə:tə], sausage [sosidʒ], wiener [wi:nər], banger [bæŋər]

parlament parliament [pa:ləmənt]

parník steamer [sti:mə]

párny even [i:vn]

parohy antlers [æntləz]

parochňa wig [wig]

pás band [bænd], belt [belt], waist [weist] (odevu, tela), strip [strip] (zeme) (delený p. - na diaľnici - central reservation)

pasca trap [træp]

páska ribbon [ribən], tape [teip]

pásmo range [reindʒ], zone [zəun]

pasovať fit [fit] (hodiť sa)

pasta paste [peist]

pastier shepherd [ʃepəd]

pásť sa feed [fi:d], graze [greiz]

päsť fist [fist]

pašerák smuggler ['smaglər]

pašovať smuggle [smagl]

335

paštéta pie [pai], spread [spred] (nátierka),
päta heel [hi:l] (Achilova p. - Achilles´s h. [əˈkiliːz])
päť five [faiv]
päťdesiat fifty [fifti]
pätnásť fifteen [fifˈtiːn]
pátranie quest [kwest], search [səːtʃ]
patričný due [djuː], proper [propə]
patriť belong [biˈlon] (Patrí ti to!/Tak ti treba! - It serves you right!)
pavučina web [web], cobweb [kobweb]
pavúk spider [spaidə]
pazúr nail [neil], claw [kloː]
pažerák zvierat maw [moː]
pažravý greedy [griːdi], ravenous [rævinəs] (vyhladovelý)
pec oven [avn], furnace [fəːnis]
pečať seal [siːl]
pečený roast [rəust]
pečeň liver [livə]
pečiatka stamp [stæmp]
pečienka roast [rəust]
pečivo pastry [peistri] (sladké), bakery products [beikəri prədakts]

pedál pedal [pedl]
pedikúra chiropody [kaiˈropədi], pedicure [pedikjuə]
pekár baker [beikə] (pekársky tucet (13) - baker's dozen)
peklo hell [hel]
pekný pretty [priti] (žena), nice [nais], handsome [hænsəm] (muž), comely [kamli], fine [fain] (jemný), jolly [dʒoli] (veselý), lovely [lavli] (milý), tidy [taidi] (upravený)
peň stem [stem], stump [stamp], block [blok] (klát)
pena foam [fəum], froth [froθ], head [hed] (piva), mousse [muːs] (sladkosť)
peňaženka wallet [wolit] (pánska), billfold [bilfəuld], purse [pəːs]
penca penny [peni]
peniaze money [mani], funds [fandz], cash [kæʃ] (hotovosť)
penny pence [pens]
penzia pension [penʃn] (v starobe), retirement [riˈtaiəmənt], board [boːd] (v hoteli)

penzión boarding-house [bo-'diŋhaus], guesthouse [gesthaus]
pera lip [lip]
percento percent [pə'sent]
perfektný perfect [pə:fikt]
perina eider-down [aidədaun], feather-bed [feðər bed]
perla pearl [pə:l]
pero pen [pen] (na písanie), nib [nib], spring [spriŋ] (pružina)
pero, perie feather [feðə] (vtáka)
peruť wing [wing]
pes dog [dog]
pestovať breed [bri:d], grow [grəu]
pestrosť variety [və'raiəti] (života), diversity [dai'və:siti] (názorov)
pestrý bright [brait] (farba), varied [veərid] (rozmanitý)
petrolej kerosene [kerosi:n]
petržlen parsley [pa:sli]
pevne fast [fa:st], firmly [fə:mli], strongly [stroŋli]
pevnina earth [ə:θ], land [lænd], mainland [meinlənd]
pevnosť fort [fo:t], fortress [fo:tris] (opevnenie), firmness [fə:mnəs] (charakteru)

pevný firm [fə:m], solid [solid], stable [steibl], sturdy [stə:di] (statný), tenacious [ti'neiʃəs], steady [stedi] (stabilný) (P. vôľa všetko premôže/hory prenáša - Time and perseverance drive snails to Jerusalem)
piano piano [pi'ænəu]
piatok Friday [fraidi] (Veľký P. - Good Friday)
piaty fifth [fifθ]
piecť bake [beik]
pieseň song [soŋ]
piesok sand [sænd]
piesočný, piesčitý sandy [sændi]
pichanie stitch [stitʃ] (v boku pri behu)
pichnutie sting [stiŋ] (žihadlom)
pichnúť prick [prik], sting [stiŋ], jab [dʒæb]
pijavica leech [li:tʃ]
pikantný spicy [spaisi], hot [hot], piquant [pi:kənt], racy [reisi]
piknik picnic [piknik]
píla, píliť saw [so:]
pilier pillar [pilə], column [kaləm]
pilník rasp [ra:sp], file [fail]

pilot

A **pilot** pilot [pailət]
B **pilulka** pill [pil], tablet [tæb-
C lit], lozenge [lozindʒ] (anti-
Č koncepčná p. – pill/contra-
　 ceptive)
D **pinta** (0.7 l) pint [paint]
E **pisárka** typist [taipist]
F **písací stroj** typewriter [tai-
　 praitə]
G **písací stôl** desk [desk]
H **pisateľ** writer [raitə]
CH **písať** write [rait]
I **písať si** correspond [koris-
J 'pond]
　 pískať squeak [skwi:k], whis-
K tle [wisl]
　 písmeno letter [letə]
L **piškóta** sponge-cake
M [spandʒ'keik]
　 pištoľ pistol [pistl], hand
N gun [hænd gan]
O **piť** drink [driŋk] (P. ako
　 dúha – To drink like a fish)
P **pivnica** cellar [selə]
R **pivo** beer [biə], lager [la:gə]
S **plač** crying [kraiŋ], weeping
Š [wi:piŋ]
　 plagát poster [pəustə], bill
T [bil]
U **plachta** sail [seil] (lodná),
V sheet [ʃi:t] (posteľná)
Z **plachtiť** sail [seil]
Ž

plachý bashful [bæʃfəl], shy
　 [ʃai], timid [timid]
plakať cry [krai]
plameň flame [fleim]
plán device [di'vais], plan
　 [plæn], project [prədʒəkt]
plán cesty itinerary [ai'tinə-
　 rəri]
planéta planet [plænit]
plápolať flame [fleim], fla-
　 re [fleə]
plášť mantle [mæntl], cloak
　 [kləuk]
plat salary [sæləri], wage
　 [weidʒ], pay [pei]
platiť pay [pei]
platňa plate [pleit], disc
　 [disk], record [reko:d] (gra-
　 mofónová)
plátno linen [linin] (posteľ-
　 né)
platnosť validity [və'liditi],
　 applicability [əplikə'biliti]
platný valid [vælid], appli-
　 cable [ə'plikəbl] (príslus-
　 ný), current [karənt], law-
　 ful [lo:fəl]
plátok slice [slais] (p. slani-
　 ny – rasher)
plavák float [fləut]
plaváreň pool [pu:l]
plávať swim [swim], float

[fləut] (p. s prúdom - to float with the stream)
plavba voyage [vojidʒ]
plaviť sa sail [seil]
plavky swimsuit [swimsju:t]
plaz reptile [reptail]
plaziť sa crawl [kro:l], creep [kri:p], sneak [sni:k]
pláž beach [bi:tʃ]
plece shoulder [ʃəuldə]
plecniak knapsack [næpsæk], rucksack [raksæk]
plech sheet [ʃi:t] (pod 1/4 palca), plate [pleit] (1/4 palca a hrubší; pozinkovaný/pocínovaný p. - galvanized/tinned s./p.)
plechovka tin [tin], can [kən]
plesnúť strike [straik], hit [hit], smack [smæk]
pleso tarn [ta:n], mountain lake [mauntin leik]
pleť complexion [kəm'plekʃn], skin [skin] (tmavá/svetlá p. - a dark/fair c.)
plienka napkin [næpkin]
pliesť knit [nit]
plne fully [fuli]
plnoštíhly plump [plamp], half-slim [ha:f slim]
plný full [ful], filled [fild], packed [pækt]

pobozkať

plodiť give birth to [giv bə:θ tu], deliver (children) [di'livər], breed [bri:d] (zvieratá)
plodnosť fertility [fə:tiliti]
plocha area [eəriə], space [speis], site [sait], surface [sə:fis]
plochý flat [flæt], even [i:vn]
plomba seal [si:l], filling [filiŋ] (zubná)
plot fence [fens] (živý p. - hedgerow/hedge)
plť raft [ra:ft]
pluh plough [plau]
pluk regiment [redʒimənt]
plukovník colonel [kə:nl]
plus plus [plas]
plyn gas [gæs]
plynulý fluent [fluənt]
plyš plush [plaʃ]
plytčina shallow [ʃæləu]
plytký shallow [ʃæləu]
plytvajúci lavish [læviʃ]
plytvať waste [weist]
pľúca lungs [laŋgz]
pľuť spit [spit]
pneumatika tyre [taiə]
po after [a:ftə], beyond [bi'jond], for [fo:]
pobočka branch [bra:ntʃ]
pobozkať kiss [kis]

pobrežie

pobrežie seaside [si:'said], coast [kəust], shore [ʃo:]
pobyt stay [stei]
pocit feeling [fi:liŋ], sensation [sen'seiʃn]
pocta homage [homidʒ], honour [onə]
poctiť favour [feivə], honour [onə]
poctivý righteous [raitʃəs], square [skweə], honest [onist], fair [feə]
počas during [dju:əriŋ]
počasie weather [weðər] (predpoveď p. - w. forecast)
počet count [kaunt], number [nambə]
početný numerous [nju:mərəs], large [la:dʒ]
počiatočný initial [i'niʃl]
počítač computer [kəm'pju:tə]
počítať calculate [kælkjuleit], compute [kəm'pju:t], count [kaunt], reckon [rekən]
počuť hear [hiə]
počúvať hear [hiə], listen [lisn]
pod below [bi'ləu], beneath [bi'ni:θ], under [andə], underneath [andə'ni:θ]

podať pass [pa:s], give [giv], hand [hænd]
podceňovať underestimate [andər'estimeit]
podčiarknuť underline [andə'lain]
poddajný supple [sapl], docile [dəusail]
poddaný villein [vilin], subject [sabdʒikt]
poddať sa surrender [sə'rendə], comply [kəm'plai]
podeliť share [ʃeə] (P. sa o korisť - To share the spoils)
podhlavník bolster [bəulstə], pillow [piləu]
podhubie spawn [spo:n]
podchod subway [sabwei], underpass [andəpa:s]
podiel quotient [kwəuʃənt], share [ʃeə], lot [lot]
podivný peculiar [pi'kju:liər], eccentric [ek'sæntrik], unusual [un'ju:ʒuəl], strange [streindʒ], queer [kwiər]
podjazd underpass [andəpa:s]
podkrovie loft [loft], attic [ætik], garret [gærət]
podľa by [bai], after [a:ftə], according to [ə'ko:diŋ tu], pursuant to [pə:sjuənt tu]

podlaha floor [flo:]
podľahnúť succumb [sə-'kam]
podložka base [beis], mat [mæt], pad [pæd]
podložiť support [sə'po:t], pad [pæd]
podlý mean [mi:n], wicked [wikid], vile [vail]
podmienka condition [kən-'diʃn] (podmienečný trest - suspended sentence)
podmienky terms [tə:mz]
podnájom lodging [lodʒiŋ]
podnebie climate [klaimit]
podnet impulse [impals], suggestion [sə'dʒestʃən]
podnietiť suggest [sə'dʒest]
podnik enterprise [entəpraiz], firm [fə:m]
podnikateľ businessman [biznismən]
podnikavosť enterprise [entəpraiz]
podniknúť undertake [andə'teik]
podnos tray [trei]
podoba shape [ʃeip], form [fo:m], look [luk] (výzor)
podobať sa resemble [ri'zembl] (P. ako vajce vajcu - To be alike as two peas)

podpora

podobne likewise [laikwaiz], alike [ə'laik]
podobnosť likeness [laiknis], similarity [siməriti]
podobný like [laik], similar [similə]
podopierať sustain [səs-'tein]
podoprieť prop [prop], support [sə'po:t]
podošva sole [səul]
podozrivý suspicious [səs-'piʃəs], suspect [səs'pekt] (osoba)
podpazušie armpit [a:mpit]
podpätok heel [hi:l]
podpera rest [rest], support [sə'po:t], bracket [brækit] (konzola)
podpis signature [signitʃə]
podpísať sign [sain], endorse [in'do:s] (šek), ratify [rætifai] (medzinár. zmluvu)
podplatiť corrupt [kə'rapt], bribe [braib]
podplukovník lieutenant colonel [lu:tənənt/lef'tenənt kə:nl]
podpora benefit [benifit] (sociálna), countenance [kauntinəns] (výrazom tvá-

podporiť

podporiť re), support [sə'po:t], aid [eid] (fin.)
podporiť support [sə'po:t], assist [ə'sist]
podporovať support [sə'po:t], sustain [səs'tein], foster [fostə], keep [ki:p], maintain [mein'tein]
podpráporčík warrant officer [worənt ofisər] 2nd class [seknd kla:s]
podprsenka bra [bra:]
podporučík second lieutenant [seknd lef'tenənt/lu:-tenənt]
podradný second-rate [seknd'reit], (p. kvalita - inferior quality)
podrobenie submission [səb'miʃn]
podrobený subject [sabdʒikt]
podrobiť subdue [səbdju:]
podrobiť sa submit [səb'mit]
podrobnosť detail [di:teil]
podrobný detailed [di:teild], specific [spi'sifik], explicit [iks'plisit]
podstata substance [sabstəns], quintessence [kwin'tesəns], core [ko:r]

podstatné meno noun [naun]
podstatný substantial [səb'stænʃl]
poduška pillow [piləu], cushion [ku:ʃn], pad [pæd] (na pečiatku), (el. p. - electric blanket)
podvedomý subconcious [sab'konʃəs]
podviesť cheat [tʃi:t], swindle [swindl]
podvod cheat [tʃi:t], deceit [di'si:t], humbug [hambag], trick [trik]
podvodník cheater [tʃi:tər], crook [kru:k], impostor [im'postər]
podvracať subvert [sab'və:t]
poézia poetry [pəuitri]
poháňať spur [spə:], drive [draiv], urge [ə:dʒ] (nabádať), power [pauər] (stroj)
pohár cup [kap], glass [gla:s], tumbler [tamblə]
pohľad glance [gla:ns], look [luk], spectacle [spektəkl], sight [sait], view [vju:]
pohladenie caress [kə'res], stroke [strəuk]
pohľadnica postcard [pəustka:d], card [ka:d]

pohltiť engulf [in'galf]
pohodlie comfort [kamfət], convenience [kən'vi:niəns], ease [i:z]
pohodlný comfortable [kamfətəbl], convenient [kən'vi:niənt], easy [i:zi], snug [snag]
pohon drive [draiv] (stroja), pursuit [pə'sju:t] (prenasledovanie), hunt [hant]
pohorie mountain [mauntin]
pohoršenie scandal [skændl], shock [ʃok]
pohostinný hospitable [hospitəbl]
pohovka sofa [səufə], couch [kautʃ], settee [sə'ti:]
pohreb funeral [fjunərəl], burial [beriəl]
pohrebný funeral [fjunərəl]
pohroma disaster [di'za:stə]
pohryznutie bite [bait]
pohyb motion [məuʃn], stir [stə:], movement [mu:vmənt]
pohybovať sa move [mu:v]
pochabý foolish [fu:liʃ], silly [sili], unwisse [an'waiz]
pochádzať descend [di'send], come from [kam from]
pochmúrny bleak [bli:k]

pochod march [ma:tʃ], procession [prə'seʃn] (sprievod), parade [pə'reid] (prehliadka)
pochodeň torch [to:tʃ]
pochopenie sympathy [simpəθi]
pochopiť understand [andə'stænd], comprehend [kompri'hend], grasp [gra:sp]
pochybnosť doubt [daut], distrust [dis'trast]
pochybný doubtful [dautful], dubious [dju:biəs]
pochybovať doubt [daut], question [kwestʃən], dispute [di'spju:t]
poistenie insurance [in'ʃuərəns], indemnity [in'demniti] (odškodnenie)
poistka insurance [in'ʃuərəns], fuse [fju:z] (elektrická)
pojem notion [nəuʃn], idea [ai'diə]
poklad treasure [treʒə], gem [dʒem] (vzácnosť) (umelecký/národný p. - art/national t.)
pokladník cashier [kæ'ʃiə], teller [telər] (v banke), treasurer [treʒərər] (spolku)

pokladňa

pokladňa cash-desk [kæʃ-desk], cash register [kæʃ redʒistər], box office [boks ofis] (v kine), treasury [treʒəri] (štátna)
pokles decline [di'klain], drop [drop], sag [sæg]
poklona bow [bau], tribute [tribju:t] (úcta), compliment [komplimənt] (pochvalná)
pokoj peace [pi:s], serenity [si'reniti], ease [i:z], lull [lal] (p. pred búrkou - lull before the storm)
pokojný peaceful [pi:sful], serene [si'ri:n], calm [ka:m]
pokora humility [hju:'militi], humbleness [hamblnəs], meekness ['mi:knəs], submission [səb'miʃn]
pokoriť humiliate [hju'milieit]
pokožka skin [skin]
pokračovať continue [kən'tinju:], proceed [prəu'si:d], resume [ri'zju:m] (pokračovanie nabudúce - to be continued ...(film))
pokrčiť rumple [rampl], crease [kri:s]

pokrievka lid [lid], cover [kavər]
pokropiť sprinkle [spriŋkl], spray [sprei], water [wo:tər]
pokrytectvo hypocrisy [hi-'pokrəsi]
pokryť cover [kavər]
pokus attempt [ə'tempt], experiment [iks'perimənt], test [test]
pokúsiť sa try [trai], test [test]
pokúšať tempt [tempt] (zvádzať)
pokuta penalty [penəlti], fine [fain], forfeit [fo:fit]
pokutovať fine [fain]
pokým till [til], until [ən'til]
pokyn direction [di'rekʃn], hint [hint]
pokyny instructions [in-'strakʃnz]
pól pole [pəul]
polárny polar [pəulə] (p. medveď/kruh - p. bear/circle)
pole field [fi:ld]
poleno log [log]
polica rack [ræk], shelf [ʃelf] (pl. shelves)
policajt policeman [pə'lis-

344

mən], constable [kanstɔbl] cop [kɔp] (hov.)
polícia police [pəlis]
polievka soup [su:p], broth [brɔθ] (vývar)
politika policy [polisi], politics [politiks] (náuka)
polnoc midnight [midnait]
poľnohospodár farmer [fa:mə]
poloha position [pə'ziʃn], situation [sitju'eiʃn]
poloostrov peninsula [pi'ninsjulə]
poľovačka hunt [hant], chase [tʃeis]
poľovať hunt [hant], chase [tʃeis]
polovica half [ha:f]
polovičný half [ha:f]
položiť lay [lei], put [put]
položka entry [entri] (v účt. knihe), item [aitəm]
poludnie noon [nu:n], midday [middei]
pomáhať help [help], aid [eid]
pomaly! steady [stedi] (p. ale isto - slowly but surely)
pomalý slow [sləu], sluggish [slagiʃ], tardy [ta:di]

pomaranč(ový) orange [orindʒ]
pomer relation [ri'leiʃn], ratio [reiʃiəu], rate [reit]
pomlčka dash [dæʃ]
pomník memorial [mi'mo:riəl], monument [monjumənt]
pomoc help [help], aid [eid]
pomôcka device [di'vais], aid [eid]
pomocník helpmate [helpmeit], assistant [ə'sistənt]
pomocný subsidiary [səb'sidjəri], auxiliary [o:g'ziliəri] (sloveso, motor)
pomôcť help [help], aid [eid], assist [ə'sist]
pomsta vengeance [vendʒəns], revenge [ri'vendʒ]
ponáhľať (sa) hasten [heisn], rush [raʃ], hurry (up) [hari] (There is not hurry - Netreba sa ponáhľať; I´m in no hurry to ... - Neponáhľam sa/Neženiem sa - niečo spraviť)
pondelok Monday [mandi] (Veľkonočný p. - Easter M.)
ponechať retain [ri'tein], leave [li:v], keep [ki:p]

ponížiť

ponížiť humiliate [hju'milieit], degrade [di'greid]
ponížiť sa stoop [stu:p]
ponoriť plunge [plandʒ], dip [dip], immerse [i'mə:s]
ponožky socks [soks]
ponuka offer [ofə], quotation [kwou'teiʃən] (ceny), menu [menju] (jedla)
popálenina scorch [sko:tʃ], singe [sindʒ]
popáliť burn [bə:n]
popierať deny [di'nai], contradict [kontrə'dikt], dispute [dis'pju:t]
poplach alarm [ə'la:m] (cvičný požiarny p.- fire drill)
poplatok rate [reit], charge [tʃa:dʒ], fee [fi:]
popliesť confuse [kən'fju:z]
popol ash [æʃ]
popolník ash-tray [æʃtrei]
popoludnie afternoon [a:ftə'nu:n] (popoludní - in the a.)
Popoluška Cinderella [sində'relə]
popraviť execute [eksikju:t]
poprenie denial [di'naiəl]
poprieť deny [di'nai]
pór pore [po:], leek [li:k] (zelenina)

poradiť advise [əd'vaiz]
poraniť hurt [hə:t], injure [indʒə]
poraziť defeat [di'fi:t]
porážka defeat [di'fi:t], vanquish [væŋkwiʃ], overwhelm [əuvə'welm] (zdolať), beat [bi:t] (šport)
porcelán china [tʃainə] (riad), porcelain [po:səlin] (keramická hmota)
porcia portion [po:ʃn], helping [helpiŋ]
poriadny orderly [o:dəli], sound [saund]
poriadok order [o:də], rules [ru:ls], (pracovný/spoločenský p. - working/social r.)
porota jury [dʒuəri]
porovnať compare [kəm'peə]
portrét portrait [po:trit]
poručníctvo ward [wo:d], tutelage [tju:tilidʒ], guardianship [ga:djənʃip]
porušiť violate [vaiəleit], break [breik], damage [dæmidʒ] (poškodiť)
posadlosť obsession [əb'seʃən], rage [reidʒ]
posádka crew [kru:]
poschodie storey [sto:ri], floor [flo:]

poskakovať skip [skip]
poskytnúť afford [ə'fo:d], grant [gra:nt]
poslanec deputy [depjuti]
poslať send [send], consign [kən'sain]
poslať poštou mail [meil]
posledný last [la:st] (p. výkrik módy - the latest craze)
poslucháči audience [o:djəns]
poslúchať obey [ə'bei] (príkazy), listen to [lisn tə] (rádio)
poslušnosť obedience [ə'bidjəns]
poslúžiť help [help] (poslúžte si – h. yourself)
posmech scoff [skof], ridicule [ridikju:l]
posmeliť encourage [in'karidʒ]
postačiť suffice [sə'fais]
postava figure [figə]
postavenie position [pə'ziʃn], rank [ræŋk], station [steiʃn]
postaviť stand [stænd]
posteľ bed [bed], bunk [bank] (v kajute), berth [bə:θ] (ležadlo)

postoj pose [pəuz]
postrehnúť perceive [pə'si:v]
postriekať sprinkle [spriŋkl]
postup process [prəusəs], way [wei], procedure [prə'si:dʒər], advance [əd'va:ns] (vpred), promotion [prə'məuʃn] (povýšenie)
postupne gradually [grædjuəli], step by step [step bai step]
posun shift [ʃift], movement [mu:vmənt], drift [drift]
posunok sign [sain], gesture [dʒestʃə]
posunúť shufle [ʃafl], slide [slaid]
posvätný sacred [seikrid]
posypať sprinkle [spriŋkl], strew [stru:]
poškodiť damage [dæmidʒ], harm [ha:m]
poškodiť povesť discredit [dis'kredit]
poškvrniť stain [stein], blemish [blemiʃ]
pošmyknutie slide [slaid], slip [slip]
pošpiniť stain [stein]

pošta

pošta post [pəust], mail [meil] (obratom p. - by return of post), post office [pəust ofis] (úrad)
poštár postman [pəustmən]
poštová schránka mailbox [meilboks]
poštovné postage [pəustidʒ]
pošva sheath [ʃi:θ] (meča), vagina [və'dʒainə]
pot, potiť sa sweat [swet], perspiration [pə:spə'reiʃn]
potenciálny potential [pə'tenʃl]
potešenie pleasure [pleʒə], delight [di'lait], enjoyment [in'dʒoimənt]
potešený glad [glæd]
potiť sa perspire [pəs'paiə]
potkan rat [ræt]
potknúť sa stumble [stambl]
potlačiť suppress [sə'pres], squash [skwoʃ], subdue [səb'dju:]
potľapkať pat [pæt], slap [slæp]
potok creek [kri:k], brook [bru:k], stream [stri:m], rivulet ['rivjulit]
potom after [a:ftə], later [leitə], then [ðen], thereupon [ðeərə'pon]

potomok offspring [ofspriŋ], descendent [di'sendənt]
potopa deluge [delju:dʒ], flood [flad]
potopiť sink [siŋk] (loď)
potopiť sa dive [daiv] (skočiť do vody)
potrasenie shake [ʃeik]
potrava food [fu:d], nourishment [nariʃmənt]
potraviny foodstuffs [fu:dstafs], eatable [i:təbl]
potreba need [ni:d], want [wont] (p. lásky - n. of love; pokryť životné potreby - meet the life requirements)
potrebný necessary [nesisəri]
potrebovať need [ni:d], claim [kleim] (vymáhať)
potrestať punish [paniʃ]
potrubie pipeline [paiplain]
potulka ramble [ræmbl], roam [rəum]
potvrdenie certificate [sətifikət]
potvrdenka quitance [kwitəns], receipt [ri'si:t]
potvrdiť confirm [kən'fə:m], endorse [in'do:s], ratify [rætifai], verify [verifai] (overiť)

348

potýčka skirmish [skə:miʃ]
poučiť enlighten [in'laitn], instruct [instrakt]
poukaz voucher [vautʃə]
poukázanie peňazí remittance [ri'mitəns]
použiť use [ju:z], apply [ə'plai], dispose [dis'pəuz], employ [im'ploi]
použitie, používať use [ju:s]
povaha nature [neitʃə], temper [tempə]
povala ceiling [si:liŋ], loft [loft]
povel command [kə'ma:nd], order [o:də]
povedať say [sei], tell [tel], communicate [kə'mju‚ni‚keit]
poveriť entrust [in'trast]
povesť rumour [rumə], fame [feim], legend [ledʒənd], fable [feibl] (mýtus), myth [miθ], goodwill [gudwil] (dobrá), reputation [repju'teiʃn] (reputácia)
poviedka story [sto:ri]
povinnosť duty [dju:ti], obligation [obli'geiʃn] (záväzok), (branná p. - conscription/draft - AmE; compulsory military service)

povinný compulsory [kəm'palsəri], due [dju:], obligatory [ə'bligətəri], obliged [ə'blaidʒd]
povolanie profession [prə'feʃn], job [dʒob], calling [ko:liŋ]
povolenie permission [pə'miʃn], licence [laisəns], sanction [sæŋkʃn]
povoliť allow [ə'lau], relent [ri'lent], loose [lu:s] (skrutku) (p. uzdu- slacken rein)
povraz cord [ko:d], rope [rəup]
povrázok string [striŋ]
povrch surface [sə:fis], top [top]
povrchný shallow [ʃæləu], superficial [su:pə'fiʃəl]
povýšený haughty [ho:ti], lofty [lofti]
povýšiť elevate [eliveit], exalt [ig'zo:lt], promote [prə'məut]
povzbudzovať encourage [in'karidʒ]
povzbudzujúci stimulant [stimjulənt]
póza pose [pəuz], affectation [æfek'teiʃn], posture [postʃər] (držanie tela)

349

pozadie

pozadie background [bækgraund], setting [setiŋ]
pozdĺž along [ə'loŋ]
pozdrav greeting [gri:tiŋ], salutation [sælju:'teiʃn], compliment [komplimənt] (poklona)
pozdraviť greet [gri:t]
pozerať look [luk], watch [wotʃ] (televíziu), gaze [geiz] (uprene)
pozlátka gilt [gilt]
poznať know [nəu], cognize [kəgnaiz], be familiar with [bi: fæmiliər ˌwiθ] (byť oboznámený s)
poznámka note [nəut], comment [koment], remark [ri'ma:k]
pozor! caution [ko:ʃən]
Pozor! Look/Watch Out [luk/wotʃ'aut] Heed! [hi:d]
pozor, daj pozor beware [bi'weə] (P., zlý pes! - Beware of dog)
pozorný attentive [ə'tentiv]
pozorovať observe [əb'zə:v], watch [wotʃ]
pozvanie invitation [invi'teiʃn]
pozvánka invitation [invi'teiʃn]

pozvať invite [in'vait], ask [a:sk]
požiadavka requirement [ri'kvaiəmənt], demand [di'mand]
požiar conflagration [konflə'greiʃn], fire [faiə]
požiarnik fireman [faiəmən]
požičať lend [lend]
požičať si borrow [borəu]
pôda soil [soil], ground [graund], land [lænd]
pôrod birth [bə:θ], labour [leibər]
pôvab charm [tʃa:m], grace [greis]
pôvabný comely [kamli], graceful [greisfəl], attractive [ə'træktiv]
pôvod descent [di'sent], origin [oridʒin]
pôvodný original [ə'ridʒənəl], genuine [dʒenjuin], authentic [o:θentik]
pôžička loan [ləun] (kúpiť na p. - buy with borrowed money)
pôžitok pleasure [pleʒər], delight [di'lait], enjoyment [in'dʒoimənt], treat [tri:t] (pohostenie), fringe

benefit [frindʒ benəfit] (pracovné p.)
práca work [wə:k], job [dʒob], labour [leibə]
pracka buckle [bakl] (remeňa)
pracovať work [wə:k], operate [opəreit]
pracovník worker [wə:kə]
pracujúci working [wə:kiŋ]
práčka washing-machine [woʃiŋmə'ʃiŋ]
práčovňa launderette [lo:ndəret]
Praha Prague [pra:g]
prach powder [paudə], dust [dast]
prak sling [sliŋ], catapult [kætəpalt]
praktický practical [præktikl]
prameň source [so:s] (zdroj), spring [spring] (vody), fountain [fauntin]
prasa pig [pig], hog [hog]
prasknúť burst [bə:st], blow [bləu], crack [kræk], snap [snæp]
prášiť dust [dast]
prášok powder [paudə]
prať wash [woʃ]
pravda truth [tru:θ]
pravdepodobne likely [laikli], probably [probəbli]

pravdepodobný probable [probəbl]
pravdivý true [tru:]
práve just [dʒast] (p. teraz/ momentálne - just now/presently)
pravidelný regular [regjulə]
pravidlo rule [ru:l]
právnik lawyer [lo:jə]
právny legal [li:gəl]
právo right [rait], justice [dʒastis], law [lo:]
pravý right [rait], real [riəl], veritable [veritəbl], very [veri]
prax practice [præktis]
prázdniny vacation [və'keiʃn], holidays [holədiz]
prázdno vacancy [veikənsi]
prázdny empty [empti], void [void]
praženica scrambled eggs [skræmbld'egz]
pražiť fry [frai], roast [rəust]
pre on behalf [bi'ha:f] (v mene niekoho), because of [bi'koz əv], for [fo:] (p. a proti - both sides of the question/pros and cons)
prebal jacket [dʒækit]
prebádať explore [iks'plo:]
prebytočný redundant [ri-'dandənt]

precliť

precliť clear (through customs) [kliər], declare [di'kleə]
preč off [əv], away [ə'wei]
prečiarknuť cross [kros], delete [di'li:t] (vyškrtnúť)
prečo why [wai]
pred ago [ə'gəu], before [bifo:]
predaj sale [seil]
predavač salesman [seilzmən], vendor [vendə]
predávajúci seller [selə]
predávať, predať sell [sel]
predbiehať overtake [əuvə'teik]
predchádzajúci preceding [pri'si:diŋ], former [fo:mə]
predlaktie forearm [fo:'ra:m]
predložiť submit [səbmit]
predĺženie extension [iks'tenʃn]
predĺžiť prolong [prə'loŋ], elongate [i:'loŋgeit], extend [iks'tend]
predmestie suburb [sabə:b], outskirts [autskə:ts]
predmet article [a:tikl], object [obdʒikt], subject [sabdʒikt]
prednáška lecture [lektʃə]

prednosť priority [prai'orəti]
predný forward [fo:wəd]
predok, praotec ancestor [ænsestə]
predok face [feis], front [frant]
predošlý previous [pri:viəs], former [fo:mə]
predpis prescription [pris'kripʃn]
predpísať prescribe [pris'kraib]
predplatiť subscribe [səb'skraib]
predpokladať suppose [sə'pəuz], assume [ə'sju:m], expect [iks'pekt]
predpoveď forecast [fo:ka:st]
predsa yet [jet]
predsa len however [hau'evə]
predseda chairman [tʃeəmən]
predsieň hall [ho:l]
predstava image [imidʒ]
predstavenie performance [pə'fo:məns]
predstavený superior [su:'piəriə], principal [prinsipəl]
predstaviť introduce [intrə'dju:s]

predstaviť si imagine [i'mædʒin]
predstavovať represent [repri'zent]
predstierať pretend [pri'tend], simulate [simjuleit]
predsudok prejudice [predʒədis]
predtým before [bi'fo:]
predvádzať perform [pə'fo:m]
predvečer eve [i:v]
predvídať foresee [fo:'si:]
predvolať summon [samən]
prefíkaný sly [slai], cunning [kaniŋ]
prehliadka show [ʃəu], view [vju:]
prehľad survey [sə:vei], review [ri'vju:]
prehľadný tabular [tæbjulə], lucid [lu:sid] (zrozumiteľný)
prehraný lost [lost]
prehrať lose [lu:z]
prechádzka walk [wo:k], stroll [strəul]
prechladnutie chill [tʃil], cold [kəuld]
prechod passage [pæsidʒ], transit [trænsit], crossing [krosiŋ]

prejav speech [spi:tʃ], display [displei], expression [ik'spreʃn]
prejsť cross [kros], pass [pa:s]
prekážať hinder [hində]
prekážka obstacle [obstəkl], obstruction [əb'strakʃn], hindrance [hindrəns]
preklad translation [træ:ns'leiʃn]
prekladať translate [træ:ns'leit]
prekladateľ translator [træ:ns'leitə], interpreter [in'tə:pritə] (tlmočník)
preklenúť span [spæn]
prekliaty cursed [kə:sid], damned [dæmd], bloody [bladi]
prekonať overcome [əuvə'kam], outdo [aut'du:]
prekročiť cross [kros], exceed [ik'si:d]
prekrúcať twist [twist]
prekvapenie surprise [sə'praiz]
prekvapiť surprise [sə'praiz], astonish [əs'toniʃ]
preložiť translate [træ:ns'leit] (text), reload [ri'ləud] (náklad), postpone [pə'st-

premávka

pəun] (schôdzu), fold [fəuld] (papier)
premávka traffic [træfik]
premeniť transform [trænsˈfoːm], converse [kənˈvəːs], convert [kənvət]
premiestiť remove [riˈmuːv], displace [disˈpleis]
premočiť drench [drentʃ], soak [səuk]
premôcť conquer [koŋkə], overcome [əuvəˈkam]
premýšľať ponder [pondə], think over [θiŋk əuvər]
prenáhlený rash [ræʃ], hasty [heisti]
prenajať charter [tʃaːtə], lease [liːs], rent [rent]
prenajať si hire [haiə]
prenájom lease [liːs]
prenasledovať haunt [hoːnt]
prenikavý trenchant [trentʃənt], acute [əˈkjuːt], sharp [ʃaːp] (ostrý- bolesť), shrill [ʃril], strident [straidnt] (hlas)
prenos transfer [trænsfəː], broadcast [broːdkaːst], transmission [trænzˈmiʃn]
prenosný portable [poːtəbl]

prepáčenie, prepáčte pardon [paːdn], remission [riˈmiʃn] (trestu)
prepáčiť excuse [iksˈkjuz], forgive [fəˈgiv], remit [riˈmit]
prepichnutie puncture [paŋktʃə]
prepichnúť stick [stik], pierce [piəs]
prepitné gratuity [grætjuiti], tip [tip]
preplnený overcrowded [əuvəˈkraudid], crowded [kraudid]
prepnúť switch (over) [switʃ]
preprava transit [trænsit]
prepustenie release [riˈliːs] (uvoľnenie), discharge [ˈdistʃaːdʒ] (z väzenia), dismissal [dizˈmisl] (z práce)
prepustiť discharge [disˈtʃaːdʒ], dismiss [disˈmis]
prepych luxury [lakʃəri]
prepychový luxurious [lagˈzjuəriəs], sumptuous [samptjuəs]
preraziť pierce [piəs], punch [pantʃ], perforate [pəːfəreit]
prerušiť break [breik], inter-

rupt [intə'rapt], disconnect [diskə'nekt]
presakovať soak [səuk] (nasiaknúť), leak [li:k] (unikať)
preskočiť skip [skip], hop [hop]
preskúmať explore [iks'plo:]
presnosť preciseness [pri'saisnis], fidelity [fi'deliti] (vernosť zvuku), accurateness [ækjərətnis], exactness [ig'zæktnəs], accuracy [ækjərəsi]
presný precise [pri'sais], punctual [paŋktʃuəl], strict [strikt]
prestať stop [stop], cease [si:s], give up [giv ap] (vzdať), terminate [tə:-mineit] (ukončiť)
prestávka interval [intə:vl], break [breik], time-out [taim aut], adjournment [ə'dʒə:nmənt] (odročenie), pause [po:z]
prestieradlo sheet [ʃi:t], tablecloth [teiblkloθ] (obrus)
prestúpiť change [tʃeindʒ] (vlak), convert [konvə:t]

prevažne

(viera), violate [vaiəleit] (zákon), trespass [trespəs] (právomoc)
presťahovanie move [mu:v], removal [ri'mu:vəl], relocation [ri'lou'keiʃn]
presťahovať move [mu:v], remove [ri'mu:v]
presvedčiť convince [kən'vins], impress [impres]
presýtenie surfeit [sə:fit]
prešívať quilt [kilt]
preťažiť overload [əuvə'ləud]
pretekať/pretiecť overflow [əuvə'fləu]
preteky race, [reis], wrestle [resl], competition [kəmpi-tiʃn]
pretlmočiť translate [træ:ns'leit]
preto therefore [ðeə'fo:], consequently [konsikwəntli]
pretože because [bi'koz], since [sins], as [æz]
pretrhnúť disrupt [dis'rapt], burst [bə:st]
prevažne largely [la:dʒli], predominantly [pri'dominəntli], mostly [məustli] (väčšinou)

prevládať

prevládať prevail [pri'veil], predominate [pri'domineit]
prevod transfer [trænsfə:], gear [giə] (ozubený)
prevoz ferry [feri] (trajekt)
prevrátiť overthrow [əuvə'θrəu]
prevýšiť exceed [ik'si:d], surpass [sə'pa:s], outdo [aut'du:]
prevyšovať excel [ik'sel] (vynikať)
prevziať undertake [andə'teik] (záväzok), take over [teik əuvə]
prezerať examine [igzæmin] (preskúmať)
prezident president [prezidənt]
prezliecť sa change [tʃeindʒ]
prezradiť betray [bi'trei], reveal [ri'vi:l], disclose [dis'kləuz], expose [ik'spəuz] (Prezradiť svoju nevedomosť - To betray one´s ignorance)
prezrieť survey [sə:vei]
prežitie survival [sə'vaivəl]
prežiť survive [sə'vaiv]
prežúvať chew [tʃu:]
pri at [æt, ət], beside [bi'said], by [bai]

priamo right [rait], directly [di'rektli]
priamy direct [di'rekt], straight [streit]
priasť, spriadať spin [spin]
priateľ friend [frend], mate [meit], companion [kəm'pæniən] (spoločník), fellow [feləu]
priateľka girlfriend [gə:lfrend]
priateľstvo friendship [frendʃip]
priať wish [wiʃ], prefer [pri'fə:r] (nadržiavať)
priazeň favour [feivə]
priaznivý favourable [feivərəbl]
približne approximately [ə'proksimətli], around [əraund], about [əbaut], roughly [rafli]
priblíženie sa approach [ə'prəutʃ]
približný approximate [ə'proksimit]
príbeh story [sto:ri], tale [teil], narration [nə'reiʃn], yarn [ja:n] (historka)
príboj surf [sə:f], surge [sə:dʒ]
príbor cutlery [katləri]

príbuzenstvo kinship [kinʃip], kin [kin]
pricestovať come [kam], arrive [əraiv]
príčina cause [ko:z], reason [ri:zn]
prídavné meno adjective [ædʒiktiv]
prídel ration [reiʃn]
priebojný assertive [ə'sə:tiv]
prieduch vent [vent]
priehľadný transparent [træns'pærənt], lucid [lu:sid]
priehrada barrier [bæriə], dam [dæm] (vodná)
priechod pass [pa:s], gangway [gæŋwei], passage [pæsidʒ]
priekopa ditch [ditʃ]
prielom breach [bri:tʃ]
priemer medium [mi:diəm], average [ævəridʒ]
priemerný average [ævəridʒ]
priemysel industry [indəstri]
priepasť abyss [ə'bis], gulf [galf] (zásadný rozdiel)
prieplav canal [kə'næl], channel [tʃænl]
prieskum survey [sə'vei], reconnaissance [ri'konisəns] (vojenská)
priestor space [speis], room [ru:m]
priestorný spacious [speiʃəs]
priestupok offence [ə'fens], infringement [in'frindʒmənt]
priesvitný transparent [træns'pærənt], translucent [trænz'lu:snt]
prietrž rupture [raptʃə] (natrhnutie), (p. mračien - torrential rain/downpour)
prievan draught [dra:ft]
priezračný limpid [limpid], transparent [træns'pærənt]
priezvisko surname [sə:neim], family name [fæmili neim]
prihláška application [æpli'keiʃən], registration [redʒi'streiʃn]
prihodiť sa happen [hæpən], occur [ə'kə:r], take place [teik pleis] (uskutočniť)
príchod arrival [ə'raivəl], coming [kamiŋ] (p. na svet - birth)
príchuť flavour [fleivər], savour [seivər] (ochutiť), smack [smæk]

prijatie reception [ri:sepʃn]
prijať receive [ri'si:v], accept [ək'sept], take [teik] (darček, na školu), admit [ədmit] (na školu)
príjem receipt [ri'si:t] (zásielky), income [inkam], revenue [revənju:] (výnos), earnings [ə:niŋz] (mzda)
príjemný pleasant [pleznt], agreeable [ə'gri:əbl], enjoyable [in'dʒoiəbl], nice [nais], pleasing [pli:ziŋ]
príjmy gains [geinz]
príklad example [ig'za:mpl]
prikrádať sa sneak [sni:k]
príkry steep [sti:p] (svah)
prikryť cover [kavə], top [top]
prikrývka wrap [ræp], cover [kavə]
prilepiť stick [stik], attach [ə'tætʃ], affix [ə'fiks]
prilepiť sa glue [glu:], stick on [stik on], cling [kliŋ], paste [peist]
príležitosť chance [tʃa:ns], occasion [ə'keiʒn], opportunity [opə'tju:niti]
príliš too [tu:], especially [i'speʃəli], particularly [pə'tikjuləli], exceedingly [ik'si:diŋli]

príliv flood [flad], tide [taid]
priložiť enclose [in'kləuz], apply [ə'plai]
primeraný due [dju:], appropriate [ə'prəupriət]
prímerie truce [tru:s], armistice [a:mistis]
princ prince [prins] (princezna - princess)
princíp principle [prinsəpl]
priniesť bring [briŋ], fetch [fetʃ]
prípad case [keis], event [i'vent], example [ig'za:mpl], occasion [ə'keiʒn] (príležitosť), instance [instəns]
pripadnúť fall [fo:l]
prípitok toast [təust]
pripevniť fasten [fa:sn]
pripináčik tack [tæk], pin [pin]
prípoj connection [kə'nekʃn]
pripojiť attach [ə'tætʃ], add [æd]
pripojiť sa join [dʒoin], attach [ə'tætʃ], connect [kə'nekt], link [liŋk], annex [æneks]
pripomenúť remind [ri'maind], commemorate [kə-

'meməreit] (výročie), mention [menʃn], recall [ri'ko:l] (vybaviť si)

príprava preparation [prepə'reiʃn]

pripravený ready [redi], prepared [pri'peəd]

pripraviť prepare [pri'peə]

pripustiť admit [əd'mit], concede [kən'si:d]

pripútať fasten [fa:sn], fix [fiks]

príroda nature [neitʃə]

prírodný natural [nætʃrəl]

prirodzený natural [nætʃrəl]

príručka manual [mænjuəl], textbook [tekstbuk], handbook [hændbuk]

prisahať swear [sweə], make a vow [meik ə'vau], pledge [pledʒ], promis [promis] (prisľúbiť)

príslovka adverb [ædvə:b] (príslovkové určenie - adverbial modifier)

prísny severe [si'viə], stern [stə:n], strict [strikt], hard [ha:d]

príspevok allowance [ə'lauəns], benefit [benifit]

prispieť contribute [kən'tribju:t] (podieľať sa), assist [ə'sist] (pomôcť)

prispôsobiť adjust [ə'dʒast], adapt [ə'dæpt], fit [fit]

prispôsobiť sa comply [kəm'plai], adjust [ə'dʒast]

prísť come [kam], arrive [ə'raiv]

prisťahovalec immigrant [imigrənt]

pristáť land [lænd]

prístav port [po:t], harbour [ha:bə], haven [heivn]

prístrešie shelter [ʃeltə], rest [rest]

pristrihnúť trim [trim]

prístroj device [di'vais], instrument [instrumənt], gear [giə], set [set]

prístup access [æksəs], entry [entri], approach [ə'prautʃ] (postoj), attitude [ætitju:d]

prístupný available [ə'veiləbl], accessible [ək'sesəbl]

prisudzovať credit [kredit] (zásluhy), attribute [ə'tribju:t] (úspech), refer [ri'fə] (odkázať)

príťažlivý attractive [ə'træktiv], appealing [ə'pi:liŋ], engaging [in'geidʒiŋ]

prítomnosť

prítomnosť presence [prezns], present time [preznt 'taim], occurrence [ə'karəns] (výskyt)

prítomný present [preznt]

príval rush [raʃ], flush [flaʃ], flood [flad], flow [fləu]

príves trailer [treilə]

prívesok appendage [ə'pendidʒ], pendant [pendənt]

prívetivý amiable [eimiəbl], kind [kaind], affable ['æfəbl], cheerful ['tʃiəfəl], suave [sweiv] (zdvorilý)

priviazať tie [tai]

priviesť bring [briŋ]

privítanie welcome [welkəm]

prívlastok modifier [modifaiər]

prízemie ground-floor [graund'flo:], (first floor - AmE), stalls [sto:s] (v divadle) (parterre/circle - AmE)

priznať concede [kən'si:d] (pripustiť), acknowledge [ək'nolidʒ], admit [əd'mit], award [ə'wo:d] (vyznamenanie, odškodné)

priznať sa confess [kən'fes], admit [əd'mit]

prízvuk accent [æksnt], stress [stres]

príživník parasite [pærəsait], sponger [spandʒər], freeloader [fri:,ləudər], hanger on [hæŋgər on]

problém problem [probləm]. issue ['iʃu:] (záležitosť), trouble [trabl]

produkcia production [prə'dakʃn], output [autput], manufacture [mænju'fæktʃər]

profesia profession [prə'feʃn]

profesor professor [prə'fesə]

program schedule [ʃedju:l], programme [progrəm], scheme [ski:m]

projekt project [prə'dʒekt], agenda [ə'dʒendə]

projektovať project [prə'dʒekt], design [di'zain]

prosba appeal [ə'pi:l], suit [sju:t], request [rikwest]

prosím please [pli:z] (nech sa páči – here you are)

prosiť beg [beg], pray [prei], supplicate [saplikeit], ask [a:sk]

prospech benefit [benifit], profit [profit], (in) favour (of) [feivə] (v prospech)

prospešnosť utility [ju:'tiliti], usefulness [ju:sfəlnəs]
prostredie environment [in'vaiərənmənt], ambience ['æmbiəns]
prostredníctvom per [pə:], through [θru:], by way of [bai wei əv], by means of [bai mi:nz əv]
prostriedky means [mi:nz]
prostriedok resource [ri'so:s], medium [mi:diəm]
protest protest [prəutest]
proti against [ə'genst]
protiidúci oncoming [onkamiŋ]
protivný nasty [na:sti], repulsive [ri'palsiv], obnoxious [əb'nakʃəs]
prsia bosom [buzəm], breast [brest], chest [tʃest] (hruď)
prskať spit [spit], sputter [spatə]
prst finger [fiŋgə] (p. na nohe – toe)
prsteň ring [riŋ]
pršiplášť raincoat [reinkəut], mac(intosh) [mækintoʃ]
prúd stream [stri:m], flow [fləu], tide [taid] (prílivový), current [karənt] (aj elektrický)
prudkosť violence [vaiələns]
prudký rapid [ræpid], vehement [vi:iment], fierce [fiəs]
pruh stripe [straip]
prút rod [rod], stick [stik], wand [wond] (čarovný)
pružina spring [spriŋ]
prúžok stripe [straip], streak [stri:k], band [bænd]
pružný flexible [fleksəbl], pliable [plaiəbl], supple [sapl]
prvok element [elimənt]
prvotný primary [praiməri]
prvý first [fə:st], premier [premiər] (p. apríl – All Fools Day; p. dáma – F. Lady; láska na p. pohľad – love at f. sight)
PSČ, poštové smerovacie číslo postcode [pəustkəud]
pstruh trout [traut]
psychológia psychology [sai'kolədʒi]
pšenica wheat [wi:t]
pštros ostrich [ostritʃ]
publikum audience [o:diəns], public [pablik]
pučať bud [bad]

púčik bud [bad]
púder powder [paudə]
púhy mere [miə]
pukance popcorn [popkoːn]
puklina crevice [krevis], crack [kræk]
puknúť burst [bəːst], crack [kræk]
pulóver pullover [puləuvə], jumper [dʒampə]
pult counter [kauntə]
pulz pulse [pals]
pulzovať pulse [pals], palpitate [pælpiteit]
pumpa pump [pamp]
pančochy stockings [stokiŋz]
pupok navel [neivəl], belly button [beli batn]

pustiť drop [drop], release [riˈliːs], let go [let gəu]
pustý bleak [bliːk], void [void], waste [weist]
puška rifle [raifl], gun [gan]
púšť desert [dezət], waste [weist]
putovať wander [wondə]
puzdro case [keis], sleeve [sliːv]
pýcha pride [praid]
pyšný proud [praud], haughty [hoːti]
pýšiť sa boast [bəust]
pýtať sa ask [aːsk], query [kwiəri]
pyžama pyjamas [pəˈdʒaːməz]

Rr

rabín rabbi [ræbai]
rad line [lain], file [fail], queue [kju:], frame [freim], row [rəu], string [striŋ]
rád glad [glæd], like [laik]
rada advice [əd'vais], tip [tip], board [bo:d], counsel [kaunsəl]
radikálny radical [rædikəl], sweeping [swi:piŋ]
rádioaktívny radioactive [reidiəuæk'tiv]
rádioprijímač radioset [reidiəuset]
radosť joy [dʒoi], bliss [blis], delight [dilait], pleasure [pleʒər]
radostný joyful [dʒoifəl], radiant [reidiənt]
radšej rather [ra:ðə], preferably [prefrəbli]
rachot crash [kræʃ]
rafinovaný sophisticated [so'fistikeitid], refined [ri'faind] (cukor)
raj paradise [pærədais]
rak crawfish [kro:fiʃ], crab [kræb]
raketa racket [rækit], rocket [rokit]

rám frame [freim]
rámec setting [setiŋ]
rameno arm [a:m], shoulder [ʃəuldə]
rampa ramp [ræmp], platform [plætfo:m]
rana wound [wu:nd], cut [kat], blow [bləu], stroke [strəuk], bump [bamp]
raňajky breakfast [brekfəst]
rande date [deit]
raniť wound [wu:nd], injure [indʒə]
raný early [ə:li]
ranný morning [mo:niŋ]
ráno morning [mo:niŋ]
rasa race [reis]
rasizmus racism [reisizm]
rásť grow [grəu]
rastlina plant [pla:nt]
rašelina peat [pi:t]
raz once [wans]
raziť coin [koin] (mince), mint [mint] (r./kopať tunel – dig a tunnel)
rázny resolute [rezəlju:t], crisp [krisp] (reč), firm [fə:m] (pevný)
rázsocha fork [fo:k]
raž rye [rai]

ražeň

ražeň spit [spit], grill [gril]
reakcia reaction [ri'ækʃn]
rebrík ladder [lædə]
rebro rib [rib]
recepcia reception [ri'sepʃn]
recepcia v hoteli reception-desk [ri'sepʃn desk]
recepčný reception-clerk [ri'sepʃn klɑ:k]
recept recipe [resipi], prescription [pris'kripʃn] (lekársky)
recidíva relapse [ri'læps]
reč speech [spi:tʃ], language [læŋgwidʒ]
rečník speaker [spi:kə]
redaktor editor [editə]
redigovať edit [edit]
reďkovka radish [rædiʃ]
referát report [ri'po:t]
reflektor reflector [ri'klektə]
región region [ri:dʒən]
regulácia regulation [regju'leiʃn]
rehot roar [ro:], laughter [lɑ:ftər]
reklama advertisement [əd'və:tismənt], ad [æd], publicity [pablisiti], promo [prəuməu] (reklamný klip), commercial [kə'mə:ʃl] (v televízii)

rekord record [reko:d]
rekreácia recreation [rekreiʃn]
relatívny relative [relətiv]
reliéf relief [ri'li:f]
relikvia relic [relik]
remeslo craft [krɑ:ft]
remeň strap [stræp], belt [belt]
remíza draw [dro:]
repa turnip [tə:nip] (cukrová r. – sugar beet)
represia repression [ri'preʃn]
republika republic [ri'pablik]
reputácia reputation [repju'teiʃn]
reštaurácia restaurant [restəro:ŋ], catering [keitəriŋ]
reštaurovať restore [ris'to:], renovate [renəveit]
reťaz chain [tʃein]
rev roar [ro:]
revolúcia revolution [revə'lu:ʃn]
revolučný revolutionary [revə'lu:ʃnəri]
revolver gun [gan]
revue review [ri'vju:]
rez cut [kat]
rezanec noodle [nu:dl]
rezať cut [kat]

rezeň steak [steik], cutlet [katlit], fillet [filit]
rezerva reserve [ri'zə:v]
rezervácia reservation [rezə:'veiʃn]
rezervný reserve [re'zə:v], spare [speə]
rezervovať reserve [ri'zə:v], book [buk]
rezký sharp [ʃa:p]
rezolúcia resolution [rezə'lju:ʃn]
režírovať produce [prə'dju:s], stage [steidʒ], direct [di'rekt]
režisér producer [prə'dju:sə], director [di'rektər]
riad dish [diʃ]
riadenie direction [di'rekʃn]
riaditeľ director [di'rektə], manager [mænidʒə]
riadiť direct [di'rekt], manage [mænidʒ], drive [draiv], guide [gaid], lead [li:d]
riadny regular [regjulə], square [skweə] (meal - jedlo), decent [di:snt] (slušný)
riadok line [lain]
ríbezle currants [karənts]
riedky thin [θin], sparse [spa:s], scarce [skeəs], infrequent [in'fri:kwənt]

rieka river [rivə]
riešenie solution [sə'lu:ʃn]
riešiť solve [solv]
ring ring [riŋ]
riskovať risk [risk]
ríša empire [empaiə]
riziko risk [risk]
robiť do [du], make [meik]
robotník worker [wə:kə]
ročník class [kla:s] (v škole), volume [voljum] (časopisu), grade [greid] (v škole), age group [eidʒ gru:p] (veková skupina), vintage [vintidʒ] (vína, auta), year [jə:r] (akcie, pretekov)
rod clan [clæn], kind [kaind], tribe [traib]
rodená (pred uvedením priezviska za slobodna) née [nei], maiden name [meidn neim]
rodený, rodný born [bo:n], native [neitiv]
rodičia parents [peərənts]
rodina family [fæmili], kin [kin] (príbuzenstvo)
rodisko birthplace [bə:θpleis]
rodiť bear [beə], breed [bri:d]
roh corner [ko:nə], horn [ho:n] (hud. nástroj)

rohožka

rohožka mat [mæt]
roj swarm [swo:m] (včiel)
rok year [jə:r]
roleta blind [blaind]
roľník peasant [peznt], yeoman [jəumən], farmer [fa:mə]
Róm gipsy/gypsy [dʒipsi]
röntgenové lúče X-rays [eks'reiz]
ropucha toad [təud]
rovina plane [plein], level [levl]
rovnako alike [ə'laik], likewise [laikwaiz], as well [æz wel] (ako aj)
rovnaký equal [i:kwəl], same [seim], uniform [ju:nifo:m], even [i:ven]
rovnica equation [i'kweiʃn]
rovník equator [i'kweitə]
rovno straight [streit]
rovnováha balance [bæləns], countenance [kauntinəns] (psychická)
rovný straight [streit], even [i:ven], flat [flæt], lank [læŋk] (ovisnuté - vlasy), quits [kwits] (vyrovnaný s niekým), smooth [smu:ð]
rozbaliť unpack [an'pæk]
rozbitý broken [brəukn]
rozbiť shatter [ʃætə], smash [smæʃ], break [breik]
rozčúliť excite [ik'sait] (rozrušiť), irritate [iriteit]
rozdať deal [di:l] (karty), distribute [di'stribju:t]
rozdelenie division [di'viʒn], separation [sepə'reiʃn]
rozdeliť divide [di'vaid], part [pa:t], deal [di:l], disjoint [dis'dʒoint], separate [sepəreit], partition [pa:'tiʃn], give out [giv aut]
rozdiel difference [difrəns]
rozdielny different [difrənt], unlike [an'laik]
rozdrviť squash [skwoʃ], crush [kraʃ]
rozhlas radio [reidiəu]
rozhľad scope [skəup]
rozhodca judge [dʒadʒ], umpire [am'paiə], referee [refə'ri:]
rozhodne definitely [definitli], no doubt [nəu daut], anyhow [enihau]
rozhodnosť determination [ditə:mi'neiʃn] decidedness [di'saididnis]
rozhodnutie decision [di'siʒn], resolve [ri'zolv]

rozhodnúť determine [di-ˈtəːmin] (určiť), decide [diˈsaid]

rozhodnúť sa decide [diˈsaid], resolve [riˈzolv]

rozhodný decisive [diˈsaisiv], determined [diˈtəːmind], manful [mænfəl]

rozhorčený indignant [inˈdignənt], exasperated [igˈzaːspəreitid]

rozhovor talk [toːk], conversation [konvəˈseiʃn]

rozkladať sa decay [diˈkei] (hnilobne), lie [lai] (mesto), stretch [stretʃ]

rozkol split [split]

rozkoš delight [diˈlait], pleasure [pleʒər] (sexuálne potešenie – sexual p.)

rozkošný cute [kjuːt], lovely [lavli]

rozľahlý spacious [speiʃəs], large [laːdʒ]

rozliať spill [spil]

rozličný varied [veərid], various [veəriəs]

rozloha area [eəriə], surface [səːfis], extent [iksˈtent]

rozlúčka farewell [feəwel], parting [paːtiŋ], separation [sepəˈreiʃn]

rozmanitý varied [veərid]

rozmazať smudge [smadʒ]

rozmaznať spoil [spoil] (dieťa)

rozmer size [saiz], dimension [diˈmenʃn]

rôzny various [veəriəs], different [difrənt]

rozoznať differentiate [difəˈrenʃieit], discern [diˈsəːn], know [nəu]

rozpad decay [diˈkei], break up [breik ap]

rozpadnúť sa crumble [krambl], decompose [diːkəmpəuz] (hnilobne), tumble [tambl] (zvaliť sa), tear up [tiə ap]

rozpárať unstich [anstitʃ], unseam [ansiːm], slit [slit], slash [slæʃ] (telo)

rozpätie span [spæn], margin [maːdʒin], range [reindʒ]

rozpínať sa expand [iksˈpænd]

rozplynúť sa dissolve [diˈzolv]

rozpočet budget [badʒit]

rozpor conflict [konflikt], clash [klæʃ]

rozprávanie narration [næreiʃn], tale [teil], story [stori], account [əˈkaunt]

rozprávať speak [spi:k], talk [to:k], tell [tel], chat [tʃæt], converse [kən'və:s], recount [ri'kaunt], relate [ri'leit]

rozprávka fairy tale [feəriteil], story [sto:ri]

rozprestierať spread [spred]

rozpučiť squash [skwoʃ]

rozpustiť dissolve [di'zolv]

rozpustný soluble [solju:bl]

rozpúšťať melt [melt]

rozriešiť solve [solv]

rozruch sensation [sen'seiʃn], stir [stə:]

rozsah extent [iks'tent], range [reindʒ], scope [skəup]

rozsiahly extensive [iks'tensiv], large [la:dʒ]

rozsudok verdict [və:dikt], sentence [sentəns]

rozsypať sa spill [spil]

rozšíriť extend [iks'tend], dilate [dai'leit]

rozširovať spread [spred], expand [iks'pænd]

rozštiepenie split [split]

roztápať melt [melt], smelt [smelt] (taviť rudu)

roztaviť fuse [fju:z]

roztiahnutie stretch [stretʃ]

roztiahnuť stretch [stretʃ], extend [iks'tend]

roztok solution [sə'lu:ʃn], lotion [ləuʃn]

roztopašný mischievous [mistʃivəs], wanton [wontən]

roztopiť melt [melt], thaw [θo:] (odmäk)

roztrhnúť tear [tiə], disrupt [dis'rapt]

roztrieštiť smash [smæʃ], split [split]

roztvoriť unfold [an'fəuld], open [əupən]

rozťahovať spread [spred]

rozum brain [brein], reason [ri:zn]

rozumieť understand [andə'stænd]

rozumný sane [sein], sensible [sensəbl], shrewd [ʃru:d]

rozvaľovať sprawl [spro:l]

rozvedený divorced [di'vo:st], divorcee [di'vo:si] (človek)

rozvetvenie fork [fo:k], branch [bra:ntʃ]

rozviazať loosen [lu:sn]

rozvinúť unfold [an'fəuld], spread [spred]

rozvláčny copious [kəupiəs]

rozvod divorce [di'vo:s] (manželstva). distribution [distri'bju:ʃn] (tovaru, energie)

rozzúrený furious [fjuəriəs], enraged [in'reidʒd], mad [mæd], angry [æŋgri]
rub reverse [ri'və:s]
rúbať hew [hju:]
ručiteľ guarantee [gærən'ti:], sponsor [sponsə]
ručiť guarantee [gærən'ti:]
rúči handsome [hænsəm]
ručný manual [mænjuəl]
ruda ore [o:], mineral [minərəl] (železná r. – iron o.)
ruch rush [raʃ]
ruiny ruins [ruinz]
ruka hand [hænd]
rukáv sleeve [sli:v]
rukavice gloves [glavs], mitten [mitn] (palčiaky)
rukopis manuscript [mænjuskript]
rukoväť hand [hænd], handle [hændl]
rumenec blush [blaʃ]
rúra pipe [paip], tube [tju:b]
Rus, ruský Russian [raʃən]
Rusko Russia [raʃə]
rušiť disturb [dis'tə:b]
rutina routine [ru:'ti:n]
rútiť sa tumble [tambl] (zrútiť sa)

ruvačka fight [fait], disturbance [di'stə:bəns], scramble [skræmbl]
rúž rouge [ru:ʒ], lipstick [lipstik]
ruža rose [rəuz]
ruženec rosary [rəuzəri]
ružový rosy [rəuzi], pink [piŋk]
ryba fish [fiʃ]
rybáriť fish [fiʃ]
rybník pond [pond]
ryha slot [slot]
rýchlik express [iks'pres]
rýchlo fast [fa:st]
rýchlosť speed [spi:d], velocity [vi'lositi], gear [giə] (v aute), rate [reit]
rýchly quick [kwik], rapid [ræpid], swift [swift], express [iks'pres], fast [fa:st]
rýľ spade [speid]
rypák snout [snaut]
rýpnuť scratch [skrætʃ]
rys lynx [liŋks]
rytier knight [nait]
ryť dig [dig] (záhradu), engrave [in'greiv] (rydlom)
ryža rice [rais]

Ss

s with [wið]
sa herself [həˈself]
sabotáž sabotage [sæbotaːʒ]
sadať subside [səbˈsaid] (pôda)
sadenica plant [plaːnt], set [set]
sadza (sneť obilnín) smut [smat]
sadzba rate [reit], tarrif [tærif]
sadze soot [sut]
sako jacket [dʒækit]
saláma sausage [sosidʒ], salami [səlaːmi]
salón saloon [səˈluːn]
sám alone [ələun]
samec male [meil]
sami, seba, sa themselves [ðəmˈselvz]
sami, sám, sa, seba yourself [joːˈself]
samička female [fiːmeil]
samoobsluha supermarket [sjuːpəˈmaːkit]
samovrah suicide [sjusaid]
samovražda suicide [sjusaid]
samozrejme of course [əv koːs], certainly [səˈtənli], indeed [inˈdiːd], sure [ʃuə]

sanitka ambulance [æmbjuləns]
sankcia sanction [sæŋkʃn]
sať suck [sak]
scéna scene [siːn]
scenár script [skript]
scenéria scenery [siːnəri]
sebakontrola self-control [selfkənˈtrəul]
sebavedomie self-confidence [selfˈkonfidəns]
sebecký selfish [selfiʃ]
sedadlo seat [siːt]
sedieť sit [sit], fit [fit] (pristať)
sedliak yeoman [jəumən], farmer [faːmə]
sedlo saddle [sædl]
sedmokráska daisy [deizi]
sek cut [kat], chop [tʃop]
sekať cut [kat], hew [hjuː], chop [tʃop]
sekcia section [sekʃn], branch [braːntʃ]
sekera axe [æks]
sekretárka secretary [sekrətri]
sekunda second [seknd]
sem here [hiə]
semeno seed [siːd] (mužské s. – sperm)

sen dream [dri:m]
sendvič sandwich [sændwidʒ]
seno hay [hei]
senzácia sensation [sen'seiʃn]
september September [səp'tembə]
séria series [siəri:z]
seriál serial [siəriəl]
sériový serial [siəriəl]
seriózny serious [siəriəs]
servírovať serve [sə:v]
servis service [sə:vis]
servítka napkin [næpkin]
servus! cheerio [tʃiəri'əu]
sesternica cousin [kazn]
sestra sister [sistə]
set set [set], game [geim]
sever, severný north [no:θ], northern [no:ðən]
sezóna season [si:zn]
sféra sphere [sfiə], field [fi:ld]
schéma diagram [daiəgræm], chart [tʃa:t], scheme [ski:m]
schod step [step]
schodisko staircase [steəkeis]
schody stairs [steəz]
schôdza meeting [mi:tiŋ], appointment [əpointment]

schopný capable [keipəbl], competent [kompitənt], fit [fit], able [eibl]
schôdzka date [deit], meeting [mi:tiŋ], appointment [əpointment]
schránka box [boks], shell [ʃel] (ulita)
schválenie approval [ə'pru:vl]
schváliť approve [ə'pru:v]
siať sow [səu]
Sibír Siberia [sai'biəriə]
sídlo residence [rezidəns]
sieň hall [ho:l], lounge [laundʒ]
sieť net [net], network [netwə:k]
signál signal [signl]
sila power [pauə], force [fo:s], stamina [stæminə], strength [streŋθ], might [mait]
silný powerful [pauəfəl], strong [stroŋ], sturdy [stə:di], tough [taf], vigorous [vigərəs], keen [ki:n]
sinka bruise [bru:z]
síra sulphur [salfə]
sirota orphan [o:fən]
sirup syrup [sirəp]
situácia situation [sitju'eiʃn]
sivý grey [grei]

371

skala

skala rock [rok], stone [stəun], crag [kræg]
skalnatý rocky [roki]
skákať jump [dʒamp], leap [li:p], skip [skip], hop [hop]
skaza rack [ræk], ruin [ruin], destruction [dis'trakʃn]
skazený foul [faul], wicked [wikid] (charakter), spoilt [spoilt] (dieťa), decayed [di'keid] (zub), fucked up [fakt ap] (vulg.)
skaziť corrupt [kə'rapt]
skeptik sceptic [skeptik]
sklad stock [stok], store [sto:], warehouse [weəhaus]
skladať fold [fəuld], compose [kəm'pəuz]
skladať sa consist [kən'sist], comprise [kəm'praiz]
sklamanie disappointment [disə'pointmənt]
sklamať disappoint [disə'point], frustrate [fras'treit]
skleslý limp [limp], gloomy [glu:mi], downhearted [daun'ha:tid]
sklo glass [gla:s]
skľúčenosť dejection [di'dʒekʃn]
skľúčený dejected [di'dʒektid], blue [blu:]

skočiť jump [dʒamp], skip [skip]
skok spring [spriŋg], jump [dʒamp]
skončiť end [end], conclude [kən'klu:d], finish [finiʃ]
skóre score [sko:]
skoro soon [su:n], nearly [niəli], almost [o:lməust], early [ə:li]
skorý early [ə:li]
skôr rather [ra:ðə], before [bi'fo:]
skrátiť shorten [ʃo:tn]
skríknuť yelp [jelp]
skriňa case [keis], wardrobe [wo:drəub], cabinet [kæbinət], cupboard [kabəd] (čierna skrinka - black box; prevodová s. - gear box/case)
skrivený wry [rai] (obličaj), distorted [di'sto:tid]
skriviť distort [dis'to:t]
skromný decent [di:snt], modest [modist]
skrútený wry [rai] (tvár), twisted [twistid] (členok)
skrútiť distort [dis'to:t], twist [twist]
skrutka screw [skru:], bolt [bəult], nut [nat] (matica)

skrutkovač screw-driver [skru:draivə]

skryť hide [haid], conceal [kən'si:l]

skrytý concealed [kən'si:ld], latent [leitənt], hidden [hidn]

skúmanie investigation [investi'geiʃn], research [risə:tʃ] (výskum), question [kwestʃn] (pochybnosti)

skupina group [gru:p], team [ti:m], gang [gæŋ]

skúpy mean [mi:n]

skúsenosť experience [iks'piəriəns]

skúsiť try [trai], feel [fi:l], attempt [ə'tempt] (pokúsiť sa)

skúšanie examination [ig'zæmi'neiʃn], testing [testiŋ]

skúšať examine [igzæmin], rehearse [ri'hə:s] (v divadle)

skúška examination [ig'zæmi'neiʃn], proof [pru:f], trial [traiəl], test [test]

skutočne really [riəli], indeed [in'di:d]

skutočnosť fact [fækt], reality [ri'æliti]

skutočný real [riəl], actual [æktjuəl], tangible [tændʒəbl]

skutok deed [di:d], act [ækt], exploit [eksploit]

skvelý splendid [splendid], wonderful [wandəfəl], grand [grænd], rare [reə] (zriedkavý)

slabina groin [groin]

slabý weak [wi:k], faint [feint], feeble [fi:bl], flabby [flæbi]

sladkosti sweets [swi:ts], confection [kən'fekʃn]

sladký sweet [swi:t], luscious [laʃəs]

slama, slamka straw [stro:]

slamník pallet [pælit]

slanina bacon [beikn]

sláva fame [feim], glory [glo:ri]

slávik nightingale [naitiŋgeil]

slávnosť feast [fi:st] (hostina), celebration [seli'breiʃn] (oslava)

slávny famous [feiməs], glorious [glo:riəs]

slečna miss [mis]

sleď herring [heriŋ]

sledovať follow [foləu], pursue [pə'sju:], trace [treis], watch [wotʃ]

slepý

- **slepý** blind [blaind]
- **sliepka** hen [hen]
- **slimák** snail [sneil]
- **slina** saliva [sə'laivə]
- **slivka** plum [plam]
- **sliz** slime [slaim]
- **slizký** slimy [slaimi]
- **slnečnica** sunflower [san-'flauə]
- **slnečník** parasol [pærə'sol]
- **slnečný** sunny [sani]
- **slnko** sun [san]
- **sloboda** freedom [fri:dəm], liberty [libəti]
- **slobodný** free [fri:]
- **slobodný mládenec** single [siŋgl], bachelor [bætʃelər]
- **slon** elephant [elifənt]
- **slonovina** ivory [aivəri]
- **Slovan, slovanský** Slav [sla:v], slavic [slævik], Slavonic [slæ'vonik]
- **Slovák, slovenský** Slovak [slouvæk]
- **Slovensko** Slovakia [slou-'vækiə]
- **sloveso** verb [və:b]
- **slovník** dictionary ['dikʃənəri]
- **slovo** word [wə:d]
- **sľub** promise [promis]
- **sľúbiť** promise [promis]
- **slučka** loop [lu:p], sling [sliŋ], noose [nu:s]
- **sluha** servant [sə:vənt], lackey [læki]
- **slúchadlo** earphone [i:əfəun]
- **slušný** fair [feə], decent [di:snt]
- **služba** service [sə:vis], duty [dju:ti]
- **slúžiť** serve [sə:v]
- **slúžka** maid [meid], housemaid [hausmeid]
- **slza** tear [tiə]
- **smažiť** fry [frai]
- **smädný** thirsty [θə:sti]
- **sme, ste, sú** are [a:]
- **smeč** smash [smæʃ]
- **smelý** manful [mænfl], bold [bəuld], brave [breiv], courageous [kə'reidʒəs]
- **smena** shift [ʃift]
- **smer** course [ko:s], direction [di'rekʃn], current [karənt]
- **smerom** via [vaiə], towards [tə'wədz]
- **smerovať** tend [tend], aim [eim], direct [di'rekt], lead [li:d], go [gəu]
- **smerovka** indicator [indi-'keitə]
- **smeti** garbage [ga:bidʒ], dump [damp], litter [litə]

smetisko dump [damp]
smiech laugh [la:f]
smiešny ridiculous [ri'dikjuləs], ludicrous [lu:dikrəs], humorous [hju:mərəs]
smieť may [mei], (to be) allowed [ə'laud]
smotana cream [kri:m]
smrek spruce [spru:s]
smrť death [deθ]
smrteľný deadly [dedli], mortal [mo:tl]
smutný sad [sæd], blue [blu:]
snáď maybe [meibi:], perhaps [pə'hæps], possibly [posibli]
snaha effort [efət], endeavour [in'devə], struggle [stragl]
snažiť sa strive [straiv], study [stadi]
sneh snow [snəu]
snemovňa the parliament (house) [ðə pa:ləmənt (haus)]
snežienka snowdrop [snəudrop]
snívať dream [dri:m]
snob snob [snob]
snúbenec fiancé [fi'a:nsei]
snúbenica fiancée [fi'a:nsei]
sobáš wedding [wediŋ], marriage [mærid3]

soboľ sable [seibl]
sobota Saturday [sætədi]
socha sculpture [skalptʃə], statue [stætju:]
sojka jay [d3ei]
sokol falcon [fo:lkən]
solídny solid [solid]
soľ salt [so:lt]
soľnička salt-cellar [so:lt selə]
som am [æm]
somár donkey [doŋki], jackass [d3ækæs]
sonda probe [prəub]
sotiť jostle [d3osl]
sotva barely [beəli], hardly [ha:dli], scarcely [skeəsli]
sova owl [əul]
spací voz sleeping car [sli:piŋka:]
spálňa bedroom [bedrum]
spať sleep [sli:p]
späť back [bæk]
spev singing [siŋiŋ]
spevák singer [siŋgə]
spiaci asleep [ə'sli:p]
spievať sing [siŋ]
spisovateľ writer [raitə]
spisy documents [dokjumənts]
splatiť repay [ri:'pei]
splátka instalment [in'sto:lmənt]

splatný

splatný payable [peiəbl], due [dju:]
spleť tangle [tæŋgl]
splietať/pliesť knit [nit], twist [twist]
splniť fulfil [ful'fil]
splnomocnenie warrant [worənt], authorization [o:θərai'zeiʃn]
spočítať sum [sam]
spočívať v consist of [kən'sist əv]
spodky pants [pænts], underpants [andəpænts]
spodnička petticoat [petikəut]
spodok bottom [botəm]
spojenie connection [kə'nekʃn], junction [dʒankʃn], joint [dʒoint]
spojiť join [dʒoin], link [liŋk], unite [ju:nait], bind [baind]
spokojnosť satisfaction [sætis'fækʃn]
spokojný content [kən'tent], satisfied [sætisfaid]
spoľahlivosť reliability [rilaiə'biliti]
spoľahlivý reliable [ri'laiəbl], sure [ʃuə], unfailing [an'feiliŋ]

spoľahnúť sa rely [ri'lai], trust [trast]
spoliehať sa depend [di'pend], lean [li:n], rely on [rilai ən]
spoločenský social [səuʃəl]
spoločenstvo society [sə'saiəti], community [kə'mju:niti], guild [gild] (Britské s. - British Commonwealth)
spoločník companion [kəm'pænjən], fellow [feləu]
spoločnosť company [kampəni], society [sə'saiəti]
spoločný common [komən], joint [dʒoint]
spolu together [tə'geðə]
spolupráca co-operation [kəuopə'reiʃn]
spolužiak schoolmate [sku:lmeit]
spomaliť slow [sləu]
spomenúť remember [ri'membə], mention [menʃn]
spomienka memory [meməri]
spona clasp [kla:sp]
sponka buckle [bakl]
sponzor sponsor [sponsə]
spor conflict [konflikt], dispute [dis'pju:t], strife [straif]

376

sporák range [reindʒ], stove [stəuv], cooker [kukə]
sporiť save [seiv]
spôsob manner [mænə], way [wei]
spotreba consumption [kən'sampʃn]
spotrebiteľ consumer [kən'sju:mə]
spotrebovať consume [kən'sju:m], spend [spend]
správa report [ri'po:t], message [mesidʒ] (odkaz), word [wə:d]
správa, vedenie administration [ədmini'streiʃn]
správať sa behave [bi'heiv]
správca caretaker [keəteikə]
správne right [rait]
správny proper [propə], right [rait], correct [kə'rekt]
spravodlivosť justice [dʒastis]
spravodlivý just [dʒast]
spravovať manage [mænidʒ]
správy news [nju:z]
sprevádzať accompany [ə'kampəni], conduct [kəndakt]
sprcha shower [ʃauə], shower-bath [ʃauəba:θ]
sprej spray [sprej]

sprievod suite [swi:t], escort [esko:t], train [trein]
sprievodca conductor [kən'daktə], guide [gaid]
sprievodca knižný guidebook [gaidbuk]
sprisahanie plot [plot], conspiracy [kən'spirəsi]
sprostý stupid [stju:pid]
spŕška shower [ʃauə]
spustiť droop [dru:p] (sklopiť), drop [drop] (upustiť), start [sta:t] (výrobu)
spustošiť ravage [rævidʒ]
spútať bind [baind], chain [tʃein]
Srb Serb [sə:b], Serbian [sə:biən]
srdce heart [ha:t]
srdcový cordial [ko:diəl]
sŕkať sip [sip]
sršať flash [flæʃ]
stádo flock [flok], herd [hə:d] (dobytka)
stačí enough [i'naf]
stačiť suffice [sə'fais], do [du]
stajňa stall [sto:l], stable [steibl]
stále constantly [konstəntli], stil [stil], always [o:lweiz]
stálosť constancy [konstənsi]
stály constant [konstənt],

stan

stan stable [steibl], stationary [steiʃnəri], steady [stedi]
stan tent [tent]
stanica station [steiʃn]
stánok stand [stænd], stall [sto:l]
stanovisko standpoint [stændpoint], attitude [ætitju:d], opinion [ə'piniən], view [vju:]
stanovište stand [stænd]
stanovy statute [stætju:t], articles [a:tikls], charter [tʃa:tər]
stará baba hag [hæg] (pejor.)
stará mama grandmother [græn'maðə]
starať sa care [keə], worry [wari]
starí rodičia grandparents [græn'pərənts]
starobylý ancient [einʃənt]
starosta mayor [meər]
starostlivý careful [keəful], solicitous [sə'lisitəs]
starosť care [keə], trouble [trabl], worry [wari]
starší elder [eldə] (v rodine), older [əuldə]
starý old [əuld]
starý otec grandfather [grænd'fa:ðə]

stáť stand [stænd], stop [stop]
stať sa happen [hæpən], occur [ə'kə], become [bi'kam]
statkár squire [skwaiə] (zeman), landowner [lændəunər]
statočný brave [breiv], fair [feə], honest [onist], righteous [raitʃəs], valiant ['væliənt], courageous [kə'reidʒəs]
stav state [steit], condition [kən'diʃn]
stavať build [bild], erect [i'rekt]
stavba building [bildiŋ], construction [kən'strakʃn], frame [freim], structure [straktʃə]
staviť sa bet [bet], take a bet [teik ə bet]
stávka bet [bet]
sťažnosť complaint [kəm'pleint]
steh stitch [stitʃ]
stehno thigh [θai], leg [leg] (mäso)
stelesniť embody [im'bodi]
stena wall [wo:l]
stihnúť catch [kætʃ], manage [mænidʒ]

stisk squeeze (of the hand) [skwi:z], handshake [hændʃeik], pinch [pintʃ], clutch [klatʃ], grip [grip] (zovretie)

stisnutie sqeeze [skwi:z]

stlmiť subdue [səbd'dju:], dim [dim] (svetlo), attenuate [ə'tenjueit]

stĺp, stĺpec column [koləm]

stojan stand [stænd]

stolička stool [stu:l], chair [tʃeə]

stôl table [teibl]

ston groan [grəun], moan [məun]

stonať groan [grəun], moan [məun]

stonožka centipede [sentipi:d]

stopa trace [treis], track [træk], scent [sent] (pachová), foot [fu:t] (básnická), clue [klu:] (vo vyšetrovaní)

stopa (30,48 cm) foot [fut] (pl. feet)

stopovať hitchhike [hitʃhaik] (auto)

storočie century [sentʃəri]

stožiar mast [ma:st], pole [pəul], spar [spa:]

streda

strach scare [skeə], fear [fiə], dismay [dis'mei], dread [dred]

straka magpie [mægpai]

strana side [said] (s. papiera – page [peidʒ]; politická s. – party [pa:ti])

strašidlo ghost [gəust]

strašný horrible [horəbl], terrible [teribl], awful [o:fəl], ′dreadful [dredfəl]

strata loss [los]

stratený lost [lost]

stratiť lose [lu:z]

strava fare [feə], meal [mi:l], food [fu:d]

stravovať sa board [bo:d]

stráž guard [ga:d], sentinel [sentinl]

strážca guard [ga:d], warden [wo:dən], keeper [ki:pə], caretaker [keəteikə]

strážiť guard [ga:d], watch [wotʃ]

strážnik constable [kanstəbl], police man [pə'li:s mæn]

strčiť shove [ʃav], stick [stik], thrust [θrast], push [puʃ]

stred centre/center – AmE [sentə], middle [midl]

streda Wednesday [wenzdi]

stredný

stredný central [sentrəl], middle [midl]
stredoveký medieval [medi'i:vl]
strecha roof [ru:f]
streľba fire [faiə], shooting [ʃu:tiŋ]
stretnutie encounter [in'kauntə], engagement [in'geidʒmənt], meeting [mi:tiŋ]
stretnúť meet [mi:t]
stretnúť sa meet [mi:t], encounter [in'kauntə]
striebro/strieborný silver [silvə]
striekať splash [splæʃ]
strieľať shoot [ʃu:t]
strihať cut [kat], shear [ʃiə]
strkať hustle [hasl], poke [pəuk]
strmý steep [sti:p], rapid [ræpid]
strnulý tense [tens]
strohý terse [tə:s]
stroj machine [mə'ʃi:n], engine [endʒin]
strom tree [tri:]
strop ceiling [si:liŋ]
strpieť suffer [safə]
stručne shortly [ʃo:tli], briefly [bri:fli]

stručný terse [tə:s], brief [bri:f], concise [kən'sais]
strýko uncle [aŋkl]
studený cold [kəuld], cool [ku:l], chilly [tʃili]
studňa spring [spriŋ] (prameň), well [wel]
stuha band [bænd], ribbon [ribən]
stuhnutý rigid [ridʒid], stale [steil]
stuchnutý rank [ræŋk]
stúpať rise [raiz] (do výšky), raise [reiz] (zvýšiť - plat), climb [klaim], ascend [ə'send]
stúpiť tread [tred]
stupeň degree [di'gri:], grade [greid], step [step]
stupnica scale [skeil]
stvol stalk [sto:k]
styk contact [kəntækt], intercourse [intəko:s] (sexuálny s. - sexual i.)
subjektívny subjective [səb'dʒektiv]
súbor ensemble [an'sambl], set [set]
súbor počítačový file [fail]
súčasný contemporary [kən'temprəri], present-day

[preznt dei] (s. stav vývoja – state of the art)
súčet sum [sam], amount [əˈmaunt]
sud barrel [bærəl], tub [tab]
súd court [ko:t], justice [dʒastis]
sudca judge [dʒadʒ]
súhlas approval [əˈpru:vəl], conformity [kənˈfo:miti]
súhlasiť agree [əˈgri:], consent [kənˈsent], endorse [inˈdo:s]
súhrn summary [saməri]
súhrnný comprehensive [kompriˈhensiv]
suchár biscuit [biskit], cracker [krækə]
suchý arid [ærid], dried [draid], dry [drai], torrid [torid]
suka bitch [bitʃ]
sukňa skirt [skə:t]
súkromný private [praivit]
suma sum [sam], amount [əˈmaunt]
súprava set [set]
súriť urge [ə:dʒ], hasten [heisn]
súrny speedy [spi:di], urgent [ə:dʒənt]
surový crude [kru:d], raw [ro:], savage [sævidʒ]

sused neighbour [neibə]
susedstvo neighbourhood [neibəhud], vicinity [viˈsiniti]
sústava system [sistim]
sústo slice [slais], morcel [mo:səl]
sústrasť sympathy [simpəθi]
sústrediť sa concentrate [konsəntreit]
súťaž competition [kompiˈtiʃən]
súťažiť compete [kəmˈpi:t]
sušená slivka prune [pru:n]
sušený dried [draid]
sušič dryer [draiə]
súvislosť connection [konekʃn]
svadba wedding [wediŋ]
svah slope [sləup]
sval muscle [masl]
svätec saint [seint]
svätý holy [həuli]
svätyňa shrine [ʃrain]
svedectvo evidence [evidəns], testimony [testiməni]
svedčiť witness [witnis], testify [testifai]
svedok witness [witnis]
svedomie conscience [konʃəns]

svet

svet world [wə:ld]
sveter sweater [swetə], cardigan [ka:digən], jersey [dʒə:zi]
svetlo light [lait]
svetlovlasý fair [feə], fairhaired [feəheə:d]
svetlý light [lait], lucid [lu:sid]
svetový world [wə:ld]
svetoznámy world known [wə:ld'nəun]
sviatok holiday [holədi/holidei]
sviečka candle [kændl]
sviečkovica sirloin [sə:loin]
svietiť light [lait], shine [ʃain]
svieži fresh [freʃ], hale [heil]
sviňa pig [pig], swine [swain], hog [hog]

svit shine [ʃain]
svokor father-in-law [fa:ðəinlo:]
svokra mother-in-law [maðəinlo:]
syčanie sizzle [sizl]
sýkorka titmouse [titmaus]
symbol symbol [simbəl], token [təukən] (znak)
sympatia sympathy [simpəθi], affection [ə'fekʃn]
syn son [san]
syndikát syndicate [sindikit]
synovec nephew [nevju:]
syr cheese [tʃi:z]
systém system [sistim]
systematický systematic [sisti'mætik]

Š š

šablóna pattern [pætən], mold [məuld], template [templit]

šach chess [tʃes], check! [tʃek!], shah [ʃa:] (š. mat – check mate)

šachta shaft [ʃa:ft], pit [pit]

šál scarf [ska:f], shawl [ʃo:l]

šalát salad [sæləd]

šálka cup [kap]

šampanské champagne [ʃæm'pein]

šampión champion [tʃæmpiən]

šampionát championship [tʃæmpiənʃip]

šanca chance [tʃa:ns]

šantiť frolic [frolik], romp [romp]

šarlatán quack [kwæk], charlatan [ʃa:lətən]

šarm charm [tʃa:m]

šašo clown [klaun], jester [dʒestə]

šatník wardrobe [wo:drəub]

šatňa checkroom [tʃekru:m], cloakroom [kləukru:m]

šatstvo clothing [kləuðiŋ], wear [weə]

šaty clothes [kləuðz], dress [dres], garments [ga:mənts], suit [sju:t], wear [weə]

šedivý grey/gray [grei]

šeď grey/gray [grei]

šéf chief [tʃi:f], boss [bos]

šek check [tʃek], cheque [tʃek]

šepot whisper [wispə]

šerm fencing [fensiŋ]

šero gloom [glu:m]

šetriť save [seiv]

šev stitch [stitʃ]

šialenstvo frenzy [frenzi]

šialený delirious [di'liriəs], mad [mæd]

šija neck [nek]

šijací stroj sewing-machine [səuiŋmə'ʃin]

šikovný skilful [skilfəl], clever [klevə], nimble [nimbl]

šíp arrow [ærəu]

šírka width [widθ]

široký broad [brəud], wide [waid]

šiška cone [kəun] (stromu), doughnut/donut [dounat] (pampúch)

šiť sew [səu], stitch [stitʃ]

škála scale [skeil]

škandál scandal [skændl]

Škandinávia

Škandinávia Scandinavia [skændi'neiviə]
škára crevice [krevis], slot [slot]
škaredý ugly [agli]
škatuľa box [boks], case [keis]
škľabiť sa grin [grin]
škoda damage [dæmidʒ], harm [ha:m], loss [los]
škodlivý harmful [ha:mfəl], noxious [nokʃəs]
škola school [sku:l]
školiť train [trein]
škorec starling [sta:liŋ]
Škót Scotsman [skotsmən]
Škótsko Scotland [skotlənd]
škovránok skylark [skai:lak], lark [la:k]
škrabanec scratch [skrætʃ], scrape [skreip], bruise [bru:z] (modrina)
škrabať scrape [skreip], scratch [skrætʃ]
škriabať claw [klo:]
škriatok elf [elf], sprite [sprait]
škridla slate [sleit], tile [tail]
škrípať creak [kri:k]
škrípavý strident [straidnt]
škripec rack [ræk]
škrob, škrobiť starch [sta:tʃ]
škrtiť strangle [stræŋgl], choke [tʃəuk]
škrtnúť cancel [kænsəl], cross [kros]
škrupina shell [ʃel]
škrupuľa scruple [skru:pl]
škvrna stain [stein], smear [smiə], spot [spot], taint [teint], blemish [blemiʃ], dab [dæb]
škvrnka speck [spek]
šľahačka whipped cream [wipt kri:m]
šľahať whip [wip], switch [switʃ]
šľacha sinew [sinju:]
šľachetný noble [nəubl], generous [dʒenrəs]
šliapať trample [træmpl]
šliapnuť tread [tred]
šmýkať sa slide [slaid], slip [slip], skid [skid]
šmýkačka slide [slaid]
šnúra string [striŋ], cord [ko:d], line [lain]
šnúrka lace [leis]
šnúrka do topánok shoelace [ʃu:leis]
šnurovačka bodice [bodis]
šofér driver [draivə]
šok shock [ʃok]
šokujúci shocking [ʃokiŋ]

šopa shed [ʃed]
šortky shorts [ʃo:ts]
šošovica lentil [lentil]
šošovka lens [lenz]
Španiel Spaniard [spæniəd], Spanish [spæniʃ]
Španielsko Spain [spein]
španielsky Spanish [spæniʃ]
špecialita speciality [speʃi-'æliti]
špeciálny special [speʃl]
špeh spy [spai]
špendlík pin [pin]
špenát spinach [spinidʒ]
špica tip [tip], point [point], spoke [spəuk] (kolesa)
špicatý pointed [pointid]
špička tip [tip], point [point], spike [spaik]
špinavý dirty [də:ti], dingy [dindʒi], filthy [filθi], sordid [so:did], squalid [skwolid]
špión spy [spai]
šplhať climb [klaim]
špliechanie, špliechať splash [splæʃ]
špongia sponge [spandʒ]
šprint sprint [sprint]
špúliť (ústa) pout [paut]
špurt spurt [spə:t]
štáb staff [sta:f], headquarters [hed'kwo:təz]

štipnutie

štádium stage [steidʒ]
štandard standard [stændəd]
štandardný standard [stændəd]
štart start [sta:t]
šťastie happiness ['hæpinəs], luck [lak] (v hre), bliss [blis] (blaho)
šťastný happy [hæpi], lucky [laki]
štát state [steit]
štátnik statesman [steitsmən]
štatút statute [stætju:t]
šťava juice [dʒu:s] (z ovocia), gravy [greivi] (z mäsa)
štedrosť generosity [dʒenə-'rositi]
štedrý generous [dʒenərəs], lavish [læviʃ], liberal [libərəl]
štekanie barking [ba:kiŋ]
štekliť tickle [tikl]
štetec brush [braʃ]
štiepať split [split]
štíhly slender [slendə], slim [slim], slight [slait]
štipendium scholarship [skoləʃip]
štipka pinch [pintʃ]
štipnutie nip [nip], pinch [pintʃ], bite [bait]

385

štít

štít shield [ʃi:ld]
štítok tag [tæg]
štrajk strike [straik]
štrajkovať strike [straik]
štrbina crevice [krevis], slot [slot], leak [li:k]
štrkáč rattlesnake [rætlsneik]
štrnásť fourteen [fo:'ti:n]
štrngot rattle [rætl], jingle [dʒiŋgl]
štruktúra structure [straktʃə], texture [tekstʃə]
študent student [stju:dnt]
štúdio studio [stju:dio]
študovať study [stadi]
študovňa study [stadi]
štuchnúť jab [dʒæb], poke [pəuk]
šťuka pike [paik]
štvorec square [skweə]
štvorcový quadratic [kwo-'drætik]
štvornásobný quadruped [kwodruped]
štvoruholník quadrangle [kwodræŋgəl], quadrilateral [kwodri'lætərəl]
štvrtina quarter [kwo:tə]
štvrtok Thursday [θə:zdi]
štyri, štyria four [fo:]
štyridsať forty [fo:ti]
šuchot rustle [rasl]
šunka ham [hæm]
šupina scale [skeil]
šupka peel [pi:l], skin [skin]
šuškať whisper [wispə]
šušľať lisp [lisp]
švagor brother-in-law [braðərinlo:]
švagriná sister-in-law [sistəinlo:]
Švéd/ka Swede [swi:d]
Švédsko Sweden [swi:dn]
švihnutie lash [læʃ]
švihák dandy [dændi]

Tt

tabak tobacco [təˈbækəu]
tábor camp [kæmp]
tabuľa plate [pleit], sheet [ʃi:t], tablet [tæblit]
tabuľka table [teibl], chart [tʃa:t]
tabuľkový tabular [tæbjulər]
tackať sa stagger [stægər], totter [totər]
tácňa tray [trei]
ťah pull [pul], draught [dra:ft]
ťahač trailer [treilə]
ťahanie tug [tag]
ťahať pull [pul], drag [dræg], draw [dro:]
tachometer speedometer [spi:ˈdomitə]
tajfún typhoon [taiˈfu:n]
tajný secret [si:krit], clandestine [klænˈdestin]
tajomník, tajomníčka secretary [sekrətri]
tajomstvo secret [si:krit], mystery [mistəri] (záhada)
tak so [səu], as [æz]
takmer almost [o:lməust], nearly [niəli], practically [præktikəli]
taktiež also [əlsəu], too [tu:], likewise [laikwaiz]

taktný tactful [tæktfəl], discreet [disˈkri:t]
takto so [səu], thus [ðas], this way [ðis wei]
taký such [satʃ]
talent talent [tælənt]
tam there [ðeər]
tamtí, tamtie those [ðəuz]
tancovať dance [da:ns]
tanec dance [da:ns]
tanečník dancer [da:nsə]
tanier plate [pleit] (lietajúci t. - flying saucer)
tanierik saucer [so:sə]
tank tank [tæŋk]
tápať blunder [blandər]
tapeta wallpaper [wo:lpeipər]
táranie gab [gæb]
tárať gabble [gæbl], chatter [tʃætər]
ťarbavý sluggish [slagiʃ], clumsy [klamzi]
tarifa tarrif [tærif]
taška bag [bæg]
ťava camel [kæməl]
taviť smelt [smelt], melt [melt]
ťažko hardly [ha:dli], heavily [hevili]
ťažkopádny heavy [hevi]

387

ťažkosť

ťažkosť trouble [trabl], bother [boðə]
ťažký heavy [hevi], difficult [difikəlt], hard [ha:d]
taxík taxi [tæksi], cab [kæb]
teda then [ðen], thus [ðas], consequently [konsikwəntli], hence [hens]
tehla brick [brik]
tehotná pregnant [pregnənt]
technik technician [tek'niʃn]
technika technic [teknik], technique [tek'ni:k] (postup), technology [tek'nolədʒi]
tekutina liquid [likwid]
tekutý liquid [likwid]
telefón telephone [telifəun], phone [fəun]
telefonovať phone [fəun], call [ko:l], ring up [riŋ ap]
telegrafovať wire [waiə], cable [keibl]
telegram wire [waiə]
teleso solid [solid], body [bodi]
televízia television [teli'viʒn], TV [ti:vi:]
televízor TV set [ti:vi:set]
telo body [bodi], flesh [fleʃ]
telocvičňa gymnasium [dʒim'neiziəm]

teľa calf [ka:f]
teľacina veal [vi:l]
téma theme [θi:m], topic [topik]
temný dark [da:k], obscure [əb'skjuə]
tempo pace [peis], stroke [strəuk], tempo [tempəu], rate [reit]
Temža Thames [temz]
ten, tá, to the [ðə, ði] (určitý člen)
tenký thin [θin], sheer [ʃiə], slight [slait], slim [slim], flimsy [flimzi]
tento, táto, toto this [ðis]
teória theory [θiəri]
tep pulse [pals], beat [bi:t]
teplo heat [hi:t], warmth [wo:mθ]
teplomer thermometer [θə:'momitə]
teplota temperature [tempritʃə]
teplučký snug [snag]
teplý warm [wo:m]
tepna artery [a:təri]
terasa terrace [terəs]
teraz now [nau], just [dʒast]
terč target [ta:git]
termín term [tə:m], deadline [dedlain] (konečný)

teror terror [terə]
terorista terrorist [terərist]
tesať hew [hju:]
tesný tight [tait], close [kləus]
tešiť console [kən'səul] (utešiť)
tešiť sa delight [di'lait], enjoy [in'dʒoi], look forward (to) [luk fo:wəd tə]
teta aunt [a:nt]
texasky jeans [dʒi:nz]
textil textile [tekstail]
tiahnuť drag [dræg]
tiecť stream [stri:m], flow [fləu], leak [li:k]
tieň shade [ʃeid] (miesto), shadow [ʃædəu] (objektu)
tienidlo shade [ʃeid]
tieseň distress [dis'tres]
tiež too [tu:], also [ə:'lsəu]
tiger tiger [taigə]
ticho silence [sailəns], calm [ka:m]
tichší lower [ləuə]
tichý silent [sailənt], peaceful [pi:sfəl], quiet [kwaiət], soft [soft], soundless [saundlis], mute [mju:t]
tikot/tikanie tick [tik]
tím team [ti:m]
tip tip [tip]
tis yew [ju:]

titul title [taitl]
titulok caption [kæpʃn], headline [hedlain]
tkanina fabric [fæbrik], texture [tekstʃə]
tkanivo tissue [tisju:]
tlač press [pres], print [print]
tlačenica crowd [kraud], crush [kraʃ], squeeze [skwi:z], jam [dʒæm]
tlačidlo button [batn]
tlačiť press [pres], push [puʃ], wheel [wi:l]
tlačivo form [fo:m]
tlak pressure [preʃə]
tlama jaw [dʒo:]
tĺcť pound [paund], beat [bi:t]
tlieskať applaud [ə'plo:d], clap [klæp]
tlkot beat [bi:t]
tlmený soft [soft]
tlmočník speaker [spi:kə], interpreter [in'tə:pritə]
tlstý stout [staut], thick [θik], fat [fæt] (človek)
tma dark [da:k], darkness [da:knis], gloom [glu:m]
tmavý dark [da:k]
to it [it]
toaleta toilet [toilit], lavatory [lævətri], WC

točiť

točiť wind [waind] (vinúť sa)
tok stream [stri:m], flow [fləu]
tolerovať tolerate [toləreit]
tombola raffle [ræfl]
tón tone [təun]
tonáž tonnage [tanidʒ]
topánka shoe [ʃu:], boot [bu:t]
topenie/topiť sa thaw [θo:] (rozpúšťať sa- sneh)
topiť sa drown [draun] (človek), sink [siŋk] (loď)
topoľ poplar [poplə]
tornádo tornado [to:'neidəu]
torta cake [keik]
totiž namely [neimli]
totožnosť identity [ai'dentiti]
tovar goods [gudz], wares [weəz], commodity [kə-'moditi]
továreň factory [fæktəri], works [wə:ks]
tradícia tradition [trə'diʃn]
trafiť hit [hit]
tragédia tragedy [trædʒədi]
tragický tragic [trædʒik]
traktor tractor [træktə]
trám beam [bi:m], girder [gə:dər], tie [tai]
tramp tramp [træmp]

transakcia transaction [træn'zekʃn]
transformovať transform [træns'fo:m]
trápenie torment [to:-'mənt], worry [wari]
trápiť annoy [ə'noi], bother [boðə]
trápny distressing [dis'tresiŋ], awkward [o:kwəd]
trasa route [ru:t], itinerary [ai'tinərəri]
trať line [lain], route [ru:t], track [træk]
tráva grass [gra:s]
tráviť čas spend [spend]
trávnik lawn [lo:n]
tréner coach [kəutʃ]
trenie friction [frikʃən], rub [rab]
tresk bang [bæŋ]
treska cod [kod], codfish [kodfiʃ]
tresnúť slam [slæm]
trest penalty [penəlti] (pokuta), punishment [paniʃmənt]
trestný penal [pi:nl]
trezor safe [seif], bank vault [bæŋk vo:lt]
trh market [ma:kit]
trhať tear [tiə]

trhlina breach [briːtʃ], crack [kræk], rent [rent], split [split], tear [tiə]
trhnutie jerk [dʒəːk], jolt [dʒolt]
triasť shake [ʃeik]
tričko T-shirt [tiːʃət], vest [vest]
trieda class [klaːs], grade [greid]
trieda v škole schoolroom [skuːlruːm], classroom [klaːsruːm]
triediť sort [soːt], class [klaːs], classify [klæsifai]
triezvy sober [səubə]
trik trick [trik], art [aːt], gimmick [ˈgimik], special effect [speʃl ifekt] (filmový)
trikotáž hosiery [həuʒiəri]
tŕň thorn [θoːn], prickle [prikl], spike [spaik]
trocha little [litl], slightly [slaitli], some [sam], bit [bit]
trojuholník triangle [traiæŋgl]
trolejbus trolley-bus [trolibas]
tromf trump [tramp]
trpezlivý patient [peiʃnt]

ťuknúť

trpieť suffer [safə]
trpký bitter [bitə], sour [sauə]
trstina reed [riːd], cane [kein]
trúbiť toot [tuːt], sound [saund]
trúbka trumpet [trampit], tube [tjuːb] (tuba), bugle [ˈbjuːgl]
truhla chest [tʃest], coffin [kofin] (rakva)
trup trunk [traŋk]
trust trust [trast]
trvalá ondulácia perm [pəːm]
trvalý lasting [laːstiŋ], permanent [pəːmənənt]
trvanie endurance [inˈdjuərəns], duration [djuˈreiʃn]
trvanlivý durable [djuərəbl]
trvať last [laːst], take time [teik taim], exist [igˈzist]
tryska jet [dʒet], nozzle [nozl]
tu here [hiə]
tucet dozen [dazn]
tučniak penguin [peŋgwin]
tučný plump [plamp], fat [fæt]
tuha graphite [græfait]
tuhý stiff [stif], tough [taf]
tuk fat [fæt], grease [griːs]
ťukanie tapping [tæpiŋ]
ťuknúť tap [tæp], dab [dæb]

tuleň

tuleň seal [si:l]
tulipán tulip [tju:lip]
túlať sa tramp [træmp], gad [gæd], wander [wondə]
tulák vagabond [vægəbond], tramp [træmp]
túliť sa nuzzle [nazl], nestle ['nesl], snuggle [snagl]
tunel tunnel [tanl]
tupý blunt [blant], dull [dal] (aj pren.)
túra tour [tuə]
turista tourist [tuərist]
tušiť suspect [sə'spekt], anticipate [æn'tisipeit], divine [di'vain], guess [ges]
túžba desire [di'zaiə]
túžiť desire [di'zaiə], long [loŋ], yearn [jə:n]
tvar shape [ʃeip], form [fo:m]
tvár face [feis], cheek [tʃi:k]
tvor creature [kri:tʃə] (ľudský t. - human being)
tvorba creation [kri:eiʃn], formation [fo:'meiʃn], generation [dʒenereiʃn] (energie)
tvoriť create [kri:eit], form [fo:m]

tvrdiť maintain [meintein], allege [ə'ledʒ], claim [kleim], contend [kən'tend]
tvrdo hard [ha:d], fast [fa:st]
tvrdohlavý obstinate [obstinət], stubborn [stabən]
tvrdošijný stubborn [stabən], stiff [stif]
tvrdý hard [ha:d], stern [stə:n], rigid [ridʒid]
ty, tebe you [ju:]
tyč pole [pəul], rod [rod], bar [ba:]
tyčinka bar [ba:]
týčiť sa tower [tauə]
tyčka stick [stik], beanpole [bi:npəul], rod [rod]
týfus typhus [taifəs]
týkať sa concern [kən'sə:n]
tým thus [ðas] (takto, teda)
typ type [taip]
tyrania tyranny [tirəni]
týždeň week [wi:k]
týždenník weekly [wi:kli]
týždenný weekly [wi:kli]

Uu

u at [æt], by [bai]
ubezpečenie assurance [ə-'ʃuərəns]
ubezpečiť assure [ə'ʃuə]
ublížiť hurt [hə:t], harm [ha:m], wrong [roŋ]
úbohý miserable [mizərəbl], poor [puə]
ubúdať decrease [di'kri:s], ebb [eb], wane [wein] (Mesiac), diminish [di'miniʃ]
úbytok decrease [di'kri:s]
ubytovanie lodging [lodʒiŋ], accommodation [ə'kɔmə-'deiʃn]
úcta respect [ris'pekt], regard [ri'ga:d], esteem [i'sti:m]
úctivý respectful [ris'pektfəl]
účasť participation [pa:tisipeiʃn], attendance (na podujatí), [ə'tendæns], concern [kən'sə:n], sympathy [simpəθi] (vyjadrená)
učebnica textbook [tekstbuk]
účel purpose [pə:pəs], aim [eim] (Ú. svätí prostriedky - The end justifies the means)
učenec scientist [saiəntist], scholar [skolə]
učenlivý docile [dəusail], teachable [ti:tʃəbl]
učený learned [lə:nd], scholarly [skoləli] (vedecký), erudite [erudait] (sčítaný) (Nikto u. z neba nespadol - Practice makes perfect)
účet bill [bil], invoice [invois] (Vybaviť/vyrovnať si s kým účty - To settle/square accounts with somebody)
účičíkať soothe [su:ð]
účinný effective [i'fektiv], forcible [fo:səbl]
účinok effect [i:fekt], influence [influəns] (vplyv), impact [im'pækt] (dopad)
učiteľ schoolmaster [sku:lma:stə], master [ma:stə], teacher [ti:tʃər]
učiť teach [ti:tʃ], instruct [in'strakt]
učiť sa learn [lə:n] (Do smrti sa človek učí - One is always learning/A man is never too old to learn)

393

účtovanie

účtovanie charge [tʃa:dʒ], account [ə'kaunt]
účtovník accountant [ə'kauntənt], book-keeper [bu:k-'ki:pər]
úd limb [lim], penis/phallus [pi:nis/fæləs] (pohlavný)
údaje data [deitə]
udalosť event [i'vent], feature [fi:tʃə], occurrence [ə'karəns]
udeliť give [giv], grant [gra:nt]
údenáč bloater [bləutə], kipper [kipə]
úder hit [hit], stroke [strəuk], blow [bləu], box [boks], knock [nok], punch [pantʃ]
údiť smoke [sməuk]
údolie valley [væli], dale [deil]
udrieť hit [hit], slap [slæp], strike [straik]
udržiavať keep [ki:p], maintain [mein'tein]
udržovať maintain [mein'tein]
udusiť suffocate [safəkeit]
uháňať speed [spi:d], rush [raʃ]
uhladený fine [fain], gentle [dʒentl]

úhľadný tidy [taidi], trim [trim]
uhlie coal [kəul] (drevené u. - charcoal, wood coal)
uhlík carbon [ka:bən] (uhlíková oceľ/vlákno - c. steel/fiber)
uhlomer protractor [prə'træktər]
uholník square [skweər]
úhor eel [i:l] (ryba)
uhorka cucumber [kju:kəmbə] (nakladaná u. - gherkin)
úhrn total [təutl]
uhýbať sidestep [said'step], jink [dʒink] (kľučkovať), bend [bend] (cesta), shrink [ʃriŋk] (povinnosti)
ucho ear [iər] (byť samé u. - to be all ears; jedným u. dnu a druhým von - to go in at one ear and out at the other)
uchopenie grasp [gra:sp], grip [grip]
uchopiť grasp [gra:sp], seize [si:z]
uistiť assure [ə'ʃuə], reassure [ri:ə'ʃuə]
ujsť escape [i'skeip], flee [fli:]
ukázať show [ʃəu], exhibit [ig'zibit], indicate [indikeit]

ukazovák forefinger [fo:-'fiŋgə], index finger [indeks fiŋgə]
ukazovateľ indicator [indi'keitə]
ukážka specimen [spesimin], sample [sa:mpl], exhibit [ig'zibit]
úklon bow [bau]
ukľudniť quell [kwel] (utíšiť), calm [ka:m], quiet [kwaiət]
ukojiť still [stil], satisfy [sætisfai]
ukončenie termination [tə:-minei∫n], expiration [ekspi'rei∫n] (vypršanie), end [end], finish [fini∫]
ukončiť end [end], close [kləus], finish [fini∫]
ukradnúť steal [sti:l], rob [rob]
úkryt shelter [∫eltə], refuge [refju:dʒ], hiding place [haidiŋ pleis] (skrýša)
úľava relief [ri'li:f]
uľaviť relieve [ri'li:v]
ulica street [stri:t], avenue [ævənju:] (slepá u. - blind alley)
ulička lane [lein], alley [æli]
úlisný sleek [sli:k], slimy [slaimi]

ulízaný sleek [sli:k]
úloha task [ta:sk], lesson [lesn], charge [t∫a:dʒ], job [dʒob]
uložiť deposit [di'pozit]
umárať sa rankle [ræŋkl]
umelec artist [a:tist]
umelecký artistic [a:'tistik]
umelý artificial [a:tifi∫l]
umenie art [a:t]
umiestniť place [pleis], locate [ləukeit]
umocniť (na druhú) square [skweə]
umožniť allow [ə'lau], enable [i'neibl]
úmysel intention [in'ten∫n]
umyť/umývať wash [wo∫]
umývadlo wash-basin [wo∫-beisn], basin [beisn]
umyváreň lavatory [lævətəri]
únava fatigue [fə'ti:g], exhaust [ig'zo:st]
unavený fatigue [fə'ti:g], tired [taiəd]
unaviť sa get tired [get taiəd]
únavný tedious [ti:diəs], tiresome [taiəsəm]
unca (28,35 g) ounce [auns]
uniforma uniform [ju:nifo:m]

únik escape [i'skeip], leakage [li:kidʒ]
uniknúť elude [i'lju:d], escape [i'skeip], evade [i'veid]
univerzita university [ju:ni'və:siti]
univerzálny universal [ju:nivə:səl]
unúvať bother [boðə]
upadať fall [fo:l], degenerate [di'dʒenəreit]
úpadok decay [di'kei], decline [di'klain]
úpal sunstroke [sanstrəuk]
upchať stop [stop], clog [klog], block [blok]
upevniť steady [stedi], fix [fiks], fasten [fa:sn]
uplakaný tearful [tiəfəl]
uplatniť enforce [in'fo:s], apply [ə'plai]
úplavica dysentery [disntri]
úplne quite [kwait], utterly [atəli], altogether [o:ltə'geðə], fully [fuli]
úplný full [ful], total [təutl], utter [atə], entire [in'taiə]
upokojiť soothe [su:ð], calm down [ka:m daun]
úporný stubborn [stabən], tenacious [ti'neiʃəs], persistent [pə:'sistənt]

upovedomiť notify [nəutifai], inform [info:m]
upozorniť warn [wo:n]
upratať clean [kli:n], tidy up [taidi ap]
úprava arrangement [ə'reindʒmənt], adjustment [ə'dʒastmənt],
upravený neat [ni:t], trim [trim]
upraviť arrange [ə'reindʒ], tidy [taidi], adjust [ə'dʒast]
upravovať edit [edit], modify [modifai]
uprednostňovať prefer [pri'fə:r]
úprimný sincere [sin'siə], candid [kændid], frank [fræŋk]
úrad office [ofis], bureau [bju:rəu]
úradník clerk [kla:k]
uragán hurricane [harikən]
uraziť insult [in'salt], offend [ə'fend], displease [dis'pli:z]
urážka insult [in'salt], libel [laibl], offence [ə'fens]
určite surely [ʃuəli]
určitý certain [sə:tn], definite [definit]
určiť determine [di'tə:min]

určiť presne specify [spesifai]

urobiť do [du:], make [meik], perform [pə'fo:m], execute [eksikju:t] (u. skúšku - pass an exam; Čo môžeš u. dnes, neodkladaj na zajtra - Never put off till tomorrow what you can do today)

úroda crop [krop], harvest [ha:vist]

úrodnosť fertility [fə:'tiliti]

úrodný fertile [fə:tail]

úrok interest [intrist] (ú. sadzba - i. rate; ú. z úrokov - compound i.)

úroveň level [levl], standard [stændəd]

urovnať settle [setl] (spor), level [levl] (povrch)

urýchliť accelerate [æk'seləreit], hurry [hari], expedite [ekspidait]

usadiť settle [setl], seat [si:t], sit down [sit daun]

úsek section [sekʃn], stage [steidʒ] (etapa), phase [feiz], department [di'pa:tmənt] (oddelenie)

úschova safe-keeping [seif'ki:piŋ], deposit [di'pozit] (v banke)

úschovňa cloakroom [kləukru:m] (ú. batožín - left luggage office)

úsilie effort [efət], attempt [ə'tempt], try [trai], endeavour/endeavor - AmE [in'devər]

usilovný diligent [dilidʒənt], hardworking [ha:dwə:kiŋ]

uskladniť store [sto:], house [hauz]

úskok racket [rækit] (podvod), trick [trik], guile [gail] (podlosť)

uskutočniť carry out [kæri aut], realize [riəlaiz], put into effect [put intə ifekt], accomplish [ə'kampliʃ]

uslzený tearful [tiəfəl], tear-filled [tiəfild]

úsmev, usmievať sa smile [smail]

uspať lull [lal]

úspech success [sək'ses], achievement [ə'tʃi:vmənt], accomplishment [ə'kampliʃmənt]

úspešný successful [sək'sesfl]

uspokojenie satisfaction [sætis'fækʃn]

uspokojiť satisfy [sætisfai],

usporiadať

usporiadať arrange [ə'reindʒ], dispose [dis'pəuz]

ústa mouth [mauθ] (Čo raz z úst vypustíš, ani štyrmi koňmi nazad nevtiahneš - Words have wings and cannot be recalled)

ustanovenie appointment [ə'pointmənt], provision [prə'viʒən]

ustanoviť determine [di'tə:min], constitute [konstitju:t], appoint [ə'point] (nástupcu), designate [dezigneit]

ustať cease [si:s], stop [stop]

ústav institution [institju:ʃn], institute [institju:t], (učiteľský ú. - training college; ú. pre choromyseľných - insane asylum/mental home)

ústava constitution [konsti'tju:ʃn]

ústredie headquarters [hed'kwotəz]

ústredný central [sentrəl]

ustrica oyster [oistə]

ústup retreat [ri'tri:t]

úsudok judgment [dʒadʒmənt]

úsvit dawn [do:n]

uško eye [ai] (očko, háčik)

uškodiť harm [ha:m], hurt [hə:t], wrong [roŋ]

úškrn grin [grin]

ušľachtilý generous [dʒenərəs]

uštipnúť pinch [pintʃ], bite [bait]

utajený latent [leitənt], disguised [dis'gaizd], hidden [hidn] (skrytý)

utečenec refugee [refju:dʒi:]

útecha solace [soləs]

útek flight [flait], escape [i'skeip], run [ran]

uterák towel [tauəl]

útes cliff [klif], crag [kræg], precipice [presipis] (koralový ú.- coral reef)

utiecť run [ran], bolt [bəult], fly [flai], flee [fli:]

utierať wipe [waip]

utíšiť still [stil], quench [kwentʃ], calm down [ka:m daun]

útlak oppression [ə'preʃn]

útly slim [slim], tender [tendə], frail [freil]

útočište refuge [refju:dʒ], shelter [ʃeltə]

útočník forward [fo:wəd]

útok attack [ə'tæk], storm [sto:m]
utopiť drown [draun]
utorok Tuesday [tju:zdi]
útulný cosy [kəuzi], snug [snag]
útulok nook [nuk], refuge [refju:dʒ], shelter [ʃeltə], asylum [ə'sailəm]
utvárať form [fo:m], frame [freim]
úvaha consideration [kənsidəreiʃn], reflection [ri'flekʃn]
uvažovať consider [kən'sidə], contemplate [kontempleit]
uväzniť imprison [im'prizn], jail [dʒeil], nab [næb] (zbaliť - hov.)
úver credit [kredit] (hypotekárny ú. - mortgage)
uverejniť publish [pabliʃ]
uviesť introduce [intrə'dju:s], enter [entə]
uvoľnenie release [ri'li:s], respite [respait]
uvoľnený loose [lu:s], released [ri'li:st]
uvoľniť loosen [lu:sn], release [ri'li:s], relax [ri'læks]

uzavrieť conclude [kən'klu:d], close [kləuz]
uzda bridle [braidl], rein [rein] (opraty), curb [kə:b] (potláčať)
územie territory [teritəri], area [eəriə], zone [zəun], region [ri:dʒn] (pokutové ú. - penalty a.)
úzkostlivý solicitous [sə'lisitəs], anxious [æŋkʃəs]
úzkosť distress [dis'tres], anxiety [æŋ'zaiəti]
úzky narrow [nærəu]
uznávať recognize [rekəgnaiz], respect [ri'spekt], appreciate [ə'priʃieit]
uzol knot [not] (slučka), junction [dʒankʃn] (železničný/dialničný)
už yet [jet], already [o:l'redi]
úžas astonishment [ə'stoniʃmənt], amazement [ə'meizmənt], consternation [konstə'neiʃn]
úžasný stupendous [stju:pendəs], prodigious [prə'didʒəs], superb [sju:pəb], tremendous [tri'mendəs], wonderful [wandəfəl]
úžina straits [streits], isthmus [isməs] (šija - geogr.)

užitočný

užitočný useful [ju:sfl], profitable [profitəbl]
úžitok profit [profit], benefit [benifit]
užovka adder [ædə] (zmija), grass-snake [gra:s'sneik]

v at [æt, ət], by [bai], in [in]

vábenie lure [ljuə], decoy [di:koi]

väčší major [meidʒər], greater [greitər]

väčšina majority [mədʒəriti], most [məust]

vädnúť fade [feid] (blednúť), wither [wiðər] (rastlina), languish [læŋgwiʃ] (chradnúť)

vagón waggon [wægən], carriage [kæridʒ]

váha scale [skeil], weighing-machine [weiiŋmə'ʃin], balance [bæləns]

váhať hesitate [heziteit], scruple [skru:pl], halt [ho:lt]

váhavý hesitating [heziteitiŋ], tardy [ta:di]

váhy scales [skeilz], weight [weit], Váhy - Libra [li:brə] (zverokruh)

vajce egg [eg]

vak bag [bæg], pouch [pautʃ], sack [sæk]

valec cylinder [silində], roll [rəul], roller [rəulə]

valuta currency [karənsi]

vankúš pillow [piləu], bolster [bəulstə] (valcovitý cez šírku postele), cushion [kuʃn]

vaňa bath [ba:θ], tub [tab]

vánok breeze [bri:z]

vápenec limestone [laimstəun], calcite [kælsait] (uhličitan vápenatý)

vápno lime [laim]

varič cooker [kukə]

varieté variety [və'raiəti], music-hall [mju:zik ho:l]

variť boil [boil] (vo vode, vajce), cook [kuk], brew [bru:] (pivo), make [meik] (kávu)

varovanie warning [wo:niŋ]

varovať warn [wo:n], caution [ko:ʃn]

váš, tvoj your [jo:, juə]

vášeň passion [pæʃn]

vášnivý passionate [pæʃənit]

vata cotton wool [kotn'wul]

vavrín bay [bei], laurel [lo:rəl] (spať na vavrínoch - resting on one´s laurels)

vážený dear [diə] (oslovenie)

vážiť weigh [wei]

vážiť si

vážiť si respect [ri'spekt], appreciate [ə'priʃieit]
vážne earnestly [ə:nistli], really [riəli], seriously [siəriəsli]
vážny serious [siəriəs], severe [si'viə], earnest [ə:nist], grave [greiv]
väzenie prison [prizn], quod [kwod], jail/gaol [dʒeil]
väzeň prisoner [prizənə]
včasný early [ə:li]
včela bee [bi:]
včera yesterday [jestədi]
vďačný grateful [greitfəl]
vďaka thanks [θæŋks]
vdova widow [widəu]
vdovec widower [widəuər]
vdýchnuť inhale [in'heil]
vec thing [θiŋ], concern [kən'sə:n], matter [mætə]
večer evening [i:vniŋ]
večera supper [sapə], dinner [dinə]
večerať dine [dain]
večierok party [pa:ti]
večnosť eternity [i:'tə:niti]
veda science [saiəns]
vedecký scientific [saiən'tifik]
vedenie direction [di'rekʃn]
vedieť know [nəu] (poznať), can [kæn] (môcť)

vedľa beside [bi'said], by [bai], next [nekst]
vedomie consciousness [konʃəsnis]
vedomosti knowledge [nolidʒ]
vedomý conscious [konʃəs]
vedro bucket [bakit], pail [peil]
vedúci chief [tʃi:f], head [hed], manager [mænidʒə]
vegetácia vegetation [vedʒi'teiʃn]
vchod entry [entri], gate [geit], entrance [entrəns]
vejár fan [fæn]
vek age [eidʒ]
veľa much [matʃ], many [meni]
velikánsky enormous [i'no:məs]
Veľká noc Easter [i:stə]
veľkolepý grand [grænd]
veľkomesto city [siti]
veľkoobchod wholesale [həulseil]
veľkorysý generous [dʒenərəs], liberal [libərəl]
veľkosť size [saiz]
veľký big [big], grand [grænd], great [greit], large [la:dʒ], tall [to:l]

402

veľmi very [veri], much [matʃ], quite [kwait]
veľtrh fair [feə]
veľvyslanectvo embassy [embəsi]
veniec crown [kraun], wreath [ri:θ]
venovať dedicate [dedikeit], give [giv]
ventil valve [vælv]
ventilácia ventilation [venti'leiʃn]
ventilátor ventilator [ventileitə], fan [fæn]
veranda porch [po:tʃ]
verejnosť public [pablik]
verejný public [pablik]
veriť believe [bi'li:v], trust [trast]
vernosť faithfulness [feiθfəlnis], fidelity [fi'dəliti], constancy [konstənsi]
verný faithful [feiθfəl], staunch [sto:ntʃ], true [tru:]
veselo gaily [geili], merrily [merili]
veselý cheerful [tʃiəfəl], merry [meri], jolly [dʒoli], jaunty [dʒo:nti], lively [laivli]
veslo oar [o:], scull [skal]
veslovať paddle [pædl], row [rəu], scull [skal]

vesmír space [speis], universe [ju:nivəs]
vesta vest [vest], cardigan [ka:digən]
vešiak rack [ræk], hanger [hæŋgə]
veta sentence [sentəns]
veterný windy [windi]
vetrovka anorak [ænəræk]
vetva branch [bra:ntʃ]
vetvička twig [twig]
veverička squirrel [skwi:rəl]
veža tower [tauər], rook [ru:k] (šach)
vhodný suitable [sju:təbl], apt [æpt], convenient [kən'vi:niənt], fit [fit]
viac more [mo:]
Vianoce Christmas [krisməs], Xmas [krisməs], Yule [ju:l], Noel [nəuel]
viazanka neck-tie [nektai], tie [tai]
viazať bind [baind]
vidiek country [kantri], countryside [kantrisaid]
vidiecky rustic [rastik]
vidieť see [si:], sight [sait] (zbadať)
viditeľný visible [vizəbl], noticeable [noutisəbl]
vidlička fork [fo:k]

viečko lid [lid], cap [kæp], eyelid [ailid] (oka)
Viedeň Vienna [vi'enə]
viedenský Viennese [vi'eni:z] (v. rezeň – wiener)
viera faith [feiθ], belief [bi'li:f]
viesť lead [li:d], guide [gaid], conduct [kən'dakt], control [kən'trəul], direct [di'rekt], keep [ki:p]
vietor wind [wind]
víchrica gale [geil], hurricane [harikən], windstorm [wind'stɔ:m], tempest [tempist] (búrka)
víkend weekend [wi:kend]
víla fairy [feəri], nymph [nimf]
vilka cottage [kotidʒ]
vina fault [fɔ:lt], guilt [gilt], blame [bleim]
vineta label [leibl]
vinič vine [vain]
víno wine [wain]
vinúť wind [waind]
vír whirlpool [wə:lpu:l], eddy [edi], gulf [galf]
víriť whirl [wə:l], spin [spin]
visieť hang [hæŋ]
vitajte welcome [welkəm]
vítaný welcome [welkəm]
vítať welcome [welkəm]

víťazstvo victory [viktəri]
vizitka card [ka:d], visiting card [vizitiŋ ka:d]
vizuálny visual [viʒuəl]
vízum visa [vi:zə]
vklad deposit [di'pozit]
vkus taste [teist], elegance [eligəns]
vláda government [gavənment], administration [ədmini'streiʃn], rule [ru:l]
vládnuť reign [rein], rule [ru:l], govern [gavn]
vlajka flag [flæg]
vlak train [trein]
vlamač burglar [bə:glə]
vlas, vlasy hair [heə]
vlastne in fact [in fækt], actually [æktʃuəli]
vlastniť own [əun], posses [pə'zes]
vlastnosť property [propəti], quality [kwoliti], feature [fi:tʃə]
vlastníctvo ownership [əunəʃip], property [propəti]
vlastník proprietor [prə'praiətə], owner [əunə]
vlasť home [həum], native country [neitiv kantri]
vlašský orech walnut [wɔ:lnat]

vľavo left [left]
vlažný tepid [tepid], lukewarm [lu:kwo:m]
vlhko dampness [dæmpnis], moisture [moistʃə]
vlhký wet [wet], damp [dæmp], humid [hju:mid], moist [moist]
vliecť trail [treil], tow [tou], drag [dræg]
vliecť sa saunter [so:ntə]
vlk wolf [wulf] (pl. wolves) (morský v. - an old salt/sea dog; v. samotár - človek - lone w.; vlkolak - werewolf; Kto chce s vlkmi byť/žiť, musí s vlkmi/s nimi vyť - When in Rome, do as the Romans do/One must howl with the wolves)
vlna wave [weiv] (morská) (prílivová/nárazová v. - tide/shock w.), wool [wul] (srsť), fleece [fli:s] (rúno)
vlnený woollen [wulən]
vlniť wave [weiv]
vlniť sa undulate [andjuleit], curl [kə:l] (vlasy)
vložiť insert [in'sə:t]
vnadidlo decoy [di'koi], bait [beit] (na ryby)
vniknúť penetrate [penitreit], get into [get intə], break into [breik intə]
vnučka granddaughter [græn'do:tə], grandchild [græntʃaild]
vnuk grandson [grænsan], grandchild [græntʃaild]
vnútornosti guts [gats], entrails [entreilz], offal ['ofl] (droby)
vnútorný inner [inə], interior [in'tiəriə], internal [in'tənl]
vnútri inside [in'said], within [wi'ðin], indoors [in'do:z]
vnútro interior [in'tiəriə], inside [in'said]
vnútrozemský inland [inlənd]
voda water [wo:tər]
vodca leader [li:də]
vodič driver [draivə]
vodička lotion [ləuʃn]
vodík hydrogen [haidrədʒən]
vodopád waterfall [wo:təfo:l], falls [fo:ls]
vodorovný horizontal [hori'zontl]
vodotesný watertight [wo:tətait], waterproof [wo:tə'pru:f]

vojak

vojak soldier [səuldʒə], private [praivit] (v. bez hodnosti), warrior [wo:riər]

vojenský military [militri], soldierly [səuldʒərli], martial [ma:ʃl] (vojnový)

vojna war [wo:] (prvá/druhá svetová v. - First/Second World W., WWI/WWII; v. za nezávislosť - w. of independence; vyvražďovacia v. - genocidal w.; vypukne v. - breaks out/erupts; schyľovať sa k v. - w. is iminent/looms ahead)

vojsko troops [tru:ps], the forces [ðə fo:sis] (stále v. - standing/regular army)

vojvoda duke [dju:k]

vojvodkyňa duchess [datʃis]

vojvodstvo duchy [datʃi], dukedom [dju:kdəm]

vokál vowel [vauəl] (samohláska)

volanie shout [ʃaut], calling [ko:liŋ], cry [krai]

volant steering-wheel [stiəriŋwi:l]

volať call [ko:l], shout [ʃaut], cry [krai]

voľba choice [tʃois], option [opʃən]

voľby election [i'lekʃn], poll [pəul]

volič elector [i'lektə], voter [vəutə]

voľne leisurely [leʒəli]

voľno leisure [leʒə]

voľný free [fri:], vacant [veiknt], lax [læks], loose [lu:s]

voňavka perfume [pə'fju:m], scent [sent]

von out [aut], outside [aut'said], off [əv]

vonkajší outer [autə], external [ik'stə:nl]

vonka outside [aut'said], outdoors [autdo:z]

vopred beforehand [bi'fo:hænd], foremost [fo:məust], in advance [in əd'va:ns]

vosk wax [wæks] (pečatný v. - sealing w.; múzeum v. figurín - w. museum)

voz car [ka:], carriage [kæridʒ]

vozeň waggon [wægən], carriage [kæridʒ]

vozidlo vehicle [vi:ikl] (motorové/obojživelné v. - motor/amphibious v.)

vozík trolley [troli] (nákupný), (push)–cart [ka:t]

406

vôl ox [oks] (pl. oxen), bullock [bulək] (vykleštený býk)

vôľa will [wil] (posledná v. - last w./testament; vyššia v. - act of God)

vôňa odour [əudə], smell [smel], scent [sent]

vpád raid [reid], invasion [in'veiʒən]

vplyv influence [influəns] (sféra v. - sphere of i.; pod v. alkoholu (jazda) - drink-driving)

vpravo to the right [rait] (doprava) on the r. (na pravej strane) (v. vbok! - right about/turn!

vpred forward [fo:wəd], forth [fo:θ], ahead [ə'hed]

vpredu in front [in frant], ahead [ə'hed]

vrabec sparrow [spærəu] (Lepší v. v hrsti ako holub na streche - A bird in the hand is worth two in the bush)

vracať vomit [vomit] (dáviť), throw up [θrəu ap], puke [pju:k]

vrah murderer [mə:dərə], homicide [homisaid]

vrana crow [krəu] (V. k v. sadá, rovný rovného si hľadá - Birds of a feather flock together)

vrak wreckage [rekidʒ] (lode), jalopy [dʒə'lopi] (rachotina - auto)

vrátane inclusive [in'klu:ziv], including [in'klu:diŋ]

vrátiť return [ri'tən], give back [giv bæk], replace [ri'pleis]

vrátnik porter [po:tə], doorkeeper [do:ki:pər], caretaker [keəteikər] (domovník), janitor [dʒænitər]

vraziť thrust [θrast], intrude [in'tru:d] (do triedy), bump into [bamp intə] (do steny)

vražda homicide [homisaid], murder [mə:də]

vražedný deadly [dedli], homicidal [homi'sadl]

vŕba willow (tree) [wiləu] (smútočná v. - weeping w.; v. rakyta - goat w.)

vrčanie growl [graul], snarl [sna:l]

vrece sack [sæk] (Na hrubé v. hrubá/tvrdá záplata - Diamond cut diamond)

407

vrecko

vrecko pocket [pokit], bag [bæg]
vreckové pocket-money [pokit mani]
vreckový nožík pocket-knife [pokitnaif], penknife [pennaif]
vred ulcer [alsə] (žalúdočný v. - gastric u.)
vresk yell [jel]
vrezať sa engrave [in'greiv]
vrh throw [θrəu], toss [tos], pitch [pitʃ], (v. guľou - shot put)
vrhnúť (sa) dash [dæʃ]
vrch hill [hil], mountain [mauntin], crown [kraun]
vrchný top [top], upper [apər] (v. čašník/kuchár - head waiter/chef; v. veliteľ - commander-in-chief; v. náter - top coat)
vrchol peak [pi:k], top [top], crest [krest], apex [eipeks] (najvyšší bod), climax [klaimæks] (vyvrcholenie, orgazmus; v. kariéry - height of career)
vrcholný utmost [ətməust], summit [samit], supreme [sju:pri:m]
vrieť seethe [si:ð], boil [boil]

vrstva layer [leiə], ply [plai] (dreva)
vrták auger [o:gə], bore [bo:], drill [dril], gimlet [gimlit] (nebožiec)
vrtoch freak [fri:k], caprice [kə'pri:s]
vrtošivý freak [fri:k], capricious [kə'priʃəs]
vrub notch [notʃ], score [sko:]
vrúcnosť fervour [fə:və], tenderness [tendənəs]
vŕzgať creak [kri:k], squeak [skwi:k]
vskutku indeed [indi:d], in fact [in fækt], sure enough [ʃuə inaf], in earnest [in ə:nist]
vstať rise [raiz], get up [get ap], stand up [stænd ap]
vstup entry [entri], admission [əd'miʃn], input [input] (počítač), accession [æk'seʃn] (do spolku)
vstupenka ticket [tikit]
vstupné entrance-fee [entrəns'fi:], entry [entri]
vstúpiť enter [entə], come in [kam in], get in [get in], take/come into effect [teik/kam intə ifekt] (do platnosti)

vsunúť insert [in'sə:t]
všade everywhere [evriweə], throughout [θru:'aut], all round [o:l raund]
však but [bat], why [wai] (V. počkaj! - You wait!; v. vieš - you know)
všedný common [komən], ordinary [o:dinri], (v. vec/záležitosť - commonplace/triviality)
všeobecný general [dʒenərəl], universal [ju:nivə:səl]
všetci all [o:l]
všetko all [o:l], anything [eniθiŋ], everything [evriθiŋ]
všimnúť si notice [nəutis], perceive [pə'si:v]
vták bird [bə:d] (dravý v. - b. of prey; sťahovavý v. - migratory b./b. of passage; v. - penis (vulg.) - cock, prick, pecker, dick, peter, shaft)
vtedy then [ðen]
vtip joke [dʒəuk], gag [gæg], jest [dʒest]
vtipkovať joke [dʒəuk], jest [dʒest], make fun [meik fan], laugh at [laf ət]
vtipný smart [sma:t], humorous [hju:mərəs] (v. fráza/poznámka - bon mot/wisecrack)
vy you [ju:]
vybaliť unpack [an'pæk]
výbava equipment [i'kwipmənt], outfit [autfit]
vybavenie equipment [i'kwipmənt] (zariadenie), facility [fə'siliti] (príslušenstvo), outfit [autfit], dispatch [dis'pætʃ] (vyslanie)
vybaviť furnish [fə:niʃ], equip [ikwip], fit out [fit aut]
výber choice [tʃois], selection [si'lekʃn], option [opʃn], digest [dai'dʒest]
vybičovať whip up [wip ap]
vybitý flat [flæt] (batéria), crafty [kra:fti] (prešibaný), foxy [foksi], cunning [kaniŋ]
výbor committee [kə'miti], board [bo:d]
vybraný select [si'lekt], choice [tʃois]
vybrať choose [tʃu:z], draw [dro:], select [si'lekt]
výbuch explosion [iks'pləuʒn], eruption [i'rapʃən], outburst [autbə:st]
vybuchnúť explode [iks'pləud], burst [bə:st] (plač,

vyburcovať blow up [bləu ap] (vyhodiť do vzduchu), detonate [detəneit]

vyburcovať rouse [rauz], stir up [stər ap]

vyčerpaný exhausted [ig'zo:stid], jaded [dʒeidid], fatigued [fə'ti:gd], tired [taiəd]

vyčerpať exhaust [ig'zo:st], pump [pamp] (vodu), deplete [di'pli:t] (spotrebovať)

vyčistiť clear [kliə], clean [kli:n], cleanse [klenz]

výčitka rebuke [ri'bju:k], reprimand [reprima:nd], reproach [riprəutʃ] (v. svedomia – remorse [ri'mo:s])

vydanie edition [i'diʃn], issue [iʃu:], publication [pabli'keiʃn], expense [ik'spens] (finančné), extradition [ekstrə'diʃn] (súdom)

vydať sa marry [mæri] (aj oženiť sa)

vydatá married [mærid] (aj ženatý)

vydavateľ editor [editə], publisher [pabliʃə]

vydavateľstvo publishing house [pabliʃiŋ haus]

výdavky costs [kosts], expenses [iks'pensis], expenditure [ik'spenditʃər]

vydesiť terrify [terifai]

vydieranie blackmail [blækmeil], extortion [ik'sto:ʃn], racket [rækit]

vydierať blackmail [blækmeil], extort [ik'sto:t]

vydržať stand [stænd], stay [stei], hold out [həuld aut]

vydržiavať support [səpo:t] (rodinu), sustain [sə'stein], keep [ki:p]

výdych expiration [ekspi'reiʃn], breathing out [bri:θiŋ aut], exhalation [ekshə'leiʃn]

vygumovať erase [i'reiz], efface [i'feis] (vymazať)

vyhasnutý extinct [iks'tiŋkt] (v. sopka – e. volcano)

výhľad outlook [autluk], view [vju:]

vyhladiť smooth [smu:ð]

vyhlásenie declaration [diklə'reiʃn], statement [steitmənt]

vyhlásiť declare [di'kleə], proclaim [prə'kleim], announce [ə'nauns]

vyhnať expel [iks'pel] (vylúčiť), drive out/off/away [draiv aut/əv/əwei]

vyhnúť sa avoid [ə'void], elude [i'lju:d], evade [i'veid]
výhoda advantage [æd'vɑ:ntidʒ]
výhonok sprout [spraut], shoot [ʃu:t]
vyhovieť comply [kəm'plai], meet [mi:t]
výhovorka excuse [iks'kjuz], pretext [pritekst] (zámienka)
vyhovovať suit [sju:t], satisfy [sætisfai], fit [fit]
výhrada reservation [rezə'veiʃən]
výhradný sole [səul], exclusive [iks'klu:siv]
vyhrať win [win], gain [gein]
vyhrážka threat [θret], menace [menəs], caveat [keiviæt]
výhybka shunt [ʃant], switch [switʃ]
vyhynutý extinct [iks'tiŋkt]
východ exit [eksit]
Východ East [i:st] (Stredný/Ďaleký v. - Middle/Far E.)
východný east [i:st], eastern [i:stən]
výchova education [edju'keiʃn] (vzdelávanie), upbringing [apbriŋiŋ]

vychvaľovať sa strut [strat], boast [bəust]
vyjadriť express [iks'pres], utter [atər], articulate [ɑ:'tikjuleit], convey [kən'vei]
výjav scene [si:n]
vyjednávať negotiate [nigəuʃieit], mediate [mi:dieit], bargain [bɑ:gin], transact [træn'zækt]
vyjsť go (out) [gəu], leave [li:v] (v. najavo - come to light)
výklad shop-window [ʃop'windəu], display [dis'plei] (pozeranie výkladu - window shopping)
vykĺbiť dislocate [dislokeit], disjoint [dis'dʒoint], twist [twist] (vyvrtnúť)
výkon performance [pə'fo:məns], output [autput], capacity [kæpəsiti]
vykonať execute [eksikju:t], fulfil [ful'fil]
vykonávať perform [pə'fo:m], carry (out) [kæri], discharge [dis'tʃɑ:dʒ], execute ['eksikju:t]
výkonný executive [ig'zekjutiv] (pracovník), efficient [i'fiʃnt]

vykračovať stride [straid]
vykračovať si strut [strat]
výkrik scream [skri:m], shout [ʃaut], shriek [ʃri:k]
vykríknuť exclaim [iks'kleim], cry out [krai aut], scream [skri:m], ejaculate [i'dʒəkjuleit]
vykrúcať sa squirm [skwə:m]
výkupné ransom [rænsəm]
vylepšiť improve [im'pru:v], enrich [in'ritʃ] (obohatiť), refine [ri'fain], amend [ə'mend]
vyleštiť polish [poliʃ]
výlet trip [trip], excursion [iks'kə:ʃn], jaunt [dʒɔnt]
výlevka sink [siŋk]
vyliať spill (out) [spil], pour out [pɔ: aut], empty [empti]
vyliečiť cure [kjuə], heal [hi:l], remedy ['remədi]
vyliezť na climb [klaim], mount [maunt] (na koňa)
vyložiť discharge [dis'tʃa:dʒ], expound [iks'paund]
vylúčiť exclude [iks'klu:d], expel [iks'pel] (vyhnať)
vymazať erase [i'reiz]
výmena change [tʃeindʒ], barter [ba:tə] (tovaru), exchange [iks'tʃeindʒ] (peňazí)
vymeniť exchange [iks'tʃeindʒ], swap [swɔp], barter [ba:tə]
vymeniť si swop [swɔp], exchange [iks'tʃeindʒ]
vymenovať name [neim], appoint [ə'pɔint]
výmysel fiction [fikʃn]
vynález invention [in'venʃn]
vynaliezavosť invention [in'venʃn], resource [ri'so:s]
vynášať yield [ji:ld] (o investícii)
vynechať omit [ə'mit]
vynikajúci excellent [eksələnt], outstanding [aut'stændiŋ]
vynikať excel [ik'sel], shine [ʃain]
vynoriť sa emerge [i'mə:dʒ]
výnos yield [ji:ld], return [ri'tə:n]
výnosný profitable [profitəbl]
vynútiť enforce [in'fo:s]
výpad thrust [θrast], sally [sæli]
vypaľovať bake [beik]
výpary fume [fju:m]
vypchávka wad [wɔd], padding [pædiŋ], stuffing [stafiŋ]

vypínač switch [switʃ]
vypláchnuť rinse [rins], cleanse [klenz] (očistiť), wash out [woʃ aut]
vyplávať (set) sail [seil], come up [kam ap] (na povrch)
vyplieskať spank [spæŋk]
vyplniť fill (in) [fil]
vypnúť disconnect [diskə'nekt]
vypočítať compute [kəm'pju:t], calculate [kælkjuleit], enumerate [i'nju:məreit] (udalosti), figure out [figə aut]
vyprahnutý arid [ærid], barren ['bærən] (krajina), parched [pa:tʃt]
vyprázdnenie emptying [emptiiŋ], vacation [və'keiʃn] (opustenie)
vyprážaný fried [fraid]
vyprážať fry [frai] (mäso)
vypredané booked up/out [bukt ap/aut]
vypustiť z hlavy dismiss [dis'mis]
vyrábať produce [prə'dju:s], make [meik]
výraz expresion [iks'preʃn]
vyrážka rash [ræʃ], eruption [i'rapʃən] (na koži), boil [boil] (malý vred)

vyrezať engrave [in'greiv], cut out [kat aut]
vyrezávať carve [ka:v]
výroba production [prə'dakʃn]
výrobca producer [prə'dju:sə], manufacturer [mænju'fæktʃərər], maker [meikər]
vyrobiť produce [prə'dju:s], manufacture [mænju'fæktʃər], make [meik], generate [dʒenənəreit] (energiu)
výrobok product [prodakt], artefact/artifact (AmE) ['a:tifækt], article [a:tikl], commodity [kə'moditi]
výročie anniversary [æni'və:səri], jubilee [dʒu:bili:]
vyrovnanie equalization [ˌi:'kwəlai'zeiʃn], settlement [setlmənt], compensation [ˌkompen'seiʃn]
vyrovnať level [levl] (povrch), smooth [smu:ð] (vyhladiť), (v. skóre - draw a score; v. dlh - settle a debit)
vyrušovať disturb [dis'təb], intrude [in'tru:d], interrupt [ˌintə'rapt] (prerušovať)

vyryť

vyryť engrave [in'greiv]

výsada privilege [privəlidʒ], prerogative [pri'rogətiv], franchise [fræntʃaiz] (licencia)

vysávač hoover [hu:və], vaccum cleaner [vækjuəm kli:nə]

vysielač sender [sendə]. transmitter [trænz'mitə]

vysielanie transmission [trænz'miʃn], broadcasting ['bro:dka:stiŋ], emission [i'miʃn], programme [prorgæm]

vysielať transmit [trænz'mit], send [send], emit [i'mit]

výskum research [ri'sə:tʃ], investigation [in,vesti'geiʃn], exploration [eksplə'reiʃn] (zemepisný objav), survey [sə'vei] (prieskum)

vyslanectvo embassy [embəsi], legation [li'geiʃn]

výsledok result [ri'zalt], effect [i:fekt], outcome [autkam]

vysloviť utter [atə], pronounce [prə'nauns], say [sei], express [iks'pres] (vyjadriť)

výslovný express [iks'pres], explicit [ik'splisit], definite ['definət]

výsluch interrogation [in,tərə'geiʃn], trial [traiəl], hearing [hiəriŋ], oyer [oiə]

vysočina highlands [hailəndz]

vysoko high [hai], highly [haili]

vysoký high [hai], tall [to:l], lofty [lofti]

vystačiť last [la:st], endure [in'djuə], hold out [həuld aut]

výstava show [ʃəu], exhibition [eksi'biʃn]

vystaviť display [dis'plei], expose [iks'pəuz]

vystierať sa stretch out [stretʃ aut], loll [lol]

výstraha warning [wo:niŋ], caution [ko:ʃn], notice [nəutis] (svetelná v.- w. light)

vystrašiť scare [skeə], frighten [faitn], terrify [terifai], dismay [dis'mei]

výstrel shoot [ʃu:t], shot [ʃot]

výstroj outfit [autfit], rig [rig], equipment [i'kwipmənt], kit [kit]

vystrojiť furnish [fə:niʃ]
výstup rise [raiz], ascent [ə'sent], withdrawal [wið'dro:əl] (z organizácie), exit ['eksit] (východ), output [autput] (z počítača), scene [si:n] (v divadle)
vysušiť drain [drein] (odvodniť), dry [drai]
vysvedčenie certificate [sə'tifikət], report [ri'po:t] (školské)
vysvetliť explain [iks'plein], expound [iks'paund]
vyše above [ə'bav], over [əuvər], after [a:ftər], behind [bihaind], more than [mo: ðæn] (viac ako)
vyšetrenie examination [ig'zæmi'neiʃn], investigation [in‚vesti'geiʃn], inquiry [in'kwaiəri]
vyšetrovať examine [ig'zæmin]
výška height [hait] (nadmorská v. - above sea level/altitude/elevation), altitude ['æltitju:d], elevation [eli'veiʃn], pitch [pitʃ] (tónu)
vyštartovať start [sta:t]
vyť howl [haul], whine [wain] (nariekať)

výťah lift [lift], elevator [eliveitə]
víťazstvo victory [viktəri], win [win], triumph ['traiəmf]
výťažok yield [ji:ld]
vytiahnuť draw out [dro:'aut], draw [dro:], extract [ik'strækt] (zub), pull out [pul aut], remove [ri'mu:v]
vytlačiť squeeze [skwi:z] (šťavu), express [iks'pres], extrude [ik'stru:d] (vylisovať), push [puʃ], print [print] (knihu)
vytlačiť z miesta displace [dis'pleis]
výtlačok print [print], copy [kopi]
výtok discharge [dis'tʃa:dʒ]
vytrvalosť endurance [in'djuərəns]
výtržník rowdy [raudi]
výtvor creation [kri'eiʃn]
vytvoriť create [kri'eit]
využiť exploit [ik'sploit]
vyvážať export [iks'po:t]
vyvinúť develop [di'veləp]
vývoj developmənt [di'veləpmənt], evolution [i:və'lu:ʃn]
vývoz export [eks'po:t]

vyvrátiť

vyvrátiť disprove [dis'pru:v]
vývrtka corkscrew [ko:kskru:]
vyvrtnúť dislocate [dislokeit]
vyvýšenina rise [raiz]
vyzerať look [luk]
vyzliecť strip [strip], undress [an'dres]
význam importance [im'po:təns], meaning [mi:niŋ]
významný important [im'po:tənt], significant [sig'nifikənt], great [greit]
výzor appearance [ə'piərəns], looks [luks]
výzva appeal [ə'pi:l], challenge [tʃælindʒ]
vyzvať challenge [tʃælindʒ], dare [deə]
vyžarovanie radiation [reidi'eiʃn], emission [i'miʃn]
vyžiadať request [ri'kwest], ask [a:sk], claim [kleim], solicit [sə'lisit]
vzácny scarce [skeəs], rare [reə]
vzadu behind [bi'haind], rear [riə], at the back [æt ðə bæk]
vzbura revolt [ri'vəult]
vzbúrenec rebel [rebl]
vzdať sa resign [ri'zain], surrender [sə'rendə]
vzdať sa čohosi discard [dis'ka:d]

vzdelávanie education [edju'keiʃn]
vzdialenejší farther [fa:ðə]
vzdialenosť distance [distəns], space [speis]
vzdialený distant [distənt], far [fa:], remote [ri'məut]
vzdorovať resist [ri'zist]
vzduch air [eə]
vzdúvať sa surge [sə:dʒ]
vzdych sigh [sai]
vzhľad looks [luks], appearance [ə'piərəns]
vziať take [teik]
vzlietnuť soar [so:], take off [teik əv] (lietadlo)
vzlyk, vzlykať sob [sob]
vznášať sa float [fləut]
vznešený noble [nəubl], sublime [sə'blaim]
vznietiť spark [spa:k], kindle [kindl]
vznik rise [raiz], birth [bə:θ]
vzor design [di'zain], pattern [pætən]
vzorec formula [fo:mjulə] (matematický), pattern [pætən] (na textile)
vzorka pattern [pætən], specimen [spesimin], sample [sa:mpl]
vzostup rise [raiz]

vzplanutie spurt [spəːt]
vzpriamený erect [iˈrekt]
vzrušiť arouse [əˈrauz], excite [ikˈsait]

vzťah relation [riˈleiʃn]
vztýčený erect [iˈrekt]
vždy always [oːlweiz], ever [evə]

Zz

z, zo from [frəm], of [ov, əv], for [fo:, fə], on [on], in [in]

za after [a:ftə], behalf [bi'ha:f], behind [bi'haind], beyond [bi'jond], for [fo:], under [andə], within [wi'ðin]

zabaliť pack [pæk], wrap [ræp], envelop [in'vələp]

zábava amusement [ə'mju:zmənt], fun [fan], pastime [pa:staim], entertainment [entə'teinmənt], resource [ri'so:s]

zabávať amuse [ə'mju:z], entertain [entə'tein]

zábavný amusing [ə'mju:ziŋ], entertaining [entə'teiniŋ], funny [fani]

záber shot [ʃot] (filmový), meshing [meʃiŋ] (stroja), stroke [strəuk] (tempo), tug [tag] (ryby), catch [kætʃ] (zachytenie)

zabezpečiť ensure [in'ʃuə], provide [prə'vaid] (zaobstarať)

zabiť kill [kil], slay [slei], murder [mə:dər], do in [du in] (odstrániť) (Z. dve muchy jednou ranou - To kill two birds with one stone)

záblesk flash [flæʃ], flicker [flikər], spark [spa:k]

zablysnúť sa flash [flæʃ]

zablúdiť go astray [gəu əs'trei], lose one's way [lu:z wans wei]

zábradlie railing [reiliŋ], banister [bænistə]

zabrať take [teik], occupy [okjupai]

zabudnúť forget [fə'get], fail (to remember) [feil], put out of mind [put aut əv maind]

záclona curtain [kə:tn], screen [skri:n]

začať begin [bi'gin], start [sta:t], commence [kə'mens] (z. si s dievčaťom - have an affair with)

začiatočník beginner [bi'ginə], novice [novis] (nováčik)

začiatok beginning [bi'giniŋ], start [sta:t] (Z. je vždy ťažký - The first step is everything)

zadaný engaged [in'geidʒd], reserved [ri'zə:vd]

zadĺžiť debit [debit]

zadný back [bæk], rear [riər] (sedadlo), hind [haind] (časť zvieraťa)

zadok rear [riər], rump [ramp], bottom [botəm]

zadovážiť provide [prə'vaid], procure [prə'kjuər], acquire [ə'kwaiər]

zadrieť sa jam [dʒæm]

zadržať detain [di'tein], hold [həuld]

zadusiť suffocate [safəkeit] (udusiť sa), choke [tʃəuk] (zaškrtiť), strangle [stræŋgl] (zahrdúsiť), throttle [θrotl] (pri/škrtiť), stifle [staifl] (smiech), extinguish [ik'stiŋwiʃ] (oheň), stew [stju:] (zeleninu)

záhada mystery [mistəri], enigma [i'nigmə] (hádanka), puzzle [pazl], riddle [ridl], conundrum [kə'nandrəm] (hlavolam)

záhadný mysterious [mi'stiəriəs]

zahaliť veil [veil], wrap [ræp], enfold [infəuld]

zahákovať hook [huk]

zahanbený ashamed [ə'ʃeimd], mortified [mo:tifaid]

zahmlený dim [dim], misty [misti], foggy [fogi], hazy [heizi]

zahnutý crooked [krukid]

zahojiť sa heal [hi:l]

záhrada garden [ga:dn] (rajská z. - paradise; zeleninárska z.- vegetable/kitchen g.; zoologická z. - zoo, zoological g.)

zahraničie foreign country [forin'kantri], abroad [ə'bro:d]

zahraničný foreign [forin]

zahŕňať include [in'klu:d], embrace [im'breis]

záhuba doom [du:m], fate [feit], perdition [pə'diʃn]

záhyb crease [kri:s], fold [fəuld]

zahynúť perish [periʃ] (zaniknúť), die [dai] (umrieť), decease [di'si:s] (skonať)

záchod toilet [toilit], lavatory [lævətəri], loo [lu:] (hov.), public conveniences [pablik kən'vi:niənsi:z], water closet - WC [wo:tər klozit], cloakroom [kləukrum]

záchrana

záchrana rescue [reskju:], redemption [ri'dempʃn] (spása) (z. života - lifesaving)

záchranca rescuer [reskju:ə], saviour [seiviə], saver [seivər]

zachrániť rescue [reskju:], save [seiv]

záchranka ambulance [æmbjuləns]

záchranný pás lifebelt [laifbelt], lifebuoy [laifboi]

zachrípnutý hoarse [ho:s]

záchvat fit [fit], attack [ətæk]

zachvenie shudder [ʃadə], vibration [vaibreiʃn]

zajac hare [heə]

zajačik bunny [bani]

zajatec captive [kæptiv], prisoner [priznə]

zájazd tour [tuə], excursion [ik'skə:ʃn], trip [trip] (výlet)

zajtra tomorrow [tə'morəu]

zákaz prohibition [prəuhi'biʃn], ban [bæn], forbiddance [fo:'bidəns]

zakázaný prohibited [prə'hibitid], forbidden [fə:bidən], banned [bænd]

zakázať forbid [fə'bid], ban [bæn]

zákazník customer [kastəmə], client [klaiənt]

zákerný subtle [satl] (ľstivý), treacherous [tretʃərəs] (zradný)

základ rudiments [ru:dimənts], basis [beisis], foundations [faundei'ʃəns]

základný basic [beisik], elementary [eli'mentəri], primary [praiməri] (škola), radical [rædikəl]

základňa base [beis], foundation [faun'deiʃn]

zákon law [lo:], statute [stætju:t] (stanovy), act [ækt], rule [ru:l]

zakončenie termination [tə:mineiʃn], end [end], conclusion [kən'klu:ʒn]

zákonitý legitimate [li'dʒitimət], regular [regjulə], legal [li:gl]

zákonník code [kəud], statute book [stætju:t buk] (trestný/obchodný/občiansky z. - criminal/commercial/civil c.)

zákonný legal [li:gl], legitimate [li'dʒitimət], statutory [stætʃutri], lawful [lo:fəl]

zakopnutie stumble [stambl], trip [trip]
zákruta curve [kə:v], bend [bend], turning [tə:niŋ]
zakryť cover [kavə], hide [haid] (ukryť)
zákusok dessert [di'zət], savoury [seivəri] (chuťovka)
záležitosť affair [əfeə], business [biznis], matter [mætə], business [biznis], issue [i'ʃu:],
záliv bay [bei], gulf [galf] (Mexický/Perzský z. – G. of Mexico/Persian G.)
záloha pledge [pledʒ], gage [geidʒ], advance [ə'dva:ns] (predplatba), deposit [di'pozit] (úložka)
založiť found [faund], establish [is'tæbliʃ]
záľuba hobby [hobi] (koníček), liking [laikiŋ], predilection [pri:di'lekʃn], fondness [fondnəs]
zamat velvet [velvit] (z. revolúcia – v. revolution)
zamazať smear [smiə]
zameniteľný convertible [kən'və:təbl]
zámer intention [in'tenʃn], plan [plæn]

zamýšľať

zamestnanec employee [emploi'i:]
zamestnanie employment [im'ploimənt], business [biznis]
zamestnaný busy [bizi], engaged [in'geidʒd], employed [im'ploid]
zamestnať employ [im'ploi]
zamestnávateľ employer [im'ploiər]
zametač sweeper [swi:pə]
zametať sweep [swi:p]
zámka lock [lok]
zamknúť lock [lok]
zámočník locksmith [loksmiθ]
zámok castle [ka:sl]
zámorský oversea(s) [əuvəsi:(z)]
zamotať tangle [tæŋgl], involve [in'volv] (zapliesť do záležitosti), make a mess [meik ə mes] (prípad)
zamračené overcast [əuvəka:st], scowl [skaul] (výraz), frown [fraun]
zamrznúť freeze [fri:z]
zamýšľať plan [plæn], intend [in'tend], mean [mi:n], have in mind [hæv in maind], contemplate [kontempleit]

zanedbaný scruffy [skrafi], shabby [ʃæbi] (šaty), squalid [skwolid]

zanedbávať neglect [ni'glekt]

zaneprázdnený busy [bizi]

zaobchádzať treat [tri:t], deal with [di:l wið], handle [hændl]

zaostalý backward [bækwəd]

západ west [west] (divoký z. - wild w.)

zápach stink [stiŋk], stench [stentʃ]

zapáchať smell [smel]

zápal inflammation [inflə'meiʃn] (rany), zeal [zi:l] (oduševnenie)

zapáliť fire [faiə], kindle [kindl]

zápalka match [mætʃ]

zápalky safety-match [seiftimætʃ]

zapaľovač lighter [laitə]

zapaľovanie ignition [ig'niʃn] (v aute)

zapamätať si remember [ri'membə]

zápas fight [fait], match [mætʃ], contest [kontest]

zápasiť wrestle [resl], strive [straiv], contend [kən'tend], contest [kontest]

zápästie wrist [rist]

zapečatiť seal [si:l]

zápcha jam [dʒæm] (dopravná), constipation [konsti'peiʃn] (črevná)

zapchať plug [plag], block [blok], fill [fil]

zápis record [rekoːd], minutes [minits] (schôdze), note [nəut] (poznámka), registration [redʒi'streiʃn] (do školy), notation [nəu'teiʃn] (matematický), inscription [in'skripʃn] (nápis)

zapísať write [rait], book [buk], enter [entə], record [ri'koːd]

zápisník notebook [nəutbuk], notepad [noutpæd]

zaplatiť pay [pei], cash [kæʃ], settle [setl] (účet)

záplava deluge [delju:dʒ], flood [flad]

zaplaviť overrun [əuvə'ran], flood [flad], inundate [inandeit] glut [glat] (tovarom)

zápletka plot [plot]

zapliesť sa entangle [in'tæŋgl] (zamotať)

zapnúť fasten [fa:sn] (upevniť), switch [switʃ] (elektricky)

zarábať earn [ə:n]
zaraziť stem [stem], arrest [ə'rest], restrain [ri'strein]
zárez notch [notʃ], slot [slot]
zariadenie apparatus [æpə'reitəs], device [di'vais], equipment [i'kwipmənt], facility [fə'siliti], convenience [kən'vi:njəns], furniture [fə:nitʃə] (nábytok)
zariadiť arrange [ə'reindʒ], furnish [fə:niʃ], manage [mænidʒ]
zármutok grief [gri:f], sadness [sædnəs], sorrow [sərəu], distress [di'stres] (utrpenie, tieseň)
zarobiť earn [ə:n], gain [gein], profit [profit]
zárodok bud [bad], germ [dʒə:m], embryo [embriəu] (choroboplodný z. - microbe)
záruka guarantee/guaranty [gærən'ti:/gærən'ti], safeguard [seifga:d], voucher [vautʃə], assurance [ə'ʃuərəns] (uistenie)
zasa again [ə'gen]
zasadanie session [seʃn], council [kaunsl], sitting [sitiŋ], meeting [mi:tiŋ] (schôdza)
zasadiť deal [di:l] (ranu), plant [plænt] (rastlinu), insert [in'sə:t] (umiestniť)
zásah hit [hit] (do terča), stroke [strəuk] (blesku), interference [intə'fiərəns], intervention [intə'venʃn] (vojenský-military)
zásielka shipment [ʃipmənt], consignment [kən'sainmənt] (doporučená z.- registered mail; z. na dobierku - cash on delivery)
zaslúžiť si earn [ə:n], deserve [di'zə:v]
zasnúbenie engagement [in'geidʒmənt]
zasnúbený engaged [in'geidʒd], betrothed [bi'trəuðd]
zásoba reserve [ri'zə:v], stock [stok], supply [sə'plai], fund [fand]
zásobiť stock [stok], store [sto:], supply [sə'plai]
zásobovanie supply [sə'plai]
zásoby supplies [sə'plaiz]
zástava flag [flæg], standard [stændəd]

zastaviť

zastaviť stop [stop], cease [si:s], halt [ho:lt], suspend [səs'pend] (zastaváreň - pawn shop)

zastávka stand [stænd], stop [stop], halt [ho:lt]

zástera apron [ei'prən], pinafore [pinəfo:]

zástup crowd [kraud], host [həust]

zástupca representative [repri'zentətiv]

zastúpenie representation [reprizen'teiʃn]

zastúpiť substitute [substitju:t]

zasunúť slip [slip], insert [in'sə:t]

zásuvka drawer [dro:ə], socket [sokit]

zaškrtiť strangle [stræŋgl], choke [tʃəuk]

zatajiť conceal [kən'si:l], hide [haid]

zatarasiť jam [dʒæm], obstruct [əb'strakt], block [blok]

zatiaľ meanwhile [mi:n'wail], meantime [mi:n'taim], for the time being [fo: ðə taim bi:iŋ]

zátka cork [ko:k], plug [plag], stopper [stopə]

zátoka bay [bei], gulf [galf], creek [kri:k] (úzka)

zatvoriť close [kləus], shut [ʃat]

zátvorka bracket [brækit]

zať son-in-law [saninlo:]

zaťažený laden [leidn], loaded [ləudid]

zaujatý prejudiced [predʒudist] (predsudok), rapt [ræpt] (zahĺbený), interested (in) [intrəstid] (záujem)

záujem concern [kən'sə:n], interest [intrist]

zaujímavý interesting [intristiŋ]

zauzliť knot [not], complicate [komplikeit]

závada defect [di'fekt], flaw [flo:], fault [fo:lt] (zavinenie)

zavádzajúci misleading [mis'li:diŋ]

záväzok engagement [in'geidʒmənt], obligation [obli'geiʃn], liability [laiə'biliti] (zodpovednosť), commitment [kə'mitmənt] (rodinný)

zavčasu early [ə:li], in (good) time [in taim]

závej snowdrift [snəudrift], drift [drift]

záver shutter [ʃatə] (fotoaparátu), finish [finiʃ] (pretekov), conclusion [kən'klu:ʒn] (úsudok), ending [endiŋ] (ukončenie)

záves curtain [kə:tn], screen [skri:n]

zavesiť hang [hæŋ], suspend [səs'pend]

zaviazaný indebted [in'detid]

závidieť begrudge [bi'gradʒ], envy [envi]

závisieť depend [di'pend], be dependent [bi: di'pendənt]

závisť envy [envi], jealousy [dʒələsi] (žiarlivosť)

závod works [wə:ks], plant [plænt], enterprise [entəpraiz], undertaking [andə'teikiŋ]

závoj veil [veil]

závora bar [ba:], barrier [bæriə], bolt [bəult], latch [lætʃ]

závrat dizziness [dizinis], giddiness [gidinis]

zavraždiť murder [mə:də], assassinate [ə'sæsineit]

zavrčať growl [graul]

zavretý closed [kləuzd], shut [ʃat], locked [lokt]

zavrieť shut [ʃat], enclose [in'kləuz] (Zavri ústa! - Shut up!) (z. obchod/továreň - shutdown)

zavýjať howl [haul]

záznam record [reko:d], note [nəut], entry [entri]

zázrak wonder [wandə], marvel [ma:vəl]

zážitok experience [iks'piəriəns]

zaživa alive [ə'laiv]

zbadať sight [sait], spot [spot], notice [nəutis]

zbaviť deprive [di'praiv] (niečoho)

zbaviť sa get rid of [get rid əv], quit [kwit]

zbehnúť sa shrink [ʃriŋk] (šaty)

zberba rabble [ræbl], riffraff [rif ræf] (čvarga), trash [træʃ]

zbierať collect [kə'lekt], gather [gæðə] (z. úrodu - harvest)

zbierka collection [kə'lekʃən], anthology [æn'θolədʒi] (literatúra)

zbiť

zbiť beat (up) [bi:t], spank [spæŋk] (dať na zadok)

zbohom goodbye [gud'bai], adieu [ə'dju:], farewell [feə'wel]

zbor corps [ko:r] (vojenský), staff [sta:f] (učiteľský)

zbraň weapon [wepən], arm [a:m], gun [gan] (jadrová z. - nuclear w.)

zbytočný vain [vein], waste [weist], futile [fju:tail], needless [ni:dlis], unnecessary [an'nesisəri]

zdať sa appear [ə'piə], seem [si:m] (Zdalo sa mi - I had a dream/It seemed to me)

zdatný hale [heil], efficient [i'fiʃnt], able [eibl]

zdesenie dismay [dis'mei], shock [ʃok]

zdokonaliť improve [im'pru:v], refine [rifain]

zdôrazniť accentuate [ək'sentʃueit], underline [andə'lain], stress [stres]

zdrap rag [ræg]

zdravie health [helθ]

zdravý sound [saund], hale [heil], healthy [helθi] (z. rozum - sanity [sæniti], common sense [komənsens])

zdroj source [so:s], resource [ri'so:s]

združenie association [əsəusi'eiʃn], union [ju:njən]

zdržanie delay [di'lei] (meškanie)

zdržanlivosť reserve [ri'zəv], restraint [ri'streint], moderation [modə'reiʃn], reticence [retisns], continence [kontinəns]

zdržanlivý reserved [ri'zə:vd]

zdržať detain [di'tein], retard [ri:ta:d], delay [dilei] (oneskoriť)

zdržiavať sa dwell [dwel] (bývať), linger [lingə], stay [stei]

zdvihák jack [dʒæk], hoist [hoist]

zdvíhať raise [reiz], heave [hi:v], lift [lift], hoist [hoist], rise [raiz]

zdvihnúť raise [reiz], elevate [eliveit], hoist [hoist], lift [lift], pick up [pik ap]

zdvojnásobiť redouble [ri'dabl]

zdvorilý courteous [kə:tiəs], civil [sivil], polite [pə'lait]

zebra zebra [zi:brə]

zeleináč green-horn [gri:nho:n]
zelenina vegetable [vedʒitəbl]
zelený green [gri:n]
zem ground [graund], land [lænd], earth [ə:θ]
Zem Earth [ə:θ]
zeman squire [skwaiə]
zemeguľa globe [gləub], sphere [sfiə]
zemepis geography [dʒi'ogrəfi]
zemetrasenie earthquake [ə:θkweik]
zemiakové lupienky chips [tʃips]
zemiaky potatoes [pə'teitəuz]
zenit zenith [zeniθ]
zhíknuť yelp [jelp]
zhltnúť swallow [swoləu], bolt [bəult] (hodiť do seba), devour [di'vauər]
zhluk flock [flok]
zhnitý rotten [rotn]
zhoda conformity [kən'fo:miti]
zhodný equal [i:kwəl]
zhodovať sa correspond [koris'pond]
zhon stir [stə:] (rozruch), haste [heist] (chvat)

zhrnutie summary [saməri]
zhrnúť resume [ri'zju:m]
zhromaždenie gathering [gæðəriŋ], meeting [mi:tiŋ], rally [ræli]
zhromaždiť gather [gæðə]
zhrozenie consternation [konstə'neiʃn]
zima winter [wintə], cold [kəuld], chill [tʃil]
zimník overcoat [əuvəkəut]
zinok zinc [ziŋk]
zips zipper [zipə]
zisk profit [profit], gain [gein]
získať gain [gein], profit [profit], recover [ri'kavə]
zistiť ascertain [æsə'tein], discover [dis'kavə]
zívanie yawn [jo:n]
zívať yawn [jo:n], gape [geip]
zízať stare [steə], gaze [geiz]
zjavný apparent [ə'pærənt], obvious [obviəs]
zjednotiť unify [ju:nifai], unite [ju:nait]
zľaknúť sa fright [frait], get scared [get skeəd]
zlato gold [gəuld]
zlatý gold [gəuld], golden [gəuldn]

zľava

zľava allowance [əˈlauəns], discount [diskaunt], reduction [riˈdakʃn]

zlepšiť mend [mend] (opraviť)

zlepšiť sa improve [imˈpru:v]

zlo evil [i:vl], wickedness [wikidnis], wrong [roŋ], ill [il] (Každé z. je na niečo dobré - Every cloud has a silver lining)

zločin crime [kraim], offence [əfens] (trestný čin), misdeed [misˈdi:d]

zlodej thief [θi:f], burglar [bə:glə] (vlamač) (vreckový z. - pickpocket), robber [robər] (lupič)

zlomený broken [brəukn]

zlomiť break [breik], crack [kræk] (nalomiť)

zlomyseľnosť malice [mælis], mischief [misˈtʃi:f] (nezbednosť), malevolence [məˈlevələns]

zlomyseľný malicious [məˈliʃəs], vicious [viʃəs]

zlosť anger [æŋgə], rage [reidʒ], fury [fjuəri]

zlovestný ominous [ominəs], sinister [sinistə], doomful [du:mfəl]

zložitosť complexity [kəmˈpleksiti], sophistication [səˌfistiˈkeiʃn] (náročnosť)

zložitý complex [kompleks], complicated [komplikeitid], sophisticated [səˈfistikeitid]

zložiť fold [fəuld] (papier), remove [riˈmu:v] (obväz), take down [teik daun]

zlúčiteľný compatible [kəmˈpætəbl]

zlý bad [bæd], ill [il], evil [i:vl], wrong [roŋ], wicked [wikid] (z. sen - nightmare [naitmeə])

zlyhať fail [feil], break down [breik daun], misfunction [misˈfankʃn]

zmáčať drench [drentʃ], wet [wet]

zmariť mar [ma:r], dash [dæʃ], frustrate [frasˈtreit]

zmäkčiť soften [sofn], tenderize [tendəraiz] (mäso)

zmätok confusion [kənˈfju:ʒn], mess [mes], tangle [tæŋgl]

zmena change [tʃeindʒ], turn [tə:n]

zmenšenie reduction [riˈdakʃn]

zmenšiť reduce [ri'dju:s], lessen [lesn] (nebezpečie), scale down [skeil daun], diminish [diminiʃ], make smaller [meik smo:lər]

zmes blend [blend], mixture [mikstʃə]

zmiasť confuse [kən'fju:z], embarrass [im'bærəs]

zmienka reference [refrəns], mention [menʃn]

zmierlivý forgivingly [fo:-giviŋli], smooth [smu:ð]

zmierniť appease [ə'pi:z], soothe [su:ð] (utešiť), ease [i:z], slacken [slækən] (tempo)

zmietať sa toss [tos]

zmija viper [vaipə]

zmiznúť vanish [væniʃ], disappear [disə'piər] (z. po anglicky - to take a French leave)

zmluva treaty [tri:ti], contract [kontrækt], agreement [ə'gri:mənt], covenant ['kavənənt], settlement [setlmənt]

zmocniť sa seize [si:z], take [teik]

zmrzlina ice [ais], icecream [aiskri:m]

zmysel sense [sens]

zmyselný sensual [senʃuəl], erotic [i'rotik], randy [rændi] (chlípny), fleshly [fleʃli] (telesný)

značka mark [ma:k], brand [brænd]

značný considerable [kən-'sidərəbl], large [la:dʒ]

znak mark [ma:k], sign [sain]

znalosť knowledge [nolidʒ]

znamenať mean [mi:n], signify [signifai]

znamenie token [təukən], mark [ma:k], sign [sain]

známka mark [ma:k] (v škole), stamp [stæmp] (poštová)

známy friend [frend], known [nəun], famous [feiməs]

znásilnenie rape [reip]

znásilniť rape [reip], violate [vaiəleit]

znášať tolerate [toləreit], support [sə'po:t]

znázornenie illustration [ilə'streiʃn], representation [reprizen'teiʃn]

znázorniť represent [re-pri'zent] (predstavovať), symbolize [simbəlaiz], depict [di'pikt], figure [figə]

znečistenie soiling [soiliŋ], pollution [pəˈluʃn] (vzduchu), contamination [kənˈtæmineiʃn] (vody)

znepáčiť displease [disˈpli:z]

znesiteľný passable [pa:səbl], endurable [inˈdjuərəbl], bearable [beərəbl]

znevažovať disparage [disˈpæridʒ]

zničenie destruction [disˈtrakʃn]

zničiť destroy [disˈtroi], ruin [ruin], annihilate [əˈnaiəleit] (úplne)

znieť sound [saund]

zníženie reduction [riˈdakʃn] (z. ceny - discount [diskaunt])

znížiť decrease [di:kri:s], lower [lauər], lessen [lesn], reduce [riˈdju:s]

znova again [əˈgen], anew [əˈnju]

zobudiť wake [weik], arouse [əˈrauz]

zodpovednosť responsibility [risponsəˈbiliti]

zodpovedný responsible [risˈponsəbl]

zohnúť sa bend [bend], duck [dak], lean [li:n]

zohriať sa warm (up) [wo:m (ap)]

zomrieť die [dai], decease [diˈsi:s]

zóna zone [zəun]

zoo ZOO [zu:]

zopár few [fju:], some [sam]

zopnúť hook [huk], clip [klip]

zornička morning star [mo:niŋ sta:]

zosilniť reinforce [ri:inˈfo:s]

zoskupiť sa group [gru:p]

zostať remain [riˈmein], stay [stei], rest [rest]

zostaviť make [meik]

zostup descent [diˈsent]

zostúpiť descend [diˈsend]

zošit exercise book [eksəsaiz buk], notepad [nəutpæd]

zotavenie recovery [riˈkavəri], rally [ræli]

zotaviť sa recover [riˈkavə]

zotrieť wipe [waip]

zotrvávať linger [liŋgə]

zovrieť grasp [gra:sp], grip [grip], clasp [kla:sp], squeeze [skwi:z]

zoznam file [fail], list [list], register [redʒistə]

zoznámiť sa meet [mi:t], acquaint [əˈkweint]

zrak (eye)sight [sait], visual sense [viʒuəl sens], seeing [si:iŋ]
zranenie wound [wu:nd], injury [indʒəri]
zranený wounded [wu:ndid], injured [in'dʒəd]
zraniteľný vulnerable [valnərəbl]
zraziť deduct [di'dakt] (z ceny)
zrazu suddendly [sadnli], all of a sudden [o:l əv ə sadn], at once [ət wans], abruptly [ə'braptli]
zrážka collision [kə'liʒn], crash [kræʃ] (havária), clash [klæʃ] (stret názorov), rainfall [reinfo:l], precipitation [pri‚sipi'teiʃn] (dážď), encounter [in'kauntə]
zrejmý evident [evidənt], obvious [obviəs], apparent [ə'pærənt], clear [kliər]
zrelý ripe [raip], mature [mə'tjuə]
zrenica pupil [pju:pl] (oka)
zreteľný distinct [dis'tiŋkt], clear [kliər], marked [ma:kt], obvious [obviəs]
zriadiť establish [is'tæbliʃ], constitute [konstitju:t]

zubná kefka

zriecť sa renounce [ri'nauns], abandon [ə'bændən] (zanechať), abdicate [æbdikeit] (funkcie)
zriedka seldom [seldəm], rarely [reəli]
zriedkavý rare [reə], seldom [seldəm], infrequent [in'fri:kwənt]
zrkadlo mirror [mirə], glass [gla:s], looking-glass [lukiŋgla:s]
zrnko grain [grein], granule [grænju:l], pip [pip] (ovocia)
zrno corn [ko:n], grain [grein]
zrub (log) cabin [log'kæbin]
zrúcaniny ruins [ruinz]
zručnosť skill [skil], craft [kra:ft]
zrušiť cancel [kænsəl]
zrýchlenie acceleration [ækselə'reiʃn], spurt [spə:t]
zrýchliť accelerate [æk'seləreit], quicken [kwikən]
zub tooth [tu:θ], cog [kog] (ozubeného kolesa), prong [proŋ] (vidly)
zubačka cog-rail [kogreil]
zubár dentist [dentist]
zubná kefka toothbrush [tu:θbraʃ]

zubná pasta

zubná pasta toothpaste [tu:-θpeist]
zuby teeth [ti:θ]
zúčastniť sa partake [pa:-'teik], take part [teik pa:t], participate [pa:'tisipeit]
zúfalý desperate [despərit]
zúrivosť frenzy [frenzi], fury [fjuəri], rage [reidʒ]
zúrivý furious [fjuəriəs], rabid [ræbid], grim [grim], mad [mæd]
zvada quarrel [kworl], argument [a:gjumənt], strife [straif]
zvádzať tempt [tempt]
zväčša largely [la:dʒli]
zväčšenie increase [in'kri:s], enhancement [in'ha:nsmənt] (posilnenie), expansion [ik'spænʃn], enlargement [in'la:dʒmənt]
zväčšiť sa enlarge [in'la:dʒ]
zväz union [ju:njən]
zväzok bunch [bantʃ], volume [voljum]
zvedavý curious [kjuəriəs], inquisitive [in'kwizətiv], interrogative [intə-'rogətiv]
zver game [geim], vermin [və:min] (drobná - háveď)

zverina venison [venizn]
zveriť entrust [in'trast], confide [kən'faid], consign [kən'sain]
zviazať tie [tai], bind [baind], strap [stræp] (remeňom)
zviera animal [ænimǝl], beast [bi:st], brute [bru:t] (veľké z. (osoba) - a big noise/gun/pot)
zviesť seduce [si'dju:s]
zvislý vertical [və:tikl]
zvitok roll [rəul], twist [twist], coil [koil] (cievka), scroll [skrəul] (pergamenu)
zvíťaziť conquer [koŋkə], beat [bi:t]
zvláštny particular [pə'tikjulə], special [speʃl], curious [kjuəriəs], queer [kwiə]
zvláštnosť speciality [speʃi-'æliti], particularity [pətikju'læriti], stunt [stant]
zvlášť extra [ekstrə], especially [i'speʃəli] (hlavne), particularly [pə'tikjuləli], separately [səprətli] (oddelene)
zvolať exclaim [iks'kleim], call together [ko:l təge-

ðər), convene [kən'vi:n] (konferenciu)
zvoliť choose [tʃu:z], elect [i'lekt]
zvon bell [bel]
zvonček bell [bel]
zvonenie ring [riŋ]
zvoniť ring [riŋ], tinkle [tiŋkl], sound [saund], chime [tʃaim], toll [toul]
zvrhlý perverse [pə'və:s], degenerate [di'dʒenərət]
zvuk sound [saund]
zvyčajný usual [ju:ʒuəl], common [komən], ordinary [o:dinri], regular [regjulər] (pravidelný)
zvyk custom [kastəm], habit [hæbit]
zvýšenie increase [in'kri:s]
zvýšiť increase [inkri:s], be left [bi: left] (zostať), remain [ri'mein]
zvyšok residue [rezidju:], rest [rest], remnant ['remnənt], remainder [ri'meindər], leftover [left‚əuvər] (jedla), balance [bæləns] (na konte)

433

Žž

žaba frog [frog] (ž. na prameni - a dog in the manger)

žaket dinner-jacket [dinə-dʒækit]

žalár prison [prizn], jail/gaol [dʒeil]

žaloba complaint [kəm-'pleint] (sťažnosť), (legal) action [ækʃn] (súdna), lawsuit [lo:ˌsu:t]

žalovať sue [sju:], bring an action against [briŋ ən ækʃn ə'genst]

žalúdok stomach [stamək], maw [mo:] (bachor - zvierací ž.)

žalúzia jalousie [ʒælusi:], Venetian blind [vi'ni:ʃən blaind]

žandár gendarme [ʒa:nda:m], trooper [tru:pər]

žart fun [fan], jest [dʒest], joke [dʒəuk], lark [la:k], quip [kwip] (Žarty stranou - Joking apart; kanadský ž. - practical j.)

žartovať joke [dʒəuk], jest [dʒest]

žať, zožať reap [ri:p], mow [məu] (trávu)

žatva harvest [ha:vist] (oslava žatvy - dožinky - h. festival)

že that [ðæt], since [sins]

žehlička iron [aiən]

žehliť iron [aiən], press [pres]

želanie wish [wiʃ] (Ž. je otcom myšlienky - The wish is father to/of the thought)

želať wish [wiʃ], want [wont]

želať si desire [di'zaiə], long for [loŋ fo:] (túžiť po niečom)

želé jelly [dʒeli]

železiarstvo hardware [ha:d-weə]

železnica railway [reilwei], railroad [reilrəud]

železný tovar hardware [ha:dweə]

železo iron [aiən] (kuť ž. kým je horúce - strike while the iron is hot/make hay while the sun shines)

žemľa roll [rəul], bun [ban]

žena woman [wumən], female [fi:meil] (pl. women [wimin])

ženatý married [mærid]

ženích bridegroom [braidgrum], fiancé [fia:n'sei]
ženský female [fi:meil], feminine [feminin] (ž. rod - feminine gender- (gram.)
žeriav crane [krein] (vták aj zariadenie)
žetón counter [kauntə], chip [tʃip]
žezlo sceptre [septə], mace [meis] (kráľovské)
žiačka pupil [pju:pl], school-girl [sku:lgə:l]
žiadať ask [a:sk], beg [beg], demand [di'mand], claim [kleim]
žiaden neither [naiðə], none [nan]
žiadosť request [ri'kwest], appeal [ə'pi:l], application [æpli'keiʃən] (odôvodniť/ schváliť ž. - justify/approve)
žiak pupil [pju:pl], schoolboy [sku:lboi]
žiaľ sorrow [sorəu], grief [gri:f]
žialiť mourn [mo:n], deplore [di'plo:]
žiar fervour [fə:və], heat [hi:t]
žiara glare [gleər]
žiariť shine [ʃain], beam [bi:m]
žiarivý radiant [reidjənt]

žiarlivosť jealousy ['dʒeləsi]
žiarlivý jealous [dʒeləs], green eyed [gri:n aid]
Žid Jew [dʒu:] (večný Ž. - the wandering J.)
žihadlo sting [stiŋ]
žihľava nettle [netl]
žila vein [vein]
žiletka blade [bleid]
žirafa [giraffe [dʒi'ra:f]
žiť live [liv] (Nech žije! - Long live; žijeme len raz - we live only once)
žito rye [rai]
živiť feed [fi:d]
živočíšny animal [ænimǝl]
život life [laif] (premárniť ž. - squander/waste; ž. ide ďalej - l. continues/goes on; ž. je plný prekvapení - l. is full of surprises)
životný vital [vaitl]
životopis CV [si: vi:] Curriculum Vitae [kjurikjələm vitai/kərikjələm vaiti], biography [baiə'grəfi], résumé ['rezju:mei]
živôtik bodice [bodis]
živý live [laiv] (prenos v TV), alive [ə'laiv] (osoba), vivid [vivid] (farby)
žlč gall [go:l], bile [bail]

žliabok

žliabok rabbet [ræbit]
žltačka jaundice [dʒɔːndis], yellow fever [jeləu fiːvə], hepatitis [hepə'taitis]
žltý yellow [jeləu], amber [æmbə]
žmurkať blink [bliŋk], wink [wiŋk]
žmurknutie wink [wiŋk]
žmýkať wring [riŋ]
žobrák beggar [begə]
žobrať beg [beg]
žoviálny genial [dʒiːniəl], jovial [dʒəuviəl], convivial [kən'viviəl]
žralok shark [ʃaːk]
žrať devour [di'vauə]
žrď post [pəust], perch [pəːtʃ] (bidlo), mast [maːst], bar [baːr], rod [rod], pole [pəul]
žreb lottery ticket [lotəri'tikit]
žrebec stallion [stæljən]
žriedlo source [soːs], spring [spriŋ]
žubrienka tadpole [tædpəul]
žula granite [grænit]
župan dressing-gown [dresiŋgaun] (odev), (ž. - head of a county/district administration (úradník)(jablká v ž. - apples in piecrusts)
žuť chew [tʃuː]
žuvačka chewing-gum [ʃuːiŋgam]

Gramatické minimum

ANGLICKÁ ABECEDA - ENGLISH ALPHABET
[iŋliʃ ælfəbet]

a	b	c	d	e	f	g	h	i	j
[ei]	[bi:]	[si:]	[di:]	[i:]	[ef]	[dʒi:]	[eitʃ]	[ai]	[dʒei]
k	l	m	n	o	p	q	r	s	t
[kei]	[el]	[em]	[en]	[əu]	[pi:]	[kju:]	[a:]	[es]	[ti:]
u	v	w	x	y	z				
[ju:]	[vi:]	[dablju:]	[eks]	[wai]	[zed]				

GRAMATICKÉ MINIMUM - MINIMUM GRAMMAR

Slovné druhy - Parts of Speech
1. Noun [naun] - Podstatné meno (book, student, love)
2. Adjective ['ædʒiktiv] - Prídavné meno (tall, little, dirty, jealous, hateful)
3. Pronoun [prənaun] - Zámeno (you, your, yours, we, us, they, them, their, myself, this, that)
4. Numeral [nju:mərəl] - Číslovka (two, five, fifth, hundred, first, second, third, fourth, thirtieth)
5. Verb [və:b] - Sloveso (work, sleep, drink, go, turn)
6. Adverb [ædvə:b] - Príslovka (quickly, nicely, well, much, far, further, fur thest)
7. Preposition [prepə'ziʃn] - Predložka (in, on, for, of, under, from, over, throughout)
8. Conjunction [kən'dʒaŋkʃn] - Spojka (and, but)
9. Interjection [intə'dʒekʃn] - Citoslovce (ah, wow, hallo, cheerio, hey, bravo, mew, cock-a-doodle-doo).

PODSTATNÉ MENÁ - NOUNS [nauns]

Podstatné meno má tieto kategórie: číslo (number), počítateľnosť (countability), určenosť (determination), rod (gender), pád (case).

Členy - Articles [a:tiklz] *(pre kategóriu určenosti)*
Angličtina má dva členy:
- *určitý člen* - Definite Article [definit a:tikl] **the** pred spoluhláskou (consonant) [konsonənt] vyslovíme ðə, pred samohláskou (vowel) [vauəl] ði
- *neurčitý člen* - Indefinite Article [in'definit a:tikl] **a** (pred samohláskou **an**) vyslovíme ə (resp. ən).

Určitý člen používame, keď hovoríme o osobe a veci už známej, spomenutej alebo inak určenej.

Neurčitý člen v prípade, keď sa osoba alebo vec spomína po prvý raz.

Pre podst. mená v množnom čísle nepoužívame neurčitý člen „a", „an".

Rod - Gender [dʒendər]

Mužský - Masculine [mæskjulin]; Ženský - Feminine ['femənin]; Stredný - Neuter [nju:tər].

Ženský rod sa tvorí od mužského rodu buď zvláštnymi slovami (king - queen, father - mother, dog - bitch, cat - pussy cat, atď.); príponou -ess (actor - actress, waiter - waitress, prince - princess); alebo pred podst. meno dáme pre rozlíšenie female/she/lady/girl maid (female teacher, maid-servant, girl friend).

Pád - Case [keis]

Podstatné mená majú v angličtine iba dva pády: všeobecný pád (Common Case: 1., 3. a 4. pád) t.j. tvary bez koncoviek a privlastňovací pád (Possessive Case), t.j. 2. pád.

Vzťahy medzi podstatnými menami a inými slovnými druhmi sa vyjadrujú pomocou predložiek. (2. pád - **of**; 3. pád - **to**, 6. pád - **about**; 7. pád - **with, by**)

Množné číslo - Plural [pluərəl]

Množné číslo má v angličtine zväčša jednoduchú podobu odvodenú od jednotného čísla koncovkou **-s** alebo **-es**. Koncovka **-s** sa mení na **-es** po sykavkách **s, ss, sh, ch**. Ak má podstatné meno v jednotnom čísle zakončenie na **-y** po spoluhláske, v množnom čísle nastáva zmena na **-ies** (lady - ladies), ak je pred **-y** samohláska, pridáme len **-s** (boy - boys). V zložených slovách koncovku množného čísla pridávame len k hlavnému podstatnému menu (father-in-law - fathers-in-law).

Niektoré podst. mená tvoria plurál <u>nepravidelne</u> (zmenou v kmeni): napr. child - children, man - men, woman - women [wimin], foot - feet, goose - geese, mouse - mice, tooth - teeth, half - halves, wife - wives.

Niektoré podst. mená majú iba jeden tvar pre jednotné číslo (singular) aj množné číslo (plural): napr. fish, sheep, aircraft, information (!!!), glasses, trousers.

PRÍDAVNÉ MENÁ - ADJECTIVES [ædʒəktivs]

Prídavné meno je v anglickom jazyku neskloné. Má jediný tvar a nerozoznávame rod, pád ani číslo. Napríklad prídavné meno good má rovnaký tvar vo všetkých osobách oboch čísel.

Stupňovanie prídavných mien (Comparison of Adjectives) sa delí na 3 stupne (degrees):

1. stupeň (Positive Degree) 2. st. (Comparative D.) 3. st. (Superlative D.)

Pri krátkych príd. menách (jednoslabičné a niektoré dvojslabičné) sa druhý stupeň tvorí pravidelne pomocou prípony -**er** a tretí stupeň pomocou určitého člena (**the**) a prípony -**est**.

Príklad: tall - taller - the tallest; big - bigger - the biggest (niekedy sa hlásky zdvojujú! napr. fat - fatter - the fattest; thin - thinner - the thinnest)

Ak sú zakončené na -y, ktorému nepredchádza samohláska, potom toto -**y** sa mení na -**i** (dry - drier - the driest).

Porovnávacie slovíčka pre 1. st. sú: **as** (tall) **as** (He is as tall as me); pre 2. st.: príd. m. **v 2. stupni + than** (taller than). Napr. He is tall**er than** me. Pri dlhých slovách (viacslabičných) sa 2 st. príd. mien tvorí pomocou slovíčka **more** pred príd. menom a v 3. stupni pomocou **the + most.** Príklad: beautiful - more beautiful/interesting - the most beautiful/interesting.

Niektoré príd. mená sa stupňujú nepravidelne: Napr. good/well - better - the best; bad - worse - the worst; far - farther/further - the farthest/furthest; old - older/elder - the oldest/eldest(pre členov rodiny); many/much - more - the most; little - less - the least; late - latter - the last; late later - the latest; some - more - the most.

ZÁMENÁ - PRONOUNS [prɔnauns]

Osobné	Predmetové	Privlastňovacie	Privl. samostatné	Zvratné/Zdôrazňovacie
Personal	Objective	Possessive Adjectives	Possessive Pronouns	Reflexive/Emphasizing P.

Singular:

I	me	my	mine	myself
you	you	your	yours	yourself
he	him	his	his	himself
she	her	her	hers	herself
it	it	its	its	itself

Plural:

we	us	our	ours	ourselves
you	you	your	yours	yourselves
they	them	their	theirs	themselves

Opytovacie - Interogative:	who, whose, what, which (of)
Ukazovacie - Demonstrative:	this, that, these, those, whose
Vzťažné - Relative:	who, whose, whom, which, that, what, as
Neurčité - Indefinite:	all, another, any, anybody, both, either, else, every, each, everything, few, little, many, much, neither, no, none, one, other, some
Recipročné - Reciprocal:	one-another, each-other

Zložené tvary neurčitých zámien

	SOME	ANY	NO	EVERY
OSOBA	somebody	anybody	nobody	everybody
	someone	anyone	no one	everyone
	(niekto)	(hocikto)	(nikto)	(každý)
VEC	something	anything	nothing	everything
	(niečo)	(hocičo)	(nič)	(všetko)
MIESTO	somewhere	anywhere	nowhere	everywhere
	(niekde/niekam)	(hocikam/hocikde)	(nikde/nikam)	(všade)
ČAS	sometimes	(at) any time	never	every time
	(niekedy)	(hocikedy)	(nikdy)	(zakaždým)

ČÍSLOVKY – NUMERALS [nju:mərəls]

Základné – Cardinal:	Radové – Ordinal:	Násobné – Multiple:

0 nought (v bežnom jazyku, v desatinnom čísle) zero (v odb. výrazoch, číslica nula), nil (šport), [əu] (telefonovanie), lav (tenis)

1 one	1st – first	1 × – once
2 two	2nd – second	2 × – twice
3 three	3rd – third	3 × – three times
4 four	4th – fourth	4 × – four times
5 five	5th – fifth	5 × – five times ...
6 six	6th – sixth	

7 seven	7th – seventh	
8 eight	8th – eighth	
9 nine	9th – ninth	
10 ten	10th – tenth	
11 eleven	11th – eleventh	
12 twelve	12th – twelfth	
13 thirteen	13th – thirteenth	
14 fourteen	14th – fourteenth	

Základné počtové úkony:

Sčítanie – Addition [ə'diʃn]
Odčítanie – Subtraction [səb'trækʃn]
Násobenie – Multiplication
　　　　　　[maltipli'keiʃn]
Delenie – Division [di'viʒn]

15 fifteen　　15th – fifteenth
16 sixteen　　16th – sixteenth
17 seventeen　17th – seventeenth
18 eighteen　　18th – eighteenth
19 nineteen　　19th – nineteenth
20 twenty　　20th – twentieth
21 twenty-one　21st – twenty-first
22 twenty-two　22nd – twenty-second
23 twenty-three... 23rd – twenty-third...
30 thirty　　30th – thirtieth
31 thirty-one... 31st – thirty-first

Zlomky – Fractions:

polovica – one half
dve polovice – two halves ...
tretina – one third
tri tretiny – three thirds ...
štvrtina – one fourth
päť štvrtín – five fourths...
pätina – one fifth
dve pätiny – two fifths... atď.

40 forty　　40th – fortieth
50 fifty　　50th – fiftieth
60 sixty　　60th – sixtieth
70 seventy　70th – seventieth
80 eighty　80th – eightieth
90 ninety　90th – ninetieth

Desatinná čiarka – Decimal Point
Desatinný zlomok – Decimal Fraction

Many; a few – pre počítateľné podst. m.
Much; little – pre nepočítateľné podst. m.

100 one hundred　　　　　100th – one hundredth
101 one hundred and one　101st – one hundred and first
200 two hundred...　　　　200. two hundredth...
1,000 one thousand　　　　1,000. one thousandth
1,000,000 one million
2,000,000 two million
3,000,200 three million two hundred

SLOVESÁ - VERBS [vɜːbs]

Časovanie pravidelných/nepravidelných slovies – Conjugation of Regular/Irregular Verbs:

Neurčitok Infinitive	Jednoduchý prít. čas Simple Present Tense	Jednoduchý minulý čas Simple Past Tense	Jednoduchý budúci čas Simple Future Tense	Predprít. čas Perfect Tense

pracovať/piť
to work/to drink
	1. I work/drink
	2. you work/drink
	3. he works/drinks
	   she works/drinks
	   it works/drinks
	1. we work/drink
	2. you work/drink
	3. they work/drink
		I worked/drank
		you worked/drank
		he worked/drank
		she worked/drank
		it worked/drank
		we worked/drank
		you worked/drank
		they worked/drank
			I will work/drink
			you will work/drink
			he will work/drink
			she will work/drink
			it will work/drink
			we will work/drink
			you will work/drink
			they will work/drink
				I have worked/drunk
				you have worked/drunk
				he has worked/drunk
				she has worked/drunk
				it has worked/drunk
				we have worked/drunk
				you have worked/drunk
				they have worked/drunk

Slovesá v prítomnom čase v 3. osobe j.č. (he, she, it) majú príponu **-s**. (he works, she drinks, atď.)
Predprítomný čas sa tvorí pomocou pomocného slovesa **have** (**has** pre 3. os. j.č.) + **príčastie minulé trpné**
(u pravidelných slovies sloveso s koncovkou **-ed** a u nepravidelných 3. stĺpec v zoznamoch nepravidelných slovies).
Príklad: I have/He has written a letter.

Priebehová forma pri časovaní pravidelných/nepravidelných slovies – Continuous Form of Regular/Irregular Verbs

Neurčitok Present Infinitive Continuous	Jednoduchý prít. čas priebehový Simple Present Tense Continuous	Jednoduchý minulý čas priebehový Simple Past Tense Continuous	Jednoduchý budúci čas priebehový Future Tense Continuous	Predprítomný čas priebehový Present Perfect Continuous
pracovať/piť to be working/ to be drinking	1. I am working/drinking 2. you are working/drinking 3. he is working/drinking she is working/drinking it is working/drinking 1. we are working/drinking 2. you are working/drinking 3. they are working/drinking	I was working/drinking you were working/drinking he was working/drinking she was working/drinking it was working/drinking we were working/drinking you were working/drinking they were working/drinking	I will be working/drinking you will be working/drinking he will be working/drinking she will be working/drinking it will be working/drinking we will be working/drinking you will be working/drinking they will be working/drinking	I have been working/drinking you have been working/drinking he has been working/drinking she has been working/drinking it has been working/drinking we have been working/drinking you have been working/drinking they have been working/drinking

Priebehový (tzv. -ingový) **tvar** slovies musí mať vždy pomocné sloveso *to be* v príslušnom čase (prítomnom, minulom, atď.) a tvare pre príslušnú osobu (pre prít. čas: am, is, are; min. čas: was, were; bud. čas: will be), čiže **to be** (tvary) + **sloveso + -ing** (s ingovou príponou). Príklad: I was sending a letter yesterday evening when ... We will be travelling ...)

Časovanie pomocných slovies – Conjugation of Auxiliary Verbs

Infinitív	Prítomný jedn. čas	Minulý jedn. čas	Budúci jedn. čas	Predprítomný čas
to be	1. I am	I was	I will be	I have been
	2. you are	you were	you will be	you have been
	3. he is	he was	he will be	he has been
	she is	she was	she will be	she has been
	it is	it was	it will be	it has beeen
	1. we are	we were	we will be	we have been
	2. you are	you were	you will be	you have been
	3. they are	they were	they will be	they have been
to have	1. I have	I had	I will have	I have had
	2. you have	you had	you will have	you have had
	3. he has	he had	he will have	he has had
	she has	she had	she will have	she has had
	it has	it had	it will have	it has had
	1. we have	we had	we will have	we have had
	2. you have	you had	you will have	you have had
	3. they have	they had	they will have	they have had
to do	1. I do	I did	I will do	I have done
	2. you do	you did	you will do	you have done
	3. he does	he did	he will do	he has done
	she does	she did	she will do	she has done
	it does	it did	it will do	it has done
	1. we do	we did	we will do	we have done
	2. you do	you did	you will do	you have done
	3. they do	they did	they will do	they have done

Pomocné slovesá **be, have, do** môžu mať aj funkciu plnovýznamového slovesa (byť, mať, robiť). Vo funkcii pomocného slovesa tvoríme pomocou nich priebehové formy (to be + ingový tvar), predprítomný čas (have, has + minulé príčastie), otázku v rôznych časoch (be, do, have). Príklad: Are you hungry? Do you smoke? Were you at school?, atď.

Pri otázke v prít. čase je na začiatku pomocné sloveso **do** (pre 3. os. jedn. č. **does**) + osobné zámeno + sloveso (Do you (we, they) like it? Does he (she, it) like it? Pri otázke v minulom čase použijeme na začiatku min. tvar pom. slovesa **did** pre všetky osoby a sloveso **nemá koncovku -ed**, ale základný tvar (sloveso bez častice „to"). Príklad: <u>Did</u> he (you, she, we, they) <u>make</u> the homework?

Keď je vo vete určenie času: now, just now, in this moment, etc. - použijeme prítomný čas.

Keď je vo vete určenie času: last year, yesterday, a long time ago, etc. - použijeme minulý čas sloviesi.

Keď si nevieme spomenúť na správny tvar nepravidelného slovesa, môžeme použiť pred slovesom (t.j. neurčitkový tvar bez „to") slovíčko „**did**". (Výsledkom je ten istý význam slovesa s miernym zdôraznením). (He did eat it up...; We did buy them... They did write us..)

Modálne slovesá can (môcť), may (smieť), must (musieť) nemajú neurčitkovú časticu „to", ale ich opisné tvary áno.
<u>can</u> - to be able to
<u>may</u> - to be allowed to
<u>must</u> - to have to

PRÍSLOVKY – ADVERBS [ædvə:bs]

Príslovky v angličtine sa obyčajne tvoria od prídavných mien príponou **-ly** (quick - quickly). (Výnimka: „fast" je aj príd. meno aj príslovka). Príslovky sa stupňujú obdobne ako prídavné mená. (quickly - more quickly - the most quickly).

Nemýľte si príd. meno **good** (Otázka: aký – Odp.: dobrý) a príslovku **well** (Ot.: ako? – Odp.: dobre) (Príklad: How are you? – I am well/fine; What football player are you? – I am a good football player.)

Veľkými písmenami píšeme **dni** (Thursday, Sunday), **mesiace** (May, July), **jazyky** (Slovak, English), **národnosti** (French, Czech), **sviatky** (Christmas, Easter), **krajiny** (Italy, Poland), atď.

Časová predložka **on** sa používa s dňami (on Monday); **in** s mesiacmi (in March), rokmi (in 1492), časťami dňa (in the evening/morning/afternoon); **at** s hodinami (at five o'clock, at noon/midnight = (o dvanástej) napoludnie/polnoci).

Je treba rozlíšiť časovú predložku **before** (pred) (before noon) a miestnu predložku **in front of** (pred) (in front of school).

Slovosled – Word Order

Podmet	Prísudok	Predmet - nepriamy/ priamy	Príslovkové určenie spôsobu	PU miesta	PU času
Students We	study watched	English TV	diligently attentively	at school at home	every day yesterday

Poradie prídavných mien

Opinion Názor	Size Veľkosť	Age Vek	Shape Tvar	Colour Farba	Origin Pôvod	Material Materiál
terrible delicious interesting	great small large	new latest recent	wide long thick	colour brown black	American French English	film bread book

Interpunkčné znamienka – Marks of Punctuation

The period	[.]	Bodka
The Question Mark	[?]	Otáznik
The Exclamation Mark	[!]	Výkričník
The Comma	[,]	Čiarka
The Semicolon	[;]	Bodkočiarka
The Colon	[:]	Dvojbodka
The Dash	[-]	Spojovník
Hyphen	[-]	Pomlčka
Parentheses	[( )]	Okrúhle zátvorky
Quotation Marks	[" "]	Úvodzovky
Brackets	[[ ]]	Zátvorky
Slash	[/]	Lomka
Main Stress	[']	Hlavný prízvuk

NAJPOUŽÍVANEJŠIE NEPRAVIDELNÉ SLOVESÁ

Definícia - Definition [defi'niʃn]: Nepravidelné slovesá (Irregular Verbs [(ir'regju:lər vɜ:bs]), sú všetky tie, ktoré minulý čas jednoduchý (Past Simple) [pa:st simpl] a minulé príčastie - participium (Past Participle) [pa:st pa:tisipl] netvoria koncovkami **-ed/-d**, resp. ich tvoria zmenou kmeňovej samohlásky.
P znamená, že sa vyskytuje aj pravidelný tvar (t.j. **-ed/-d**).

Infinitív Infinitív slovesa			Past Simple Jednoduchý minulý čas		Past Participle Minulé príčastie	
abide	[ə'baid]	držať sa; zotrvať	abode	[ə'bəud], P	abode	[ə'bəud], P
arise	[ə'raiz]	vzniknúť	arose	[ə'rəuz]	arisen	[ə'rizn]
awake	[ə'weik]	zobudiť sa; precitnúť	awoke	[ə'wəuk], P	awoken	[ə'wəukn]
be	[bi:]	byť	was, were	[wɒz, wɜ:]	been	[bi:n]
bear	[beə]	niesť (plody)	bore	[bɔ:]	borne	[bɔ:n]
bear	[beə]	rodiť (deti)	bore	[bɔ:]	born	[bɔ:n]
beat	[bi:t]	biť; tlcť	beat	[bi:t]	beaten	[bi:tn]
become	[bi'kʌm]	stať sa (kým, čím)	became	[bi'keim]	become	[bi'kʌm]
begin	[bi'gin]	začať	began	[bi'gæn]	begun	[bi'gʌn]
bend	[bend]	ohnúť; skloniť sa	bent	[bent]	bent	[bent]
bereave	[bi'ri:v]	pripraviť o (život)	bereft	[bi'reft], P	bereft	[bi'reft], P
beseech	[bi'si:tʃ]	prosiť (naliehavo)	besought	[bi'sɔ:t]	besought	[bi'sɔ:t]
bet	[bet]	staviť sa (o niečo)	bet	[bet]	bet	[bet]
bid	[bid]	prikázať	bade	[beid, bæd]	bidden	[bidn]
bid	[bid]	ponúkať (cenu)	bid	[bid]	bid	[bid]
bind	[baind]	viazať	bound	[baund]	bound	[baund]
bite	[bait]	hrýzť	bit	[bit]	bitten	[bitn]
bleed	[bli:d]	krvácať	bled	[bled]	bled	[bled]

blend	[blend]	miešať	blent, P	[blent]	blent, P	[blent]
blow	[bləu]	duť, fúkať, viať	blew	[blu:]	blown	[bləun]
break	[breik]	lámať	broke	[brəuk]	broken	[brəukn]
breed	[bri:d]	chovať; plodiť	bred	[bred]	bred	[bred]
bring	[briŋ]	priniesť	brought	[bro:t]	brought	[bro:t]
broadcast	[bro:dka:st]	vysielať rozhlasom	broadcast	[bro:dka:st]	broadcast	[bro:dka:st]
build	[bild]	stavať, postaviť	built	[bilt]	built	[bilt]
burn	[bə:n]	horieť; páliť	burnt	[bə:nt]	burnt	[bə:nt], P
burst	[bə:st]	puknúť	burst	[bə:st]	burst	[bə:st]
buy	[bai]	kúpiť, kupovať	bought	[bo:t]	bought	[bo:t]
cast	[ka:st]	hádzať	cast	[ka:st]	cast	[ka:st]
catch	[kætʃ]	chytať	caught	[ko:t]	caught	[ko:t]
chide	[tʃaid]	karhať	chid	[tʃid]	chid(den)	[tʃid(n)], P
choose	[tʃu:z]	vybrať si, zvoliť	chose	[tʃəuz]	chosen	[tʃəuzn]
cling	[kliŋ]	priľnúť	clung	[klaŋ]	clung	[klaŋ]
come	[kam]	prísť	came	[keim]	come	[kam]
cost	[kost]	stáť (v cene - koľko?)	cost	[kost]	cost	[kost]
creep	[kri:p]	plaziť sa	crept	[krept]	crept	[krept]
cut	[kat]	rezať, krájať	cut	[kat]	cut	[kat]
dare	[deə]	odvážiť sa	durst, P	[də:st]	dared	[dead]
deal	[di:l]	obchodovať (s niečím)	dealt	[delt]	dealt	[delt]
dig	[dig]	kopať	dug	[dag], P	dug	[dag], P
do	[du:]	robiť, konať	did	[did]	done	[dan]
draw	[dro:]	kresliť; ťahať	drew	[dru:]	drawn	[dro:n]
dream	[dri:m]	snívať	dreamt	[dremt], P	dreamt	[dremt], P
drink	[driŋk]	piť	drank	[dræŋk]	drunk	[draŋk]
drive	[draiv]	viesť (auto)	drove	[drəuv]	driven	[drivn]
dwell	[dwel]	bývať, pobývať	dwelt	[dwelt]	dwelt	[dwelt]

eat	[i:t]	jesť	ate	[et, *am.* eit]	eaten	[i:tn]
fall	[fo:l]	padať	fell	[fel]	fallen	[fo:ln]
feed	[fi:d]	kŕmiť, nakŕmiť	fed	[fed]	fed	[fed]
feel	[fi:l]	cítiť	felt	[felt]	felt	[felt]
fight	[fait]	bojovať, zápasiť	fought	[fo:t]	fought	[fo:t]
find	[faind]	nájsť	found	[faund]	found	[faund]
flee	[fli:]	ujsť	fled	[fled]	fled	[fled]
fly	[flai]	letieť	flew	[flu:]	flown	[flaun]
forbid	[fə'bid]	zakázať	forbade	[fə'beid, fə'bæd]	forbidden	[fə'bidn]
forget	[fə'get]	zabudnúť (na niečo)	forgot	[fə'got]	forgotten	[fə'gotn]
forgive	[fə'giv]	odpustiť, prepáčiť	forgave	[fə'geiv]	forgiven	[fə'givn]
forsake	[fə'seik]	opustiť	forsook	[fə'suk]	forsaken	[fə'seikn]
freeze	[fri:z]	mrznúť	froze	[frauz]	frozen	[frauzn]
get	[get]	dostať, získať	got	[got]	got	[got]
gild	[gild]	pozlátiť	gilded	[gildid]	gilt, P	[gilt], P
gird	[gə:d]	opásať sa	girt, P	[gə:t]	girt, P	[gə:t]
give	[giv]	dať, dávať	gave	[geiv]	given	[givn]
go	[gəu]	ísť	went	[went]	gone	[gon]
grind	[graind]	mlieť	ground	[graund]	ground	[graund]
grow	[grəu]	rásť	grew	[gru:]	grown	[graun]
hang	[hæŋ]	visieť, zavesiť	hung	[hʌŋ]	hung	[hʌŋ]
hang	[hæŋ]	obesiť sa	hanged	[hæŋd]	hanged	[hæŋd]
have	[hæv]	mať, vlastniť	had	[hæd]	had	[hæd]
hear	[hiə]	počuť	heard	[hə:d]	heard	[hə:d]
hew	[hju:]	sekať	hewed	[hju:d]	hewn, P	[hju:n]
hide	[haid]	skryť sa	hid	[hid]	hid(den)	[hid(n)]
hit	[hit]	udrieť	hit	[hit]	hit	[hit]
hold	[həuld]	držať	held	[held]	held	[held]

hurt	[hɜːt]	raniť, poraniť	hurt	[hɜːt]	hurt	[hɜːt]
keep	[kiːp]	držať, dodržať; nechať	kept	[kept]	kept	[kept]
kneel	[niːl]	kľačať, kľaknúť si	knelt, P	[nelt], *am.* P	knelt	[nelt], P
knit	[nit]	pliesť (ihlicami)	knit, P	[nit]	knit, P	[nit]
know	[nəu]	vedieť, poznať	knew	[njuː]	known	[nəun]
lay	[lei]	položiť	laid	[leid]	laid	[leid]
lead	[liːd]	viesť, stáť v čele	led	[led]	led	[led]
lean	[liːn]	nakláňať sa, oprieť sa	leant, P	[lent]	leant, P	[lent]
leap	[liːp]	skákať	leapt	[lept], P	leapt	[lept], P
learn	[lɜːn]	učiť sa	learnt, P	[lɜːnt], P	learnt	[lɜːnt], P
leave	[liːv]	odísť	left	[left]	left	[left]
lend	[lend]	nechať, dovoliť	lent	[lent]	lent	[lent]
let	[let]	nechať, dovoliť	let	[let]	let	[let]
lie	[lai]	ležať	lay	[lei]	lain	[lein]
light	[lait]	zažať	lit	[lit], P	lit	[lit], P
lose	[luːz]	stratiť	lost	[lost]	lost	[lost]
make	[meik]	vyrobiť, urobiť	made	[meid]	made	[meid]
mean	[miːn]	znamenať, mieniť	meant	[ment]	meant	[ment]
meet	[miːt]	stretnúť sa, zoznámiť sa	met	[met]	met	[met]
melt	[melt]	roztopiť sa	melted	[meltid]	molten, P	[məultn]
overcome	[əuvəˈkam]	premôcť, prekonať	overcame	[əuvəˈkeim]	overcome	[əuvəˈkam]
pay	[pei]	platiť	paid	[peid]	paid	[peid]
put	[put]	položiť, dať niekam	put	[put]	put	[put]
quit	[kwit]	opustiť	quit, P	[kwit]	quit, P	[kwit]
read	[riːd]	čítať	read	[red]	read	[red]
rid	[rid]	zbaviť sa (čoho)	rid, P	[rid]	rid	[ridn]
ride	[raid]	jazdiť, viezť sa	rode	[rəud]	ridden	[ridn]
ring	[riŋ]	zvoniť	rang	[ræŋ]	rung	[rʌŋ]

rise	[raiz]	dvíhať sa, stúpať	rose	[rəuz]	risen	[rizn]
run	[rʌn]	bežať, utekať	ran	[ræn]	run	[ran]
saw	[sɔ:]	píliť	sawed	[sɔ:d]	sawn	[sɔ:n], P
say	[sei]	povedať	said	[sed]	said	[sed]
see	[si:]	vidieť	saw	[sɔ:]	seen	[si:n]
seek	[si:k]	hľadať, pohľadať	sought	[sɔ:t]	sought	[sɔ:t]
seethe	[si:ð]	vrieť, kypieť, klokotať	sod, P	[sɔd]	sodden, P	[sɔdn]
sell	[sel]	predať	sold	[səuld]	sold	[səuld]
send	[send]	poslať	sent	[sent]	sent	[sent]
set	[set]	položiť, dať niekam	set	[set]	set	[set]
sew	[səu]	šiť	sewed	[səud]	sewn	[səun], P
shake	[ʃeik]	triasť	shook	[ʃuk]	shaken	[ʃeikn]
shave	[ʃeiv]	o/holiť sa	shaved	[ʃeivd]	shaven, P	[ʃeivn]
shear	[ʃiər]	ostrihať	shore	[ʃɔ:r], P	shore	[ʃiər], P
shed	[ʃed]	vyliekať sa, roniť (slzy)	shed	[ʃed]	shed	[ʃed]
shoe	[ʃu:]	podkuť koňa	shod	[ʃɔd]	shod	[ʃɔd]
shoot	[ʃu:t]	strieľať	shot	[ʃɔt]	shot	[ʃɔt]
show	[ʃəu]	ukázať	showed	[ʃəud]	shown	[ʃəun]
shrink	[ʃriŋk]	zraziť sa	shrank	[ʃræŋk]	shrunk	[ʃrʌŋk]
shut	[ʃʌt]	zatvoriť	shut	[ʃʌt]	shut	[ʃʌt]
sing	[siŋ]	spievať	sang	[sæŋ],	sung	[sʌŋ]
sink	[siŋk]	klesať	sank	[sæŋk] AmE	sunk	[sʌŋk]
			sunk	[sʌŋk]	sunken AmE	[sʌŋkn]
sit	[sit]	sedieť	sat	[sæt]	sat	[sæt]
slay	[slei]	zabiť	slew	[slu:]	slain	[slein]
sleep	[sli:p]	spať	slept	[slept]	slept	[slept]
slide	[slaid]	kĺzať sa	slid	[slid]	slid	[slid]
slink	[sliŋk]	zakrádať sa	slunk	[slʌŋk]	slunk	[slʌŋk]

slit	[slit]	roztrhať	slit	[slit]	slit
smell	[smel]	voňať, ňuchať	smelt	[smelt], P	smelt
smite	[smait]	udrieť	smote	[sməut]	smitten [smitn]
sow	[səu]	siať	sowed	[səud]	sown [səun], P
speak	[spiːk]	hovoriť	spoke	[spəuk]	spoken [spəukn]
speed	[spiːd]	hnať sa, letieť	sped	[sped]	sped
spell	[spel]	hláskovať	spelt	[spelt], P	spelt [spelt], P
spend	[spend]	miňať, stráviť (čas)	spent	[spent]	spent
spill	[spil]	rozliať (sa)	spilt	[spilt], P	spilt [spilt], P
spin	[spin]	priasť	spun/span	[spʌn], [spæn]	spun
spit	[spit]	pľuť	spat	[spæt]	spat/[spit]
split	[split]	štiepať	split	[split]	split
spoil	[spoil]	kaziť, rozmaznať	spoilt	[spoilt], P	spoilt [spoilt], P
spread	[spred]	rozširovať	spread	[spred]	spread
spring	[spriŋ]	skákať	sprang	[spræŋ]	sprung [sprʌŋ]
stand	[stænd]	stáť	stood	[stud]	stood
steal	[stiːl]	kradnúť	stole	[stəul]	stolen [stəuln]
stick	[stik]	lepiť	stuck	[stʌk]	stuck
sting	[stiŋ]	pichnúť, bodnúť	stung	[stʌŋ]	stung
stink	[stiŋk]	páchnuť, smrdieť	stank	[stæŋk]	stunk [stʌŋk]
stride	[straid]	kráčať	strode	[strəud]	stridden [stridn]
strike	[straik]	udrieť, zasiahnuť	struck	[strʌk]	struck
string	[striŋ]	napnúť	strung	[strʌŋ]	strung
strive	[straiv]	snažiť sa	strove	[strəuv]	striven [strivn]
swear	[sweə]	prisahať	swore	[swoː]	sworn [swoːn]
sweat	[swet]	potiť sa	sweat, P	[swet]	sweat, P
sweep	[swiːp]	zametať	swept	[swept]	swept
swim	[swim]	plávať	swam	[swæm]	swum

454

swing	[swiŋ]	kývať sa	swung	[swaŋ]	swung	[swaŋ]
take	[teik]	vziať	took	[tuk]	taken	[teikn]
teach	[ti:tʃ]	vyučovať	taught	[to:t]	taught	[to:t]
tear	[teə]	trhať	tore	[to:]	torn	[to:n]
tell	[tel]	povedať	told	[tauld]	told	[tauld]
think	[θiŋk]	myslieť	thought	[θo:t]	thought	[θo:t]
throw	[θrou]	hádzať	threw	[θru:]	thrown	[θraun]
thrust	[θrast]	strčiť, vraziť, napchať	thrust	[θrast]	thrust	[θrast]
tread	[tred]	kráčať, stúpiť	trod	[trod]	trodden	[trodn]
understand	[ʌndə'stænd]	rozumieť	understood	[ʌndə'stud]	understood	[ʌndə'stud]
wake	[weik]	zobudiť sa, precitnúť	woke	[wauk]	woken	[waukn]
wear	[weə]	nosiť (na sebe)	wore	[wo:]	worn	[wo:n]
weave	[wi:v]	tkať	wove	[wauv]	woven	[wauvn]
weep	[wi:p]	plakať	wept	[wept]	wept	[wept]
win	[win]	vyhrať, získať	won	[wan]	won	[wan]
wind	[waind]	vinúť sa	wound	[waund]	wound	[waund]
withdraw	[wið'dro:]	odísť, odtiahnuť	withdrew	[wið'dru:]	withdrawn	[wið'dro:n]
withhold	[wið'hauld]	odoprieť	withheld	[wið'held]	withheld	[wið'held]
work	[wə:k]	opracovať	wrought, P	[ro:t]	wrought, P	[ro:t]
write	[rait]	písať	wrote	[raut]	written	[ritn]

POZNÁMKY

POZNÁMKY

POZNÁMKY

POZNÁMKY

POZNÁMKY

POZNÁMKY

V edícii Klenoty vyšlo:
 Sládkovič: Marína
 Browningová: Portugalské sonety
 Antológia – Lexikón múdrosti
 Rúfus: Nové modlitbičky
 Antológia – Plody lásky
 Rúfus: Lásky
 Gibran: Prorok
 Seneca: Úvahy o pokoji duše
 Ščipačov: Slohy lásky
 Vysockij: Vraciam sa
 Smrek: Láska moja sa stráca
 Musaios: Héro a Leandros
 Puškin: Dievča na skale
 Exupéry: Malý princ
 Stočes: Perlový záves

Pripravujeme:
 Ezopove bájky
 Haľamová: Komu dám svoju nehu
 Šalamún: Pieseň piesní
 Lichtenberg: Myšlienky, postrehy, názory

*****

V edícii Ťahák vyšlo:
 Ťahák z angličtiny
 Ťahák z francúzštiny
 Ťahák z nemčiny
 Ťahák zo slovenčiny
 Ťahák z taliančiny
 Ťahák z dejepisu
 Ťahák z chémie
 Ťahák z fyziky a chémie
 Ťahák z matematiky
 Ťahák z prírodopisu
 Ťahák zo zemepisu
 Ťahák z obsluhy počítača
 Ťahák z fyziky

V edícii ZRNKÁ vyšlo:
    Zrnká múdrosti
    Zrnká vtipu

*****

V edícii Minipezolt vyšlo:
    Anglicko-slovenský slovník
    Slovensko-anglický slovník
    Nemecko-slovenský slovník
    Slovensko-nemecký slovník
    Lexikón cudzích slov
    Anglicko-slovenský počítačový slovník

*****

V edícii Malé slovníky vyšlo:
    Rusko-slovenský a slovensko-ruský slovník
    Taliansko-slovenský a slovensko-taliansky slovník
    Malý slovník filozofie
    Počítač v kocke
    Malý slovník cudzích slov

*****

V edícii Vreckové slovníky vyšlo:
    Anglicko-slovenský a slovensko-anglický slovník
    Vreckový slovník cudzích slov

*****

Všetky práva vyhradené. Toto dielo ani žiadnu jeho časť
nemožno reprodukovať bez súhlasu majiteľa práv.

**Anglicko-slovenský a slovensko-anglický slovník
pre žiakov, študentov a každodennú prax**

Editor: Zoltán Petráš
Odborná spolupráca: PhDr. Štefan Ižo
Obálka: Harlequin s.r.o., Košice
Sadzba: Valentina DTP Studio, Košice
Vydalo: © Pezolt PVD, Holubyho 27, Košice
Tlač: MKV-Press spol. s r.o., Košice
Prvé vydanie

ISBN 80-88797-19-5